Ferdinand Krenzer
Morgen wird man wieder glauben

Ferdinand Krenzer

Morgen wird man wieder glauben

Eine katholische
Glaubensinformation

Lahn-Verlag Limburg

Bibliografische Information Der Deutschen Bibliothek

Die Deutsche Bibliothek verzeichnet diese Publikation in
der Deutschen Nationalbibliografie, detaillierte bibliografische
Daten sind im Internet über http://dnb.ddb.de abrufbar.

Gedruckt auf chlorfrei gebleichtem,
umweltfreundlichem Papier.

41. Auflage 2004
(263.–268. Tausend)

© 2000 Lahn-Verlag, Limburg
Lektorat: Klaus Gasperi
Umschlaggestaltung: Christoph Albrecht
Satz: Schröder Media, Dernbach
Druck: Koninklijke Wöhrmann, Zutphen (NL)
Abdruck, auch auszugsweise, nur mit
Genehmigung des Verlags.

ISBN 3-7840-3204-4

Inhalt

Vorwort

Das bekannte Glaubensbuch hat eine mehr als 35jährige Vorgeschichte. Schon 1962 – gerade hatte das II. Vatikanische Konzil begonnen – erschien das Buch »Was wir glauben«, herausgegeben von Pfarrer Ferdinand Krenzer, der 1960 in Frankfurt am Main die »Katholische Glaubensinformation« (kgi) gegründet hatte. Damals und heute ist es Aufgabe und Ziel der kgi, im Auftrag der deutschen Bischöfe Menschen über die katholische Kirche und den katholischen Glauben zu informieren und zu beraten. Über all die Jahre haben die Mitarbeiter der kgi immer neu versucht, theologisches Wissen verständlich und lebensnah zu artikulieren und glaubwürdige Antworten zu finden. Die Erfahrungen sind als Überarbeitungen immer wieder in das Buch eingeflossen. So haben an diesem Glaubensbuch nicht nur die verschiedenen Mitarbeiter der kgi während der vergangenen drei Jahrzehnte mitgeschrieben, sondern indirekt auch all die Menschen, die mit der kgi in Kontakt traten, die Fragen an die Kirche hatten, die unter ihr gelitten haben oder von ihr fasziniert waren. Durch ihre Fragen, ihre Kritik und ihr Suchen waren sie lebendiger Indikator des jeweiligen Zeitgeistes. Mit dem sich wandelnden Denken, Fühlen und Glauben der Menschen wandelten sich auch die Beiträge dieses Buches – nicht sprunghaft, nicht dramatisch und auch nicht sensationell, sondern allmählich, unauffällig und oft unbemerkt. So blieb das Buch trotz seiner Jahre immer jung.

Zusammen mit dem Briefkurs der kgi wurde das Werk in 15 Sprachen übersetzt und weit über die Grenzen Deutschlands hinaus bekannt. Besonders wertvoll waren die Übersetzungen in Ländern des ehemaligen Ostblocks.

Obwohl in den vergangenen Jahren eine Reihe qualifizierter Glaubensbücher und Katechismen auf den Markt gekommen sind, ist das Interesse an dem Buch »Morgen wird man wieder glauben« ungebrochen. Dies ist der Grund, warum sich der Verlag entschlossen hat, 1995 eine völlig neubearbeitete Ausgabe herauszubringen, die nun in neuer Rechtschreibung vorliegt.

Aus Altersgründen hat Pfarrer Ferdinand Krenzer Anfang 1994 die Leitung der Katholischen Glaubensinformation abgegeben. Die nun vorliegende Ausgabe seines Werks »Morgen wird man wieder glauben« kann als die Summe seines theologischen und seelsorglichen Lebens und Wirkens angesehen werden. Nie geht es ihm nur um theologische Sachinformation. Sein Anliegen ist das persönliche Glaubenszeugnis. Dass Glaubensinformation immer auch durch persönliche Erfahrung und eigenes Erleben geprägt sein sollte, das war die »Messlatte«, die Pfarrer Krenzer an seine Mitarbeiter und Mitautoren anlegte.

Worin liegt der außerordentliche Erfolg dieses Buches begründet? Wahrscheinlich sind es die wohltuende Demut, mit der Überzeugungen angeboten werden, die Lebensnähe und Glaubenstreue, die Klarheit und Verständlichkeit der Glaubensinformationen.

Als Leiter der Katholischen Glaubensinformation in Frankfurt am Main danke ich, der ich selbst seit mehr als 20 Jahren zum Team der kgi gehöre, meinem jetzigen Mitarbeiter, Michael Belzer, den ehemaligen Mitarbeitern der kgi, Anton Täubl und Gustav Haslinger, ebenso den Mitautoren und ganz besonders dem Herausgeber dieses Werkes, Pfarrer Ferdinand Krenzer. Durch die Buchausgabe haben sie alle entscheidend dazu beigetragen, dass Menschen – Gott weiß, wo überall in der Welt – einen vertieften Zugang zum Glauben gefunden haben. Dies wird morgen ganz gewiss nicht anders sein.

Frankfurt am Main, Ostern 1995

Manfred Lay

Leiter der Katholischen
Glaubensinformation

1.

Der Mensch auf der Suche nach Sinn

»Wir können unser Leben
weder verlängern noch verbreitern,
wir können es nur vertiefen.«

Gorch Fock

Wer bin ich?

»Von der Gesamtheit der Erbanlagen her gesehen ist der Mensch sechs
Fuß einer bestimmten molekularen Reihenfolge von Kohlenstoff-, Was-
serstoff-, Sauerstoff-, Stickstoff- und Phosphoratomen die Länge von DNS
(Desoxyribo-Nuklein-Säure, Trägersubstanz der Erbanlagen) eng gewi-
ckelt im Kern eines sich entwickelnden Eies« (Joshua Lederberg, ame-
rikanischer Genetiker).

Jeder weiß, dass damit der Mensch nicht wirklich beschrieben ist. Er ist
Leib und Geist zugleich. Er ist offen und weltweit und zugleich begrenzt
und in sich verschlossen, lebenshungrig und zugleich dem Tod verfallen;
er ist frei und doch gebunden; er ist selbstständiges Einzelwesen und
doch ohne den andern kein voller Mensch; er weiß sich fähig zu unbe-
grenztem wissenschaftlichen Fortschritt und erahnt zugleich die Möglichkeit, mit einem Schlag die ganze Zivilisation zu vernichten; er scheint die
Macht zu haben, die Welt zu bestimmen, und erfährt zugleich, dass er mit
sich selbst nicht fertig ist.
Diese Vielfalt und Widersprüchlichkeit ist sowohl Größe wie Tragik des
Menschen. Wozu die hohe Begabung, wozu sein Streben ins Grenzenlose, wozu seine Offenheit, wenn er doch an diese Welt gebunden und
der Tod das radikale Ende seines Daseins ist?

Warum lebe ich?

»Sagen Sie mir ohne Umschweife, warum ich lebe, ohne gefragt zu
sein?« So schrieb ein Mädchen an die »Katholische Glaubensinforma-

tion« in Frankfurt. Es geht um die Frage nach dem Warum und Wozu, um die Frage nach dem Sinn des Lebens.

»Eines Tages fragte mich mein Freund nach dem Sinn des Lebens. Er selbst habe darüber nachgedacht, sei aber zu keinem Ergebnis gekommen. Privater sowie beruflicher Erfolg könnten nicht der Ausgangspunkt sein... Mein Freund sagte, wenn er einen modern eingestellten Pfarrer finden würde, der ihm einen Weg zeigen könnte, und er ihn auch als den richtigen einsähe, dann würde er vielleicht noch ein religiöser Mensch werden... Dazu muss ich sagen, dass mein Freund völlig unreligiös erzogen wurde, was er sogar als negativ empfindet« (Brief eines jungen Menschen).

Die Menschen sind heute selbstständiger in ihren Ansichten als Menschen früherer Generationen. Gleichzeitig sind sie aber auch unsicherer, wenn es um die eigentlichen Lebensfragen geht, um die Frage nach dem letzten Warum und Wozu. »Wir leben in einer Zeit vollkommener Mittel und verworrener Ziele« (Albert Einstein). Die Frage nach dem Ziel aber ist zugleich die Frage nach dem Sinn. Denn unter Sinn verstehen wir das, *wozu* etwas da ist.

Mag einer einen noch so schönen Platz in einem Zugabteil gefunden haben, wenn er erfährt, daß der Zug in die falsche Richtung fährt, steigt er schleunigst wieder aus. Was also ist das Ziel unserer gesamten Lebensfahrt?

Von Friedrich Nietzsche stammt der Ausspruch: »Wer ein Warum zum Leben hat, erträgt fast jedes Wie.« Gelegentlich werden todkranke Menschen wieder gesund, weil sie ein Ziel vor sich sehen, für das sie noch leben möchten. Wer dagegen sein eigenes Leben als sinnlos empfindet, ist nach Albert Einstein nicht nur unglücklich, sondern auch kaum lebensfähig. Und Viktor E. Frankl, Professor der Psychiatrie, schreibt, dass etwa 20 Prozent der Neurosen heute durch das Gefühl der Sinnlosigkeit bedingt und verursacht sind.

Endstation Tod? Es gibt viele widersprüchliche Aussagen über den Sinn des Lebens. Ein Zeichen, dass die Antwort nicht leicht ist. Eine wirkliche Antwort muss auch dann noch gelten, wenn das Leben hart zupackt, wenn man z.B. hoffnungslos krank ist. Ja, sie darf auch durch den Tod nicht in Frage gestellt werden, denn der Tod gehört zu unserem Leben. Eine Brücke kann noch so gewaltige Pfeiler haben, wenn sie an kein Ufer, an kein Ziel führt, ist jeder einzelne Pfeiler sinnlos. Wenn der Tod den Sinn unseres Lebens in Frage stellt, wird auch jede Einzelheit dieses Lebens letztlich sinnlos. Der Tod selbst aber kann doch nicht Sinn unseres Lebens sein.

Deshalb verbinden viele Menschen die Sinnfrage mit der Glaubensfrage (vgl. den zuvor zitierten Brief). Wir sind überzeugt, dass das richtig ist. Aber auch vom Glauben her lässt sich die Frage nach dem Sinn nicht beantworten, wie sich Alltagsfragen beantworten lassen. Die Sinnfrage geht aufs Ganze. Den Sinn vieler Details unseres Lebens können wir oft schnell erkennen. Hier aber geht es um das Warum und Wozu des ganzen Lebens. Ein derartig umfassender Sinn kommt nicht durch Sachen und Dinge zustande, sondern nur durch Werte. Werte aber zwingen nicht. Darum ist Sinn nicht streng beweisbar, sondern nur erkennbar für den, der zu einer Entscheidung bereit ist. Wir können aber aus der Erfahrung zahlloser Menschen bestätigen, dass sie im Glauben an Gott den Sinn ihres Lebens gefunden haben. Diese Erfahrung steht bei vielen am Ende eines langen Weges, der durch Suchen und Fragen und oft auch Verirrungen gekennzeichnet ist.

Laufen wir Illusionen nach?

»Etwas ist nicht sinnvoll, weil und wenn es beglückt, sondern es beglückt, weil es sinnvoll ist« (Nikolay Hartmann).

In jedem Menschen ist eine Kraft, mit der er ein Ziel erstrebt, das ihm Erfüllung des Lebens, Glück verheißt. Ständig erwarten und erhoffen wir uns etwas. Ein Mensch, der nichts mehr zu erhoffen hat, verkümmert. Selbst wenn Hoffnungen noch so oft zerschlagen werden, brechen sie immer wieder auf.

Oft richtet sich dieses Verlangen auf etwas, das unmittelbar vor uns liegt: Ein Brief wird erwartet, ein Besuch, ein Fest, ein Geschenk … Schon diese kleinen Alltagserwartungen geben unserem Leben eine gewisse Spannung. – Daneben gibt es Hoffnungen, die sich auf fernere Ziele richten: Kinder möchten groß werden, Schüler wollen einen guten Abschluss machen; der junge Mensch will unabhängig werden, aufsteigen, Geld verdienen, einen eigenen Wagen fahren, heiraten; er wünscht sich Kinder, ein Haus, eine gesicherte Zukunft …

Alle möchten etwas vom Leben haben. Was aber ist dieses Etwas? Wenn man der Werbung glauben will, dann hat der mehr vom Leben, der dieses oder jenes isst, raucht, anzieht, kauft, besitzt. Man kommt sich vor wie im Verkehrsschilderwald einer Großstadt: Unzählige Wegweiser zeigen in immer andere Richtungen. In einem aber scheinen alle Hinweisschilder auf Lebensglück übereinzustimmen: Geld scheint dazu unbedingt notwendig zu sein. Hat man es nicht, beginnt das Jagen danach oder die große Unzufriedenheit. Hat man schließlich genügend davon, beginnt die Jagd nach dem immer noch nicht erreichten Glück erst recht. Immer weiter …, immer in der Richtung, die alle laufen?

Doch was wir auch erreichen, immer bleibt noch etwas, das uns erstrebenswert erscheint. Die gleiche Unruhe treibt uns weiter. Es ist, wie wenn einer seinem eigenen Schatten nachläuft und doch immer gleichen Abstand behält. Letztlich möchten wir mehr als alles; »in allem ist etwas zu wenig«.

Verlangen ohne Erfüllung?

Zweifellos gibt es zahlreiche Sinnerfahrungen in unserem Leben. Es gibt Augenblicke, in denen wir einmal »wunschlos glücklich« sind, etwa wenn wir ein Werk vollbracht, ein Ziel erreicht haben; wenn wir Anerkennung und Zuneigung erfahren … Aber wie lange dauern diese »Augenblicke«? Das Wort sagt es schon. Wir können sie nicht festhalten. Und damit beginnt bereits wieder die Enttäuschung.

Viele Menschen kommen deshalb an kein Ziel ihres Suchens, weil sie ständig um sich kreisen. Sie sehen den Sinn ihres Lebens in der »Selbstverwirklichung«. Auf den ersten Blick erscheint das sehr einleuchtend. Der Psychologe Viktor E. Frankl sagt, der Sinn des Daseins lasse sich auf keinen Fall in der Selbsterfüllung und Selbstverwirklichung finden; nur in dem Maß, in dem wir uns preisgeben, in dem wir Aufgaben und Forderungen erfüllen, verwirkliche sich der Mensch. Das Wesen des Menschen liege gerade in dieser Selbstüberschreitung. Selbstverwirklichung sei die *Folge* von Sinn, nicht aber der Sinn selbst. – Das leuchtet ein. Wenn ich einen Sinn gefunden habe, dann wird mir die Selbsterfüllung dazugeschenkt. Wo aber ein Mensch ständig um sich kreist, sich selbst sucht, verfehlt er den Kontakt zum anderen Menschen und gerade dadurch auch zu sich selbst.

Deshalb suchen andere Sinn in Aufgaben und Zielen, die über das eigene Menschenleben hinausgehen. Sie sehen ihren Lebenssinn darin, ein nützliches Glied der menschlichen Gesellschaft zu sein, etwas Besonderes zu leisten (z.B. in Sport und Wissenschaft), sich für den Fortschritt, die Kunst, das Volk, die Ziele einer Gruppe, für eine bessere Zukunft der Menschheit einzusetzen. Sie engagieren sich im sozialen Bereich usw.

Zweifellos große und wichtige Ziele. Aus dem zuvor Gesagten wird deutlich, dass die Richtung stimmen muss. Aber diese Ziele reichen als Sinndeutung des *ganzen* Lebens noch nicht aus. Denn in dieser Sinnbestimmung haben Menschen, die für die Menschheit nicht mehr »nützlich« sein können, offenbar keinen Platz: die Alten, die Kranken, und erst recht nicht die Ungeborenen. Ist der Mensch nur so viel wert, wie er leisten kann? Hat das Leben derer, die noch nichts oder nichts mehr leisten können, keinen Sinn und keine Existenzberechtigung? Eine Maschine leistet unter Umständen mehr als zehn Menschen. Merken wir, wohin eine solche Denkweise führen kann? Der Mensch wird dann leicht zum Menschenmaterial, zum austauschbaren Ersatzteil. Wenn der Mensch nach seinem Nutzen beurteilt wird, wird er notwendigerweise verplant, es wird über ihn verfügt, es wird Zwang und Herrschaft von Menschen über andere Menschen aufgerichtet. Denn wer beurteilt, ob einer »nützlich« ist? – Und weiter: Ist der Mensch für den Fortschritt, für die Wissenschaft da oder der Fortschritt für den Menschen? Darf der Mensch zum Mittel für einen noch so großen sachlichen Zweck werden? Wird da der Einzelne nicht einer vielleicht utopischen Zukunft geopfert? Wird er damit nicht auf ein Später vertröstet, das keiner von uns mehr erlebt? Hat nicht jeder Mensch auch einen eigenen Wert?

Es gibt sehr viele Einzelheiten, die einen Sinn haben. Aber was hat es mit dem Leben als Ganzem auf sich? Was ist der alles umgreifende Sinn? Was ist die end-gültige Antwort auf die Frage nach dem Warum und Wozu unseres Lebens? Endgültig, das heißt doch, dass sie auch noch unser Lebensende deuten kann, noch am Ende gültig ist und nicht enttäuscht. Oder laufen wir mit unserer Hoffnung auf Sinn Illusionen nach? Ist es unser Schicksal, etwas zu erwarten, das nie Erfüllung finden kann?

Der große Riss

Wir müssten die Augen verschließen, wenn wir nicht sehen wollten, dass ein großer Riss durch unsere Welt, durch unsere Erwartungen und Hoffnungen geht. Viele Hoffnungen bleiben unerfüllt. In mancher Beziehung geht es aufwärts, in anderer abwärts. Alles, was dem Fortschritt dient, kann auch zur Vernichtung missbraucht werden. Was uns Erleichterung verschafft – Auto, Atomkraft, Technik –, bringt auch neue Gefahren mit sich. Es besteht ein Widerspruch zwischen dem Leben, wie wir es wünschen, und wie es wirklich ist.

Ungerechtigkeit und Bosheit in der Welt. Zwei Drittel der Menschheit hungern, verhungern, andere leben im Überfluss. Kriege werden geführt, ohne dass die Betroffenen danach gefragt werden. Warum müssen oft gute Menschen mitten im Leben sterben, während rücksichtslose ungestraft ihr Unwesen treiben?

Das Böse in uns selbst. Wie ist es möglich, dass in uns selbst das Böse Platz hat, obwohl wir doch eigentlich das Gute möchten?

Das Leiden der Menschen. Warum so viele Schmerzen, Tränen, Verzweiflung? Warum müssen schon unschuldige Kinder leiden, warum gibt es Naturkatastrophen, die den Menschen das Lebensnotwendige nehmen? Muss man nicht dagegen revoltieren, dass die Welt ein solches Bruchwerk ist?

Der Arzt zuckt die Schultern: »*Die Hand werden Sie nicht mehr richtig gebrauchen können; daran ist nichts zu ändern.*« *Ein verhältnismäßig harmloser Unfall. Aber das ganze Leben ist dadurch aus der Bahn geworfen, denn er ist Musiker. Warum musste er auch gerade in diesem Augenblick an dieser Stelle stehen, wo ein Betrunkener die Herrschaft über sein Fahrzeug verlor?* »*Schicksal – da kann man nichts machen*«, *sagt man. Da erfährt sich der Mensch als Wehrloser, Preisgegebener, er hat Angst. Moderne Denker sagen, wir sind in das Leben* »*geworfen*«. *Ist das nicht eine Herausforderung an den Menschen, der Herr seines Schicksals sein möchte?*

Und dann der Tod. Nirgendwann fühlt sich der Mensch seinem Schicksal mehr ausgeliefert als an einem offenen Grab. Warum muss der Mensch sterben? Mit jeder Sekunde nähern wir uns dieser unheimlichen Grenze, ob wir wollen oder nicht. Wir können zwar den Tod hinausschieben, aber wir werden ihm nicht ausweichen. Ja, der Tod wird umso schmerzlicher sein, je besser wir uns auf dieser Erde eingerichtet haben. Ist der Tod das unwiderrufliche Ende? Ist das der ganze Sinn meines Lebens? Sicher, wir lassen etwas zurück: Unsere Kinder und die Früchte unserer Arbeit bleiben der Nachwelt erhalten. Kann das aber dem sterbenden Menschen genug Hoffnung geben, dass sein Leben sinnvoll war?

Doch es müssen durchaus nicht nur Grenzsituationen sein, die uns den Riss in unserem Leben sichtbar machen. Die meisten von uns führen ein Leben in gesicherten Verhältnissen. Große Probleme stellen sich vielleicht nicht. Ein Tag sieht aus wie der andere: aufstehen, ausgefüllter Arbeitstag, Ärger mit dem Chef, ein paar Stunden Feierabend, Fernsehen – und morgen wie gehabt. In der Freizeit haben dann viele Langeweile.

Doch eines Tages wird diese Eintönigkeit von der Frage durchbrochen: Ist das alles?

Gerade junge Menschen lehnen sich gegen eine Gesellschaft auf, in der es scheinbar nur Produktion und Konsum gibt. Sie suchen nach einer inneren Bereicherung des Lebens, nach »Bewusstseinserweiterung«. Doch dazu gehört mehr als ein Motorrad oder eine gesicherte Altersversorgung. Der Wohlstand allein kann die innere Leere nicht ausfüllen. Warum scheiden sonst immer wieder Menschen, die sich alles leisten können, freiwillig aus dem Leben? Der Mensch lebt eben nicht nur vom Brot allein. Allerdings lebt er auch nicht von der Arbeit allein oder vom Vergnügen oder vom Protest.

Hier ein Auszug aus dem Brief eines 16jährigen:
»…ich brauche Ihren Rat, Ihren Glauben, den Glauben an etwas, für das es sich zu leben lohnt. Ich kann keinen Sinn in meinem Leben sehen. Seit langem nehme ich Drogen, um meine Probleme zu vergessen. Ich möchte gern damit aufhören, habe aber Angst vor dem, was mich dann erwartet. Opium lässt mich für kurze Zeit vergessen. Anschließend beginnt diese entsetzliche Leere von neuem. Beantworten Sie mir die Frage, warum ich leben muss.«

Viele Sackgassen werden ausprobiert, um Glück und Sinn im Leben zu finden. Die Wahrnehmung aller Lust- und Glücksmöglichkeiten führt jedenfalls nicht ans Ziel; sie führt vielmehr weg von Glück und Lebensqualität. Aber das Suchen selbst und die Erwartung, dass das Leben einen Sinn haben muss, sind richtig.

Die Erfahrung, daß manche Wege nicht zum Ziel führen, hat in letzter Zeit zu einem Stimmungsumschwung geführt. Aus Aggressionen werden bei vielen Menschen Depressionen; aus Optimismus wird Resignation. Wer keine Arbeitsstelle findet oder sie verlor, wer nicht den Beruf ergreifen kann, den er möchte, wer immer wieder in seinen Hoffnungen scheiterte, kommt leicht zu der Feststellung: Es hat ja doch alles keinen Zweck, alles ist sinnlos. Das Verlangen im Menschen ist unbegrenzt, scheint aber zugleich unerfüllbar. Die Folgerungen, die daraus gezogen werden, sind sehr verschieden. Es gibt vor allem drei mögliche Wege: Man kann der Entscheidung ausweichen; man kann zur Überzeugung kommen, alles sei sinnlos; eine dritte – eine positive – Möglichkeit aber zeigt der Glaube auf.

Der Entscheidung ausweichen

Alle Antworten auf die Frage nach dem Sinn des Lebens scheinen ungenügend. Besitz, Wohlstand, Ansehen, gehobener Lebensstandard, Macht scheiden aus. Über Nacht kann all das verlorengehen. Was dann? Und oft ist dies alles nur auf Kosten anderer zu haben. Nicht umsonst sind die Mächtigen und Angesehenen oft einsame Menschen.

Leistung und Erfolg scheiden ebenfalls aus. Erfolgsmenschen werden oft beneidet, aber nicht geliebt. Wie ist das, wenn sie vom Gipfel des Erfolgs herunterstürzen? Hat dann ein solches Leben keinen Sinn mehr?

Angesichts der Schwierigkeit einer Antwort kann es nicht verwundern, dass viele Menschen dieser Frage einfach ausweichen oder sie für unwichtig erklären:»Man muss eben zufrieden sein mit dem, was das Leben so bietet. Lasst uns das Leben heute genießen, denn morgen sind wir tot.« Andere überdecken das innere Vakuum durch Flucht in die Arbeit, den Konsum, in Ideologien, oder sie benötigen Psychopharmaka. Lassen sich aber diese Scheinlösungen ein ganzes Leben lang durchhalten? Auch in Zeiten der Not? Wenn die Familie zersplittert ist; wenn die Position von einem Jüngeren eingenommen wird; wenn man nicht mehr berufstätig sein kann? Irgendwann kommen die Fragen doch wieder hoch. Verdrängungen – das lehrt uns die Psychologie – machen den Menschen krank.

Der Schriftsteller Antoine de Saint-Exupéry beschreibt diesen Menschentyp so:»Du alte Beamtenseele, du hast dir deinen Frieden gezimmert, indem du wie die Termiten alle Lücken verschlossen hast, durch die das Licht zu dir drang, und durch die du zum Licht schautest. Du hast dich eingerollt in bürgerliche Sicherheit ... Du willst dich nicht mit großen Fragen belasten. Du hattest genug zu tun, dein Menschsein zu vergessen. Du stellst keine Fragen, auf die du keine Antwort bekommst. Nein, du bist ein kleiner, braver Bürger. Als es noch Zeit war, hat dich niemand mitzureißen versucht. Nun ist der Lehm, aus dem du gemacht bist, eingetrocknet und hart ...« (aus:»Wind, Sand und Sterne«).

Alles ist sinnlos, absurd

»Mein Leben ist ein dunkler Weg,
der nach nirgendwo führt
und wieder nach nirgendwo,
immer und ewig nach nirgendwo,
dunkel und ohne Ende
nach nirgendwo.«

Ernest Hemingway

Diese Weltanschauung ist heute sehr verbreitet und ernst zu nehmen. Sie besticht durch ihre Konsequenz. Diese Menschen verweisen auf das Leid in der Welt und auf das katastrophale Ende, den Tod. Sie kehren den Spieß um und sagen: Widersprüchlichkeit und Ungeborgenheit gehören nun einmal zur Bestimmung des Menschen. Sinn und Ziel des Lebens besteht gerade in dem Eingeständnis, dass es keinen Sinn hat. Das Dasein des Menschen ist eben absurd. Es kommt nur darauf an, sich damit abzufinden, dieser Sinnlosigkeit heroisch ins Auge zu schauen. Nur so »besteht« der Mensch sein Leben. – Fast wörtlich sind hier Gedanken heutiger Philosophen wiedergegeben.

Angesichts so vielen Leids, so vieler zerschlagener Hoffnungen scheinen sie konsequent zu sein. Recht und Unrecht, Anständigkeit und Gemeinschaft halten sich die Waage; und oft ist das Schlechte stärker als das Gute. Wir selbst machen uns diese Fragen nicht leicht und kommen später noch einmal ausführlich darauf zurück. An dieser Stelle aber bleibt zu fragen: Ist diese Denkweise nicht zumindest einseitig? Ist sie nicht auch eine Flucht, eine Kapitulation unseres Denkens? Es gibt gute Gründe, an einen Sinn des Lebens zu glauben.

Dem Sinn auf der Spur

Unsere Welt ist sinnvoll aufgebaut. Gewiss, es gibt Disharmonien. Wer wollte sie leugnen. Aber ist die Welt im Großen und Ganzen nicht doch sinnvoll geordnet? Die kleinste Blume ist ein Kunstwerk. Oder denken wir an den Aufbau der Atome, an die Bahnen der Planeten. Bis heute ist menschlicher Verstand mit dem Forschen darüber an kein Ende gekommen. Die Organe und Triebe des Menschen haben sinnvolle Ziele. Der Hunger findet Sättigung, der Durst findet Stillung, der Drang nach Erkenntnis findet Wahrheit … Alles ist aufeinander abgestimmt.

Soll da ausgerechnet der Mensch in seinem tiefsten Verlangen nach Glück, das keine Grenzen kennt und letztlich nach dem Unendlichen strebt, der Sinnlosigkeit ausgeliefert sein? Obwohl doch alle Einzelheiten in ihm sinnvoll angelegt sind? Sinn im Detail, aber Sinnlosigkeit im Ganzen? Das wäre schwer einzusehen. Der Mensch wäre dann tatsächlich eine Fehlkonstruktion, das armseligste Wesen, das es gibt. Müssen wir nicht sagen: Allein die Tatsache, dass wir zu diesem Verlangen fähig sind, und dass es dieses Verlangen zu allen Zeiten gegeben hat, legt nahe, dass es auch seine Entsprechung, seine Erfüllung finden kann. Natürlich ist eine solche Überlegung nicht zwingend wie das Einmaleins, aber wer sich ihr öffnet, der erfährt ihre Bestätigung überall in seinem Leben.

Sicher gibt es Menschen, die einwenden, dieses Verlangen nie gekannt zu haben. In einem Brief an die »Katholische Glaubensinformation« schrieb jemand: »Mir geht in dieser Welt nichts ab. Ich bin zufrieden. Ich verwahre mich gegen eine solche eingepredigte, einsuggerierte Sehnsucht. Ich finde das Leben weder sinnlos, noch suche ich einen Sinn darüber hinaus. Ich glaube nichts, mir fehlt nichts!«

Niemand leugnet, dass es Menschen gibt, die von dieser »Unruhe« nicht das Geringste spüren, auch nicht in Zeiten der Not. Aber sind die nicht die Ausnahmen? Und sind sie sicher, dass diese »Selbstzufriedenheit« in allen Lebenslagen bleibt und nicht doch irgendwann durchbrochen wird?

Nicht zu früh kapitulieren

Woher kommt es eigentlich, dass der Mensch immer etwas erhofft? Selbst der »hoffnungslos« Kranke, selbst die Randexistenzen unserer Wohlstandsgesellschaft, auch sie hängen am Leben und erhoffen sich immer noch etwas. Und diese Hoffnung gibt ihnen Kraft durchzuhalten. Warum steigen diese Menschen nicht dem Leben aus, wenn doch alles sinnlos ist? Der Mensch bejaht also selbst noch in der Verzweiflung ein Leben, das er nach der vorgenannten Weltanschauung eigentlich verneinen müsste. Es ist einfach nicht wahr, dass die Grundstimmung unseres Daseins »Ekel« ist, es ist vielmehr die Daseinsfreude. Der Mensch ist in der Tiefe seines Wesens ein Optimist, weil er einen letzten Sinn seines Lebens ahnt. Darum erscheint uns die Behauptung von der Sinnlosigkeit des Daseins – schon von der Erfahrung her – einseitig und gewagt. Freilich ist dieser Sinn nicht immer direkt einsichtig. Oft geht er einem erst nach Jahren auf, wenn die Zusammenhänge klar werden.

Macht man es sich nicht doch zu leicht, wenn man sich damit zufrieden gibt, dass man sich »im Leben vorfindet«, und das nicht weiterhin hinterfragt? Wir sollten hier, wo es um eine der tiefsten Fragen menschlicher Existenz geht, nicht vorzeitig kapitulieren.

Wer ehrlich meint, nur Sinnlosigkeit sehen zu können, der soll versuchen, nach dieser Weltanschauung zu leben. Aber keiner kann behaupten, das sei die einzige menschlich ehrliche Haltung. Erstaunlicherweise verzweifelt nämlich der größte Teil der Menschheit nicht. Es gibt also eine geheime Sinnvermutung. Und dass es mehr ist als eine Vermutung, bezeugen zahllose Menschen, die einen Lebenssinn gefunden haben, der das ganze Leben umgreift. Mit dem man hoffnungsvoll leben – und sogar sterben kann. Diese Spur wollen wir weiter verfolgen.

Sinn als Geschenk

Wann haben wir eigentlich am stärksten so etwas wie Glück, wie Erfülltsein, wie Sinn erfahren? Dann, wenn wir uns bejaht, angenommen wussten. Wenn es Menschen gab, vielleicht einen Einzigen, dem an uns etwas lag, der uns liebte. Schon das kleine Kind ist noch nicht glücklich, wenn es nur satt ist. Strahlendes Lachen kommt erst auf sein Gesicht, wenn die Mutter sich ihm zuwendet, es anlacht. Und so bleibt es ein ganzes Leben lang.

Hier wird deutlich, daß Sinn nicht in uns selbst liegt. Und dass er nicht machbar ist, sondern nur empfangen werden kann. Und dass ein Zusammenhang zwischen Sinn und Liebe besteht. Liebe kann man nicht erzwingen oder schaffen. Je jünger ein Mensch ist, umso mehr kreist er um sich und bettelt auf seine Weise um Zuwendung. Je älter aber ein Mensch wird, umso mehr wird ihm Liebe verweigert, wenn er darum bettelt. Vielmehr gilt dann: Je weniger ein Mensch an sich selbst denkt, je mehr er sich loslässt auf andere hin, je mehr er von sich absehen kann, umso mehr erfährt er Sympathie, Kontakt, Zuneigung und damit zugleich innere Erfüllung und Sinn. Was Sinn angeht, so sind wir vom ersten Augenblick unseres Lebens an Empfangende. So wenig man sich sein eigenes Leben geben kann, so wenig kann man sich den Sinn seines Lebens selbst schaffen.

Diese Erfahrung weist uns darauf hin, wo wir den Gesamtsinn unseres Lebens zu suchen haben: nicht im materiellen Bereich, sondern auf der Ebene der personalen Begegnung und Liebe. Dennoch kommen wir auch auf diesem Weg nicht zur vollen Sinnerfüllung. Denn keine menschliche

Hinwendung und Zuneigung ist frei von Enttäuschungen. Sich selbst hingeben kann man nur an ein Höchstes und Letztes, wenn man nicht nur Mittel zum Zweck sein und in Abhängigkeit geraten will. Kein Mensch und erst recht keine Sache in dieser Welt sind so, dass wir uns restlos an sie verlieren dürften, wenn wir uns nicht wirklich verlieren wollen! Und keine Zuwendung, die wir erfahren, erfüllt uns wirklich ganz. Schon deshalb nicht, weil der, der sie uns schenkt, uns jederzeit genommen werden kann, durch Entfremdung oder durch den Tod.

Glaube gibt Sinn

Also wiederum Fehlanzeige? Wieder eine Sackgasse? Keineswegs! Thomas von Aquin, ein Theologe des Mittelalters, sagt, der Mensch sei »fähig zum Unendlichen«.

Wenn unser Verlangen und Fragen über all das hinausgeht, was wir unmittelbar vor uns haben, dann *ist* das offenbar noch *nicht* das Ganze. Das überschaubare Leben reicht einfach nicht aus, um sich selbst zu deuten. Es geht tatsächlich nicht auf, es bleibt rätselhaft, brüchig und ohne Erfüllung. Wir müssen noch mit einer anderen Dimension rechnen, um das Wegstück des Lebens zwischen Geburt und Tod deuten zu können. Es gilt, in unserer Endlichkeit das Unendliche, im Menschlichen das Göttliche zu suchen und zu finden. Das Du, dem ich mich ganz überlassen kann und das mich zugleich ganz bejaht, gibt es wirklich. Wir müssen letztlich mit Gott rechnen, um uns selbst zu verstehen. Sonst bleiben wir uns eine Frage ohne Antwort.

»Einen unbedingten Sinn zu retten ohne Gott, ist eitel« (Max Horkheimer in: »Die Sehnsucht nach dem ganz anderen«, Hamburg, 1970, S. 41). Der Philosoph Horkheimer kommt am Ende seines Lebens, nachdem er jahrzehntelang anders gelehrt hatte, zu dieser Überzeugung. Nicht im Sinn eines christlichen Gottesbegriffs, aber doch darin mit uns solidarisch, dass der Sinn der Welt ohne Überschreitung der Innerweltlichkeit nicht angenommen werden kann.

Das ist die Antwort des Glaubens. Mag sein, dass manchem dieser Gedankengang jetzt zu plötzlich kommt. Dass er zunächst nur als Behauptung erscheint. Manche werden vielleicht einwenden, dass dadurch die Sinnlosigkeiten in der Welt nicht weniger werden. Oder daß wir Gott damit als Erfüllungsgehilfen unserer unerfüllbaren Hoffnungen und Erwartungen mißbrauchen. Und auch der Gläubige muss zugeben, dass damit durchaus nicht alle Fragen gelöst werden, dass noch viel Dunkel und Widersprüchlichkeit bleibt. Aber in alldem erkennt er einen tieferen Sinn seines Daseins und weiß, daß er nicht vergeblich lebt.

Aber damit haben wir bereits die nur menschlichen Überlegungen verlassen, die hier tatsächlich nicht weiterführen. Weiter führt die Bibel. Die Antwort aber wird wieder anders ausfallen, als wir erwarten. Wir müssen deshalb im Folgenden immer wieder auf diesen Punkt zurückkommen.

»Ich stehe mit 35 in der Lebensmitte, bin sehr glücklich verheiratet mit einer Frau, die meine Gedanken und Ziele teilt. Wir verdienen zusammen viel (zuviel) Geld. Ich bin in leitender Stellung und habe Mitarbeiter zu führen. Vor einem Jahr habe ich zum ersten Mal von der Bergpredigt gehört. Ich war sehr bewegt. Ich habe danach versucht, wenigstens gelegentlich dementsprechend zu handeln. Daher könnte ich mir vorstellen, dass ein solches Leben für mich auch die Frage nach dem Sinn beantworten könnte« (aus einem Brief an die »Katholische Glaubensinformation«).

2.

Auf der Suche nach Gott

»Gott sei Dank gibt es nicht,
was sich 60 bis 80 Prozent
der Zeitgenossen unter Gott
vorstellen.«

Karl Rahner

Vielleicht hat sich mancher am Schluss des ersten Kapitels gesagt: Was ich da gelesen habe, darin habe auch ich mich wieder erkannt. Ich kann nicht glauben, dass dieses ganze Leben sinnlos sein soll – so sehr ich mich auch an dem Leid dieser Welt stoße. Ich glaube auch, dass »etwas hinter allem« stehen muss. Dass es einen Gott gibt, ist nicht so sehr meine Frage; meine Zweifel beginnen erst dort, wo man versucht, nähere Aussagen über Gott und sein Handeln zu machen.
Die Zweifel anderer setzen schon früher an: Das bisher Gesagte leuchtet mir zwar ein, aber was hat das alles mit Gott zu tun? Ich sehe nicht ein, warum auf einmal Gott ins Spiel gebracht wird; warum Gott die Antwort auf meine großen Lebensfragen sein soll. Warum muss hinter allem etwas stehen?

Kann man Gott beweisen?

Auf jeden Fall nicht im Sinn mathematisch naturwissenschaftlicher Beweisführung. Beweise gehören in die Sachwelt. Gott aber ist keine Sache, sondern ein Du. Jeder weiß, dass sich bereits viele Fragen des Menschen und der zwischenmenschlichen Beziehungen nicht mehr streng wissenschaftlich beantworten lassen. Die wirklichen Fragen des Lebens lassen sich nicht lösen wie ein Kreuzworträtsel: Wenn waagerecht stimmt, dann muß auch senkrecht stimmen. Sie sind umfassender, es gibt immer noch ein Wenn und Aber.

Gotteserfahrung

Noch viel weniger kommt das Wissen über Gott durch »Gottesbeweise« zustande. Aber es gibt »Gotteserfahrung«, und diese ereignet sich im Leben und Alltag. Beweise wenden sich nur an den Verstand, die Erfahrung aber ergreift den ganzen Menschen mit all seinen Kräften, mit Verstand *und* Herz. Eine solche Erfahrung kann mit Verstandesgründen allein weder erzeugt noch erschüttert werden, denn dahinter steht die Weisheit eines ganzen Lebens. Wir können hier nur den Blick schärfen, die Richtung zeigen, in der sich Gott finden lässt.

Wir leben in einem technisch-wissenschaftlichen Zeitalter. Diese Zeit hat auch den Menschen geprägt. Er will sachlich, nüchtern, präzise sein. Leicht aber verfallen wir der Auffassung, man könne nur das erkennen, was sich im Experiment aufzeigen lasse; was sich nicht wiegen und messen lasse, besitze keine Wirklichkeit. Sicher, vieles von dem, was heute zu unserem geradezu lebensnotwendigen Wissen gehört, verdanken wir der Technik und den Naturwissenschaften. Aber darüber hinaus gibt es noch vieles Lebenswichtige, wozu uns Technik und Naturwissenschaft wenig sagen können. Sie erfassen nicht die ganze Breite, sondern nur einen Ausschnitt der Wirklichkeit, die Erfahrungswelt der Materie. Oder lassen sich etwa menschliche Werte wie Liebe und Treue, Wahrhaftigkeit, Schönheit und Verantwortungsbewusstsein in chemischen Formeln ausdrücken? Ein Physiker kann den Klang der menschlichen Worte mechanisch erklären, indem er die Schwingungen der Stimmbänder misst. Zum Sinn dieser Worte aber, zum geistigen Gehalt, wird er mit physikalischen Methoden niemals vorstoßen können.

Erst recht liegt Gott jenseits naturwissenschaftlicher Beweisgänge. Sein Dasein kann weder errechnet noch durch chemische Analysen festgestellt werden. Dennoch aber liegt Gott nicht jenseits aller Erfahrungen des Menschen, auch nicht außerhalb der Reichweite menschlicher Vernunft; denn durch logisches Denken *kann* auf sein Dasein geschlossen werden. Nicht, dass damit das Wesen Gottes voll erkannt werden könnte. Aber die Existenz Gottes steht nicht im Widerspruch zum logischen Denken, und darum kann von einem Gegensatz zwischen Wissenschaft und Glaube nicht die Rede sein – wenn beide ihre Grenzen beachten, und wenn der Begriff »Wissenschaft« nicht ungerechtfertigterweise einfach auf Naturwissenschaft eingeengt wird.

»Wohin und wie weit wir also blicken mögen, zwischen Religion und Wissenschaft finden wir nirgends einen Widerspruch, wohl aber gerade in den entscheidenden Punkten volle Übereinstimmung ... Gott steht für den Gläubigen am Anfang, für den Physiker am Ende allen Denkens« (Max Planck, zit. bei Frankenberger: Gottesbekenntnisse großer Naturforscher, Johannes-Verlag, Leutesdorf 1973, S. 18).

Bevor wir nun Wege zur Gotteserkenntnis aufzeigen, sei gesagt, dass aus all diesen Überlegungen nicht zwangsläufig die Antwort »Gott« folgt. Wenn das der Fall wäre, gäbe es keine Atheisten. Gott drängt sich nicht derartig auf, dass man ihn nicht auch übersehen könnte. Der Mensch soll sich frei für ihn entscheiden können. Aber der Gläubige ist überzeugt, dass er zu einer festen Gewißheit über Gott kommen kann, die sich auch vor der Vernunft verantworten und begründen lässt. Eine solche Erkenntnis jedoch fällt dem Menschen nicht in den Schoß.

Auf der Suche nach Gott

Wir sehen hier zunächst von der christlichen Offenbarung ab und wollen nur davon reden, wie jeder Mensch Gott in seinem eigenen Leben und in der Welt erfahren kann. Dazu muss der Mensch alle seine Kräfte einsetzen: den Verstand so gut wie den Willen und das Gemüt. Hier geht es letztlich um eine persönliche Grundentscheidung. Entscheidungen aber sind eine Sache des Willens. Man muss Gott finden wollen, d.h., man muss ihn suchen. »Es gibt Erkenntnisse, die gewinnt man nur, wenn man Interesse hat, sie zu gewinnen« (Ernst Bloch). Ein Interesse aber hat man nur an etwas, das einem als Wert erscheint, wovon man sich etwas erhofft. Wer in dieser Weise interessiert ist, sieht mehr, erkennt klarer. Interesse und Erkennen steigern sich dann gegenseitig. Wenn heute immer mehr Menschen den Glauben zu verlieren scheinen, dann weniger aus Ablehnung, aus Ärger oder Enttäuschung, sondern vor allem aus Interesselosigkeit. Sie wissen nichts mit ihm anzufangen. Manche Menschen aber haben – unbewusst – ein Interesse daran, dass Gott nicht existiert. Wenn es Gott gibt, hätte das Konsequenzen für ihr Leben. Davor aber scheuen sie zurück. Bewusst oder unbewusst sind viele Menschen bestrebt, sich vor Gott abzusichern – gläubige wie ungläubige.

Wichtig ist, dass wir es mit Gott einfach einmal wagen. Schon einen Menschen lernt man nur richtig kennen, wenn man mit ihm umgeht. Auch Gott erfährt man nur, wenn man sich auf ihn einlässt, mit ihm im eigenen Leben rechnet, und nicht, wenn man distanziert über ihn debattiert. Es kommt alles darauf an, die gewonnenen Einsichten im Leben auszuprobieren.

Die eigentliche Erkenntnis Gottes verdanken wir der Offenbarung Jesu Christi. Zunächst aber wollen wir unser eigenes Nachdenken bemühen und sehen, wie weit es uns Gott näherbringen kann.

Die »Gottesbeweise«

Die Philosophen haben zu allen Zeiten über Gott nachgedacht und Gedankengänge entwickelt, welche von unserer erfahrbaren Welt ausgehen und logisch auf die Existenz Gottes schließen: Etwas missverständlich nennt man sie Gottesbeweise. Sie gehen auf philosophische Überlegungen zurück, die sich vereinfacht etwa so darstellen lassen: Die Menschen erfahren die Welt, die Erde, die Gestirne, das Universum. Sie staunen, fragen und sagen: Wieso ist das alles? Genauso gut könnte doch alles auch nicht existieren! Wieso ist es dann aber da? (philosophisch: Kontingenzbeweis). – Auf dieser Welt gibt es Leben und Bewegung, Veränderung, Werden und Vergehen. Alles, was sich bewegt, muss zuvor angestoßen worden sein. Wer hat also das Ganze in Bewegung gesetzt? (Kausalitätsbeweis). – Und schließlich: Wohin wir auch sehen: in der Natur, im Bau der Pflanze, im Verhalten der Tiere wird so viel Planung, Intelligenz und Vernunft erkennbar, dass man einen intelligenten Schöpfer-Geist voraussetzen muss (teleologischer Gottesbeweis).

Alle diese »Gottesbeweise« haben eines gemeinsam: Sie wollen nicht beweisen im Sinn eines Verfügens oder Bescheidwissens über Gott. Sie sind vielmehr Schlüsse, die der menschliche Geist zieht, indem er von der Wirklichkeit seiner irdischen Welt ausgeht und in einer ganz anderen Wirklichkeit mündet, welche ihr Dasein in sich selbst hat und alles andere verursacht. Naturwissenschaftlich messbar und experimentell feststellbar ist dieses Sein aber nicht mehr.

Die Natur als Spur Gottes

Bei einer Strandwanderung am offenen Meer oder beim Betrachten des Sternenhimmels kann es sein, dass wir etwas von der Unendlichkeit ahnen, die uns umgibt. Dann beginnt das Staunen und Fragen: Woher kommt die wunderbare Ordnung und Schönheit, im kleinsten Grashalm ebenso wie im Wassertropfen, im Atom ebenso wie im Weltall? Unwillkürlich stellt sich die Frage: Muss nicht eine höchste

Intelligenz hinter alldem stehen? Der Zufall hat noch nirgendwo Harmonie entstehen lassen (vgl. auf philosophischer Ebene den teleologischen Gottesbeweis)!

Um ein Beispiel zu nennen: Das menschliche Auge bildet sich im Dunkel des Mutterleibes. Es hat hier noch keine Aufgabe: denn zum Sehen fehlt das Licht. Dennoch wird es bereits für diese Aufgabe vorgebildet. Nur vom Ziel her, später einmal sehen zu können, scheint diese wunderbare Konstruktion des Auges erklärbar. Aber Ziel und Sinn setzen einen denkenden Geist voraus, der plant und entwirft. Diese allem überlegene Vernunft nennen wir in unserer abendländischen Tradition Gott. Freilich, der moderne Mensch hat es – ohne seine Schuld – schwerer, in der Welt eine Spur zu entdecken, die auf Gott hinweist. Wir haben die Natur in unsere Verfügung genommen, wir lenken und dirigieren sie. Was gestern noch unerklärbar erschien, was auch heute noch wunderbar anmutet, das kann morgen bereits nüchtern dechiffriert sein.

Manche Wissenschaftler glauben sich schon nahe an der Entdeckung einer »Weltformel«, eines einzigen, universalen Gesetzes, das alles Sein erklären könnte. Nicht wenige Wissenschaftler wagen daher die umgekehrte Schlussfolgerung: Wir brauchen keinen Gott zur Erklärung. In einer erklärten Welt ist keine Lücke mehr für Gott. Dieser Schluss aber ist ein Trugschluss und eine methodische Grenzüberschreitung: Alle naturwissenschaftliche Erkenntnis kann immer nur beschreiben, was bereits ist, wie es wurde, welchen Gesetzen es folgt. Keine Antwort aber vermag sie zu geben auf die Frage nach dem letzten Woher und Warum. Sicherlich wird man heute nicht mehr von Toren reden wie das Alte Testament: »Töricht waren von Natur alle Menschen, denen die Gotteserkenntnis fehlte. Sie hatten die Welt in ihrer Vollkommenheit vor Augen, ohne den wahrhaft Seienden erkennen zu können. Beim Anblick der Werke erkannten sie den Meister nicht …, denn von der Größe und Schönheit der Geschöpfe lässt sich auf ihren Schöpfer schließen« (Weish 13,1.5).
Aber die staunende Rückfrage nach dem »Warum« erlaubt gerade auf dem Hintergrund der fortschreitenden naturwissenschaftlichen Erkenntnis auch das gläubige Bekenntnis, wie es das Neue Testament formuliert hat: »Seit Erschaffung der Welt wird seine unsichtbare Wirklichkeit an den Werken der Schöpfung mit der Vernunft wahrgenommen, seine ewige Macht und Gottheit …« (Röm 1,20).

Das Ziel aller Hoffnung

Es gibt viele Wege, auf Gott zu stoßen. Jetzt kommen uns die Überlegungen des ersten Kapitels zugute. Wenn wir nämlich die Gedanken, die dort entwickelt wurden, zu Ende denken, die Linien ausziehen, treffen sie sich im Unendlichen. Alle Widersprüchlichkeiten des Menschen, seine ganze Offenheit und Freiheit, all seine Hoffnungen und seine Erwartungen, alle Kräfte in ihm, die dort aufgezählt wurden, suchen zutiefst ein Gleiches: ein endgültiges Letztes, in dem all seine Sehnsucht Erfüllung findet. Wir sagten, dass unser Verlangen keine Grenzen kenne, sondern immer ein »Mehr« suche. Immer müssen wir etwas vor uns haben, etwas erwarten können. Und selbst, wenn wir gar nichts mehr nennen können, was uns noch fehlt, ist unsere Erwartung immer noch nicht gestillt; es bleibt die unerklärliche Erfahrung, dass uns noch etwas fehlt: ein unsagbares, eben ein unendliches Glück. Das aber ist offenbar in unserer Erfahrungswelt nicht zu finden. Um darauf zu stoßen, muss der Mensch denkend über sich hinausschreiten, er muss seine Grenzen sprengen. Das in jeder Weise Unendliche und Vollkommene nennen wir Gott. Ihn suchen wir letztlich in allem Hoffen und Wünschen. Zutiefst steckt in uns ein Ahnen, dass es diesen Unendlichen gibt.

Liebe kennt keine Grenzen

Jeder Mensch braucht Liebe. Er wünscht und hofft – trotz negativer Alltagserfahrungen –, dass das Glück, das er in der Liebe erfährt, nie zu Ende geht. Am Beginn jeder liebenden Beziehung steht die Hoffnung, sie möge gelingen, möge halten und nie aufhören, obwohl jeder weiß, dass spätestens der Tod die Liebenden auseinander reißen wird und dass der beste Mensch diese Erwartungen nicht erfüllen kann.

Was der Mensch letztlich in der Liebe erstrebt, weist über das, was Menschen geben können, und das, was das Leben bieten kann, hinaus: Liebe ist im Grunde maßlos. Alle Liebe will Unendlichkeit. Christen sehen in der Liebe einen deutlichen Hinweis auf Gott. Gerade hier ist dieser Name für das unendlich Vollkommene besonders angebracht, denn Liebe richtet sich nicht auf eine Sache oder auf eine anonyme Schicksalsmacht, sondern auf die Person. Nur eine Person kann liebend antworten. Bleiben diese unsere Erwartungen unerfüllt? Oder gibt es den, der sie erfüllen kann?

Der Anspruch des Gewissens

Neben unserer Sehnsucht nach Liebe, nach Glück, gibt es in uns das Verlangen, gut zu sein. Der Mensch weiß genau, dass er nicht alles, was er liebt, nicht jedes Glück an sich reißen darf – etwa auf Kosten anderer. Die regelnde Kraft, die hier im Innern des Menschen tätig wird, nennen wir das Gewissen.

Man hat versucht, das Gewissen zu erklären als Furcht vor der öffentlichen Meinung, vor Strafe, als Frucht von Erziehung und Umwelt oder als ererbte Veranlagung. Das alles prägt zweifellos das Gewissen, und von daher ist auch erklärlich, dass das Gewissen der Einzelnen und das sittliche Bewusstsein der Völker nicht einheitlich über Gut und Böse urteilen. Aber alle stimmen darin überein, dass es diesen Unterschied gibt und der Mensch durch das Böse schuldig werden kann.

Das Wissen, dass er gut sein muss, ist jedem Menschen mitgegeben. Selbst wo kein anderer das Böse sieht und kein Mitmensch davon betroffen ist, fühlen wir uns verantwortlich. Das Gewissen warnt oder beschuldigt. Das Gewissen ist eine Kraft in uns, aber doch nicht mit uns identisch. Nach der als böse erkannten Tat beginnen die »Gewissensbisse«, das Bewusstsein der Schuld und damit der Reue.

Im Anruf des Gewissens erfährt der Mensch eine höhere Gerechtigkeit, ein inneres Urteil, eine bestimmende Weisung; einmal als Impuls, etwas zu tun, ein anderes Mal als klares »Halt«; ja, dieser Anruf kann so unbedingt sein, dass Menschen in äußersten Situationen das Leben drangeben, um das Gute nicht zu verletzen. Es fordert ihn ein, auch wenn es ihm lästig ist. Hier wird deutlich, dass der Mensch in seinem Gespür für Recht und Unrecht nicht sich selbst als seinen eigenen Richter erfährt – wie würde er dann gegen seine eigene Neigung entscheiden? Gerade heute kommt der Mensch mehr und mehr zu der Erkenntnis, daß er längst nicht mehr alles darf, was er kann, wenn er nicht sich und seine Welt selbst zerstören will. Aber auch die Annahme einer unpersönlichen Macht reicht zur Erklärung des Gewissens nicht aus. Es wäre des Menschen unwürdig, sich einer abstrakten Norm zu unterwerfen.

Wenn wir Verantwortung fühlen, Schuld oder Scham bei einer Verfehlung empfinden, setzt das voraus, dass da eine Autorität ist, der gegenüber wir verantwortlich sind, vor der wir beschämt und schuldig sind. Ein »Es«, eine abstrakte Norm kann unsere Gefühle nicht in Bewegung setzen. Wir fühlen keine Scham vor einem Stein oder einem Tier, sondern nur gegenüber einer Person.

Wiederum: Hinter dem Bewusstsein des Menschen für Verantwortung steht ein unbedingter Wille, vor dem keine Ausflüchte gelten. In unserem Verlangen gut zu sein, ahnen wir Menschen das unendlich Gute und den unendlich Guten. Er steht uns mitten in unserem Leben im Anspruch des Gewissens gegenüber.

Das Erleben der Grenzen

Gott lässt sich also mitten in unserem Leben finden. Überall stoßen wir auf ihn, wir treffen ihn aber gerade in den Grenzsituationen unseres Lebens: im Leid, in der Einsamkeit, in Schicksalsschlägen, im Tod.

Der Tod stellt das menschliche Leben von Grund auf in Frage. Wir versuchen, den Gedanken daran zu verdrängen. Für eine gewisse Zeit mag das auch gelingen, aber nicht auf die Dauer. Dann kommt der Mensch an die Grenze, die all seinen Erwartungen widerspricht, gegen die er sich zutiefst sträubt, die er mit all seinem Wissen und Hoffen zu überschreiten sucht. Im Innersten seines Herzens hat er sie auch bereits überschritten in der Ahnung: Das ist nicht das Ende! Dahinter gähnt kein »Nichts«. Das, was ich in diesen 20 oder 80 Jahren sehe und erfahre, ist nicht alles, es geht weiter. – Es gibt in uns also eine Kraft, die keine Grenze kennen will, und die gerade deshalb so sehr gegen die Grenze des Todes aufbegehrt, davor erschrickt. Woher kommt diese Kraft?

Auch der Nichtglaubende erkennt meist hinter seinem Leben eine unergründliche Macht und Wirklichkeit, die nicht mehr so zufällig ist wie er, die vielmehr selbst verfügt und schickt. Er redet vom Schicksal. Was aber ist das? Der gläubige Mensch kennt dahinter keine blinde, anonyme Macht, er weiß dahinter ein Du, ein personales Wesen. Denn wie könnten sonst unsere personalen Erwartungen wie Vertrauen, Liebe, Hoffnung eine Erfüllung finden? Diesem »Du« gibt er den Namen Gott.

Wissen wir nun Bescheid über Gott?

Keineswegs! Wir erfahren, dass es ihn geben muss, aber er lässt sich nicht »begreifen«. Menschliche Begriffe und Vorstellungen können Gott nicht erfassen. Wir wissen von Gott eher, wie er nicht ist, als wie er ist. Darum schlagen manche heute vor, ganz über ihn zu schweigen. Wäre das aber nicht auch ein Kurzschluss? Hieße das nicht, ihn für unbedeutsam erklären? Gehört es nicht zum Menschen, dass er gerade auch das Unaussprechliche zur Sprache zu bringen sucht? Oder sollten wir uns nur noch über Binsenwahrheiten unterhalten?

So viel aber ist an diesen Überlegungen richtig: Es muss einem beim Sprechen von Gott die Sprache verschlagen. Das wusste übrigens auch schon die alte Theologie, wenn sie sagte, dass man von Gott vor allem negative Aussagen machen könne: Alles Unvollkommene muss von ihm verneint werden. So kommt es zu den Aussagen: Gott ist *un*begrenzt, *un*endlich, *un*ermeßlich, *un*begreiflich. – Andererseits sagt sie von Gott alles, was uns als vollkommen gilt, in höchstem Maße aus, indem sie sich der Vorsilbe »all« bedient: Gott ist *all*mächtig, *all*gegenwärtig, *all*wissend. Hier wird von den Geschöpfen auf den Schöpfer geschlossen, weil er selbst all das, was uns gegeben ist, in unendlicher Fülle besitzen muss. Wird damit nicht doch der Versuch gemacht, Gott in menschliche Begriffe einzufangen? So lange nicht, wie wir uns der Unzulänglichkeit der Aussage bewusst sind. Hier werden zwar menschliche Begriffe auf Gott angewandt, aber andere stehen uns nicht zur Verfügung. Nur muß uns dabei klar sein, daß all diese Begriffe weit mehr Unähnlichkeit zwischen Gott und Mensch als Ähnlichkeit enthalten. Sie passen nur analog. Dennoch sind diese Aussagen nicht falsch, weil die Richtung, in die sie weisen, richtig ist. Aber Gott bleibt immer noch anders, als unsere Menschenweisheit es sich träumen lässt, er bleibt Geheimnis. In jedem Namen, den wir ihm geben, enthüllt und verhüllt sich Gott zugleich.

Ähnliches gilt von einer ganzen Reihe sehr bildhafter Ausdrücke, die die Bibel auf Gott anwendet. Wir werden später darüber sprechen. Viele dieser Bilder tragen menschliche Züge. So zum Beispiel, wenn es heißt, dass Gott ein Herz habe, dass er an uns denke, dass ihn etwas reue, dass er erzürnt sei, dass er seine Hand über uns halte, usw. Diese Aussagen wollen selbstverständlich als Gleichnis verstanden werden. Die Verfasser der Bibel wissen, dass solche Vorstellungen nur Hilfsmittel sind, die auf Gott hinweisen, der in sich unergründlich bleibt.

Falsche Gottesvorstellungen

Weil wir Gott nicht erkennen können, wie er *wirklich* ist, braucht es nicht zu verwundern, dass es viele falsche Gottesvorstellungen gibt. Diese trüben den Blick für Gott. Vielleicht sind manche »Gläubige« selbst daran schuld, dass Gottesvorstellungen entstehen können, denen tatsächlich kein denkender Mensch zustimmen kann. Viele Menschen lehnen nicht Gott ab, sondern nur etwas, von dem sie meinen, dass dies Gott sei. Sie stoßen sich an einem Zerrbild. Gott aber ist unabhängig von den Vorstellungen, die wir uns von ihm machen. Wenn ein Urwaldmensch an seinem hölzernen Götzen zu zweifeln beginnt und schließlich nicht mehr daran glauben kann, so heißt das nicht, dass es keinen Gott gibt, sondern nur, dass Gott nicht von Holz ist.

Kein Wort wird so leichtfertig gebraucht wie der Name »Gott«. Was wurde damit nicht alles bezeichnet, und was hat man »im Namen Gottes« nicht alles getan! »Wir vertrauen auf Gott!« steht auf der Dollarnote. Und auf dem Koppel deutscher Soldaten stand: »Gott mit uns«. Es gibt Menschen, die so genau über Gott Bescheid zu wissen scheinen, als ob sie einen »heißen Draht nach oben« hätten. »Niemand hat Gott je gesehen« (Joh 1,18).

So gibt es eine Vorstellung von dem »lieben alten Mann mit dem Bart«, der irgendwo über den Wolken »im Himmel« thront. Dahinter steht das antike Weltbild, das auch der Bibel zugrunde liegt. Bis auf den heutigen Tag wird darum weiter das Wort »Himmel« missverständlich sowohl für das Firmament wie für das Göttliche gebraucht. Bekannt ist der einfältige Ausspruch des russischen Kosmonauten Gagarin: »Wir sind in das Weltall vorgestoßen und haben nirgendwo Gott gefunden.« Gott ist an keinen Raum und an keine Zeit gebunden, da er nicht körperlich ist. »Himmel« ist kein Wohnort, sondern ein Zustand. Nirgendwo steht der »Thron Gottes«, schon gar nicht über den Wolken. Gott ist überall in der Welt gegenwärtig, dennoch ist er kein Teil dieser Welt. Er ist in dieser Welt und doch jenseits der physischen Ordnung. In allem lebt und wirkt Gott, in allem kann er deshalb auch erfahren werden.

Andere Menschen meinen, dass Gott nie »nein« sagen dürfe. Sie sehen in ihm den nützlichen Vertragspartner, mit dem man Tauschgeschäfte machen kann, der für sie da zu sein hat, um den Gebeten Erhörung zu schenken. Wie bei einem Automaten sollen Gebet und Erfüllung der Bitten aufeinander folgen. Hier wird Gott zum Handlanger des Menschen. Derartige Erwartungen werden natürlich enttäuscht. Die Folge: »Ich kann nicht mehr an Gott glauben!«

Für wieder andere ist Gott eine Art »himmlischer Polizist«, der für Ordnung in der Welt zu sorgen hat. Wenn sie als Kinder böse waren und wenn es donnerte, wurde ihnen gedroht: »Gott schimpft!« Als Erwachsene grollen sie ihm nun, weil es trotz seiner Allmacht Unordnung und Ungerechtigkeit in dieser Welt gibt. Andere behalten ihr Leben lang diese Angst vor Gott. Sie sehen ihn wie einen »Buchhalter«, der in peinlicher Genauigkeit jedes menschliche Versagen notiert, um uns zu prüfen und am Ende unseres Lebens die Abrechnung zu präsentieren. Was ist das für ein kleiner und kleinlicher Gott!

Viele Menschen meinen, dass Gott ständig korrigierend in den Lauf unserer Welt eingreifen müsse, notfalls durch ein Wunder. Sie vergessen, dass der Welt eine gewisse Eigenständigkeit und Eigengesetzlichkeit zukommt, die kein »Wunder-Gott« durchbricht, um den menschlichen Wünschen entgegenzukommen. Wir wissen, daß Gott nicht die Gewitterwolken zusammenzieht und Blitze auf die Menschen schleudert, sondern dass dies natürliche Vorgänge sind. Wir dürfen aus Gott keinen »Lückenbüßer« machen, der überall da als Erklärung herhalten muss, wo der Mensch mit seinem Denken an eine – meist vorläufige – Grenze kommt. Der Primitive verehrt die Naturkräfte selbst als Gottheiten. Heute bändigt der Mensch diese Kräfte und lenkt sie weithin. Darum meint er, nicht mehr an Gott glauben zu können. In Wirklichkeit müsste er ihn sich nur größer vorstellen. Wir dürfen ihn nicht *in*, sondern *hinter* den Naturgewalten suchen als deren letzte Ursache.

Andererseits ist Gott nicht der »ganz Ferne«, der sich vornehm von der Welt zurückgezogen hat. Er ist nicht der »Uhrmacher«, der in einem Schöpfungsakt den Mechanismus der Natur in Bewegung setzt und dann Welt und Menschheit ihrem Schicksal überließ.

Ein junges Mädchen verlor durch einen Unfall den Mann, den es liebte. Es fragte seinen Onkel, ob Gott sich für seine Liebesgeschichte interessiere. Dieser antwortete, dass Gott andere Dinge zu tun habe ... Daraufhin erwiderte das Mädchen: »Wenn Gott kein Interesse an mir hat, dann habe ich auch kein Interesse mehr an ihm ...« *(Ingmar Bergmann, Sommerspiele).*
Der Onkel hat Unrecht. Gott ist im Innern eines jeden Menschen, er begegnet uns in jedem Ding und Menschen. Er ist der tiefste Grund aller menschlichen Existenz, und im Glauben zeigt er sich uns als »unser Vater«.

Zusammenfassend kann man sagen: Je kleiner und enger das Bild des Menschen von sich selbst und von seiner Welt ist, umso kleiner und enger fällt auch das Bild aus, das er sich von Gott macht. Kein Wunder, dass dann mit dem Fortschreiten naturwissenschaftlicher Erkenntnisse und wirtschaftlicher Entwicklungen ein solches Gottesbild in Frage gestellt wird. Aber derartige Erschütterungen sind heilsam, sie zwingen uns zu einer Überprüfung und Ausweitung unserer Gottesvorstellung. Für den modernen, wissenschaftlich geschulten Menschen ist Gott keineswegs überflüssig geworden – im Gegenteil: Gott wird größer auf dem Hintergrund dieses Wissens.

Die Christen des 2. Jahrhunderts wurden, wie ein christlicher Schriftsteller dieser Zeit berichtet, als Atheisten verdächtigt, und er antwortet darauf: »Wir bekennen auch, Atheisten zu sein, Atheisten aller angeblichen Götter« (Justinian, Apologia prima 6, 1 MPG VI). Das ist für uns ein interessanter Hinweis, dass schon damals die Christen sich deutlich von den landläufigen Gottesvorstellungen abhoben und deshalb in Verdacht gerieten, Gott überhaupt abzulehnen. Waren doch tatsächlich durch die christliche Botschaft die Naturkräfte als »Gottheiten« entthront worden.

Eine neue Sicht des Menschen

Umgekehrt können wir sagen: Das Bild, das wir von Gott haben, beeinflusst auch unser Denken über uns selbst. Wir sind am Anfang unserer Überlegungen vom Menschen ausgegangen und haben die Frage nach Gott gestellt. Nun können wir von Gott ausgehen und erneut und gründlicher nach dem Menschen fragen. Im Licht dieser Erfahrung Gottes wird uns auch manches über uns selbst klarer.

Wenn ein Ingenieur eine neue Maschine konstruiert, wird der Nichtfachmann aus den herumliegenden Einzelteilen sich kein Bild von dem geplanten Werk machen können. Sieht er aber die Baupläne ein und hat so das erstrebte Ganze als Ziel im Entwurf vor sich, dann kann er auch die Bedeutung der einzelnen Teile erkennen.

Wenn wir also Gott als Ziel unseres Lebens, als dessen geheimnisvollen Grund bejahen, bekommen auch Einzelheiten in unserem Leben einen tieferen Sinn. Wir erkennen besser, wozu wir leben; wir erfahren tiefer, wer wir sind. Durch den Glauben an Gott wird auch das irdische Dasein des Menschen verändert. Vieles bekommt einen anderen Stellenwert. Etwas Endliches kann für den Glaubenden fortan nicht mehr »unendlich wichtig« sein. In der Sicht des Glaubens klärt sich manches Rätsel des Lebens – ist das nicht auch eine Bestätigung? Natürlich bleibt auch dem Gläubigen vieles dunkel, aber er hat eine neue Kraft zur Bewältigung der Schwierigkeiten, die ihm im Leben begegnen. Keine Rede davon, dass wirklicher Glaube den Menschen sich selbst und der Welt entfremdet, im Gegenteil: Er findet aus diesem Glauben heraus eine positive Einstellung zu allem, was der Alltag ihm abverlangt.

3.

Atheismus – Religion – Christentum

Der Mensch bleibt sich selbst
eine Frage ohne Antwort,
wenn er nicht mit Gott
rechnet.

Religion an der Jahrtausendwende: Ende oder Neubeginn?

Viele haben den Eindruck, der Glaube an Gott passe nicht mehr in unsere von Wissenschaft und Technik geprägte Welt. Wir kriegen diese Welt immer besser in den Griff. Der Glaube an Gott scheint ein Restbestand aus einer Zeit zu sein, in der Menschen sich vieles nicht erklären konnten, sich Naturgewalten und blindem Schicksal ausgeliefert wussten. Ein solcher Glaube wird heute mehr und mehr überflüssig.

Gibt es Gott oder nicht? Braucht der Mensch Religion, oder ist Glaube Einbildung? Diese Frage bewegt die Menschen, seit es sie gibt, gerade auch jetzt am Beginn des dritten Jahrtausends. Angeblich verliert Religion immer mehr an Bedeutung. Wer noch glaubt, scheint von gestern zu sein.

Zwar gibt es nur relativ wenige überzeugte Atheisten. So leugnet etwa jeder Sechste in Deutschland den personalen Gott, aber nur jeder Fünfundzwanzigste lehnt auch ein »höheres Wesen« ab. Um so verbreiteter ist dagegen ein unreflektierter »praktischer Atheismus«. Man glaubt zwar an ein »höheres Wesen«, man lebt aber, als ob es Gott nicht gäbe. Man braucht ihn nicht. Im Gegenteil: Er stört, wenn man ihn zu ernst nimmt. Orientierung, Sinn, Sicherheit sucht man im Erfolg, im guten Einkommen, in besserer Technik, in perfekterer Organisation. Die Grundstimmung ist materialistisch.

Doch scheint seit Beginn der 80er Jahre der Trend zu kippen. »Religiosität«, wenn man das so nennen will, der verschiedensten Spielarten ist gefragt: Aberglaube, Magie, Okkultismus, Lehren, Weisheiten und vor allem meditative Übungen östlicher Religionen faszinieren viele junge Menschen, aber auch viele von denen, die es zu etwas gebracht haben, die finanziell abgepolstert sind, beruflich erfolgreich, sozial abgesichert. Um so drängender erfahren sie, dass immer noch »etwas« fehlt. Wissenschaft und Technik als Allheilmittel sind in die Krise geraten. Sie haben nicht nur Fortschritt gebracht, sondern auch viele Probleme und Leid auf der Welt neu geschaffen. Auch die andere große Heilsverheißung, der Kommunismus, brach mit dem Ende der 80er-Jahre in den Ländern des real existierenden Sozialismus zusammen. Die Idee des dialektischen und historischen Materialismus und damit die Idee eines »wissenschaftlich begründeten Atheismus« sind am Ende.

Diese Beschreibung gilt vor allem für die Industrienationen des Nordens und des Westens. In den Ländern der so genannten Dritten Welt dagegen verzeichnen Christentum und Islam am Ende des zweiten Jahrtausends Zuwachsraten.

So viel ist klar: Religion und Atheismus leben heute in allen Lebensbereichen nebeneinander bis hinein in die Familien. Auch für den gläubigen Menschen hat der Atheismus eine kritische Funktion. Religionskritik kann helfen, Fehlentwicklungen des Glaubens deutlich zu machen, kann zu einer vertieften Gotteserkenntnis führen. Deshalb lohnt es sich, sich mit den Argumenten des Unglaubens auseinander zu setzen. Das II. Vatikanische Konzil hat ausdrücklich betont, dass die Kirche den Dialog mit dem Atheismus sucht, und dass an der Entstehung des Atheismus die Gläubigen einen erheblichen Anteil haben können, zum Beispiel durch Vernachlässigung des Glaubens oder durch missverständliche Darstellung des Glaubens.

Bekümmerter Unglaube

Neben der relativ kleinen Gruppe überzeugter ideologischer Atheisten und der weitaus größten Gruppe eher gleichgültiger Alltagsatheisten gibt es eine nicht geringe Zahl von Menschen, die Karl Rahner vor Jahren schon »bekümmerte Atheisten« nannte.

Ein junger Mann schreibt an die »Katholische Glaubensinformation«: »Ich möchte ja an Gott glauben, aber ich kann nicht. Mein Unglaube ist keine Überzeugung, sondern das Fehlen einer Überzeugung. Ich beneide jeden, der glauben kann.«
Vor allem aus den Ländern des ehemaligen kommunistischen Herrschaftsbereichs kommen zahlreiche ähnliche Briefe. Solche Menschen sind eher Zweifler und Suchende, aber keine Atheisten. Sie sind vielleicht Gott innerlich näher als mancher, der dem Taufschein nach einer Kirche

angehört. Die Zahl der Atheisten, die ihre Überzeugung theoretisch begründen können, ist gar nicht so groß. Doch würden es sich die meisten davon sehr verbitten, als Atheisten bezeichnet zu werden. Sie würden vielleicht sogar auf die Frage, ob sie an Gott glauben, spontan antworten: »Ja, selbstverständlich.« Manche gehören auch einer christlichen Kirche an, doch in ihrem Leben kommt Gott praktisch nicht vor.

Man kann nichts wissen ...

Wieder andere sagen, es gebe keine absolute Wahrheit; zumindest könne man sie nicht erkennen. Folgerichtig vertreten sie die Ansicht, dass man von Gott nichts wissen, nichts mit Sicherheit erkennen könne. Sie berufen sich meist auf die »Wissenschaft« (hier im Sinne von Naturwissenschaft). Weil Gott nicht mit den Methoden des Experiments nachweisbar ist, existiert er für sie nicht. Auch diese Menschen sind nicht eigentlich Atheisten. Ihre Überzeugung bezeichnet man besser als Agnostizismus (d.h. Überzeugung von der Unmöglichkeit, erkennen zu können).

Ist aber diese Haltung »wissenschaftlich«? Es gibt keinen naturwissenschaftlichen Beweis für die Existenz Gottes (s. Kapitel 2). Genauso wenig gibt es einen wissenschaftlichen Beweis, dass es Gott nicht geben kann. Dafür aber gibt es – wie wir sahen – Wege menschlicher Erkenntnis, die uns zu Gott führen.

Atheismus ...

Uns geht es hier um den eigentlichen Atheismus, d.h. um die Überzeugung, dass es Gott nicht geben kann. Dieser Atheismus hat ganz unterschiedliche Begründungen. Sie überschneiden sich zum Teil und sind daher nicht sauber zu trennen.

... aus wissenschaftlichen Gründen

Die großen Fortschritte menschlicher Erkenntnis scheinen Gott heute überflüssig zu machen. Nach dem heutigen Stand der Naturwissenschaft scheint man ihn zur Klärung der Welt, der Natur und des Lebens entbehren zu können. So besteht für viele Menschen ein unüberbrückbarer Gegensatz zwischen Wissenschaft und Glaube. Glaube wird gleichgesetzt mit Nichtwissen. Dabei ist es paradoxerweise gerade der vom christlichen Glauben geprägte Raum, in dem sich Wissenschaft und Technik am weitesten entwickelt haben.

Dieser Fortschrittsglaube ist heute bereits stark erschüttert. Das überhebliche Rühmen »Wir werden die Werke Gottes nachvollziehen« macht bei vielen Wissenschaftlern wieder einer nüchternen Erkenntnis der eigenen Grenzen Platz. Die Träume von einem technisch-wirtschaftlichen Paradies zerrinnen immer mehr. Wir erkennen, dass alles, was dem Fortschritt dient, auch zur Zerstörung missbraucht werden kann. Umweltverschmutzung, Rohstoff- und Energieverknappung, Zivilisationskrankheiten sind nur einige Stichworte, die deutlich machen, dass der Mensch längst nicht mehr alles tun darf, was ihm technisch möglich ist, wenn er überleben will.

Eine zunehmende Zahl von Menschen – nicht nur in der jüngeren Generation – ist überzeugt, dass eine rein mathematisch-naturwissenschaftliche Denkweise nicht die Gesamtheit der Wirklichkeit erfassen kann. Sie suchen deshalb »Bewusstseinserweiterung« und probieren dabei viele Sackgassen aus. Aber ihr Grundanliegen ist völlig richtig.

Der Raketenforscher Wernher von Braun schreibt: »Während wir die Schöpfung besser kennenlernen, sollten wir auch eine besondere Kenntnis des Schöpfers erhalten und eine tiefere Erkenntnis der Verantwortung des Menschen für das, was Gott damit will. Die bemannten Raumflüge sind phantastische Leistungen, aber bis jetzt haben sie nur ein kleines Fenster in den gewaltigen Weltraum geöffnet. Doch das, was wir durch dieses Fenster von den unendlichen Geheimnissen des Universums sehen können, bekräftigt die Gewissheit, dass es einen Schöpfer gibt … Für mich sind Wissenschaft und Religion gleichsam zwei Fenster eines Hauses, durch die wir auf die Wirklichkeit des Schöpfers und die in seiner Schöpfung manifestierten Gesetze hinausblicken.«

… *aus psychologischen Gründen*

Ludwig Feuerbach (1804-1872) kann als Begründer aller modernen Religionskritik gelten. Seine Kritik hat einen psychologischen Ansatz. Er geht von den Gedanken aus, dass der Mensch in seinem Denken über sich selbst hinausgeht. Ja, der Mensch habe ein unendliches Bewusstsein. Leider begehe nun der Mensch den Irrtum, das Unendliche als etwas außerhalb von sich selbst anzusehen und es Gott zu nennen, anstatt zu erkennen, dass er nur über sein eigenes Wesen nachdenkt, wenn er das Unendliche denkt. Gott sei demnach nichts anderes als ein an den Himmel projiziertes menschliches Idealwesen, eine Projektion, eine Einbildung, die der Mensch aber als Wirklichkeit ansieht und verehrt. Was der Mensch zu sein wünscht, das mache er zu seinem Gott. Dadurch werde aber der Mensch sich selbst entfremdet (vgl. dazu den übernächsten Abschnitt). Nicht Gott also schaffe den Menschen, sondern umgekehrt. Auf dem Denkmal Feuerbachs in Nürnberg steht deshalb der Satz: »Der Mensch schuf Gott nach seinem Bild und Gleichnis«.

Die Gedanken der Projektion erfahren später in den Denksystemen namhafter Psychologen unterschiedliche Ausprägungen (C. G. Jung, der Religion durchaus ernst nimmt, sieht Gott als Projektion der Seele, genauer des Kollektiv-Unbewussten; bei S. Freud rückt er in die Nähe der seelischen Instanz des Über-Ichs).

Zweifellos enthält jede Gottesvorstellung auch menschliche Züge, ist beeinflußt vom menschlichen Hoffen und Sehnen. Derartige Vorstellungen können auch krankhafte Züge annehmen. Aber trifft der grundsätzliche Vorwurf, Religion sei eine Projektion auch den christlichen Glauben? Die Behauptung, jede Gottesvorstellung und jede religiöse Überzeugung sei Projektion und Wunschdenken, ist jedenfalls nicht zu beweisen.

... aus Liebe zur Welt

Es gibt eine Religionskritik, die sagt, die Religion vertröste den Menschen auf ein Jenseits und entfremde ihn daher dem Diesseits, nämlich seiner Aufgabe in dieser Welt. Der Mensch würde dadurch weltabgewandt. Religion bedeute Weltverneinung. Begriffe wie Opfer, Askese, Verzicht, Hingabe, die zu jeder Religion gehören, seien dafür charakteristisch.

Eng damit zusammen hängt ein anderer Vorwurf, dass die Religion die Folge wirtschaftlichen Elends sei; zugleich aber den Menschen daran hindere, die gesellschaftlichen Verhältnisse in der Welt zu bessern, weil er ja in der Religion sein Heil sucht. Wenn es erst dem Menschen gut gehe, brauche er keine Religion mehr. Darum sei die Bekämpfung der Religion die Voraussetzung für die Veränderung der gesellschaftlichen Verhältnisse und des menschlichen Fortschritts.

In dieser Richtung entwickelte Karl Marx (1818-1883) die Gedanken Feuerbachs weiter. Für ihn ist Religion nicht Produkt des Nachdenkens des einzelnen Menschen, sondern der gesellschaftlichen Verhältnisse. Verschwindet das Elend – und das ist das Ziel des Kommunismus –, so verschwindet auch das Fundament der Religion. »Die Religion ist der

Seufzer der bedrängten Kreatur, sie ist das Opium des Volkes. Die Aufhebung der Religion ist die Forderung seines wirklichen Glücks ...«
(Karl Marx, Frühschriften).

Wir müssen zugeben, dass ein falsch verstandener, weltfremder Glaube diesem Atheismus Vorschub geleistet hat. Es gibt Gläubige, die meinen, Gott nahe zu sein, wenn sie sich nur um ihr eigenes Heil mühen, sich aber mit der »verdorbenen« Welt nicht einlassen. Wir werden im Folgenden noch sehen, daß dies ein Missverständnis des Glaubens ist. Selbst das Mönchtum wäre missverstanden, wenn man es so begründen wollte. Und wenn in der Bibel von der »bösen Welt« gesprochen wird, die es zu meiden gilt, ist damit nie die Schöpfung als solche gemeint. Sie ist Gottes Werk und daher gut (vgl. Gen 1,31). Wo dazu aufgefordert wird, sich mit der »Welt« nicht einzulassen, versteht die Bibel unter »Welt« die Zusammenfassung all dessen, was es auf dieser Erde an widergöttlichen Kräften und Sünde gibt. Das ist selbstverständlich mit dem Glauben unvereinbar.

... aus Liebe zum Menschen

Auch diese Religionskritik geht davon aus, dass Religion den Menschen sich selbst entfremde. Denn wo der Mensch auf Gott stoße, komme er an die Grenzen seiner Selbstbestimmung. Gottes Anspruch, aber auch Gottes Allmacht schränkten notwendigerweise den Willen und die Freiheit des Menschen ein. »Wenn Gott existiert, ist der Mensch ein Nichts«, meint Jean Paul Sartre. »Je religiöser ein Mensch ist, umso weniger ist er Mensch – je mehr der Mensch ein Mensch wird, umso weniger religiös wird er« (La Croix, Wege des heutigen Atheismus, S. 41). Daher habe an die Stelle des Gottesdienstes der Menschendienst zu treten (Atheismus als Humanismus). Erst wenn man sich nicht mehr für Gott interessiere, werde man fähig, sich für den Menschen zu engagieren.
Wir werden im Folgenden sehen, dass sehr einfache Gottesvorstellungen tatsächlich den Menschen unterjocht haben. Gilt das aber auch vom christlichen Glauben, der uns Gott als einen verkündet, der um des Menschen willen Mensch wurde? Christus hat uns eine klare Weisung gegeben, was für ihn die Hauptsache ist: »Du sollst den Herrn, deinen Gott, lieben ... Das ist das größte und erste Gebot; das zweite ist diesem ersten gleich: Du sollst deinen Nächsten lieben wie dich selbst« (Mt 22,34 ff.). Gerade der christliche Glaube verlangt wesentlich den Dienst am Menschen, so dass die Heilige Schrift sagen kann: »Wer den Bruder nicht liebt, kennt Gott nicht« (vgl. 1 Joh 4,8 f.).

… aus »Liebe zu Gott«

Die Überschrift mag schockieren. Gottlosigkeit aus Liebe zu Gott, ist das nicht ein Widerspruch? Wir meinen damit ein Doppeltes: Einmal die Ablehnung allzu menschlicher Gottesbegriffe, wie sie im vorigen Kapitel geschildert werden. Ein Gott, mit dem man umgehen kann, wie es einem beliebt. Derartige kleine Gottesvorstellungen sind eher eine Beleidigung Gottes als wirklicher Glaube.

Wichtiger ist ein Einwand, der zu allen Zeiten die Menschen bewegt hat: Der Gang der menschlichen Geschichte mit ihrem Blut und ihren Tränen, mit ihren Sinnlosigkeiten und Ungerechtigkeiten scheint eine einzige Anklage gegen Gott zu sein. »Wie kann Gott das alles zulassen?« Alles spielt sich so ab, als ob es ihn nicht gäbe, oder als ob er schweige. Wenn er da wäre, dann könnte und müsste er das alles ändern, denn er ist doch allmächtig. Wenn er das aber zulässt, dann ist er auch schuld an diesem Elend. Ein schuldiger Gott aber wäre ein Widerspruch in sich. Deshalb muss man eher annehmen, daß es Gott nicht gibt.

Gerade dieser Einwand muß sehr ernst genommen werden. Deshalb kommen wir später noch ausführlich auf das Problem des Leids zurück.

Etwas von diesen verschiedenen Formen des Atheismus steckt in jedem Menschen. Auch dem Gläubigen stellen sich ähnliche Fragen. Indem man sich diesen Fragen stellt, sie nicht verdrängt, kann der Glaube wachsen und reifen. Wir sind der festen Überzeugung, daß die vorgenannten Einwände den recht verstandenen christlichen Glauben nicht wirklich treffen. Und dass man nicht Atheist sein muss, um den Menschen zu dienen und den Fortschritt, die Welt und die Technik zu bejahen.

Religion

Religionen gibt es, seit es Menschen gibt. Schon der römische Schriftsteller Cicero behauptete, dass es ein unreligiöses Volk nicht gäbe. Diese Behauptung kann heute als wissenschaftlich abgesichert gelten. Die Geschichte zeigt, dass selbst Verfolgungen Religionen nie ganz ausrotten konnten. Ein Beispiel dafür ist der trotz atheistischer Indoktrination und Unterdrückung lebendig gebliebene Glaube in Russland. Auch die Vielzahl der Religionen deutet darauf hin, dass der Mensch nicht von Gott loskommt. Selbst die Gegner der Religion verraten häufig durch ihre kämpferische Haltung, dass sie mit dem, was sie bekämpfen, innerlich noch nicht fertig sind.

Welche Erklärung gibt es für diese allgemeine Verbreitung der Religion? Nach dem, was wir in den ersten Kapiteln gesehen haben, überrascht diese Tatsache keineswegs. Der Mensch kann sich selbst ohne Gott nicht verstehen. Seine Vernunft, sein Wille und alle seine Kräfte weisen über ihn hinaus. Das Wort des Augustinus bleibt gültig:»Unser Herz ist voller Unruhe, bis es ruht in dir, o Gott.« Wie sich die Planeten um die Sonne bewegen, so kreist unsere Vernunft um ihre Mitte, um Gott. Nehmen wir diese Mitte weg, flieht alles auseinander, bleibt vieles rätselhaft und dunkel.

Von dem suchenden Rilke haben wir den schönen Vers:
»Ich kreise um Gott, den uralten Turm,
und ich kreise jahrtausendelang.
Und ich weiß nicht, bin ich ein Falke, ein Sturm
oder ein großer Gesang.«

Die vielen Religionen

So einheitlich das Bewusstsein vom Dasein Gottes in der Menschheit war und ist, so verschieden sind die Gottesvorstellungen und die Formen der Gottesverehrung. Sie sind so verschieden, wie die Menschen und ihre Anlagen, ihr Bildungsgrad, ihre völkische Eigenart und ihr kulturelles Milieu verschieden sind. Denn mit aller Verstandeskraft kann der Mensch kein klares Bild von Gott gewinnen. All seine Vorstellungen reichen letztlich an die volle Wirklichkeit Gottes nicht heran. Von daher lassen sich die zahlreichen Religionen erklären. So auseinander gehend aber ihr Erscheinungsbild sein mag, allen gemeinsam ist die Hinordnung auf Gott und der ehrliche menschliche Versuch, Gott zu verehren und das tägliche Leben aus dieser Überzeugung zu bewältigen. Darum ist jede Religion zu achten. Das II. Vatikanische Konzil hat betont, dass die Kirche »nichts von alldem ablehne, was in diesen Religionen wahr und heilig ist«.

Toleranz

Religionsfreiheit gehört daher zu den Grundrechten eines jeden Menschen. Jedem muß die Möglichkeit gegeben werden, in der Art und Weise, die ihm auf Grund ehrlichen Suchens richtig erscheint, seine Religion – auch öffentlich und in Gemeinschaft – auszuüben. Deshalb darf niemand gehindert werden, nach seiner religiösen Überzeugung zu leben.

Andererseits darf auch niemand zu einem bestimmten religiösen Vollzug gezwungen werden. Diese Freiheit hat ihre Grundlage in der Würde der menschlichen Person, die freilich erst im Lauf der Jahrhunderte besser erkannt wurde. Dass auch die Kirche früher hinsichtlich der Religionsfreiheit nicht immer so gedacht und gehandelt hat, lässt sich nicht leugnen. Das II. Vatikanische Konzil hat das ausdrücklich bedauert, weil das dem Geist des Evangeliums widerspricht.

Freiheit der Religion bedeutet aber nicht, dass es ins Belieben des Menschen gestellt wäre, Religion zu haben oder nicht. Der Mensch ist Geschöpf und steht als solches in einer Beziehung zu Gott, die – ähnlich unserer Beziehung zu den Eltern – Ehrfurcht, Liebe und Gehorsam zur natürlichen Pflicht macht. Wo jemand Gott als seinen Herrn und Schöpfer erkennt, wird er das auch im Leben zum Ausdruck bringen, also Gott verehren. Gerade hier aber beginnen die Vorbehalte vieler Menschen. Sie lassen Religion gelten für »religiöse Bedürfnisse« oder als moralischen Halt, zur Tröstung und Erbauung des Menschen. Wer so denkt, geht nur zum Gottesdienst, wenn es ihn »drängt« oder wenn ihn die Not beten lehrt. Zu anderen Zeiten sagt er: »Der Gottesdienst spricht mich nicht an«, »das Gebet gibt mir nichts«. Hier wird das Verhältnis zu Gott abhängig von menschlicher Stimmung oder gar Laune. Damit werden die Dinge auf den Kopf gestellt, und der Mensch nimmt einen Platz ein, der Gott gehört. Das aber ist zutiefst unreligiös. In der Religion geht es zunächst um Gott – freilich erfährt dadurch auch der Mensch die Erfüllung seines Lebens.

Wer hat recht?

Hunderte von Götternamen, Kulten, Tempeln, Tausende von Antworten und Vorstellungen – so bieten sich uns die Religionen dar. Schon auf den ersten Blick wird dadurch deutlich, dass sich die vielen Religionen in ihren Aussagen widersprechen. Das wirkt verwirrend. Denn damit erhebt sich die Frage: Welche Religion ist richtig? Wem soll man nun glauben? Ist es zu verwundern, wenn viele das Suchen ganz aufgeben und zu der Konsequenz kommen, »es soll jeder nach seiner Fasson selig werden«, denn »wir haben doch alle nur einen Herrgott«. Oder: »Egal, was man glaubt, Hauptsache, man hat einen Glauben.«

Um das Problem in seiner ganzen Schärfe zu formulieren: Ist das Christentum auch nur *eine* solche Form der Gottesverehrung, der Religiosität unter vielen anderen, oder nimmt es einen besonderen Platz ein? Wenn wir darüber sprechen wollen, dann muss von vornherein jeder Verdacht der Überheblichkeit gegenüber anderen Überzeugungen ausgeschlossen sein. Subjektiv kann der religiöse Eifer bei einem Nichtchristen intensiver sein als bei einem Christen. Er verdient daher vollen Respekt.

Deshalb könnte man einwenden: Passt denn die Frage »Wer hat recht?« überhaupt noch zu dem friedlichen Nebeneinander von Religionen heute? Manche gehen noch weiter und fragen: Darf es überhaupt noch christliche Mission gegenüber anderen Religionen geben? Dahinter steht doch ein unerhörter Anspruch. Lässt sich dieser rechtfertigen?

Uns geht es hier um Religion im objektiven Sinn, das heißt, es geht um den Inhalt ihrer Aussagen über Gott und den Menschen. Und da verlangt die Achtung voreinander auch die Auseinandersetzung mit anderen religiösen Überzeugungen. Leider ist es im Rahmen einer christlichen Glaubensinformation nicht möglich, auch nur die wichtigsten Weltreligionen gebührend darzustellen. Gerade den Hochreligionen des Ostens kann man durch eine Kurzdarstellung nicht gerecht werden. Hier geht es nur um einige Grundüberlegungen: Schon eine einfache Überlegung zeigt, dass nicht alle Aussagen, die unterschiedliche Religionen über Gott machen, zugleich wahr sein können. Entweder ist Gott einer, oder es sind viele Götter; entweder ist Gott allmächtig, oder er ist selbst wieder dunklen Schicksalsmächten unterworfen; entweder ist Gott ein persönliches Wesen, das mit Vernunft die Welt lenkt, oder er ist eine unpersönliche Macht, die mit der Welt identisch ist. Beides zusammen kann niemals wahr sein. Nicht alles, was »religiös« ist, ist deshalb schon gut und richtig. Es gibt – wie die Geschichte lehrt – darin auch Täuschungen und Irrungen; denken wir nur an Menschenopfer, heilige Kühe …

Der Gott-suchende Mensch

In allen Religionen sind Wahrheitselemente enthalten; denn alle Religionen werden aus zwei Quellen gespeist: aus der menschlichen Vernunft und aus der göttlichen Offenbarung. Die menschliche Vernunft kann irren, die göttliche Offenbarung kann vom Menschen missverstanden werden.

Gott ist keinem Menschen fern (vgl. Apg 17,18). Er offenbart sich dem Menschen auf vielfache Weise: in den Werken der Schöpfung, in persönlichen Erfahrungen und in Menschen mit besonderem prophetischen Auftrag.

Die Menschen werden so zwar in jeder Religion vom Anruf Gottes getroffen, aber die Antwort, die sie auf diesen Anruf geben, die Verwirklichung der Offenbarung in ihrem Leben ist voller Mängel. Das gilt selbst von der christlichen Religion. Gottes Wahrheit übersteigt nun einmal die menschliche Vernunft. Und der menschliche Wille ist viel zu schwach, das Aufgenommene festzuhalten und auszuführen.

Es versteht sich daher, dass Religionen, die fast ausschließlich auf menschliche Überlegungen gründen und nur Splitter göttlicher Offenbarung enthalten, weiter von der Wahrheit entfernt sind als andere, in denen Gott selbst mehr zu Wort kommt.

Vergöttlichung der Natur. Auch in der Geschichte der Religionen gibt es ein langsames Heranreifen zu einem immer reineren geistigen Gottesbegriff. Deshalb wird es niemand verwundern, dass beispielsweise die Religionen der Frühzeit und auch die heutigen Religionen der weniger entwickelten Völker oft nur unvollkommene Gottesvorstellungen hatten und haben. Oft werden einfach die Kräfte der Natur mit Gott gleichgesetzt. Menschen, die sich diesen Kräften völlig ausgeliefert und unterlegen wissen, sind verständlicherweise versucht, zitternd Sonne, Blitz, Feuer, Meer, Gestirne als Götter zu verehren und mit Opfern günstig zu stimmen.

Gott nach dem Bild des Menschen. Höhere Stufen der Religion haben Erfahrungen des Menschenlebens und Zusammenlebens vergöttlicht: Liebe und Tod, Schicksal und Rache … Gott wird hier nach dem Bild des Menschen geformt. Letztlich sind diese Götter in den Himmel projizierte Menschen mit allen menschlichen Schwächen und Unvollkommenheiten. Wo aber der Mensch Gott nicht groß genug sieht, da wird auch der Mensch sich selbst armseliger sehen, als er in Wirklichkeit ist. So ist diesen Religionen eines gemeinsam: sie unterjochen den Menschen, er wird willenloses Werkzeug in der Hand der Götter. Durchweg ist in diesen Religionen das vorherrschende Gefühl des Menschen zu seinen Göttern von der Angst bestimmt.

Mögen daher diese Religionen Teilwahrheiten in sich haben, mögen sie für ihre Kulturstufe ihre große vorläufige Bedeutung gehabt haben, mag unter ihren Gläubigen noch so glühende Frömmigkeit herrschen, die Vorstellung über Gott und den Menschen ist letztlich falsch. Von dieser Sicht der Religion her konnte es kommen, daß heute viele Menschen meinen, Religion sei etwas für die Schwachen, sie versklave den Menschen.

Schon vom Ansatz her hat das Christentum eine völlig andere Gottesbotschaft. Danach hat Gott seinen Geschöpfen eine Freiheit und Selbstständigkeit gegeben, die so weit geht, dass der Mensch sogar die Schöpfung Gottes ruinieren kann.

Wir müssen aber gestehen, dass Christen selbst oft genug diese Botschaft Gottes entstellt haben. Wenn auch Christen in ihrem Glauben Gott in knechtischer Furcht gegenüberstehen, wenn sie darin nur eine Summe von Geboten und Verboten sehen, haben sie ihr Christentum missverstanden. Wir können nicht leugnen, dass viele Christen das Bild eines solchen furchtsamen Glaubens bieten, und dass wir daher selbst Anlass geben, wenn man das Christentum mit diesen Religionen auf eine Stufe stellt und zugleich mit ihnen ablehnt. Oft ist es ein falsch verstandenes Christentum, das viele Menschen heute Atheisten sein lässt.

Sosehr wir die eben genannten Gottesvorstellungen ablehnen, sowenig haben wir ein Recht, die Menschen, die sie vertreten, zu verurteilen oder auf sie herabzusehen.

Der Anspruch des Christentums

Eines hat der christliche Glaube allen Religionen voraus, und darauf beruht sein Sendungsbewusstsein. In Jesus Christus hat sich Gott selbst auf die Suche nach dem Menschen gemacht. Bis dahin war der Mensch auf der Suche nach Gott; geleitet von der eigenen Vernunft und vom Licht sparsamer göttlicher Offenbarung in den Werken der Schöpfung und den Worten der Propheten.

Nachdem große Teile der Menschheit sich auf diese Weise mehr Gott entfernten als näherten, tut Gott nun den entscheidenden Schritt: Er selbst sucht den Menschen. In Jesus Christus wird Gott selbst sichtbar, und es wird sichtbar, wie Gott zum Menschen steht. Der noch so redliche Versuch, sich mit eigenen Überlegungen Gott zu nähern, ist damit überholt; aber auch die Botschaft der Propheten ist damit erfüllt. Das ist das ganz Andere des christlichen Glaubens. Darin besteht seine Gültigkeit und Verpflichtung. Nicht der besondere Inhalt seiner Lehre und Forderungen begründet die Einzigartigkeit des Christentums, sondern die Tatsache, dass sich Gott selbst in Jesus Christus »ge-äußert« hat. Gott selbst hat nun den Weg zu sich zugänglich gemacht. Hier hat sich also die Ordnung verschoben. In den Religionen macht sich der Mensch auf die Suche nach Gott, in der Offenbarung Jesu macht sich Gott auf die Suche nach dem Menschen. Christlicher Glaube ist also nicht eine unter vielen Religionen. Er ist die Begegnung mit Christus, in dem Gott selbst unsere Nähe gesucht hat.

Das heißt nicht, dass das Christentum nun über die Wahrheit »verfüge«. Wahrheit ist nie etwas, das man besitzt wie einen Edelstein, den man ein für allemal erworben hat. Sie ist für Menschen immer unvollkommen, ergänzungsbedürftig, fortschreitend. Auch *nach* der Offenbarung können wir Gott nicht so erkennen, wie er wirklich ist, aber wir haben Aussagen über ihn, für die er sich selbst verbürgt. Mit Christus und seiner Botschaft, die im Neuen Testament enthalten ist, hat die Offenbarung Gottes, soweit sie allen Menschen gilt, ihren Höhepunkt und Abschluss erreicht. Seitdem wissen wir von keiner allgemeinverpflichtenden Offenbarung mehr.

So genannte Privatoffenbarungen, wie sie bei »Erscheinungen« an einzelne Menschen ergehen, gehören nicht zum Glaubensgut der Christen.

Christentum und andere Hochreligionen

Am nächsten kam der Offenbarung durch Jesus Christus die Offenbarung des Alten Testaments, die auf Christus hinweist und von ihm übernommen wird. Sie ist auch für uns Christen bis heute gültige göttliche Offenbarung, die freilich im Neuen Testament ihre Erfüllung findet. Juden und Christen stehen sich daher in ihren religiösen Überzeugungen am nächsten.

Die Lehre des Islam gründet zum größten Teil auf dieser alttestamentlichen und der christlichen Offenbarung. Daher kommt der Islam dem Judentum und Christentum besonders nahe. – Aber Christus ist nicht nur ein Prophet (als solcher wird er auch vom Islam anerkannt), sondern er kommt von Gott: »Gott hat niemand jemals gesehen; der Einziggeborene Sohn (so wird Christus genannt), der im Schoß des Vaters ruht, der hat Kunde von ihm gebracht« (Joh 1,18). Er vermittelt uns nicht nur religiöse Wahrheiten (wie der Islam), sondern er ist selbst die Offenbarung Gottes. Nicht nur durch das, was er sagt und tut, sondern durch das, was er ist! »Wer mich sieht, sieht den Vater«, sagt er von sich selbst (Joh 12,45; 14,9) und setzt sich damit Gott gleich.

In diesem mehr grundlegenden Kapitel geht es uns noch nicht darum, ob sich Gott durch Jesus *tatsächlich* geoffenbart hat. Darüber wird später ausführlich gehandelt. Hier genügt es, zunächst die *Möglichkeit* anzunehmen, dass Gott zu den Menschen gesprochen hat. Dies aber kann nicht geleugnet werden, wenn man in Gott nicht eine unpersönliche Schicksalsmacht sieht, sondern Gott als Person anerkennt. Einfach zu behaupten, Gott »könne so etwas nicht tun«, hieße, sich nach eigenem Ermessen ein Gottesbild zu schaffen.

48

Niemand ist verpflichtet, einen solchen Anspruch, wie wir ihn erheben, ohne weiteres anzuerkennen. Es ist sein gutes Recht, nach der Beglaubigung zu fragen (darüber mehr in den folgenden Kapiteln). Aber er sollte ihn ernsthaft prüfen. – Andererseits muss man uns einräumen, dass, wer die Überzeugung hat, die Offenbarung Gottes zu vertreten, auch wieder seinem Gewissen folgen muss und darum diesen Glauben mit Festigkeit bezeugt, weil darin für alle Menschen Sinn und Ziel ihres Lebens enthalten ist.

Auf Gott »hören«

Wenn jemand einen wichtigen Anruf erwartet, wird er alles tun, damit er ihn nicht überhört. Wenn nun der unendliche Gott sein Geschöpf anruft, kann es diesem nicht gleichgültig sein, ob und was Gott zu ihm spricht. Bereits die Möglichkeit, Gott könnte uns etwas mitgeteilt haben, ist für uns eine Aufforderung, zu suchen und hinzuhorchen, ob er sich wirklich irgendwo kundgetan hat.

Sobald aber Gott tatsächlich spricht, verändert das den Menschen. Er ist ein Angesprochener. Er kann zwar seine Ohren und Augen vor dem Sprechen und Handeln Gottes verschließen, aber das Sprechen Gottes ist niemals unverbindlich. Darum ist auch die Antwort nicht ins Belieben des Menschen gestellt. Er muss sich entscheiden. Er wird daran gläubig oder – wenn ihm die Tatsache der Offenbarung bewusst wird – durch Ablehnung schuldig. Da Gott dem Menschen nur wichtige Mitteilungen zu machen hat, gewinnt oder verspielt dieser hier die Chance, das Entscheidende über sich und seine Welt zu erfahren.

Mögen viele, die dem christlichen Glauben distanziert gegenüberstehen, denken, ohne diesen Glauben lasse es sich leichter leben, so kann jeder wirklich Gläubige ihnen gegenüber bezeugen, dass er in seinem Glauben eine echte Bereicherung seines Lebens erfährt.

4.

Jesus Christus

»Nicht nur Gott kennen wir
allein durch Jesus Christus,
auch uns selbst kennen wir nur
durch Jesus Christus,
Leben und Tod kennen wir
allein durch Jesus Christus.
Ohne ihn wissen wir weder,
was unser Leben, noch was
unser Tod, noch was Gott ist,
noch was wir selber sind.«

Blaise Pascal

»Was ist das für einer?«

»Schon viele haben es unternommen, einen Bericht über all das abzufassen, was sich unter uns ereignet und erfüllt hat.« Mit diesem Satz beginnt das Lukasevangelium. Bis heute haben es Theologen, Historiker und Schriftsteller immer wieder neu versucht, aus den vorliegenden Berichten ein möglichst umfassendes Bild von Jesus zu zeichnen. Ist es gelungen? 2000 Jahre nach der Geburt Jesu stellen die Menschen immer noch die Frage seiner Zeitgenossen: »Was ist das für einer?« (Mt 8,27).

Alle paar Jahre werden die Menschen von Meinungsforschungsinstituten nach ihrem Verhältnis zu Jesus Christus befragt – zumeist gar nicht einmal im Auftrag der Kirchen. Warum interessiert diese Frage eigentlich so stark?
Die erste Umfrage dieser Art stammt bereits von Jesus selbst. »Unterwegs fragte er die Jünger: Für wen halten mich die Leute?« (Mk 8,27). Seine Jünger antworteten damals: »Die einen für Johannes den Täufer, andere für Elija, wieder andere für sonst einen Propheten« (Mt 8,28). Wahrscheinlich wollten ihm seine Freunde nicht alles sagen; manche Leute hielten ihn nämlich auch für einen Narren (Mk 3,21), für einen Fresser und Säufer, einen Kumpanen von Zöllnern und Sündern (Lk 7,34), für

einen Gotteslästerer (Mk 2,7). Wofür halten ihn die Leute heute? Für einen guten Menschen, ein Vorbild, einen Superstar, einen Sozialrevolutionär, für einen Propheten, einen gottgesandten Mann, für Gottes Sohn, für Gott – aber auch für einen Gescheiterten, einen Außenseiter, einen Naiven, einen Unruhestifter, einen tragischen Helden, einen Utopisten?

Jesus begnügte sich mit der Antwort seiner Jünger nicht. Dies sagten die anderen von ihm. Er aber wollte wissen: »Und ihr, für wen haltet ihr mich?« (Mk 8,29). Diese Frage ist bis heute an jeden Menschen gerichtet.

Kein Stoff, den die Sage liebt

Jesus war schon vielen seiner Zeitgenossen ein Dorn im Auge. Und spätere Gegner Jesu oder des Christentums wollten immer wieder nachweisen, dass es ihn nie gegeben habe. Heute allerdings kommt auch der entschiedene Feind des Christentums nicht mehr ernsthaft auf die Idee, Jesu geschichtliche Existenz zu leugnen.

Ernst Bloch (humanistisch-marxistischer Denker, 1885-1977): »Sage macht keine Elendsmalerei und sicher keine, die sich durch ein ganzes Leben fortsetzt. Der Stall, der Zimmermannssohn, der Schwärmer unter kleinen Leuten, der Galgen am Ende, das ist aus geschichtlichem Stoff, nicht aus dem goldenen, den die Sage liebt.« (Aus: Das Prinzip Hoffnung)

In der Tat, es wäre schwer zu glauben, Menschen hätten für die Darstellung Gottes unter den Menschen diese armselige Geschichte erfunden. Attraktiv ist wohl, was Jesus tat, schon weniger, was er forderte, am wenigsten aber wird man ihn um seinen Leidensweg beneiden.

Die Quellen

Wo aber sind nun die handfesten Beweise für die Geschichtlichkeit Jesu? Wird er auch außerhalb der biblisch-christlichen Schriften erwähnt?

Der Talmud (neben dem Alten Testament das Lebensbuch der Juden nach der Zerstörung des Tempels von Jerusalem, 70 n. Chr.), der jüdische Historiker Josephus Flavius, die Römer Sueton, Plinius und Tacitus sprechen von Jesus bzw. Christus oder doch zumindest von den ersten Christen, die ihren Namen von einem »gewissen Christus« herleiten.

Diese Quellen sind jedoch in ihrem Geschichtswert umstritten, da bei keiner spätere Fälschungen ganz ausgeschlossen werden können. Sie sagen uns aber auch nichts Neues über Jesus, sondern bestätigen lediglich die christlichen Nachrichten. Etwas anderes aber ist wichtig: Keine außerchristliche Schrift zur Zeit des Urchristentums bestreitet, dass Jesus gelebt hat. Dies wäre zu erwarten, wenn man bedenkt, welchen Ärger Juden, Heiden und der römische Staat mit der neuen christlichen Religion hatten.

Die außerchristlichen Quellen sind also wenig ergiebig. Darum müssen wir auf die christlichen Schriften zurückgreifen, in erster Linie auf die vier Evangelien. Die Evangelien sind jedoch keine »Biographien« Jesu. Es sind keine protokollarischen Mitschriften von Jesus-Reden oder Jesus-Taten. Einzelne typische Begegnungen, Gespräche und Taten Jesu werden schematisiert und auch stilisiert dargestellt. Es sind bereits engagierte Zeugnisse der ersten Christen, eingebettet in den Dienst der Verkündigung. Diese Glaubenszeugnisse gehen zwar von wirklichen Ereignissen aus, sind jedoch mehr als reine Tatsachenberichte. Die gläubige Deutung kommt hinzu.

Mit den heutigen Methoden der Geschichts- und Literaturwissenschaft können wir jedoch in den biblischen Texten zu ursprünglichen Worten und Taten Jesu vorstoßen. Auf diese Weise bekommen wir nicht nur wichtige geschichtliche Angaben über ihn, sondern können auch Rückschlüsse darauf ziehen, wie er sich selbst verstanden hat.

Trotz der persönlichen Interpretation, die in den Schriften des Neuen Testaments mitschwingt, legen die Autoren großen Wert auf die Feststellung, daß sie die Wahrheit berichten. So z.B. Johannes, wenn er beteuert: »Was von Anfang an war, was wir gehört haben, was wir mit unseren Augen gesehen, was wir geschaut und was unsere Hände angefaßt haben, das verkünden wir ...« (1 Joh 1,1; vgl. auch Lk 1,3 f.).

Wenn wir diesen Augen- und Ohrenzeugen Jesu glauben – und warum eigentlich nicht? –, dann steht uns der Weg offen, Jesus zu sehen und zu hören.

Der Mensch Jesus

Der äußere christliche Rahmen des Lebens Jesu ist schnell abgesteckt. Die wichtigsten und zugleich auch einigermaßen gesicherten Daten aus seinem Leben lassen sich in einem kurzen »Lebenslauf« zusammenfassen, wie er sich jedem darbietet, auch einem nichtchristlichen oder ungläubigen Betrachter:

Lebenslauf des Jesus von Nazaret

Name: Jesus (= Gott ist Heil; Gott ist Hilfe).

Beiname: von Nazaret (Vaterstadt). Von Nazaret hieß es damals sprichwörtlich: »Aus Nazaret? Kann von dort etwas Gutes kommen?« (Joh 1,46).

Nationalität: Jude. Mitglied eines unter römischer Besatzung leidenden Volkes, das auf Befreiung hoffte.

Geboren: 4 bis 8 Jahre vor der offiziellen christlichen Zeitrechnung.

Geburtsort: laut Neuem Testament Betlehem.

Eltern: Nach den zivilen Registern hieß sein Vater Josef, von Beruf Zimmermann. Seine Mutter war Maria, Hausfrau. (Laut Neuem Testament allerdings war Josef nur der gesetzliche Vater Jesu, sein »Nährvater«.)

Jugend und Ausbildung: Bis zum Alter von etwa 30 Jahren wahrscheinlich bei den Eltern in Nazaret, hat das Handwerk des Vaters erlernt.

Ausgeübter Beruf: Im Alter von ca. 30 Jahren an die Öffentlichkeit getreten und ein bis drei Jahre lang als Wanderprediger, Rabbi, Exorzist, Wunderheiler und Prophet durchs Land gezogen, vor allem im Gebiet von Galiläa. Er sprach gerne in Bildern und Gleichnissen zu den Leuten (diese zählen zur Weltliteratur). Die Sprachbegabung und Überzeugungskraft war für einen gelernten Zimmermann ungewöhnlich, ja aufsehenerregend. Durch eine sehr eigenwillige Auslegung des Willens Gottes und der jüdischen Gesetze, überhaupt durch auffällig unorthodoxes Benehmen, erweckte er besonders bei den religiösen und politischen Führern, bei Gesetzestreuen und Frommen Ärger. Er verstand es dennoch, begeisterte Anhänger zu gewinnen.

Besondere Merkmale: Es war bis zuletzt nicht klar, wer er eigentlich ist. Auch er selbst machte dazu keine klare Aussage. Andererseits aber redete und handelte er mit solchem Anspruch, als hätte ihn Gott selbst damit beauftragt, als hinge alles Heil davon ab, ihm zu glauben und seinem Beispiel zu folgen.

Gestorben: Ca. 28-33 nach christlicher Zeitrechnung, vor einem Passahfest in Jerusalem (Erinnerungsfest der Juden an ihren Auszug aus der Knechtschaft Ägyptens).

Todesursache und -art: Tod durch Kreuzigung, der schmählichsten Hinrichtungsart der Zeit. Angeklagt wegen Aufruhrs des Volkes und Gotteslästerung. Zum Tode verurteilt durch den römischen Statthalter Pontius Pilatus; hingerichtet von römischen Besatzungssoldaten.

Gesamteindruck: In jungen Jahren unverstanden gescheitert, selbst von seinen Anhängern zuletzt im Stich gelassen. Sein Leben interessierte außerchristliche Kreise zunächst so viel wie gar nicht.

Nachtrag: Bald nach seinem Tod sprachen ehemalige Anhänger davon, Jesus sei nicht im Tod verblieben, sondern »auferstanden« und vielen von ihnen erschienen. Ein unglaubliches Ereignis, historischen Nachforschungen nicht zugänglich. Die Überzeugungskraft und Sicherheit jedoch, mit der seine Anhänger davon sprachen, die Schnelligkeit, mit der sich diese Nachricht verbreitete und Anhänger gewann, und die Konsequenz, mit welcher diese Leute Jesu Auferstehung bekundeten, machen nachdenklich.

Ein Mensch wie wir

Manch einer mag schockiert sein von diesem nüchternen »Lebenslauf«. War Jesus denn nicht mehr als einer unter vielen? Er war mehr. Davon sind wir Christen überzeugt. Und doch war er Mensch ohne Abstriche: »Sein Leben war das eines Menschen« (Phil 2,7).

Im Lauf der Geschichte wechselte häufig die Betrachtungsweise: Einmal sahen die Menschen in Jesus mehr den idealen Menschen, ein anderes Mal wieder mehr seine Gottheit. Wurde das eine hervorgehoben, wurde das andere meist vernachlässigt. Wir befassen uns zunächst mit dem Menschen Jesus, so wie ihn seine Zeitgenossen sehen und erleben konnten.

Jesus wuchs auf wie jedes andere jüdische Kind, unterwiesen in der Religion der Väter. Er lebte in der Gemeinschaft nicht nur einer Familie, sondern eines Volkes, unter Kindern und Erwachsenen, Gesunden und Kranken, unter Fischern und Zöllnern, unter Pharisäern, Schriftgelehrten und Priestern.

Jesus war ein Mensch wie einer von uns. Er aß und trank, war müde und schlief, nahm an Hochzeiten teil, weinte, wenn er einen lieben Menschen durch den Tod verlor, konnte enttäuscht sein und wütend werden. Er teilte vor allem auch ein Gefühl, das tief innen in jedem Menschen steckt, nämlich das Gefühl der Angst, der Angst vor allem vor Leiden und Tod (vgl. Mt 26,37 ff.; Mk 3,5; Lk 22,42-46; Joh 2,1 ff.; 4,6; 11,35; 12,2 u.a.).

Wir verstehen deshalb sehr gut, dass viele Juden Jesus fassungslos gegenüberstanden. Dieser Mensch sollte etwas Besonderes sein? Ist das nicht der Sohn des Zimmermanns? (Mt 13,55). Man muss sich das einmal bildhaft vorstellen: Tritt heute irgendwo in der Welt jemand auf und be-

hauptet: »Ich bin der Weg und die Wahrheit und das Leben« (Joh 14,6) und gibt sich als Gottes Sohn aus, so fragen sich die Menschen seiner Umgebung: Ist er krank, betrügt er, oder ist am Ende doch etwas dran?

Ein guter Mensch

Die meisten Menschen, Christen wie Nichtchristen, sagen: Jesus war ein guter Mensch. Niemand kann sich der Faszination entziehen, die der Umgang Jesu mit den Menschen auslöst.

Es gab wie immer und überall auch in Jesu Umgebung Arme und Kranke. Arm- und Kranksein galten damals als Schande, als Strafe Gottes für offene und versteckte Sünden. Besonders die Aussätzigen litten darunter; sie waren Ausgestoßene der Gesellschaft.

Jesus nahm sich ihrer an: Ihr seid nicht Gestrafte – was für ein Vorurteil! –, sondern Gottes und der Menschen Hilfe bedürftig und würdig. Er tröstete und heilte. Wie Jesus den Zusammenhang von Sünde und Krankheit sah, lässt sich am besten an der Geschichte von der Heilung eines Blinden ablesen (Joh 9).

Wie immer und überall gab es in Jesu Umgebung auch sündige Menschen. Einige standen beim Volk besonders schlecht da, so z.B. der ganze Berufsstand der Zöllner; sie wurden – oft nicht ganz zu Unrecht – als Leuteschinder und Betrüger gemieden. Andere wurden wegen ihrer Sünden gleich öffentlich gesteinigt, wie z.B. Ehebrecherinnen. Jesus aber war Gast auch bei den Zöllnern und gewann sie als Jünger und Freunde (z.B. Zachäus, Lk 19,1-10; die Berufung des Matthäus, Mt 9,9-13). Die beim Ehebruch ertappte Frau schützte er vor den selbstgerechten Männern: »Wer von euch ohne Sünde ist, werfe als erster einen Stein auf sie« (Joh 8,7).

Damit machte er sich freilich nicht nur Freunde. Verstieß er nicht gegen das Gesetz, und stellte er nicht die Gerechten und Frommen in Frage?

In der Umgebung Jesu gab es wie immer und überall auch Menschen in Not, Trauer und Unterdrückung. Sie wurden alt beim Warten auf Hilfe und Trost. Jesus aber sah den ganzen Jammer, er hatte ein Auge dafür. Er machte allen Mut, mit einer Rede, die unerhört klang: »Wohl denen, die vor Gott arm sind, die trauern, die keine Gewalt anwenden, die hungern und dürsten, die um der Gerechtigkeit willen beschimpft werden und Verfolgung leiden und verleumdet werden.« Im gleichen Atemzug pries er auch die, die die Not wenden helfen: »Selig die, die barmherzig sind, die ein reines Herz haben (d.h. ehrliche und lautere Charaktere sind), die Frieden stiften.« Sie alle sollten nicht aufgeben, sondern sich freuen – denn ihnen gehört die Zukunft, Gottes Zukunft (vgl. Mt 5,1-13). Wenn man die Evangelien durchliest, dann versteht man das Urteil seiner Augenzeugen: »Er hat alles gut gemacht« (Mk 7,37).

Sein Gesetz heißt Liebe

Was ist das für eine Moral, die Jesus prägte und vorlebte? Wie konnte er sie selbst so konsequent durchhalten? Wenn er offensichtlich das Gesetz der Väter in Frage stellte, wonach lebte er dann? Jesus gab die Antwort: Zu solchem Leben bedarf es nicht der Kenntnis unzähliger Gesetze. Es genügen zwei »Lebensregeln«, die man nicht aufzuschreiben braucht, um sie sich zu merken:

»Du sollst den Herrn, deinen Gott, lieben mit ganzem Herzen und mit ganzer Seele und mit all deinen Gedanken. Das ist das wichtigste und erste Gebot.

Ebenso wichtig ist das zweite: *Du sollst deinen Nächsten lieben wie dich selbst. An diesen beiden Geboten hängt das ganze Gesetz samt den Propheten«* (Mt 22,37-40).

Die zweite Regel, das Gebot der Nächstenliebe, wird häufig missverstanden als völlige Selbstaufgabe. Auch die gesunde »Selbstliebe« ist in diesem Gebot enthalten – »wie dich selbst«! Als Verständnishilfe kann die »goldene Regel« dienen: »Alles, was ihr also von anderen erwartet, das tut auch ihnen!« (Mt 7,12).

Nach diesen »Regeln« lebend, ist es Jesus gelungen, für die anderen Menschen da zu sein, ihre Sorgen und Nöte zu sehen, ihre Ängste zu verstehen. Die Befolgung dieser Regeln ist das Ende leerer Worte, traditioneller Vorurteile, vielseitiger Diskriminierung, von Privilegienwirtschaft, Selbstgerechtigkeit und Herzenshärte. Sie eröffnen wahre Menschlichkeit. Sie legen dar, dass gehandelt werden muss, wo Not herrscht, ob bei Freund oder Feind. Liebe ist nicht nur eine Angelegenheit des Gefühls, sondern des Handelns, manchmal nur des Handelns (vgl. das Gleichnis vom barmherzigen Samariter, Lk 10,25-37).

Jesus hat die alten Gesetze nicht abgeschafft. Gesetze müssen sein. Er hat ihnen aber als »Gesetz aller Gesetze« die Liebe vorangestellt. Sie garantiert, dass sie menschlich bleiben. Andererseits aber gibt es gerade beim Gesetz der Liebe keine Lücken und Maschen für Ausflüchte. Die Frage »Wie kann ich das Gesetz umgehen?« gibt es jetzt nicht mehr. Die Frage heißt nun: Was ist das Bessere, dass ich es tue? Wie handle ich am liebevollsten?

In der Bergpredigt, dem »Grundgesetz« des Christentums (Mt 5-7), hat Jesus an vielen Beispielen gezeigt, wie er sich das »neue Gesetz« vorstellt. Nicht auf den Buchstaben kommt es an. Was zählt, ist der Geist, der die Gesetze durchzieht, ist die Gesinnung, die der Tat vorausgeht, und mit der sie ausgeführt wird.

Den Menschen um Jesus fiel auf: Der redet nicht nur, der tut etwas. Ein außergewöhnlicher Mensch, ein Mensch, der liebt. Ein Mensch, der neue Wege geht. Ein Mensch, der zeigt, wie Menschen sein könnten. Hat nicht Gott den Menschen so gewollt?

Der Anspruch Jesu...

Wäre Jesus bloß ein guter Mensch gewesen, ohne irgendwelche Ansprüche, hätte er nicht so viel Staub aufgewirbelt. Jene, denen er Gutes tat, hätten sich freuen können, die anderen aber, die er kritisierte, hätten ihn als kauzigen Außenseiter und als Gesetzesbrecher links liegenlassen können. Dies aber ging nicht, »denn er lehrte sie wie einer, der Vollmacht hat, und nicht wie ihre Schriftgelehrten« (Mt 7,29).

... Lehrer zu sein

Wir sagten vorhin, Jesus habe getan, was er lehrte. Jetzt müssen wir umgekehrt feststellen: Er lehrte auch, was er tat. Das heißt: Jesus gab sich nicht damit zufrieden, als guter Mensch zu gelten. Sein Vorbild und seine Lehre sollten für alle Menschen verbindlich sein.

Wiederholt heißt es im Bericht der Evangelisten, die Zuhörer seien erstaunt und bestürzt gewesen, wenn Jesus seine Lehren vortrug (vgl. Mt 7,28; Mk 1,27; Lk 4,32).

Zweifellos verstand es Jesus, packend zu reden. Die Leute hörten ihm gebannt zu. Das allein aber war es nicht. Aufregend war die Art und Weise, wie er seiner Lehre Nachdruck verlieh: »Ihr habt gehört, dass zu den Alten gesagt worden ist ... Ich aber sage euch ...« (Mt 5,21.27.33.43). Das, was im Alten Testament gesagt war, ging letztlich auf Jahwe selbst zurück. Jesus nimmt sich heraus, mit größerer Vollmacht zu sprechen als die alten Propheten Israels. Er sagt es deutlich: »Hier ist einer, der mehr ist als Jona ..., einer, der mehr ist als Salomo« (Mt 12,41 f.). Damit aber musste er den Zorn der Gesetzeslehrer seiner Zeit herausfordern, denen er zusätzlich noch bescheinigte, sie würden wohl die Buchstaben der

Gesetze gut kennen, nicht aber deren tieferen Sinn. Wie einer, der ihren anerkannten religiösen Lehrern weit überlegen war, sagte Jesus zu seinen Hörern:»Wenn eure Gerechtigkeit nicht weit größer ist als die der Schriftgelehrten und Pharisäer, werdet ihr nicht in das Himmelreich kommen« (Mt 5,20).

... Weg, Wahrheit und Leben zu sein

Er wollte nicht bloß der gern gehörte und geschätzte Lehrer sein. Nahm man seine Rede ernst, so hing offensichtlich alles Heil davon ab, diese auch zu befolgen.»Wer Vater oder Mutter mehr liebt als mich, ist meiner nicht würdig, und wer Sohn oder Tochter mehr liebt als mich, ist meiner nicht würdig. Und wer nicht sein Kreuz auf sich nimmt und mir nachfolgt, ist meiner nicht würdig. Wer das Leben gewinnen will, wird es verlieren; wer aber das Leben um meinetwillen verliert, wird es gewinnen« (Mt 10,37-39). Nicht nur um die Befolgung seiner Lehren ging es Jesus, sondern um das bedingungslose Ernstnehmen seiner Person: Wer ihm nachfolgt, der Wahrheit in Person, der ist auf dem richtigen Weg zum eigentlichen Leben (vgl. Joh 14,6). Jesus nachfolgen aber heißt»Umkehr« (vgl. Mk 1,15), was soviel bedeutet wie: Kehrt euch von dem eingeschlagenen Weg ab, und kehrt euch der Botschaft Jesu zu!»Denkt um«, und»bekehrt euch« zu ihm!

... die Gottesherrschaft zu bringen

Bis hierher könnte man noch von einer übersteigerten Selbsteinschätzung Jesu sprechen; Selbstbewusstsein hatte er. Doch auch damit nicht genug. Er verknüpfte mit seiner Person den Anbruch der Gottesherrschaft.

Gottesherrschaft, Reich Gottes – das waren Begriffe, mit denen die Juden viel verbinden konnten. Das bedeutete den Anbruch von Gerechtigkeit, Frieden, das Ende von Sünden und Leiden auf Erden. Das war es, was sie sich von altersher erhofften. So war es ihnen von Gott durch die Propheten verheißen. Und mit dem Anbruch des Gottesreiches wurde die Ankunft eines gottgesandten Messias verbunden.

Jesus scheute sich nicht zu sagen:»Die Zeit ist erfüllt, das Reich Gottes ist nahe. Kehrt um, und glaubt an das Evangelium« (Mk 1,15).»Wenn ich aber die Dämonen durch den Finger Gottes austreibe, dann ist doch das Reich Gottes schon zu euch gekommen« (Lk 11,20).»Das Reich Gottes ist schon mitten unter euch« (Lk 17,21).

Und um den Anbruch der Gottesherrschaft noch deutlicher anzuzeigen, äußerte und tat Jesus Dinge, die die Menschen erneut schockierten. Er befreite Besessene von ihren Leiden, schenkte Kranken ihre Gesundheit wieder und rief Tote ins Leben zurück. »Blinde sehen wieder, und Lahme gehen; Aussätzige werden rein, und Taube hören; Tote stehen auf, und den Armen wird das Evangelium verkündet« (Mt 11,5). Dies waren Zeichen und Wunder, die man mit der Gottesherrschaft verband.

Wie ist das mit den Wundern Jesu? Die eben zitierten Schriftworte waren die Antwort Jesu auf die Frage des Johannes aus dem Kerker: »Bist du der, der kommen soll, oder müssen wir auf einen anderen warten?« (Mt 11,3). Dadurch wird bereits deutlich: Es geht bei den »Machttaten« Jesu nicht nur darum, Kranke zu heilen oder Tote zu erwecken. Wäre es vordergründig nur darum gegangen, warum hätte er dann nicht gleich alle Menschen geheilt! Es geht vor allem darum, Zeichen einer neuen Zeit zu setzen, Zeichen für die angebrochene Gottesherrschaft – man könnte auch sagen: »Wahrzeichen« für seine Botschaft. Wo Welt und Mensch mit Gott in Berührung kommen, dort geschieht Heil. Und es geschehen diese »Heilszeichen« vor allem dort, wo der Glaube lebendig ist (Mk 10,52: zum Blinden: »Geh! Dein Glaube hat dir geholfen«; Lk 8,48: zur kranken Frau: »Meine Tochter, dein Glaube hat dir geholfen«; Lk 17,19: zum geheilten Aussätzigen: »Steh auf und geh! Dein Glaube hat dir geholfen«).
Dagegen fällt auf, dass Jesus immer dann unwirsch ablehnte, wenn er zum »Beweis« oder zur Schau zu einer Wundertat aufgefordert wurde. Wer nicht begriff, was er jeden Tag an Jesus sehen konnte, dem war nicht zu helfen, auch durch Schauwunder nicht (vgl. Mk 8,11-13).

Diese Hinweise freilich lassen die »Wunder« als solche nicht verständlicher werden. Man traut sie einem Menschen einfach nicht zu. Hier mögen noch einige Bemerkungen weiterhelfen:
Wir dürfen annehmen, dass Jesus hervorragende menschliche Kräfte und Menschenkenntnis besaß. Es ist darum möglich, daß er allein damit kranken Menschen helfen und Heilungen vollbringen konnte, die damals noch wie Wunder erschienen. Jesus ist übrigens nicht der einzige Mensch, dem man damals Wunderkräfte zusprach.
Außerdem wissen wir, dass die Evangelien nicht nur rein sachlich berichten, sondern bereits bekehren und verkünden wollen. Darum können wir annehmen, dass die Evangelisten an dieser oder jener Stelle bewußt die

damals beliebte Form der Wundererzählung wählten, um damit eine Aussage über Jesu Wesen und Vollmacht zu machen.

Trotz aller Verständnishilfen und Einschränkungen jedoch steht fest: Jesus hat Wunder gewirkt, aufsehenerregende, bis heute unerklärliche. Einen anderen Schluss lassen die wissenschaftlichen Textuntersuchungen nicht zu, auch bei ganz sachlich-kritischer Betrachtung. Nach wie vor gilt: Wer in Jesus nur den Menschen sieht, wird viele seiner »Wunder« ablehnen müssen. Wer aber an seine Gottheit glaubt – dieser Frage wenden wir uns sogleich zu –, muss noch mit anderen als nur menschlichen Maßstäben rechnen.

»Kein Wunder« jedenfalls, dass die Leute staunten und einander fragten: »Was hat das zu bedeuten?« (Mk 1,27). Niemand, weder Freund noch Feind, bestritt diese wunderbaren Vorkommnisse. Die Frage war nur: Woher hat er diese Gewalt? Ist er der erwartete Messias, wirklich der von Gott Gesandte? Oder ist er mit dem Teufel im Bunde?

… Sünden zu vergeben

Die Frage spitzt sich noch weiter zu. Einem Gelähmten, dem er wieder auf die Beine hilft, sagt Jesus: »Mein Sohn, deine Sünden sind dir vergeben« (Mk 2,5). Wohl nicht nur die Schriftgelehrten empörten sich im Stillen: »Wie kann dieser Mensch so reden? Er lästert Gott. Wer kann Sünden vergeben außer dem einen Gott?« (Mk 2,7). Ob Freund, oder Feind, so etwas hatten sie bisher weder gehört noch gesehen. Darin waren sich alle einig. Wie aber sollten sie das Ganze beurteilen? Darin gab es Meinungsverschiedenheiten. Umso mehr wurde die Frage erörtert: »Was ist das nur für einer?«

Jesus – Gottes Sohn

Die Zeitgenossen Jesu, besonders aber seine Jünger, die ihn ständig begleiteten, gewannen den Eindruck: Hier lebt, hier spricht nicht ein gewöhnlicher Sterblicher. Und so bekennt das Christentum von Anfang an: Jesus ist Gottes Sohn. Damit sind wir an dem Punkt angelangt, wo sich die Geister endgültig scheiden. Hier stehen wir, was Jesus betrifft, an der Schwelle vom Wissen zum Glauben.

»Gottes Sohn« ist nicht der älteste Titel, womit die ersten Christen das Wesen Jesu zu erfassen suchten, und es war auch nicht der einzige. Er wurde aber schließlich neben dem frühchristlichen Bekenntniswort: »Je-

sus ist der Herr« (1 Kor 12,3) zur entscheidenden Bezeichnung der Würde Jesu. Wenngleich der Titel »Gottes Sohn« eine allmähliche Ausfaltung erfahren hat, sind die Grundlagen für dieses Verständnis und Bekenntnis bereits in den Evangelien vorhanden, genauer noch: in der Predigt Jesu. Besonders das Johannesevangelium berichtet uns davon.

Vorsichtige »Beweisführung«

Bei der »Beweisführung« für diese zentrale Glaubensaussage des Christentums ist man heute vorsichtiger als früher. Mancher aber wird gerade durch diese Vorsicht und Zurückhaltung in seinem Glauben unsicher: Steht es denn nicht schwarz auf weiß in den Evangelien?
»Die Jünger im Boot aber fielen vor Jesus nieder und sagten: Wahrhaftig, du bist Gottes Sohn« (Mt 14,33). Oder die fast pathetische Antwort des Petrus: »Du bist der Messias, der Sohn des lebendigen Gottes!« (Mt 16,16), der Jesus offensichtlich zustimmte. Oder das Bekenntnis des Hauptmanns und der Bewacher Jesu unter dem Kreuz, als sie unter dem Eindruck der plötzlichen Finsternis und des Erdbebens erschreckt ausriefen: »Wahrhaftig, das war Gottes Sohn« (Mt 27,54). Hat es schließlich nicht Jesus selbst ganz deutlich gesagt, noch dazu in einer Situation, in der er sich durch eine andere Aussage eventuell dem Todesurteil hätte entziehen können? Auf die Frage beim Verhör: »Du bist also der Sohn Gottes«, antwortet er: »Ihr sagt es – ich bin es« (Lk 22,70).
Wie bei fast allen »Hoheitstiteln« Jesu ist nicht sicher entschieden, ob Jesus bereits zu seinen Lebzeiten mit »Sohn Gottes« angesprochen wurde bzw. sich selbst so nannte. Unser Bekenntnis »Jesus ist Gottes Sohn« hängt aber nicht von dieser einzelnen Formulierung ab. Es gibt in der Predigt Jesu noch viele andere Hinweise, die – nimmt man alle zusammen – eindeutig nahelegen, dass er sich selbst als Sohn Gottes verstanden hat. Sie sind der geschichtliche Ausgangspunkt und Grund für das spätere Bekenntnis der Christen. Diese waren überzeugt, präzise und knapp wiederzugeben, wie Jesus sich selbst verstand, wenn sie ihm und seinen Zeitgenossen das Wort »Sohn Gottes« als Selbstbezeichnung bzw. als Bekenntnis zuschrieben.

»Eins mit dem Vater«

Jesus sprach immer wieder davon, dass es seine Aufgabe sei, den Willen des Vaters zu erfüllen. Er identifizierte sich also nicht vollständig mit dem Vater. Auf der andern Seite aber sprach er doch wieder von einer ganz starken Einheit, die zwischen Gott, seinem Vater, und ihm bestehe, einer Einheit, die deutlich über das Verhältnis der übrigen Menschen zu Gott hinausgeht.

Er fühlte sich »eins mit dem Vater« (vgl. Joh 10,30). Wir hören auch heute gelegentlich einen Menschen sagen: »Gott war mit mir.« Wir würden aber jeden verständnislos ansehen, der sagte: »Ich bin mit Gott.« Jesus aber sprach mit großer Selbstverständlichkeit davon, dass er im Vater ist und dass der Vater in ihm ist (Joh 10,38; 14,11; 17,21). Wir können akzeptieren, wenn jemand sagt: »Gott kennt mich, Gott durchschaut mich.« Nicht aber, wenn er sagt: »Ich kenne Gott, meinen Vater.« Jesus aber sprach von einem gegenseitigen Kennen: »Wie mich der Vater kennt und ich den Vater kenne« (Joh 10,15). Ganz mit Gott auf eine Stufe stellte sich Jesus auch, als ihm Juden Vorhaltungen machten, dass er am Sabbat Kranke heile. Jesu Antwort: »Mein Vater ist noch immer am Werk, und auch ich bin am Werk« (Joh 5,17). Jesus sah also in seinem Handeln und in dem seines Vaters etwas Gemeinsames. Darum heißt es im Johannesevangelium folgerichtig: »Darum waren die Juden noch mehr darauf aus, ihn zu töten, weil er nicht nur den Sabbat brach, sondern auch Gott seinen Vater nannte und sich damit Gott gleichstellte« (Joh 5,18).

»Mein Vater – euer Vater«

Sein besonderes Verhältnis zum Vater scheint auch auf, weil Jesus niemals vom gemeinsamen Vater sprach, sondern stets nur von »meinem Vater« und »eurem Vater«, niemals aber von »unserem Vater« (vgl. z.B. Joh 20,17). Nur einmal gebraucht Jesus die Wendung »unser Vater«, aber auch da nicht auf sich selbst bezogen: »So sollt ihr beten: Unser Vater im Himmel...« (Mt 6,9).

Jesus sprach übrigens Gott mit dem aramäischen Kosewort »Abba« an (vgl. Mk 14,36), was unserem »Papa« oder »Vati« entspricht. So redete nur ein Kind den Vater an. Darum spiegelt sich auch in dieser Anrede das enge Verhältnis wider, in dem sich Jesus Gott gegenüber sah.

Mit Recht also kamen die Augen- und Ohrenzeugen Jesu zu der Ansicht: »Noch nie hat ein Mensch so gesprochen« (Joh 7,46). Es konnte gar niemand so gesprochen haben, weil kein anderer Mensch eine vergleichbare Gotteserfahrung und Gottesbeziehung hatte.

Die Sprache Gottes

Ein weiterer Hinweis dafür, dass sich Jesus auf gleicher Ebene mit Gott verstand, ist nicht nur das bereits erwähnte »Ich aber sage euch« (im Gegensatz zu den Propheten des Alten Testaments), sondern mehr noch, wie er viele seiner Reden begann: »Amen (wahrlich), das sage ich euch« (vgl. Mk 3,28; 8,12; 10,15). Diese Redeweise entsprach zur Zeit Jesu dem alttestamentlichen »So spricht der Herr«. So wurde im Alten Testament bei den Propheten eine Rede Gottes eingeleitet. Jesus sprach also die Sprache Gottes und nicht nur die eines Propheten.

Er zeigte uns den Vater

Wenn wir an die Menschwerdung Gottes in Jesus glauben, wird an ihm sichtbar, wie Gott zu den Menschen ist. Dann bedürfen wir keiner theoretischen Gotteslehre mehr, sondern können praktischen Anschauungsunterricht nehmen. So wie Jesus zu den Menschen war, so ist Gott zu ihnen. Obwohl er ihn täglich von seinem Vater sprechen hörte, sagte Philippus zu Jesus: »Herr, zeig uns den Vater; das genügt uns« (Joh 14,8). Nicht ohne Enttäuschung antwortet ihm Jesus: »Schon so lange bin ich bei euch, und du hast mich nicht erkannt, Philippus? Wer mich gesehen hat, hat den Vater gesehen. Wie kannst du sagen: Zeig uns den Vater? Glaubst du nicht, dass ich im Vater bin und dass der Vater in mir ist?« (Joh 14,9 f.).

Jesus hat aber auch ausdrücklich von Gott gesprochen, zumeist in Gleichnissen. Gott tritt uns dabei vor allem als Vater gegenüber, der die Menschen liebt, sie nicht fallen lässt, der Schuld verzeiht, und Gerechtigkeit walten lässt, derer die Menschen nicht fähig sind. Darum kommt Johannes zu dem Schluss, der in kürzester Form Gottes Wesen beschreibt: »Gott ist die Liebe« (1 Joh 4,16).

Das Dogma

Schon zu seinen Lebzeiten haben die Jünger in Jesus mehr gesehen als einen gewöhnlichen Menschen, mehr als einen gewöhnlichen Rabbi. Zur vollen Erkenntnis gelangten sie aber erst nach der Auferstehung Jesu an Ostern und nach der Sendung des Heiligen Geistes zu Pfingsten. Da erst wurde der schwache Glaube zum festen Bekenntnis: *»Und das Wort ist Fleisch geworden und hat unter uns gewohnt, und wir haben seine Herrlichkeit gesehen, die Herrlichkeit des einzigen Sohnes vom Vater, voll*

Gnade und Wahrheit« (Joh 1,14); »... die Gnade und die Wahrheit kamen durch Jesus Christus. Niemand hat Gott je gesehen. Der Einzige, der Gott ist und am Herzen des Vaters ruht, er hat Kunde gebracht« (Joh 1,17 f.).

Das Konzil von Nizäa im Jahr 325 n. Chr. schließlich formulierte das Dogma von der Wesensgleichheit Jesu Christi mit Gott dem Vater: »Wir glauben ... an den einen Herrn Jesus Christus, den Sohn Gottes ... eines Wesens mit dem Vater.«

Die Botschaft Gottes

Jetzt erscheinen uns Leben und Lehre Jesu in einem neuen Licht. Es geht uns da ganz ähnlich wie den Zeitgenossen Jesu. Auch wir fragten zunächst wie sie: »Was ist das für einer?« oder: »Mit welchem Recht tust du das? Wer hat dir dazu die Vollmacht gegeben?« (Mt 21,23). Erst nach der Auferstehung Jesu erkannten plötzlich viele, wer er wirklich war. Damit wussten sie auch, mit welchem Recht er gesprochen und gehandelt hatte. Plötzlich sahen sie klar: was der sagte und tat, war wirklich eine Botschaft von Gott.

Darum ist die Botschaft Jesu nichts, was man in ein Buch fasst, ins Regal neben andere Weise der Geschichte stellt und dann und wann in Studienzirkeln, am Arbeitsplatz oder am Kamin diskutiert. Die Botschaft von Gott und über Gott, die göttliche Botschaft, ist an alle Menschen gerichtet. Und sie drängt zur Entscheidung: für oder gegen sie. Für sie aber ist nur, wer sie sich zu eigen macht und befolgt. »Wer nicht für mich ist, der ist gegen mich ...« (Lk 11,23). »Nicht jeder, der zu mir sagt: Herr! Herr!, wird in das Himmelreich kommen, sondern nur, wer den Willen meines Vaters im Himmel erfüllt« (Mt 7,21). Der Wille des Vaters aber war auch Jesu Wille; er war der Inhalt seines Lebens und seiner Botschaft.

Wir dürfen nicht außer Acht lassen: Wäre Jesus nicht Gott gewesen, dann hätte seine Lehre keinen höheren Stellenwert als die der Propheten und anderer Lehrer der Menschheit.

Geheimnis des Glaubens

Aber auch wenn das Neue Testament zeigt, dass Jesus sich als Sohn Gottes verstanden hat, »beweist« das nicht, dass er es auch wirklich war. Auch das hat der Sohn nämlich mit dem Vater gemeinsam: »... niemand kennt den Sohn, nur der Vater, und niemand kennt den Vater, nur der

Sohn, und der, dem es der Sohn offenbaren will« (Mt 11,27). Wie der Vater ein Geheimnis ist, so auch der Sohn.

Und so bleibt das Bekenntnis zu Jesus Christus immer von zwei Dingen abhängig: von der Glaubwürdigkeit Jesu und von der Gnade Gottes. Halte ich Jesus für so glaubwürdig, dass ich ihm auch den hohen Anspruch, Gottes Sohn zu sein, abnehme? Und bin ich mir klar darüber, dass ich nicht mit Gewalt in das Wesen Jesu eindringen kann? »Niemand kann zu mir kommen, wenn nicht der Vater, der mich gesandt hat, ihn zu mir führt« (Joh 6,44). Es ist undenkbar, dass Gott einem Menschen seine Gnade versagt, aber es ist denkbar, dass der Mensch sie nicht ergreift. Hier beginnt das, was wir im Glauben die Entscheidung nennen.

Der Tod Jesu

Der hohe Anspruch, mit dem Jesus lehrte, seine offene Kritik und seine eindeutige Parteinahme für Arme, Verstoßene, Unterprivilegierte und Sünder spielten der politischen und religiösen Führung in Jerusalem immer« mehr Gründe in die Hände, sich durch eine Verurteilung dieser unangenehmen Person zu entledigen.

Er starb am Kreuz

Wir haben die offizielle Urteilsbegründung schon im »Lebenslauf« Jesu genannt. In den Prozessberichten der Bibel – übrigens die ältesten und geschichtlich verlässlichsten Teile des Neuen Testaments – heißt es: »Er hat Gott gelästert!« (Mt 26,65) – »Wir haben festgestellt, daß dieser Mensch unser Volk verführt, es davon abhält, dem Kaiser Steuer zu zahlen, und behauptet, er sei der Messias und König« (Lk 23,2) – »Er wiegelt das Volk auf und verbreitet seine Lehre im ganzen jüdischen Land von Galiläa bis hierher« (Lk 23,5). Obwohl Pilatus, der römische Statthalter, die Anklagen nicht bestätigt fand und überzeugt war: »Er hat nichts getan, worauf die Todesstrafe steht« (Lk 23,15), sprach er aus Angst« vor der aufgehetzten Volksmasse und vor einer Beschwerde beim Kaiser das Todesurteil. Jesus wurde gekreuzigt und starb am Kreuz.

Warum musste Jesus sterben?

Wir Christen interessieren uns seit jeher nicht so sehr für die offizielle Begründung des Todes Jesu, sondern fragen tiefer. Was war der Sinn dieses Sterbens? Steht sein Tod nicht in krassem Widerspruch zu seinem

Lebenswerk? Bedeutet das Kreuz am Ende nicht das Scheitern Jesu samt seiner Botschaft?

Die älteste bildliche Darstellung des Gekreuzigten ist eine in Stein gezeichnete Spottkarikatur: ein Gekreuzigter mit Eselskopf, darunter die Inschrift: »*Alexamenos betet seinen Gott an*«. *Selbst wenn einer sich diesem Spott nicht anschließt, so wird er doch Dostojewski verstehen können, wenn dieser schreibt:* »*Vor diesem Bild kann ja manch einem der Glaube vergehen*«.

Jesu Tod war keine »Panne«, mit der er selbst nicht gerechnet hatte. Jesus wusste, was auf ihn zukommen würde. Er sprach offen darüber, und seine Jünger wollten es bis zuletzt nicht wahrhaben. Andererseits aber ging Jesus auch nicht auf »Befehl des Vaters« in den Tod, so als hätte Gott das Blutopfer seines Sohnes zur Wiederversöhnung mit den Menschen nötig gehabt oder gefordert.

Gottes Wille war es, die Menschen aus ihrer Verstrickung in Sünde und Schuld, aus ihrer Gottesferne, in die sie von Anfang an geraten waren, wieder herauszuholen, sie zu »erlösen«. Das konnten die Menschen selbst nicht leisten, darum kam ihnen Gott in Jesus als Mensch entgegen. Jesus sprach zu ihnen von der Liebe Gottes zu den Menschen, die das Heil aller will. Er zeigte ihnen, wie man Mensch sein kann, ohne in Zerwürfnis mit Gott zu leben. Dazu musste er freilich auch die »Umkehr der Herzen« fordern. Er tat dies mit dem Anspruch und im Namen Gottes. Das brachte ihn in den todbringenden Konflikt mit den führenden Kräften des Volkes. Jesu Tod war darum eine Folge seines ganzen Lebens und seiner ganzen Botschaft. Er hätte ihm nur entrinnen können, wenn er widerrufen hätte. Dies aber tat er nicht, sondern bestätigte seine Botschaft mit dem Tod. In der Erfüllung des göttlichen Willens, der sein ganzes Leben bestimmte, wich er auch dem Tod nicht aus (vgl. 1 Kor 15,3). Er besiegelte die Erlösung der Menschen, wozu er gekommen war, mit seinem Blut. Auf diese Weise machte er sein eigenes Wort wahr: »Gott hat die Welt so sehr geliebt, dass er seinen einzigen Sohn hingab, damit jeder, der an ihn glaubt, nicht zugrunde geht, sondern das ewige Leben hat« (Joh 3,16). Diese Erlösung und Befreiung durch Jesus Christus ist im christlichen Glauben so wichtig und so zentral, dass wir später noch ausführlich darauf eingehen wollen.

Die Auferstehung

Die Jünger Jesu hätten im Augenblick seines Todes keinen Sinn für lange theologische Erklärungen gehabt. Mit Ausnahme ganz weniger »verließen ihn alle und flohen« (Mk 14,50). Seine Anhänger waren enttäuscht, tief deprimiert; der, auf den sie große Hoffnungen setzten, war tot und begraben (vgl. Lk 24,13-35). Zudem mussten sie Angst haben, als ehemalige Anhänger selbst aufgehängt zu werden (vgl. Mt 26,69-75). Nun aber geschieht das, was uns heute noch in Staunen versetzt: Kaum ist das Passahfest vorbei und Jesus begraben, da kommen die eben noch entsetzt geflohenen Jünger aus ihren Verstecken hervor und stellen sich wieder voll hinter Jesus, mit allen Konsequenzen, ohne Rücksicht auf das eigene Leben. Wie ist diese Verwandlung möglich? Doch nur, wenn wahr ist, was sie verkünden: Jesus lebt, er ist nicht im Tod geblieben, viele von uns haben ihn selbst gesehen und gehört.

Die Auferstehungsberichte

Das nachweisbar älteste Zeugnis für die Auferstehung finden wir in 1 Kor 15,3 ff. Diesen Brief hat Paulus um 56/57 n. Chr. geschrieben, also zwischen 25 und 30 Jahren nach Jesu Tod. Paulus trägt in diesem Abschnitt des Briefes vor, was er selbst übernommen hat. Schon vor den Jahren 56/57 muss sich der Glaube an die Auferstehung Jesu von den Toten bereits in einer »Glaubensformel«, einem allerersten urchristlichen Bekenntnis niedergeschlagen haben.

Paulus schreibt: »Vor allem habe ich euch überliefert, was auch ich empfangen habe: Christus ist für unsere Sünden gestorben gemäß der Schrift, und ist begraben worden. Er ist am dritten Tag auferweckt worden, gemäß der Schrift, und erschien dem Kephas, dann den Zwölf. Danach erschien er mehr als fünfhundert Brüdern zugleich; die meisten von ihnen sind noch am Leben, einige sind entschlafen. Danach erschien er dem Jakobus, dann allen Aposteln. Als letztem von allen erschien er auch mir ...« (1 Kor 15,3-8).

Alle anderen Zeugnisse, die die Auferstehung Jesu erwähnen, sind späteren Datums (z.B. Mt 28; Lk 24; Mk 16; Joh 20/21; Apg 2,32-36 u.a.). Mit den Methoden der Geschichtswissenschaft kommen wir nicht näher an das Ereignis der Auferstehung heran. Endpunkt aller Nachforschungen sind die Menschen, die es bezeugen können. Übereinstimmend berichten sie, dass das Grab Jesu leer aufgefunden wurde und dass Jesus verschiedenen Menschen begegnet sei.

Die Auferstehung Jesu bedeutet jedoch nicht Rückkehr in das alte irdische Leben (wie bei Lazarus). Sie ist nicht Wiederbelebung eines Leichnams. Jesus begegnet seinen Jüngern vielmehr in einer ganz anderen, neuen Lebendigkeit, so dass sie Schwierigkeiten haben, diese zu beschreiben. Von daher sind die vielen Abweichungen in den einzelnen Berichten erklärlich: ein Ereignis, das nicht wie etwa die Kreuzigung oder die Geburt der Alltagserfahrung zugänglich war. Niemand hat die Auferstehung selbst miterlebt. Geschildert wird nur, was die Menschen selbst erlebt haben: Begegnungen und Gespräche, die alle auf die bereits erfolgte Auferstehung verweisen.

Einwände

Darum ist es verständlich, dass zu allen Zeiten Gegner des Christentums versuchten, die Auferstehung Jesu in Frage zu stellen: Der Leichnam sei gestohlen worden. Also Betrug. – Wir fragen jedoch zurück: Wurde das Grab nicht bewacht? Wären die Jünger für einen derartigen Schwindel in den Tod gegangen?
Jesus sei nur scheintot gewesen. – Nach solchen Torturen? Nach der offiziellen Feststellung des Todes?
Die Jünger seien einer Selbsttäuschung erlegen. Frage: So viele auf einmal (einmal waren es mehr als 500)? Es heißt ausdrücklich, dass die meisten Zeugen noch am Leben waren, als die Berichte verfasst wurden. Es war also noch eine Befragung möglich.
Die Auferstehung sei nur eine Chiffre dafür, daß die »Sache Jesu« weitergeht. – Wir werden noch sehen, wie wirklich und entscheidend für die Jünger die Auferstehung war. So sehr, dass sie davon den gesamten Glauben abhängig machen.

Wer glaubt, sieht mehr

Dennoch bleibt die Auferstehung ein »Geheimnis des Glaubens«. Nicht nur für uns heute. Auch für die, denen Jesus begegnete. Auch für sie war das Ereignis so unglaublich, dass sie ihn nicht sofort erkannten.
Erst wenn er sich zu erkennen gab durch irgendein Wort oder eine Geste, ging den Menschen plötzlich ein Licht auf, und sie glaubten. Das ging Maria aus Magdala so (Joh 20,11-18), nicht anders den beiden Jüngern auf dem Weg nach Emmaus (Lk 24,13-35). Am bekanntesten sind die Zweifel des Thomas geworden (Joh 20,24-29), der nicht eher glaubte, bevor er Jesus nicht betastet hatte. Was für Thomas galt, gilt für alle, die

wohl von der Auferstehung berichtet bekamen, aber nicht glauben woll(t)en: »Weil du mich gesehen hast, glaubst du. Selig, die nicht sehen und doch glauben« (Joh 20,29).

Wichtig für die Jünger Jesu und für alle späteren Christen war die Tatsache: Jesus von Nazaret ist auferstanden. Derselbe, dem sie vor seinem Tode gefolgt waren und zugehört hatten. Der, den sie schon lange gekannt, aber letztlich nie begriffen hatten. Seine Botschaft war jetzt keine andere als vorher. Nur verstanden sie jetzt besser und anders. Diese Botschaft erhielt durch seinen Tod und seine Auferstehung im Leben der Jünger neue Bedeutung und Autorität. Seine Auferstehung machte den Jüngern Mut. Sie fühlten sich verpflichtet und gedrängt, diese Botschaft weiterzutragen.

Herr Jesus Christus

Die Auferstehung gehört so sehr in den Mittelpunkt des christlichen Glaubens und der christlichen Botschaft, dass Paulus sagen konnte: »Ist aber Christus nicht auferweckt worden, dann ist unsere Verkündigung leer und euer Glaube sinnlos« (1 Kor 15,14). Durch die Auferstehung, die die Christen zu Ostern und in jedem Gottesdienst feiern, hat sich Jesus endgültig als der »Herr« (Bezeichnung Gottes im Alten Testament) und als der »Christus« (Messias, der Gesalbte, Gesandte Gottes) erwiesen. Seitdem lautet das Bekenntnis jedes gläubigen Christen: Ich glaube an den Herrn Jesus Christus.

Sehr früh bildeten sich in den jungen Christengemeinden Lieder und Hymnen, die in kurzer Form das ganze Geheimnis des Lebens, Sterbens und Auferstehens Jesu Christi zu einem Glaubensbekenntnis zusammenfassten.
Eine der ältesten Hymnen steht im Brief an die Philipper und soll als Zusammenfassung auch am Schluss dieses Kapitels stehen:

Er war Gott gleich,
hielt aber nicht daran fest,
wie Gott zu sein,
sondern er entäußerte sich
und wurde wie ein Sklave
und den Menschen gleich.
Sein Leben war das eines Menschen;
er erniedrigte sich

und war gehorsam bis zum Tod,
bis zum Tod am Kreuz.
Darum hat ihn Gott über alle erhöht
und ihm den Namen verliehen,
der größer ist als alle Namen,
damit alle im Himmel,
auf der Erde und unter der Erde
ihre Knie beugen vor dem Namen Jesu
und jeder Mund bekennt:
»Jesus Christus ist der Herr« –
zur Ehre Gottes, des Vaters.

Phil 2,6-11

5.

Glaube – Begegnung mit Gott

»Gott stirbt nicht, wenn wir
aufhören, an ihn zu glauben.
Wir aber sterben in der Stunde,
da unser Dasein nicht mehr
vom Glauben durchleuchtet
wird, dessen Quellen jenseits
aller Vernunft liegen.«

Dag Hammerskjöld

Was würden Sie beispielsweise einem Mohammedaner sagen, wenn er Sie nach dem Inhalt des christlichen Glaubens fragt? Könnten Sie in einem oder zwei Sätzen antworten? Die Antwort ist eigentlich sehr einfach: Der Inhalt des christlichen Glaubens ist *Jesus Christus.*
Deshalb kann man über den Glauben nicht sprechen, ohne zuvor über Jesus Christus gesprochen zu haben. Christlicher Glaube ist nicht eigentlich eine Lehre, sondern eine Beziehung zu einer Person, eben zu Jesus Christus. Die Botschaft Jesu und seine Lehre finden meist auch bei Nichtchristen hohe Anerkennung. Aber das bedeutet noch lange keinen Glauben an ihn.

Aber hat denn der Glaube an diesen Jesus Christus, der vor 2000 Jahren gelebt hat, mit unserem Leben und mit unserem Alltag zu tun? Mit unserem Fragen und Zweifeln nach Sinn und Ziel unseres Lebens? Manche sagen: »Ich kann nicht glauben«. Andere müssen feststellen: »In meinem Bekanntenkreis gibt es kaum noch jemand, der glaubt«. Und viele stellen sich die Frage: »Warum sich eigentlich um den Glauben mühen? Es geht doch ganz gut ohne«. Wieder andere sagen: »Was ich mit meiner Vernunft nicht erfassen kann, das kann ich auch nicht glauben«.

Glaube und Wissen

Eigentlich ist das Umgekehrte richtig: Wenn ich etwas weiß, kann ich nicht daran glauben, ich weiß es ja. Dennoch heißt glauben nicht nicht-

wissen; es gibt durchaus eine »Gewissheit« im Glauben. Glaube hat nämlich mit dem Verstand zu tun, er bleibt nicht außen vor. Er ist immer wieder die Richtschnur, an der sich auch der Glaube messen lassen muss.
Wenn die Vernunft nein sagt, dann ist vermeintlicher Glaube als Aberglaube entlarvt. Wahrer Glaube kann niemals gegen die Vernunft gerichtet sein. Glaube ersetzt nicht die Vernunft, er setzt sie voraus, geht aber
über sie hinaus. Es gibt Dinge, Zusammenhänge, letzte Lebensfragen, die
mit rein mathematisch-naturwissenschaftlicher Denkweise nicht erfasst
werden. Schon die Sinnfrage ist auf diese Weise nicht zu klären, erst
recht nicht Gott. Warum suchen – vor allem junge – Menschen »Bewusstseinserweiterung« in Meditation, östlicher Weisheit, Esoterik?
Warum suchen sie Transzendenz, etwas, was alles Denken und Haben
überschreitet, anstatt sich mit dem zu begnügen, was man an Universi-
täten an Wissen geboten bekommt?

*Es gibt Erkenntnisse, die auf andere Weise gewonnen werden. Dazu
gehört zum Beispiel alles, was zwischenmenschliche Beziehungen betrifft.
Die Psychologie kann vieles über seelische Vorgänge und menschliche
Beziehungen aussagen. Aber wirkliche menschliche Liebe zu einem Partner ist etwas, das einfach kommt wie ein Geschenk und letztlich von der
Vernunft nicht begründet werden kann. Warum wird gerade dieser Mann,
diese Frau geliebt? Aus der Personmitte des Menschen bricht eine Kraft
auf, in der zwar auch der Verstand eine gewichtige Rolle spielt, in der
aber viele andere menschliche Kräfte mitwirken. Hier geht es eben nicht
nur um Sachkenntnis, sondern um Beziehung zu einer Person. Und in dieser Beziehung sind wir auf eine Kraft angewiesen, die wir Vertrauen nennen. Vertrauen ist ein anderes Wort für Glauben. Je größer und
unbefangener das Vertrauen zweier Menschen zueinander ist, umso tiefer
und umfassender ist die Erkenntnis voneinander. Und sie sind sich ihrer
Erkenntnis so sicher, dass sie ein gemeinsames Leben darauf aufbauen.
Mit wissenschaftlichen Daten allein lässt sich ein Mensch so nicht erkennen.*

*Ein jungverheirateter Arzt möchte seine Frau gründlich kennen lernen
und beschließt, nur exakt wissenschaftliche Methoden dabei anzuwenden.
Er unterwirft seine Frau allen erdenklichen medizinischen und psychologischen Tests. Er wird bei einer solchen Versuchsreihe sicherlich vieles
erkennen. Aber er darf sich nicht wundern, wenn seine Frau nach einiger
Zeit zu ihm sagt: »Wenn du so weitermachst, dann wirst du mich aber
kennen lernen!«*

Antoine de Saint-Exupéry sagt: »Man sieht nur mit dem Herzen gut. Die wesentlichen Dinge sind für die Augen unsichtbar.« Einen Menschen erkennen und verstehen lernen ist Herzenssache: Sache des ganzen Menschen.

Der christliche Glaube

Jetzt können wir ahnen, was es heißt, christlich zu glauben. Beim christlichen Glauben geht es nicht in erster Linie um das Lernen von Wahrheiten, um das Wissen von Lehrsätzen und Dogmen, sondern darum, ganz und gar Gott und Jesus Christus, der uns von ihm Kunde gebracht hat, zu vertrauen, ihm zu glauben. Nicht Gebote und Vorschriften sind die Hauptsache, sondern ein Du, ein Gegenüber. Wir glauben nicht nur etwas, sondern ihm, der sich uns offenbart. Nur weil wir Jesus glauben, uns auf ihn verlassen und ihm trauen, glauben wir auch an seine Lehre. Eine von Jesus Christus losgelöste christliche Botschaft gibt es nicht.

Das heißt aber zugleich auch, daß uns die Botschaft, der »inhaltliche Glaube« nicht gleichgültig sein kann. »Egal, was man glaubt, Hauptsache man glaubt«, sagen manche. Das ist nicht richtig. Weil die Botschaft eng mit Jesus verbunden ist, genügt es nicht zu sagen: »Ich glaube dir«. Dazu gehört auch: »Ich glaube, was du sagst«. Beides, inhaltlicher und personaler Glaube, gehören untrennbar zusammen. Entscheidend aber ist die personale Beziehung, das heißt, wie bei Liebenden das Leben auf den anderen – im Glauben also auf Jesus – auszurichten.

Weil Glaube mit Vertrauen zu tun hat, haben es manche Menschen schwerer, zum Glauben zu kommen. Ob ein Mensch leichter glauben und vertrauen kann oder eher zu Mißtrauen und Zweifeln neigt, kann beispielsweise entscheidend mit den ersten Erfahrungen des Kleinkindes zusammenhängen. Sie bleiben später prägend für das ganze Leben. Wenn ein Kind Geborgenheit, Sicherheit und Zärtlichkeit erfährt und wenn es spürt, dass es sich auf seine Mutter, seinen Vater und seine nahe Umwelt verlassen kann, dann wächst in ihm ein Urvertrauen in das Leben. Dagegen entsteht aus Unsicherheit, Angst und Ablehnung ein Urmisstrauen. Diese frühkindlichen Erfahrungen bilden im späteren Leben den oft kaum erkennbaren Hintergrund, der den Glauben erleichtern, aber auch erschweren kann. Wer seinen Vater beispielsweise als egoistischen Tyrannen erlebt hat, wird schwer zu Gott »Vater« sagen können. Wer menschliche Liebe nicht erfahren hat, wird schwer glauben können, dass

Gott ihn liebt. Nur durch positive Entwicklungen und Begegnungen kann Vertrauen sich später noch entwickeln.

Der Glaube kommt vom Hören

Der christliche Glaube ist kein »Sterntaler«, der dem Menschen einfach so in den Schoß fällt. Ein biblischer Grundsatz lautet: »Glaube kommt vom Hören«.

Jesus hat vor 2000 Jahren gelebt. Wir kommen zum Glauben an ihn, weil andere ihn uns bezeugen. Meist sind es zunächst die Eltern, die Erzieherinnen und Erzieher oder die Priester, die uns in Kindheit und Jugend Glauben weitergeben, deren Überzeugungskraft oder -schwäche unsere Auffassung prägt. Es sind die Verwandten und Nachbarn, die sich christlich nennen, die wir als Kinder unbewusst beobachten und als Erwachsene kritisch unter die Lupe nehmen. Ihr Vorbild ist für uns »Interpretation« christlichen Glaubens. Es sind Steinchen eines Mosaiks, aus denen sich für uns ein Eindruck, ein Bild zusammensetzt: der christliche Glaube.

Ob und wie tief der Glaube in uns Wurzeln schlagen kann, wie wir den christlichen Glauben verstehen, ob er uns ängstigt oder ob wir ihn als befreiend erleben, hängt weitgehend von der Glaubwürdigkeit der Personen ab, die für uns diesen Glauben repräsentieren. Je näher uns eine solche Person steht, um so glaubhafter und entscheidender ist uns ihr Zeugnis.

Ebenso beeinflusst uns natürlich auch das Zeugnis des Unglaubens. Der Gläubige in einer zunehmend ungläubigen Welt wird sich nur schwer der verunsichernden Frage entziehen können: Warum glauben denn die anderen nicht? Warum bedeutet Gott meinen Freunden nichts? Warum spielt der Glaube bei meinen Eltern keine Rolle? Warum wollen meine Kinder von Gott nichts wissen?

Jeder Mensch steht in einem ständigen Wechselspiel mit anderen Menschen, Gruppen und Institutionen, Meinungen und Weltanschauungen. Unsere Überzeugungen brauchen die soziale Anerkennung und Bestätigung, wenn sie überleben sollen. Das gilt auch vom Glauben. Auch er braucht die Gemeinschaft, die ihn stützt und trägt. Wir werden in den Kapiteln über die Kirche ausführlicher darauf eingehen.

Wer bürgt für die Wahrheit?

Beginnend mit der Pubertät nimmt der junge Mensch immer bewusster sein Leben in seine eigenen Hände. Autorität und Glaubwürdigkeit der

Eltern, der staatlichen und kirchlichen Institutionen werden kritisch hinterfragt. Der Glaube – oder auch der Unglaube – der Kindheit gerät in eine Krise. Eine Überprüfung des Bisherigen wird notwendig. Eine solche Entwicklung ist natürlich und wünschenswert. Sie führt zu einer reiferen Auffassung und einer bewussteren Entscheidung. Ein bisher nachgeahmter Glaube entwickelt sich zu einer eigenverantwortlichen Überzeugung. Oft fällt hier auch eine Entscheidung gegen Gott. Andere Jugendliche, die aus Trotz gegenüber den Eltern zuvor Kirche und Religion ablehnten, urteilen nun zustimmend.

Eine solche Neuorientierung kann nicht an den Quellen der Überlieferung vorbeigehen. »Wer war Jesus von Nazaret wirklich? Was hat er gewollt und gelehrt? Deckt sich die Lehre der Kirche mit dem Evangelium Christi? Kann ich überhaupt der Heiligen Schrift glauben?« Aber dieses Fragen und Suchen führt wieder zu anderen Zeugen: zu den Heiligen und Märtyrern der Kirchengeschichte, zu den Zeugnissen großer Denker und der Vielzahl einfacher Gläubiger, bis schließlich hin zu den Verfassern der Heiligen Schrift. Denn die Schrift – maßgebliche Quelle des christlichen Glaubens – ist ihrerseits das schriftlich festgehaltene Glaubenszeugnis der biblischen Schriftsteller und der jungen christlichen Gemeinden. Sie ist ein beeindruckendes Dokument von Menschen, die bis in die letzte Faser ihres Herzens davon überzeugt waren: Jesus Christus ist Gottes Sohn. Er wurde von den Toten auferweckt und lebt.

Gibt es für unseren Glauben keine andere Sicherheit als das Vertrauen auf dieses Zeugnis?

Eigene Erfahrung

Das Glaubenszeugnis anderer mag uns anregen, Mut machen; es kann uns immer wieder aufrichten und selbst in Hoffnungslosigkeit noch hoffen lassen; aber die eigene Erfahrung ersetzen kann es nicht. Der Glaube braucht die Bestätigung durch eigene Erfahrung. Wer sich seines Glaubens sicher werden möchte, muss notwendig die Nähe Gottes suchen. Er wird versuchen, ihm zu begegnen und ihn zu erfahren.

Wir wissen, dass Menschen sich umso besser kennen und verstehen lernen, je mehr sie sich vertrauensvoll einander öffnen. Dasselbe gilt auch gegenüber Gott. Es ist daher nicht erstaunlich, wenn bei Jesus der Glaube an Gott und die Liebe zu Gott ganz eng zusammenrücken. Nach dem wichtigsten Gebot gefragt antwortete Jesus nicht: »Du sollst an Gott glauben«, sondern: »Du sollst den Herrn, deinen Gott, lieben mit ganzem Herzen, mit ganzer Seele und mit all deinen Gedanken« (Mt 22,37). Manch einer wird bei diesem Gedanken erschrecken. Wie sollen wir Gott lieben können, den wir doch nicht sehen können? Wie soll mit Gott ein so vertrauter Umgang möglich sein wie unter Menschen? Vielleicht erscheint die Forderung Jesu, Gott zu lieben, weniger unbegreiflich, wenn wir überlegen, wie Liebe sich konkret äußert:

Wer liebt, sucht die Nähe des anderen. Er bemüht sich, ihn besser kennen zu lernen und zu verstehen; er wird dem anderen nicht vorschreiben, wie er zu sein hat und was er tun soll. Er wird dem Partner seine Freiheit lassen, ihm vertrauen. Liebende reden miteinander. So können sie Konflikte lösen und Krisen durchstehen. Sie werden erzählen, was ihnen wichtig ist. Trotz Fehler und Schwächen fühlen sie sich angenommen. Man wird versuchen, sich nicht weh zu tun. Vielmehr wird man die Wünsche des anderen beachten und versuchen, den Willen des anderen zu erfüllen. Liebe erträgt Widerspruch und Kritik. Sie kennt die Angst vor Trennung und Verlust. Liebe kann sehr leidenschaftlich sein in der Hingabe und in der Eifersucht. Selbst Zorn hat in der Liebe seinen Platz. Erst Gleichgültigkeit ist der Tod der Liebe. Lässt sich all dies nicht auch auf das Verhältnis zu Gott übertragen?

Wir sind uns bewusst, daß ein solcher Glaube Endpunkt und Ziel menschlichen Bemühens ist. Niemand »hat« ein für allemal den Glauben. Niemand »besitzt« Gott. Glaube bleibt unterwegs. Immer wieder wird er die Begegnung Gottes suchen und auch erfahren können.

Aus dieser Spannung von Suchen und Begegnen, von Sehnsucht und Erfahrung erwächst letzte und unerschütterliche Sicherheit. Sie gibt dem Zeugnis des Glaubens jene Faszination, die andere anstecken und begeistern kann.

Ist Glauben heute schwerer?

Glauben gehört zum menschlichen Leben; er ist Voraussetzung menschlicher Begegnung. Über ihn führt auch der Weg zu Gott. Und dennoch: Bleibt nicht ein Unbehagen? Warum können oder wollen so viele andere nicht glauben? Warum fällt es mir so schwer? Ist Glauben heute vielleicht schwerer?

Einiges scheint dafür zu sprechen. Schon die Erfahrung, daß offensichtlich immer mehr Menschen in ihrem Leben ohne Gott und Religion auszukommen scheinen, macht uns unsicher. Einige Ursachen und Argumente haben wir bereits in Kapitel 3 (Religion und Atheismus) behandelt. Wissenschaftliche Erkenntnis und technische Macht haben Gott aus dem Alltag verdrängt. Das Leben lässt sich offensichtlich auch ohne ihn bewältigen. Glauben fällt uns auch schwerer, weil in vielen Bereichen – in Gesellschaft und Politik, im Wirtschafts- und Geschäftsleben – Glauben und Vertrauen nicht gefragt sind und oft enttäuscht werden. Eine ähnliche Enttäuschung empfinden auch viele gegenüber der Kirche: Die einen rechnen der Kirche und der Theologie die Fehler und Irrtümer der Vergangenheit vor, die anderen fühlen sich von der Entwicklung in der heutigen Kirche überrollt. Für viele hat die Glaubwürdigkeit der Kirche dadurch gelitten, dass sie ihrer Ansicht nach nicht genügend engagiert gegen Unterdrückung und Unrecht in der Welt kämpft. Sie sagen: »Die Kirche, die Christen sind ja auch nicht besser!« Oder: »Die Kirche weiß ja selbst nicht mehr, was richtig und wahr ist. Was soll ich denn noch glauben?«

Gleichzeitig sieht sich der christliche Glaube, der bei vielen den Eindruck innerer Zerrissenheit erweckt, in Konkurrenz zu anderen Weltanschauungen und Wertvorstellungen. Die Ideale und Normen unseres Gesellschafts- und Wirtschaftssystems scheinen zunehmend in Widerspruch zu geraten zu den Werten und Geboten des christlichen Glaubens: Auf der einen Seite Leistungsdruck, der Zwang, sich durchsetzen zu müssen, Nützlichkeitsdenken. Auf der anderen Seite das Gebot der Nächstenliebe, der absichtslosen Hilfe und Rücksichtnahme. Hier der Ruf nach Selbstverwirklichung und Bedürfniserfüllung im Diesseits, da die Hoffnung auf eine Vollendung im Jenseits. Im Glauben Gnade und Erlösung, im Alltag Planung und Eigeninitiative. Verbreitet der Wunsch, etwas vom Leben haben zu wollen; umstritten Opfer und Verzicht. Selbstverständlich die Forderung nach Mitbestimmung; ungewöhnlich der Gehorsam gegenüber absoluten Glaubenswahrheiten. Einsichtig sind Wandel und Vergänglichkeit, fraglich geworden bleibende Dogmen.

Dazu kommen deutliche Anzeichen einer Auflösung menschlicher Grundwerte: Rücksichtslosigkeit, Egoismus, Gewalt und Brutalität, Verrohung des zwischenmenschlichen Verhaltens bis hin zur Mißachtung menschlichen Lebens. Die gesellschaftlichen Institutionen, die bislang Werte und Normen vermittelten, vor allem die Ehe und die Familie, befinden sich in einer Krise. Damit fehlen aber weithin die natürlichen Voraussetzungen einer menschlichen Hinführung zur Haltung des Glaubens.

Diese angedeuteten Denk- und Verhaltensweisen bilden zusammen das, was wir den »Zeitgeist« nennen. Und der scheint das Glauben heute schwieriger zu machen.

Oder ist Glauben heute leichter?

Andererseits erfahren immer mehr Menschen die Brüchigkeit einer Welt ohne Gott. Vor allem viele junge Menschen suchen für ihr Leben einen Sinn, der über Genuss, Erfolg, Wissen und Macht hinausgeht. Sie suchen nach Werten, die das Leben lebenswert machen. Viele suchen diesen Sinn und diese Erfüllung nicht im Christentum, sondern in fernöstlicher Meditation und Bewusstseinserweiterung, in Verweigerung von Leistung, Flucht in Drogen oder im sozialen Engagement. Viele haben auch Jesus Christus »wieder entdeckt«. Sie suchen nach Menschen, die überzeugend Zeugnis geben von diesem Mann aus Nazaret.

Versachlichung und Anonymität wecken in vielen das Bedürfnis, von jemandem persönlich angenommen zu werden. Damit rückt das Wesentliche des christlichen Glaubens – die personale Beziehung zu Gott – in die Mitte. Viele Einzelfragen, Dogmen und Gebote, die früher so sehr im Mittelpunkt standen, treten dahinter zurück. Wir haben gelernt, zwischen Wesentlichem und weniger Wichtigem zu unterscheiden. Zu Recht können wir sagen: Der Glaube ist durch die Konzentration auf den Kern »einfacher« geworden.

Fassen wir zusammen: In mancher Beziehung mag Glaube heute schwerer sein. Andererseits stehen uns aber heute auch neue und bessere Zugänge zum Glauben offen. Wer heute glaubt, dessen Glaube wird reifer, persönlicher, eigenständiger und selbstverantworteter Glaube sein müssen. Glaube bedeutet heute persönliches Engagement. Inmitten eines schrumpfenden Traditionsglaubens breitet sich mehr und mehr ein Entscheidungsglaube aus.

Glaube: Wagnis und Sicherheit

Freilich schließt diese Entscheidung immer auch ein Wagnis ein. Was geht in zwei jungen Menschen vor, die entschlossen sind zu heiraten? Einerseits ist jeder der beiden überzeugt, den richtigen Partner fürs Leben gefunden zu haben. Allein aus diesem Vertrauen heraus ist es möglich, sich zu binden. Andererseits bedeutet Bindung immer auch ein Wagnis; denn die Entscheidung wird in ungewisse Zukunft hinein getroffen. So ist es mit jeder Entscheidung, die wir treffen müssen.

Wenn überhaupt eine Entscheidung gewagt werden darf, dann die Entscheidung des Glaubens auf Jesus und seine Botschaft hin. Denn hier steht uns nicht nur ein Mensch gegenüber, sondern der verlässliche Gott selbst. Das mag für den, der noch »draußen« steht, wie ein Sprung ins Leere sein. Es gilt, diesen Glauben auszuprobieren. Nur so kann man erfahren, dass er trägt. Wer wirklich glaubt, wer die befreiende und tragende Kraft des Glaubens erfahren hat, der möchte mit keinem Ungläubigen mehr tauschen. Er kann sich sein Leben ohne den Glauben nicht mehr sinnvoll vorstellen. Wer wirklich einmal geglaubt hat, kommt nie mehr ganz davon los. Aus Erfahrung kommt letzte Sicherheit. Es mag wie ein Trugschluss klingen: Der Glaube beweist sich selbst. Aber das gleiche tut die Liebe auch.

Glaube: Gnade Gottes und Tat des Menschen

Bisher haben wir die Möglichkeit zu glauben fast nur von seiten des Menschen aus betrachtet. Freilich steht der Mensch und sein Tun nach christlichem Verständnis bereits unter dem Einfluss des ihm gegenüberstehenden Gottes. Gottes Kraft selbst lebt und wirkt bereits in unserem Suchen und Fragen, in unserem Zweifel und in unserer Sehnsucht. Auch dann, wenn wir meinen, Gott ganz fern zu sein, ist er doch schon unterwegs zu uns. Er kommt uns immer zuvor: »Ich stehe vor der Tür und klopfe an. Wer meine Stimme hört und die Tür öffnet, bei dem werde ich eintreten … (Offb 3,20). Ob ich von Jesus höre, ob ich Menschen antreffe, die auf ihre Glaubensentscheidung hin ihr Leben durchstehen – alle diese Voraussetzungen und Ereignisse hängen nicht von mir allein ab, sondern von der Gunst des Augenblicks. Gläubige Christen sagen: Das ist kein blindes Schicksal. Hier ist – bildlich gesprochen – Gottes Anruf mit im Spiel. Es ist Gnade!

Die Möglichkeit zu glauben ist freies Geschenk, ein »Liebesangebot« Gottes. Bei dem einen Menschen mag dieses Angebot in einem christlichen Elternhaus und einer gläubigen Erziehung bestehen; bei einem anderen in einer Begegnung, die sein Leben verändert. Bei einem ist es ein schmerzhafter Schicksalsschlag und bei einem anderen die Erfahrung der Liebe. Oder vielleicht ist es eine wissenschaftliche Erkenntnis, die den Menschen nach einem Schöpfer fragen lässt. Vielleicht ist es auch das Wort einer Predigt oder die Heilige Schrift, die den Menschen betroffen werden lässt. Selbst im Tod kann es noch ein solches Angebot Gottes an uns geben.

Dieses Angebot kann angenommen oder abgelehnt werden. Es kann auch »verschlafen« werden. Immer wieder ermahnt Jesus die Menschen zu andauernder Wachsamkeit. Mit dieser Wachsamkeit, Offenheit und Bereitschaft beginnt die Verantwortung und die Tat des Menschen.

6.

Gott mit uns

»Ich würde mich weigern,
an einen Gott zu glauben,
den ich verstehen könnte.«

Graham Greene

Wer ist Gott?

Viele Menschen lehnen Gott ab, obwohl sie kaum eine Ahnung von ihm haben. Andere, weil sie meinen, »zuviel zu wissen«, um an ihn glauben zu können. Manch einer muss ihn leugnen, weil sein düsteres Zerrbild ihn ängstigt. Einige verlachen ihn, weil sie seine Harmlosigkeit belustigt. Viele haben den Glauben an Gott in Kriegen verloren, und kaum weniger Menschen verloren ihn mit den Märchen ihrer Kindheit. Andererseits gibt es zahllose Menschen, die bereit sind, für diesen Gott ihr Leben zu geben, die von ihm Halt, Glück und Erfüllung erwarten.
Wer ist Gott wirklich?
Wie hat sich Gott selbst in der Offenbarung den Menschen vorgestellt?

Gott der Geschichte

Seit es Menschen gibt, gibt es den Glauben an überirdische und göttliche Mächte, an Engel und Dämonen. Die Mächte der Natur, die gewaltige Größe des Himmels, die unberechenbaren Abgründe menschlichen Schicksals und auch die dunklen Abgründe der menschlichen Seele waren von Anfang an Tore, hinter denen die Menschen überirdische Mächte und Gewalten erahnen konnten. Angst und Glückserfahrungen trieben die Menschen dazu, diese Gewalten zu fürchten und zu verehren. Aus diesem Hintergrund tritt etwa um 1200 vor Christi Geburt der Gott Jahwe hervor, der Gott des Alten Testaments. Er unterscheidet sich grundlegend von den Göttervorstellungen und dem Dämonenglauben der damaligen religiösen Umwelt. Dieser Gott ist aufs Engste verbunden mit der Person des Mose und der Gruppe der »Hebräer« in Ägypten (Hebräer = abwertendes Wort für gesellschaftliche Randgruppe).

Einzelne semitische Familien, Clans und Sippen waren in den Jahrhunderten zuvor bereits in Ägypten eingewandert. Hunger und Not hatten sie in das fruchtbare Niltal getrieben. Sie gewannen zeitweilig großen Einfluss und politische Macht (um 1500). Zur Zeit des Mose allerdings (etwa 1300-1200 v. Chr.) waren sie zu Sklaven niedergedrückt worden und mussten harte Fronarbeit leisten.

Dieser historisch belegte Sachverhalt findet seinen Niederschlag in der alttestamentlichen Josefsgeschichte (Gen 37,1-50,26). Vielleicht können Sie sich diese Zeit besser vorstellen, wenn Sie sich daran erinnern, dass wenige Jahre zuvor die »schönste Frau der Antike«, Nofretete, lebte. Tutanchamun, ihr Schwiegersohn (bekannt durch die überreichen Grabfunde), war Vorvorgänger Ramses II., in dessen Regierungszeit die Flucht der Israeliten fiel.

Mose selbst hatte zunächst guten Zugang zur ägyptischen Oberschicht. Er hatte deren Bildung genossen. Als er einen ägyptischen Wachbeamten erschlug, der einen hebräischen Volksgenossen quälte, musste er in die Wüste auf der Halbinsel Sinai fliehen. In dieser Wüstenzeit geschah etwas, was die Welt veränderte.

Bisher hatten die Menschen die göttlichen Mächte erahnt, erhofft, gefürchtet und verehrt. Aber diese Götter waren stumm geblieben. Die Menschen mussten versuchen, deren Willen aus der Natur und dem Zufall herauszulesen oder ihn durch Zauber und Magie zu beeinflussen. Aus diesem Zwielicht von Zweifel und Vertrauen tritt der Gott Jahwe hervor. Er offenbart sich dem Mose.

»Mose weidete die Schafe und Ziegen seines Schwiegervaters Jitro ... Eines Tages trieb er das Vieh über die Steppe hinaus und kam zum Gottesberg Horeb. Dort erschien ihm der Engel des Herrn in einer Flamme, die aus einem Dornbusch emporschlug. Er schaute hin: Da brannte der Dornbusch und verbrannte doch nicht. Mose sagte: Ich will dorthin gehen und mir die außergewöhnliche Erscheinung ansehen. Warum verbrennt denn der Dornbusch nicht? Als der Herr sah, dass Mose näher kam, um sich das anzusehen, rief Gott ihm aus dem Dornbusch zu: Mose, Mose! Er antwortete: Hier bin ich. Der Herr sagte: Komm nicht näher heran! Leg deine Schuhe ab; denn der Ort, wo du stehst, ist heiliger Boden. Dann fuhr er fort: Ich bin der Gott deines Vaters, der Gott Abrahams, der Gott Isaaks und der Gott Jakobs. Da verhüllte Mose sein Gesicht, denn er fürchtete sich, Gott anzuschauen« (Ex 3,1-6).

Was damals »historisch« geschah, bleibt im Dunkeln. Etwas Alltägliches beginnt zu leuchten, zu brennen, ein Dornbusch, an dem Mose schon hundertmal vorübergegangen war, ohne etwas Besonderes zu sehen. Etwas spricht ihn an, oder jemand spricht ihn an, Gott spricht ihn an. Hier begegnet uns ein typisches Bild für eine Gotteserfahrung, eine Glaubenserfahrung.

Jedenfalls war hier etwas Entscheidendes geschehen, wie sich im weiteren Verlauf der Geschichte zeigen wird. Im Namen und im ausdrücklichen Auftrag des Gottes Jahwe muss Mose nach Ägypten zurückkehren. Dort organisiert er die Flucht. Er versteht es, die hebräischen Sklaven davon zu überzeugen, dass auf diesen »Gott aus der Wüste« unbedingt Verlaß ist (vgl. dazu Ex 1-15).

Er muss eine gewaltige Persönlichkeit gewesen sein, dass ihm dies gelang. Den meisten fiel es sicherlich nicht leicht, die »vollen Fleischtöpfe« und die Annehmlichkeiten der ägyptischen Kultur gegen das bloße Versprechen der Freiheit einzutauschen, die sie mit Bestimmtheit in die Wüste und darüber hinaus in eine äußerst ungewisse Zukunft führen würde. Dazu kommt: Eine Flucht angesichts der militärischen Überlegenheit des Pharao war so gut wie aussichtslos. Allein der Gedanke daran war verwegen. Und das alles im Vertrauen auf Gott Jahwe. Wer war überhaupt dieser Jahwe?

Der Name Gottes

Nach orientalischem Verständnis bezeichnet der Name zugleich auch die Eigenart, das Wesen des Benannten. Den Namen wissen heißt: die Person kennen. 6628mal wird der Name Jahwe in den Schriften erwähnt. Erklärt wird er allerdings nur das eine Mal (Ex 3,13 f.): Da sagte Mose zu Gott: Gut, ich werde also zu den Israeliten kommen und ihnen sagen: Der Gott eurer Väter hat mich zu euch gesandt. Da werden sie mich fragen: Wie heißt er? Was soll ich ihnen darauf sagen? Da antwortete Gott dem Mose: Ich bin der »Ich-bin-da«. Und er fuhr fort: So sollst du zu den Israeliten sagen: Der »Ich-bin-da« hat mich zu euch gesandt. Das ist der Name Gottes, er kennzeichnet sein Wesen. Aber war auf das, was dieser Name versprach, auch Verlass? Konnte man diesem »neuen« Gott trauen?

Am Beginn der Geschichte Gottes mit Israel konnten, ja mussten diese Fragen gestellt werden. Jahrhunderte nach der Flucht aus Ägypten werden diese Ereignisse schriftlich niedergelegt. Für die Autoren damals ist es keine Frage mehr: Das Vertrauen ist nicht enttäuscht worden, die Verheißung ist erfüllt. Die Hoffnung wurde Wirklichkeit: Gott ist wirklich und so, wie er heißt: Der »Ich-bin-da«. Hinter den Schriften stehen die Erfahrung und das Zeugnis vieler Generationen. Aus der Vielfalt der Ereignisse wird Wesentliches herausgefiltert; der Geschichtsverlauf wird gestrafft und vereinfacht. Übrig bleibt eine geradlinige Geschichte, eine Kette wunderbarer Beweise, dass der Name Gottes tatsächlich mehr als ein Versprechen ist. Gott ist so, wie er heißt.

Vielleicht kennen Sie in groben Zügen diese Ereignisse: Die Flucht, die wider Erwarten gelingt (um 1200); die Rettung vor dem Hungertod und dem Verdursten in der Wüste; die Volksgründung am Berg Sinai: der Bundesschluss (vgl. Ex 19).
Es folgen Jahre der Wüstenwanderung, Kämpfe, Auseinandersetzungen. Teils friedlich, teils kriegerisch wird das verheißene Land, das heutige Palästina, in Besitz genommen (etwa bis 1000 vor Christi Geburt). Israel ist zu dieser Zeit ein Volk ohne zentrale Regierung. Es ist ein loser Stämmeverband. Keine gemeinsame Regierung, keine gemeinsame Verteidigungspolitik, kein stehendes Heer. Und dennoch – in Stunden der Not und Gefahr sind sie da: die charismatischen Feldherren, die gerechten Richter, die klugen Führer, die tapferen Soldaten. Einfache Bauern und Hirten schlagen erfahrene Berufsheere in die Flucht. Sie brauchen keine Monarchie wie die Nachbarstaaten. Dafür haben sie nur Spott und Hohn übrig (Ri 9,7). Ihr König ist Jahwe (vgl. dazu die Bücher Josua und Richter).

Für die Israeliten war klar: All diese Ereignisse sind nicht allein mit Glück oder Zufall zu erklären, das alles geht nicht allein auf das Konto ihrer Geschicklichkeit. Was sie haben und was sie sind, verdanken sie Jahwe. Jahwe lebt – Gott ist mit ihnen. Sein Name hat sie nicht enttäuscht. Er ist wirklich immer für sie da! Ohne ihn gäbe es kein Israel, keine Befreiung aus der Sklaverei, keine Rettung und kein Heil.
Und vor allem: Das alles ist keine Einbildung. Ihr Wissen von Gott beruht auf Erfahrung. In der Geschichte ist sein Eingreifen nachprüfbar. Glaube ist kein phantastisches Hirngespinst, sondern handfestes Leben! Abzulesen im Leben und Leiden Israels: Aus einer »Handvoll« hergelaufener Flüchtlinge hat Gott einen der großen vorderasiatischen Großstaaten geschaffen (Großreich Davids und Salomos um 1000-900).
Dies ist aber nur die eine Seite der Geschichte! Sie ist nicht frei von Umwegen und Enttäuschungen. Die Israeliten leugnen Jahwe und wenden sich heidnischem Götzenkult zu. Es fließen Blut und Tränen – auch im

Namen Gottes. Dem religiös-moralischen Niedergang folgen Zeiten nationalen Unglücks: Krieg, Niederlagen, Staatenteilung, Deportation, erneute Verbannung. Die Bibel schildert diese Zeiten in den Bildern des Ehebruchs und der Hurerei (z.B. Ez 16). Aber aus der Dunkelheit solcher Erfahrungen bricht immer wieder eine gereiftere und vertiefte Einsicht hervor: Gott ist dennoch treu. Er versucht es immer wieder. Er gibt uns erneut eine Chance. Er schafft alles noch einmal neu. Diese Treue lässt sich nicht mit »normalen Maßstäben« messen; dahinter kann nur ein Motiv stehen: die Liebe (vgl. dazu vor allem 1 und 2 Kön; 1 und 2 Chr; Am; Hos).

Wie offenbart sich Gott?

Vielleicht entstand der Eindruck, dass wir nur über die Geschichte und das Leben Israels berichtet hätten und noch nicht so »richtig« von Gott. Aber: Von Gott reden heißt vom Leben reden. Gott selbst kann niemand sehen (Ex 33,20), und doch können wir ihn mit unseren Sinnen erfahren. Was wir von Gott wissen, haben sich nicht gescheite Leute ausgedacht. Es sind Erfahrungsberichte. Gottes Offenbarung zerreißt nicht die menschlichen Denkgesetze. Sie überrollt nicht unseren Verstand. Vielmehr sind menschliche Schicksale, Ereignisse und Vorkommnisse wie ein »Bilderbuch«, in das Gott den gläubigen Menschen blicken lässt. Indem dieser darüber nachdenkt und versucht, das Erfahrene in Worte und Gedanken zu fassen, gewinnt er immer klarere Einsichten.
So wächst aus dem Leben heraus das Glaubenswissen von Gott. Dennoch wissen wir auch dann nicht, wer »Gott in sich« oder »Gott an sich« ist. Wohl aber, wie er wirkt, und was er an uns tut. Dabei wird es sicher vorkommen, dass Einzelne, ja ganze Gruppen sich auch täuschen oder nur Teilwahrheiten erkennen. Aber diese »Fehlerquellen« können nicht das Gesamtergebnis in Frage stellen oder verfälschen. Aus vielen Einzelerfahrungen, die einander ergänzen, deuten und auch korrigieren, aus den Erfahrungen von Familien, Sippen und ganzen Generationen kristallisieren sich Erkenntnisse heraus, die »Wahrheit« sind. Entscheidend ist der Glaube »Gesamtisraels«. Denn Gott handelt nicht nur in der Geschichte, sondern er sorgt auch durch seinen Geist dafür, dass immer wieder Menschen, Propheten ihn und seinen Willen richtig verstehen und interpretieren, zur Umkehr rufen: Aus Spuren, Wirkungen schließen sie auf die Ursachen. Erkenntnisse über Gott und seinen Willen gewinnen sie, indem sie Menschen betrachten, die er verändert hat, die er führt, liebt – oder auch »schlägt«.

So entstanden die biblischen Bücher des Alten Testaments, von denen wir überzeugt sind, dass sich in ihnen Gottes Geist niedergeschlagen hat.

Wie von Gott reden?

Es liegt eigentlich auf der Hand, dass solches Erfahrungswissen, solche »Lebensweisheiten« sich nicht wie mathematische Formeln ausdrücken lassen. Wer immer Gott in seinem Leben erfährt, kann nur von ihm berichten, indem er zugleich auch ein Stück weit sein eigenes Leben und Erleben preisgibt. Religiöse Erfahrungen sind sehr persönliche Erfahrungen. Sie verändern einen Menschen in der Tiefe, in die vielleicht sonst nur eine große Liebe und schmerzhafte Erschütterung reichen. Wie schwer fällt es uns schon, darüber zu sprechen. Schweigen erscheint uns angemessener. Und wenn wir reden wollen oder müssen: Wie wollen wir es sagen?

So erstaunt es nicht, dass die biblischen Schriftsteller auf unterschiedlichste Weise versuchen, das an sich Unsagbare dennoch auszudrücken. Immer wieder greifen sie dabei auf Bilder und Vergleiche zurück. Wenn es ihnen hilft, bedienen sie sich auch unbefangen der Mythen, Legenden und Göttersagen ihrer heidnischen Umwelt, die sie allerdings vertiefen und aus der Sicht ihres Glaubens korrigieren. Sie riskieren Einseitigkeiten und lassen Widersprüche stehen. Sie sprechen in Gegensätzen, um anzudeuten, dass kein Begriff Gott wirklich entspricht.

Daß rund 3000 Jahre später die Christen mit manchen dieser Schilderungen Gottes Schwierigkeiten haben würden, konnten die Schriftsteller damals nicht ahnen. Die Menschen damals wussten: Was immer wir sagen, wir fassen Gott damit nicht. An der Wirklichkeit *Gott* gemessen sind alle Aussagen mangelhaft und ungenügend. Nur so ist zu verstehen, dass einerseits Israel an einem strikten Bilderverbot festhält. Denn der Versuch, Gott darzustellen, muss zu Missverständnissen und Missdeutungen führen. Allein schon der Versuch entkleidet Gott seines grundsätzlichen Andersseins und seiner Würde. Daher weigern sich später die Juden, den Namen Gottes überhaupt auszusprechen.

Und dennoch kann Israel andererseits in einer Unbefangenheit von Jahwe reden, die uns heute oft erschreckt. Was wie ein Widerspruch klingt, ist das Eingeständnis: Wir können von Gott nicht angemessen reden. Aber schweigen können wir noch weniger.

Der ferne Gott

Kinder fragen: »Wo wohnt der liebe Gott?« Und die Eltern sagen: »Im Himmel.« Und unwillkürlich setzen wir voraus, dass dieser Himmel über uns ist. Wir wissen zwar: Damit ist nicht das blaue Firmament gemeint. Aber es fällt uns schwer, uns nicht doch irgendwo einen Ort vorzustellen, wenn wir beten: »Vater unser im Himmel«. Immer wieder muss der Verstand diesen Eindruck korrigieren.

Himmel meint nicht einen bestimmten Ort außerhalb der Erde. In der Sprache der Bibel meint er das Unfassbare, das Unendliche, die Transzendenz. Zur Zeit Jesu dient »Himmel« sogar dazu, Gott selbst zu umschreiben. Gott läßt sich eben nicht an einem bestimmten Ort im Raum-Zeit-System lokalisieren. Das meint die Bibel, wenn sie sagt: Gott in den Himmeln. Und als ob sie fürchte, selbst das könne noch missverstanden werden, sagt sie: »...selbst der Himmel und die Himmel der Himmel fassen dich nicht ...« (1 Kön 8,27). Gott sprengt alle irdischen Dimensionen und menschlichen Vorstellungen von Raum und Zeit.

Das Bild der Wolke

Damit ist er dem Zugriff des Menschen entzogen. Gott ist nicht zu erfahren, wenn er sich nicht erfahren lassen will. Er schenkt sich dem Menschen. Er gibt sich. Aber niemals lässt er sich einholen. Das verdeutlicht eines der biblischen Bilder: die Wolke (Ex 13,21).

Bleibt man der Wolke fern, ist sie deutlich umgrenzt und scharf umrissen. Man kann sie beschreiben, »definieren« (abgrenzen!). Man kann auch träumend im Gras liegen und dem Weg der Wolke folgen, ihre Veränderungen und Wandlungen aufnehmen; sie weckt Erinnerungen, regt Vergleiche an, lässt phantastische Bilder entstehen. Je näher man aber der Wolke kommt (etwa bei einer Bergwanderung), wird sie zu einer bedrohlichen Wand, zu einem undurchdringlichen grauen Nebel, der uns von allen Seiten umschließt und doch nicht zu fassen ist. Was aus der Ferne »massiv« aussieht und angreifbar (oder auch griffig), zerrinnt in der Nähe zwischen den Fingern. Die Wolke löst sich auf in Millionen und Abermillionen Perlen und Wassertröpfchen.

Das Bild des Feuers

Gott entzieht sich nicht aus Boshaftigkeit oder Überheblichkeit, sondern um des Menschen willen. Allzu große Nähe erträgt der Mensch nicht. Das verdeutlicht auch das andere Bild der Bibel: das Feuer.

Wer weit entfernt ist, sieht nur einen Lichtpunkt im Dunkeln. Für den, der sich verirrt hat, ein lebensrettender Orientierungspunkt. Kommt er näher, wird das Licht leuchtender, lebendiger. Es flackert. Es wird »Feuer«. Das gibt Hoffnung. Kommt man noch näher, kann es wärmen, schützen und mit der Dunkelheit auch die Angst vertreiben. Wer aber zu nah ans Feuer kommt, der verbrennt.
Die Distanz, in der die Ehrfurcht den Menschen hält, ist lebenswichtig. So wie eine Pflanze zwar vom Licht lebt, in der prallen Sonne aber verwelkt.

So sehr die Israeliten in ihrer Geschichte immer wieder erfahren hatten: die Nähe Gottes bringt Heil und Rettung, so sehr wussten sie auch: allzu große Nähe kann zur unerträglichen Last werden. Nur wer sich Gott handlich und klein vorstellt, kann sich die Nähe Gottes herbeiwünschen, ohne zugleich auch vor Furcht zu vergehen. Gott angemessener ist die schmerzliche Klage (1 Sam 6,20): »Wer kann vor dem Herrn, diesem heiligen Gott, bestehen?«
Dabei ist diese große »Gottesfurcht« nicht »Angst«. Sie ist kein »Schrecken«, vor dem man davonläuft. Sie ist zutiefst Ehrfurcht, die sich in Bewunderung, Gehorsam, Hingabe und Begeisterung umsetzt.
Aus alledem wird nun auch überdeutlich: »die Ferne« Gottes ist keine kühle, abstrakte Ferne. Gott ist kein blutleerer Gedanke, keine in sich ruhende, sich selbst genügende Macht. Er ist nicht »gefühllos« und unempfindsam gegenüber dem Leid der Menschen. Er ist kein »a-pathischer« (nicht-leidender) Gott wie bei den Griechen, sondern ein »sympathischer« (mit-leidender) Gott. Der biblisch »ferne« Gott ist daher richtiger der »grundlegend andere« Gott. Diese »Andersheit« wird gerade dort erfahren, wo er uns nahe ist.

Der nahe Gott

Der ganz andere Gott: Die Philosophie bezeichnet das mit »Transzendenz« Gottes. Dasselbe nennt die Bibel und die Theologie »Heiligkeit Gottes«. Dieser heilig-andere Gott ist ein lebendiger und leidenschaftlicher Gott. Er ist unerschöpfliche Lebensfreude und Schaffenskraft. Er durchpulst jede Faser der Schöpfung. Seine Wirklichkeit spiegelt sich in der strengen Logik der Naturgesetze ebenso wie in der bunten Vielfalt des Lebendigen. Die Struktur der Kristalle trägt seine Züge. Gottes schöpferische Lebenskraft nennt die Schrift den »Geist Gottes«. Er vermag auf Menschen überzuspringen, sie zu packen, zu »begeistern« und zu verändern.

Diese Nähe Gottes ist der zweite Hauptstrang israelitischer Erfahrung mit dem Gott Jahwe. Gott ist eben nicht nur der »ganz andere«, sondern zugleich auch der »ganz unsere«. In keiner anderen Religion werden so erschütternde und bewegende Aussagen über die Nähe Gottes gemacht wie im Alten Testament.

Gottes Nähe zum Menschen ist die Nähe leidenschaftlicher Liebe. Sie entzieht sich letztlich dem Versuch rationaler Erklärung. Diese Liebe zu uns ist so »unmenschlich menschlich«, leidenschaftlich und eifersüchtig, dass es für unser Glaubensempfinden bereits unerträglich wird. Aber kann man andererseits Gottes Liebe dramatischer deutlich machen? Welche philosophische Überlegung führte je zu einem Gott, der aus enttäuschter und verletzter Liebe heraus sagen kann: »Deshalb wurde ich für sie zu einem Löwen, wie ein Panther lauere ich am Weg. Ich falle sie an wie eine Bärin, der man die Jungen geraubt hat...« (Hos 13,7 f.).

Dieser Gott kann aus Liebe zürnen und strafen. Israel hat dies erfahren und auch die Feinde Israels, die sich Gott in den Weg stellten. Gott ist die Liebe, das heißt nicht: Jahwe ist ein lieber Gott. Israel hat dies unter Schmerzen, oft widerwillig, nach Irrtümern, Missverständnissen und Ausflüchten mühsam lernen müssen.

In vielen Variationen haben die Gläubigen versucht, diese Liebe Gottes in vielfältigen Bildern zu beschreiben und von Generation zu Generation zu bezeugen. Gott als Hirt, König und Richter, als unermüdlicher Brautbewerber, als leidenschaftlicher Liebhaber, als treuer Ehemann, als liebender Vater und liebende Mutter ... Und dennoch: Haben sie diesen Gott verstanden? Als er selbst in sein Eigentum kam, haben sie ihn nicht erkannt (Joh 1,11).

Wir haben sehr ausführlich die Gotteserfahrung Israels im Alten Testament beschrieben. Die Erfahrungen und Erkenntnisse Israels sind für uns »Testament«. Wir haben sie ererbt. Sie gehören zu unserem Glauben. Jesus ist Jude. Sein Gottesglaube, sein Leben und seine Botschaft sind ohne das Alte Testament nicht zu verstehen.

Wir sprechen nun davon, dass Gott in Jesus Christus Mensch geworden ist, wir sprechen vom Heiligen Geist, von Gnade und Dreieinigkeit. Für viele Menschen – auch für Christen – sind dies unverständliche Aussagen und Behauptungen. Aber auf dem Hintergrund des alttestamentlichen Gottesbildes sind diese Dogmen vielleicht besser zu verstehen.

Gott mit uns – Jesus Christus

So intensiv die Erfahrungen der Nähe Gottes in Israel auch waren, so kühn die Bilder, in denen sie ihre Erfahrungen deuteten: Gott selbst überbietet die kühnsten Erwartungen und Hoffnungen: Er wird Mensch. Jesus (»Gott-ist-Heil«) ist der Immanuel (»Gott-ist-mit-uns«). In ihm erfüllt sich in besonderer Weise der alttestamentliche Gottesname (Ex 3,14). In ihm ist Gott selbst sichtbar, hörbar und greifbar geworden. An ihm wird deutlich, wie Gott zu uns ist. So können seine Jünger sagen: »Wir bezeugen und verkünden euch das ewige Leben, das beim Vater (bei Gott) war und uns offenbart wurde. Was wir gesehen und gehört haben, das verkünden wir euch ...« (1 Joh 1,3).

Gott »Jahwe« ist uns Menschen in Christus so nahe gekommen, dass wir ihn schlagen und töten konnten. In dem Menschen Jesus Christus, in seinem Handeln und Reden überwindet Gott selbst alle Ferne zum Menschen; »denn keinem von uns ist er fern« (Apg 17,28). Selbst dem Sünder ist die Nähe Gottes sicher.

Ist durch die »greifbare Nähe« Gott für uns Menschen aber begreiflicher? Mag sie noch so »menschlich« sein: Sie ist deswegen nicht leichter zu glauben. Hätte es diesen Jesus von Nazaret nicht gegeben, wäre es absurd, diesen Gedanken überhaupt zu denken: Gott wird Mensch! Jesus Christus ist die »Selbstdarstellung Gottes« in der Geschichte. Johannes erlebt diesen Jesus und kommt zu der Einsicht: Gott ist Liebe (vgl. 1 Joh 4,8). Das Wesen dieser Liebe ist es, die Nähe des Menschen zu suchen, ihn zu trösten und zu heilen; Hoffnung und Zuversicht zu geben. Wie ein guter Hirt sucht Gott das verlorene Schaf und trägt das schwache Lamm auf seinen Schultern. Wie ein Pelikan seine Jungen mit dem eigenen Herzblut nährt, so gibt er sein Leben. Er stirbt wie ein Weizenkorn, damit daraus neues Leben entsteht. Er wird zu Brot, lässt sich brechen und verteilen, keltern wie Trauben ... Erfahrungen, Bilder, Symbole: sie alle sind Zeichen einer Wirklichkeit: Gott liebt die Menschen.

Gott, der Vater

Jesus fasst diese Liebe, diese Nähe Gottes in dem einen Wort »Vater« zusammen. Diese Anrede gab es zwar auch in anderen Religionen, aber sie wurde entweder im Sinn der Allerweltsweisheit gebraucht, dass Gott der Schöpfer aller Dinge ist; oder sie wurde gar mit der Vorstellung der physischen Verwandtschaft zwischen Göttern und Menschen verbunden.

Kein Mensch ist »Kind Gottes« in dem Sinn, wie Christus »Sohn Gottes« ist; aber Gott behandelt uns wie ein Vater, der uns an Kindes statt angenommen hat.

Jesus fragt: »Oder ist einer unter euch, der seinem Sohn einen Stein gibt, wenn er um Brot bittet ...? Wenn nun schon ihr, die ihr böse seid, euren Kindern gebt, was gut ist, wieviel mehr wird euer Vater im Himmel denen Gutes geben, die ihn bitten« (Mt 7,9.11).

Und selbst das Bitten ist nicht einmal unbedingt notwendig, »denn euer Vater im Himmel weiß, was ihr braucht ...« Sorgt euch nicht darum, was ihr essen und trinken und anziehen sollt ... Sorgt euch zuerst um sein Reich und seine Gerechtigkeit. Sorgt für Frieden und Freiheit, für Barmherzigkeit und Gleichheit. Dann wird euch alles andere dazugegeben (vgl. Mt 6). Gott ist der »Vater«, der uns liebt. Jesus bekräftigt, was Gott von sich selbst gesagt hat: »Ich war es, der mein Volk gehen lehrte, ich nahm es auf meine Arme ... Mit menschlichen Fesseln zog ich es an mich, mit den Ketten der Liebe. Ich war zu ihm wie Eltern, die einen Säugling an ihre Wangen heben ... ich neigte mich zu ihm und gab ihm zu essen (vgl. Hos 11). »Wenn ihr zu diesem Gott betet«, sagt Jesus, »dann sprecht: Abba« (Papa).

Mit dem Begriff und der Vorstellung »Gott-Vater« ist allerdings auch eine Gefahr für das Gottesverständnis verbunden. Ist die Versuchung nicht groß, sich Gott doch wieder als begrenzte Gestalt nach Art der Menschen vorzustellen? Gott als »riesenhafte Vaterfigur«? Für manche kann das Wort »Vater« geradezu eine Glaubensschwierigkeit bedeuten. Sie verbinden mit der Vorstellung Vater keinen Wert und keine guten Erfahrungen. Diesen Menschen mag es helfen, daß die Aussage »Gott ist Vater« zwar durch die Verkündigung Jesu besonders hervorgehoben ist, dass Gott aber in Jesus Christus ebenso Freund und Bruder ist.

Darüber darf aber nicht vergessen werden, wie irreführend solche Bezeichnungen letztlich sein können. Gott ist kein Mann. Er ist auch nicht Frau. Er ist Gott. Dieser Gott der Bibel trägt keineswegs nur männlich-väterliche Züge! Im Alten und im Neuen Testament offenbart Gott Eigenschaften und Verhaltensweisen, die nach unserem heutigen (kultur- und zeitbedingten) Verständnis »typisch weiblich« sind: Er tröstet, schützt, er kost und nährt und ist zärtlich. »Gott ist unser Vater und unsere Mutter« (Johannes Paul I.; vgl. auch Jes 49,15).

Wenn wir Gott Vater, Mutter oder Bruder nennen, dann machen wir im Grunde weniger eine Aussage über das »Wesen« Gottes als vielmehr eine

Aussage über uns selbst und unsere Beziehung zu Gott. Gott ist nicht Mann oder Frau; wir aber erfahren seine Hand, die er auf uns legt, als die eines guten Vaters oder die einer guten Mutter.

Gott in uns – der Heilige Geist

Gottes Nähe beschränkt sich nicht auf die Menschwerdung in Jesus Christus vor 2000 Jahren. Dass er – der unsichtbare Gott – uns Menschen sichtbar und greifbar von Angesicht zu Angesicht gegenübergetreten ist, ist immer noch nicht die »nächste Nähe«. Jesus war nicht nur ein einmaliger Berührungspunkt Gottes mit dem Menschen. Er *bleibt* auch nahe. Gott teilt sich dem Menschen selbst als Gabe mit. Gott wird im Menschen gegenwärtig! Er wirkt im Menschen und durch den Menschen. Die Bibel sagt: Er schenkt uns seinen Geist.

Schon im Alten Testament hatten die Israeliten erfahren, dass Jahwe nicht nur ein »Gott gegenüber« ist, der angebetet und verehrt werden will, sondern auch »in allem ist«, als Lebensprinzip, als Kraft. Für diesen »Geist« wählten sie ein Wort, das zugleich auch Hauch, Atem heißt. Atem heißt Leben. Im Atem berühren sich Körperliches und Seelisches. Wenn wir erschrecken, halten wir die Luft an. Bei Aufregungen atmen wir schnell; wenn wir entspannen, atmen wir ruhig und tief. Wenn die Bibel sagt: Der Geist Gottes ruht auf dem Menschen, dann meint sie: Dieser Mensch ist innerlich ganz durchdrungen von Gott. Gott ist gleichsam sein Lebensprinzip, das, wovon und woraus er lebt. Diesen »Geist« – sich selbst also – verheißt Jahwe allen Menschen.

»Ich schenke euch ein neues Herz und lege einen neuen Geist in euch. Ich nehme das Herz von Stein aus eurer Brust und gebe euch ein Herz aus Fleisch. Ich lege meinen Geist in euch ...« (Ez 36,26). Durch diese göttliche »Herzverpflanzung« erhält der Mensch eine neue Lebensmitte, ein neues »Kraftzentrum«. Sein Herz schlägt nun im »Rhythmus Gottes«. Denn dieses Herz-für-uns ist Gottes Geist. Als Jesus sterben soll, verspricht er die Erfüllung dieser alten Verheißung: »Ich werde den Vater bitten, und er wird euch einen anderen Beistand geben, der für immer bei euch bleiben soll« (Joh 14,16). Dieser Geist Gottes – Gott selbst – soll bis ans Ende bei uns bleiben. So bleibt uns mehr als die Erinnerung an den Menschen Jesus, in dem Gott Mensch geworden ist. Gottes Nähe kennt keine Grenzen mehr. Nicht die des Raumes und der Zeit, nicht der Rassen und Konfessionen. Er ist überall und allen Menschen nah. Er lebt und wirkt in uns. Er belebt und bessert uns. Er prägt und formt unsere

Persönlichkeit – sofern der Mensch das will. Das heißt, dass Gottes Geist alles Gute im Menschen wirkt; nur durch ihn können wir glauben; nur wenn der Geist Gottes in uns wohnt, können wir zu Christus gehören (vgl. Röm 8,26), können wir beten (Eph 6,18), er führt uns in die Wahrheit ein (Joh 16,13). Heiliger Geist – das heißt: Gott selbst wird in unserem Leben aktiv. Die Schrift versucht, dies in Bildern auszudrücken. Er wirkt wie »Feuer« (Apg 2,3) oder »lebendiges Wasser« (Joh 4,13 f.). Er ist wie ein Motor, ein »Schrittmacher«, der alle, die mit Christus verbunden sind, mit seiner belebenden Kraft durchpulst. Diese Be-Geisterung und mitreißende Dynamik wird anschaulich im Bericht über das erste »Pfingstfest«:

»Als der Pfingsttag gekommen war, befanden sich alle am gleichen Ort. Da kam plötzlich vom Himmel her ein Brausen, wie wenn ein heftiger Sturm daherfährt, und erfüllte das ganze Haus, in dem sie waren. Und es erschienen ihnen Zungen wie von Feuer, die sich verteilten; auf jeden von ihnen ließ sich eine nieder. Alle wurden mit dem Heiligen Geist erfüllt und begannen, in fremden Sprachen zu reden, wie es der Geist ihnen eingab« (Apg 2,1-4). Die herbeigeeilte Menge war bestürzt und erstaunt. Die Jünger kamen ihnen vor wie Berauschte (vgl. Apg 2,6; 13). Hier wird bereits etwas von der Wirkung des Gottesgeistes deutlich. Er überwindet die Sprachbarrieren unter den Menschen und schafft eine neue Einheit. Später heißt es in demselben Bericht: Die Gläubigen waren »ein Herz und eine Seele« (Apg 4,32).

Der Heilige Geist – Gott selbst – im Menschen, in den Christen, gar in mir selbst? Auch unter uns ist Gottes Geist wirksam. Nur wenige erleben ihn allerdings in so dramatischer Weise wie die Jünger und Juden beim ersten Pfingstfest. Aber es geschieht noch. Auch heute reden Menschen, unter dem Einfluss des Heiligen Geistes, können weissagen und heilen, Frieden stiften und versöhnen. Die meisten Menschen erfahren ihn aber, ohne zu wissen, dass Gottes Geist wirksam ist. So gehört zur Wirkung des Geistes »Liebe, Freude, Friede, Langmut, Freundlichkeit, Güte, Treue, Sanftmut und Selbstbeherrschung« (vgl. Gal 5,22 f.). Er wirkt in uns, wo wir uns zu Jesus bekennen, beten, hoffen, Mut machen, trösten. Er ist da, wenn Menschen Augenblicke einer inneren Klarheit und Durchsicht haben, in denen sie eine innere Gewissheit über den Sinn ihres Lebens finden, die jenseits aller Zweifel ist. Auch durch den Tod wird diese Sinnerfahrung nicht mehr in Frage gestellt. Er ist da, wo Friede einkehrt trotz äußerer Unruhe; wo Menschen ein schweres Unrecht schweigend ertra-

gen und verzeihen können; wo sie gut zu einem Menschen sind, ohne ein Echo der Dankbarkeit zu erwarten; wo sie Kraft aufbringen, in einer schwierigen Ehe durchzuhalten, einer Versuchung nicht zu erliegen: überall Gottes Geist.

Manche werden sagen: Mitmenschlichkeit, Liebe, Treue – das alles gibt es doch auch außerhalb des Christentums. Dann müsste also auch dort der Geist Gottes wirksam sein? So ist es auch. Alles Gute, das irgendwo Menschen tun, geschieht mit Gottes Hilfe. In ganz besonderer Weise ist er aber in der Kirche wirksam. Immer wieder berichtet die Bibel, dass sich die junge Kirche vom Geist Christi geleitet wusste. Und dieser Geist ist der Gemeinschaft der Gläubigen bis zum Ende der Zeit zugesagt. Deshalb erfahren wir etwas von der Wirksamkeit des Geistes Gottes auch heute am ehesten in der Gemeinschaft gläubiger Menschen.

Gnade: neues Leben

Das Wirken Gottes macht uns heil. Es tut uns gut. Es bringt Freude und Selbstbewusstsein. Auf der anderen Seite spüren wir aber auch: Diese Wirkung kommt nicht durch meine eigene Anstrengung zustande. Sie ist unabhängig von meinem Willen. Ich kann sie nicht beliebig wiederholen. Es gibt kein Rezept für solche Erfahrungen. Sie sind »Geschenk«.

Dieses Geschenk aber nennen Christen »Gnade«; Gott schenkt sich selbst. Er lebt in uns. Darauf haben wir kein »Anrecht«. Dazu ist er nicht »verpflichtet«. Das bedeutet für uns ein völlig neues Leben, eine neue Lebensqualität, ein neues Lebensbewusstsein. Das ist für uns das gleiche wie für die Pflanze das Licht. Wir leben ganz daraus. Wir sind wie neu geboren. Darum nennt die Schrift das, was Jesus Christus uns gebracht hat, eine »neue Geburt«, eine »neue Schöpfung«. Gnade ist also nicht irgendein »Ding« in uns, ein teures Zubehör. Gnade ist im Grunde nichts anderes als die Liebe Gottes zu uns und Gottes Geist selbst in uns.

Immer neue Bilder und Gleichnisse verwendet die Heilige Schrift, um anzudeuten, dass Gott auf diese Weise in uns wirkt: Wir sind »Kinder Gottes« (1 Joh 3,1); Gott »wohnt« in uns wie in einem Tempel (1 Kor 3,16; 2 Tim 1,14). Kann man da ernsthaft behaupten, der Glaube an diesen Gott »entfremde« den Menschen sich selbst? Nach christlicher Überzeugung ist der Mensch nach »Gottes Ebenbild und Gleichnis« geschaffen. Er findet sich also überhaupt erst, wenn er auch Gott gefunden hat.

Freilich ist diese intensive und unüberbietbare Nähe Gottes nur ein Angebot. Wir können Gott »kündigen«. Gott ist weder ein Dämon noch ein Hausbesetzer. Die Anwesenheit Gottes im Menschen ist nichts Unveränderliches, Statisches. An uns liegt es, sie zu intensivieren oder verkümmern zu lassen.

Der dreieinige Gott

Wir werden nun von dem größten Geheimnis des christlichen Glaubens sprechen, dem dreieinigen Gott. Juden und Mohammedaner nehmen an dieser Lehre Anstoß. Sie fürchten, dass damit der Glaube an den einen und einzigen Gott preisgegeben wird. An der Felsenmoschee in Jerusalem steht der Satz: *Allah ist einer. Es gibt keinen Sohn.*
Niemals haben Christen auch nur einen Moment den Eingottglauben fallen lassen. Gott ist ein einziger Gott. Immer galt das grundlegende Gebot des Alten Testaments: »Ich bin Jahwe, dein Gott ... Du sollst neben mir keine anderen Götter haben« (Ex 20,2 f.).
Dass aber dieser Gott nicht »einfach« ist – schon gar nicht »einfältig« –, das mussten die Gläubigen im Lauf der Geschichte mehr und mehr erfahren.
Wir haben erkannt, wie »vielfältig« Gottes Wirklichkeit ist. Dass Gott dreieinig ist, ist keine Spekulation des Menschen. Wer käme auf diese Idee, Gott so zu denken! Aber so hat sich Gott gerade offenbart. Christen glauben, dass Gott Jesus nicht nur wie eine Maske benutzt hat, sich gleichsam mit dessen menschlicher Gestalt verkleidet hat. Kernpunkt des Glaubens ist: Jesus *ist* dieser Gott. Der Heilige Geist ist nach christlicher Überzeugung eben nicht nur »eine Kraft, die von Gott ausgeht«, sondern er *ist* Gott selbst.

Gott hat den Menschen gezeigt: So bin ich! Wie ihr das aber mit den Gesetzen eurer Vernunft und Logik in Einklang bringt, das ist euer Problem; darüber dürft ihr euch schon selbst den Kopf zerbrechen. Das tun die Theologen schon seit 2000 Jahren, und ein Ende ist nicht abzusehen. Wenn auch in der Schrift selbst nirgends der Begriff »Dreifaltigkeit« oder »dreieiniger Gott« erwähnt ist: Die Sache finden wir mehrfach in der Bibel angesprochen. Jesus, obwohl er wirklich und ganz Mensch war, weiß sich zugleich mit »seinem Vater« in einer einzigartigen Weise eins (Joh 5,20.26; 8,58; 11,27; 14,7.9; 17,5; Mt 11,27; 26,63 ff.). Deshalb machten die Zeitgenossen – aus ihrer Sicht zu Recht – ihm den Vorwurf: Er hat sich an Gottes Stelle gesetzt!

Und Gottes Geist? Schon im alttestamentlichen Verständnis deutet sich an, dass der Geist Gottes nichts anderes als Gott selbst ist und dennoch nicht einfachhin identisch mit ihm. Daran knüpft Jesus an. Der Geist, den Jesus seinen Anhängern verheißt, ist keine unpersönliche Macht: Er handelt am und für den Menschen. Er heiligt, führt in die Wahrheit ein, ist Beistand und Tröster. Er ist der Geist Gottes und auch der Geist Christi. Nirgends in der Schrift und im kirchlichen Glauben wird der Heilige Geist einfach mit dem Vater oder dem auferstandenen Herrn identifiziert. Aber er ist auch nicht von ihnen zu trennen.

Schon bei der Menschwerdung Jesu werden deshalb Vater, Sohn und Heiliger Geist nebeneinander genannt. Später dann bei der Taufe im Jordan (Mt 3,13-17 par.). Nach der Auferstehung fasst Jesus noch einmal alle drei Gottesnamen zusammen: »...macht alle Menschen zu meinen Jüngern; tauft sie auf den Namen des Vaters und des Sohnes und des Heiligen Geistes« (Mt 28,19). Vor allem auch in den Apostelbriefen werden der Vater, der Sohn und der Heilige Geist in gleicher Ehrfurcht und Liebe nebeneinander genannt.

Die Kirche hat sich durch die Jahrhunderte an diese biblische Vorgabe gehalten und schließt ihre offiziellen Gebete mit den Worten: »Durch Jesus Christus, deinen Sohn, unseren Herrn und Gott, der in der Einheit des Heiligen Geistes mit dir lebt in Ewigkeit.«

Mancher mag sagen: Begreife das, wer will! Ich komme da nicht mehr mit. Eins und gleich und doch anders, nicht identisch, nicht einfach austauschbar ... Die Ratlosigkeit vor diesem Problem ist keine Schande. Im Gegenteil: Wir sehen daran einmal mehr, dass Gott mit der menschlichen Vernunft nicht vollends begreifbar ist.

Die ersten Christen und die Jünger Jesu jedenfalls haben das theologisch-philosophische Problem nicht gekannt. Sie waren der festen Überzeugung: Es gibt nur einen Gott. Er ist der Gott der Väter: Abrahams, Isaaks und Jakobs. Dieser Gott ist in Jesus von Nazaret gegenwärtig. Sein Wort ist Gottes Wort. Sein Wille ist der Wille meines Schöpfers. – Sie glaubten daran, selbst im Zweifel: »Ich glaube, hilf meinem Unglauben!« (Mk 9,24).

Und der, der sie an Pfingsten im verschlossenen Saal überrascht, der von ihren Herzen Besitz ergreift, sie verändert, entzündet, hinaustreibt, ermutigt und zur Verkündigung befähigt – wer anderes soll das sein als eben derselbe Gott: Jahwe. Und dieser Geist, der nun aus ihnen neue Menschen schafft, der die »Neuschöpfung der ganzen Welt« anfängt – es ist derselbe Geist Gottes, der vor aller Schöpfung schon über den Wassern, dem Chaos des Nichts schwebte.

Von jeher hat es zu der vornehmsten Aufgabe der Theologie gehört, dieses Geheimnis »aufzuschlüsseln«. Viele versuchten es in Bildern und Vergleichen. Athanasius versuchte, das Geheimnis am Beispiel der Sonne und ihrem Licht zu verdeutlichen: Der Sohn geht aus dem Vater hervor wie der Glanz aus der Sonne. Ähnlich nennt die Bibel selbst Jesus auch »Abglanz seiner Herrlichkeit und Abbild seines Wesens« (Hebr 1,3; Weish 7,27). Und der Heilige Geist ist für Athanasius die Wirksamkeit und Tätigkeit, die aus der göttlichen Sonne hervorgeht.

Die spätere Theologie spricht dann von drei göttlichen Personen, die aber nur ein einziges göttliches Wesen sind. Alle diese Begriffe können freilich nur analog von Gott ausgesagt werden, d.h. sie enthalten mehr Unähnlichkeit als Ähnlichkeit, sie sind nur »Chiffren«, Bilder, tastende Versuche, das Unsagbare doch zu sagen.

Wir nähern uns dem »Lebenswert« dieses Geheimnisses, wenn wir davon ausgehen, dass Gott ein liebender Gott ist, ja die Liebe selbst (1 Joh 4,8.10). Er ist nicht der einsame Allah; nicht ein oberster Monarch. Er steht jenseits von Einzahl und Mehrzahl. Obwohl einer, gibt es in ihm Gemeinschaft. Gott zeigt sich uns als ein lebendiger, ein schöpferischer Gott, in dem es Beziehung und Begegnung gibt, Kennen und Lieben, Zuwendung und Empfang.

Von daher wird es uns auch leichter zu glauben, dass diese Zuwendung und Liebe sich auch dem Menschen gegenüber »äußert«; dass Gott aus sich »heraustritt« (aus Liebe »außer sich gerät«), um dem Menschen nahe zu sein und ihm zu begegnen. Erst im Blick auf Gott wird uns deutlich, was der Mensch ist. Der Mensch – nach Gottes Bild und Gleichnis geschaffen – ist in seinem innersten Wesen auf Gemeinschaft hingeordnet und muss darum – ohne Begegnung mit dem Mitmenschen und Gott – unerfüllt und leer bleiben. Dem gläubigen Menschen geht nun auf, warum es auf dieser Erde und unter uns Menschen Liebe, Zuneigung, Zärtlichkeit, Beziehung und Gemeinschaft gibt: Gott selbst hat sein Wesen über diese Welt ausgegossen, die ganze Schöpfung atmet seinen Geist.

Darum beginnen Katholiken viele Gebete mit den Worten: »Im Namen des Vaters und des Sohnes und des Heiligen Geistes« und beenden sie mit dem Ruf: »Ehre sei dem Vater und dem Sohn und dem Heiligen Geist«.

7.

Größe und Elend des Menschen

»Das Elend des Menschen folgt
aus der Größe und die Größe
aus dem Elend.«

Blaise Pascal

In Jesus Christus ist Gott zu den Menschen gekommen. Der verborgene und unbegreifliche Gott erschien in der Welt als Mensch, lebte und wirkte als Mensch, sprach von Mensch zu Mensch. Er kam in eine unheile Welt, um Heil zu bringen und die Vollendung von Mensch und Welt anzubahnen.

Wenn wir uns aber in der Welt umsehen, sind wir enttäuscht. Vieles liegt im Argen. Von einer Nähe zwischen Gott und Mensch ist wenig zu spüren. Ist durch das Kommen Gottes in die Welt denn etwas besser geworden? Oder haben die Menschen den Gewinn, der ihnen durch Jesus zukam, erst gar nicht angenommen? Wo ist die »Göttlichkeit« in Mensch und Welt? Ein Riss geht durch sie hindurch. Man kann an der Welt und den Menschen verzweifeln.

Wie kann denn Gott Schöpfer einer so unvollkommenen Welt sein? Wie der Vater so unvollkommener Kinder? Hätte er es nicht besser machen können? Wieso schuf Gott eine Welt, die der Erlösung durch Jesus Christus bedurfte? Wo bleibt da der allmächtige, der gerechte, der gütige Gott? Wie soll man da glauben können: Gott *liebt* die Menschen?

Gottes Ja zum Menschen

Was Gott schuf, sagt die Heilige Schrift, war gut, ja sehr gut (vgl. Gen 1,31)!

Das »sehr gut« gilt besonders der Schöpfung des Menschen. In der Schöpfung durch Gott sind Würde, Größe und Ziel des Menschen begründet.

Die Frage: »Was ist der Mensch?« beschäftigt viele Wissenschaften.
Trotz vieler Erkenntnisse aber bleibt die Antwort auf die Frage

»Mensch« unbefriedigend. Die Antwort der Bibel wirkt darum wie eine Befreiung:

Der Mensch – Ebenbild Gottes

»Dann sprach Gott: Lasst uns Menschen machen als unser Abbild, uns ähnlich« (Gen 1,26). Gott schuf den Menschen, segnete ihn und übertrug ihm die Herrschaft über alle andere Schöpfung.

Abbild Gottes, Ebenbild Gottes, nach seinem Bild und Gleichnis... Wie der Mond von der Sonne das Licht empfängt und es weitergibt, so erhält der Mensch von Gott das Leben und darf es weitergeben. Der Wille des Menschen soll in der Schöpfung Gottes mitbestimmen dürfen. Er soll nach eigenem Können und Ermessen mitplanen, erfinden und gestalten, aber auch vervollkommnen und bewahren.

Als Ebenbild Gottes hat der Mensch auch teil am Geheimnis Gottes. Ein »Hauch von Göttlichkeit«, von Unendlichkeit ist in ihm (vgl. Gen 2,7). Darum ist der Mensch »wissenschaftlich« niemals ganz erklärbar. »Die Würde des Menschen ist unverletzlich.« Von daher bekommt dieser Satz seine letzte Begründung. Gott hütet den Mensch »wie seinen Augenstern, wie der Adler, der sein Nest beschützt und über seinen Jungen schwebt...« (Dtn 32,10).

In jedem von uns erkennt Gott also einen Funken seines eigenen Wesens und liebt uns selbst dann, wenn wir uns von ihm abwenden. Daran erkennen wir die Liebe Gottes, dass er uns liebte, als wir noch Sünder waren (vgl. Römer 5,8). Größer als es die Bibel tut, kann man das Wesen des Menschen nicht beschreiben. Der Mensch hat Grund, sich glücklich zu preisen, so wie es der Psalmist im Alten Testament tut:

»Was ist der Mensch, dass du an ihn denkst, des Menschen Kind, dass du dich seiner annimmst? Du hast ihn nur wenig geringer gemacht als Gott, hast ihn mit Herrlichkeit und Ehre gekrönt. Du hast ihn als Herrscher eingesetzt über das Werk deiner Hände, hast ihm alles zu Füßen gelegt: All die Schafe, Ziegen und Rinder und auch die wilden Tiere, die Vögel des Himmels und die Fische im Meer, alles, was auf den Pfaden der Meere dahinzieht. Herr, unser Herrscher, wie gewaltig ist dein Name auf der ganzen Erde!« (Psalm 8,5-10)

Die Freiheit des Menschen – Geschenk und Risiko

Es gibt Zeiten, da könnte man »Gott und die Welt« umarmen. Man fühlt sich gesund, geliebt und glücklich. Es ist schön, auf der Welt zu sein. Der gläubige Mensch dankt dafür Gott, seinem Schöpfer. Auch der vorangegangene Lobpreis dürfte in einer glücklichen Stunde entstanden sein. Es ist eine lebensnotwendige Begabung des Menschen, von Zeit zu Zeit nur das Schöne um sich herum zu sehen. Müsste er ständig auch die negativen Seiten des Lebens im Auge haben, könnte er sich seiner und der Welt nie ganz freuen. Er erfährt sie dann ohnehin wieder: die Zeiten des Leids und der Trauer, des Ärgers und der Enttäuschung.

Oft fällt es schwer, im Mitmenschen Gottes Ebenbildlichkeit zu erkennen. Mitunter zweifelt man an sich selbst. Und ist es denn wirklich immer eine ehrenvolle und beglückende Aufgabe, Herr dieser Welt zu sein? Wenn es wahr ist, dass der Mensch die Welt regiert und die Verantwortung für Geschichte und Gegenwart bei ihm liegt, dann hat er bei weitem nicht alles gut gemacht. Stehen wir nicht auch heute fassungslos vor Ereignissen, die uns das Leben schwer machen? Die aber nicht sein müssten, wenn etwas mehr guter Wille auf allen Seiten vorhanden wäre?

Frei, aber verantwortlich

Etwas mehr guter Wille müsste da sein! Wir sind überzeugt: Dann wäre vieles besser in der Welt und um uns herum. Der Mensch hat einen freien Willen. In aller Nüchternheit müssen wir aber erkennen, dass der Wille des Menschen im konkreten Leben nicht so frei ist, wie dies in der Theorie klingt. Er ist vielen Einschränkungen unterworfen. Auf der anderen Seite aber weigern wir uns zuzustimmen, dass der Mensch in all seinem Tun »total fremdbestimmt« sei, immer von äußeren Einflüssen oder vom »blinden Spiel der Triebe« (Freud) bestimmt.

Am 4. August 1941 wurde der Franziskanerpater Maximilian Kolbe im Konzentrationslager Auschwitz hingerichtet. Eigentlich sollte ein polnischer Familienvater sterben. Kolbe sprang für ihn ein; die Lagerleitung gestattete es. Der Familienvater kam wieder nach Hause. 1971 durfte er mit seiner Familie in Rom die Seligsprechung seines Retters mitfeiern. War dies nun nicht die eigene, freie Entscheidung Pater Kolbes? Jeder weiß: er hätte sich nicht dazu hergeben müssen. Dass er es trotzdem tat, dafür hatte er sicher seine Gründe; tat er es deshalb aber nicht doch freiwillig? An dieser Freiwilligkeit ändert auch nichts, wenn er sich von der

*Liebesbotschaft Jesu Christi dazu gedrängt fühlte. Sie befähigte ihn erst,
frei zu werden für den anderen, der seinen Einsatz brauchte.*

Dieses Beispiel zeigt uns, dass es in einer menschlichen Welt unbegrenzte persönliche Freiheit nicht geben kann. Die Freiheit, die nicht nur mir nützen soll, sondern auch dem andern, ist ohne Verantwortung füreinander nicht denkbar. Freiheit und Verantwortung gehören zusammen wie Geschwister. Die Verantwortung hebt die Freiheit nicht auf, steckt aber ihre Grenzen ab.

Falsch verstandene Freiheit, »ausgenutzte« Freiheit kann in totale Unfreiheit führen. Man kann »in aller Freiheit« dem Alkohol verfallen – und ist dann eben nicht mehr frei, sondern abhängig. Wie man einer Sucht verfallen kann, so auch Menschen und Ideologien. Oder aber der Mensch missbraucht seine Freiheit und wird zum Egoisten und Tyrannen, ohne Rücksicht auf den anderen. Die Möglichkeiten, sich und anderen zu schaden, sind vielfältig. Der Mensch scheint gerade hier besonders erfinderisch.

Das große Geschenk der Freiheit bedeutet für den Menschen also zugleich auch Risiko und Gefährdung. Freiheit kann wie Geld gut angelegt und verwaltet werden – dann bringt sie Zinsen. Sie kann aber auch ausgebeutet und verschwendet werden – dann geht sie verloren. Es gibt die furchtbare Möglichkeit, die Freiheit zu missbrauchen, das Falsche, das Böse zu tun.

*»Wo viel Freiheit ist, ist viel Irrtum«, sagt ein Sprichwort. Und Friedrich
Schiller sagt: »Den Menschen macht sein Wille groß und klein«.*

Gott und der freie Mensch

Unsere Zuneigung und Achtung voreinander scheitern oft schon daran, daß der andere nein sagt, wenn wir ja sagen. Wir wollen den anderen allzu schnell nach unserem Maß zurechtbiegen. Bei Gott ist das anders. Er nimmt uns restlos ernst. Er lässt uns unsere Freiheit und unseren Willen auch dann noch, wenn wir selbst zu ihm nein sagen. Gott hat dem Menschen den freien Willen geschenkt, darum achtet ihn auch niemand *mehr* als er. Er korrigiert seine Entschlüsse nicht wie ein verärgerter oder enttäuschter Mensch. Uns ist es nicht immer leicht, Entschlüsse durchzuhalten, wenn der andere sich nicht nach unseren Vorstellungen verhält.

Immer wieder werden Menschen diesen Respekt Gottes vor der Freiheit seiner Geschöpfe als Schwäche Gottes auslegen. »Gott ist gut, die Liebe selbst – er wird es schon nicht so genau nehmen … Wir kommen alle, alle in den Himmel!« Liebe ist wehrlos gegenüber Missdeutungen, weil sie keine Macht ausübt.

Vielleicht erinnern auch Sie sich noch an einen guten Lehrer. Er begegnete den Schülern mit Verständnis und Großmut, gewährte größtmögliche Freiheit. Oft genug wurde dies auch ausgenutzt. Am Jahresende aber waren die Schüler doch ziemlich überrascht: Im Zeugnis standen nämlich gerechte Noten, so wie sie jeder verdiente.

Die Liebe Gottes zu uns Menschen läßt sich nicht auslöschen, auch nicht, wenn wir diese Liebe ausnutzen, auch nicht, wenn wir Böses tun. Bleibt aber deshalb das Handeln des Menschen ohne Folgen? Gott ist treu, aber auch gerecht. Er nimmt die freie Entscheidung des Menschen ernst, auch das Nein zu seiner Liebe, mit allen Konsequenzen. Gerade deshalb aber gelten die Konsequenzen auch für den Menschen. Nicht Gott wendet sich vom sündigen Menschen ab. Es ist umgekehrt: Der sündige Mensch wendet sich von Gott ab. Gott hindert ihn nicht daran. Wer sich ihm entzieht, den lässt er ziehen. Er drängt sich dem nicht auf, der von ihm wegdrängt. Insofern kann das Nein zu Gott für Zeit und Ewigkeit Gültigkeit haben. Erkennt der Mensch aber, dass seine Entscheidung falsch war, kann er sie ändern – »umkehren« sagt die Bibel dazu. Darauf wartet Gott.

Liebe schenkt Freiheit

Wieso hat Gott Menschen erschaffen, die fähig sind zum Bösen? – Mit dieser vorwurfsvollen Frage will der Mensch Gott den Schwarzen Peter für sein eigenes Versagen zuschieben. Hat denn ein Vater Schuld, wenn sein Sohn mit dem geschenkten Auto an einen Baum rast? Was ist höher einzuschätzen: alles zwangsweise gut machen zu müssen, oder es freiwillig gut machen zu können?

Eine Frau verfolgt ihren Ehemann misstrauisch überallhin. Auf diese Weise hat er keine Gelegenheit zu »sündigen«. Eines Tages aber ist die Liebe tot. Der Mann hat das Misstrauen seiner Frau und sie selbst satt. – Frei hingegen kann sich jeder fühlen, der das ganze Vertrauen seines Partners besitzt. Um so mehr schmerzt dann aber ein Treuebruch. Denn dann wird nicht die angelegte Fessel gesprengt, sondern geschenktes Vertrauen missbraucht.

Gott geht nicht ständig nebenher, er gängelt nicht. Der Mensch kann und darf. Er wird von der Liebe Gottes losgelassen. Ist Gott dies vorzuwerfen? Gott will nicht, dass das Gute unter Druck und Zwang getan wird; es soll aus dem Menschen selbst kommen, zu seiner eigenen Tat werden. In dieser Freiheit liegt die Würde des Menschen, gleichzeitig aber auch eine Last. An dieser Last, an der Verantwortung für seine freie Tat »trägt« der Mensch. Er kann nicht nur die Früchte seiner guten Taten ernten, sondern muss auch verantworten, wenn er die Freiheit zum Bösen missbraucht.

Der Mensch in Sünde und Schuld

Niemand wird gern zur Verantwortung gezogen. Wir möchten am liebsten niemandem verantwortlich sein, weder Gott noch Menschen. Wir möchten »total frei« sein. Das Gute, das Gott will, und das, wozu wir uns gern entscheiden möchten, erscheinen uns oft wie lästige Gegensätze. Wie schnell fällt »in aller Freiheit« die Entscheidung gegen den Willen Gottes. Das »Nein« zum Willen Gottes aber, die Hauptquelle des Bösen in der Welt, nennt die Bibel Sünde.

Sünde – Zurückweisung der Liebe Gottes

Wir müssen dieses Wort in seiner ganzen furchtbaren Wirklichkeit erkennen, sonst bleibt alles Folgende unverständlich. Es gibt eigentlich nur eine einzige Sünde: die Liebe Gottes zurückzuweisen. Im Alten Testament wird sie darum auch »Treulosigkeit«, »Bruch des Bundes mit Gott« genannt. Der Mensch bringt damit zum Ausdruck, dass er sich selbst genügt, dass er Gott nicht braucht. Die »Ich-Sucht« zerstört die »Sehnsucht« nach Gott. Das jedoch heißt die Ordnung auf den Kopf stellen. Gott und Mensch sind füreinander da, der Mensch aber reißt sich von Gott los und macht sich selbst zum Maßstab aller Ordnung. Damit versiegen die Quellen seines Lebens.

Wer aber rechnet heute noch mit der Sünde? Was ist das eigentlich? Ist der Sinn dafür nicht verloren gegangen? Die Folgen und konkreten Erscheinungsweisen der Sünde kennen wir im Grunde heute genauso wie Paulus vor 2000 Jahren: Die von der Sünde beherrschten Menschen »sind voll Ungerechtigkeit, Schlechtigkeit, Habgier und Bosheit, voll Neid, Mord, Streit, List und Tücke, sie verleumden und treiben üble Nachrede, sie hassen Gott, sind überheblich, hochmütig und prahlerisch, erfinderisch im Bösen und ungehorsam gegen die Eltern, sie sind unverständig und haltlos, ohne Liebe und Erbarmen« (Röm 1,29-31). Wir haben es fast verlernt, diese Erfahrungen als Sünde zu erkennen und auch so zu benennen.

Selbstverständlich sind wir uns nicht bei jeder Sünde ausdrücklich bewusst, gegen Gottes Willen zu verstoßen. Oft wissen wir erst nachher, dass wir Schuld auf uns geladen haben. Sünde ist also nicht immer gleich Sünde. Es gibt Stufen der Sünde, je nachdem, wie bewusst und überlegt das Nein zum Willen Gottes gesprochen wird.

Gott beurteilt den Menschen nach seiner Gesinnung, nach seiner Absicht, danach, wieweit das Handeln des Menschen mit seinem Gewissen übereinstimmt. Nicht die ausgeführte Tat allein ist entscheidend, So kann es sein, dass jemand, obwohl er eine sündhafte Tat begeht, dennoch nicht schuldig wird, da er die Sündhaftigkeit nicht sieht oder nicht will.

Andererseits: Hat jemand die Absicht, ein Unrecht zu begehen, kann es aber wegen äußerer Umstände nicht ausführen, so ist er doch vor Gott schuldig geworden. In seinem Herzen, mit seinem Willen hat er die Sünde schon begangen. (Weiterführende Gedanken in Kapitel 20.)

Niemand ist ohne Sünde. Jeder von uns macht die Erfahrung des Versagens, der Versäumnisse. Wir bleiben ständig hinter dem zurück, was wir sein könnten und nach Gottes Plan sein sollten. Wir sind Sünder.

»Wenn wir sagen, dass wir keine Sünde haben, führen wir uns selbst in die Irre, und die Wahrheit ist nicht in uns. Wenn wir unsere Sünden bekennen, ist er (Gott) treu und gerecht; er vergibt uns die Sünden und reinigt uns von allem Unrecht« (1 Joh 1,8 f.).

Die Folgen der Sünde

Wenn eine Sünde getan ist, ist sie nicht vorüber, sondern es entsteht der Zustand der Schuld. Das gilt schon im menschlichen Bereich: Lüge, Hass, Selbstsucht ziehen die Entfremdung untereinander nach sich. Ebenso führt die (schwere) Sünde zur Entfremdung von Gott, sie zerreißt das Band der Liebe zwischen Gott und Mensch.

Jemand überfährt ein Kind. Unzählige Autofahrer müssen in der Bundesrepublik jedes Jahr mit einem solchen Ereignis fertig werden. Der eine reagiert völlig gelassen: »Ich fuhr mit erlaubter Geschwindigkeit, ich hatte intakte Bremsen, die Reifen waren in Ordnung. Die Bremsspur beweist alles. Sollen die Leute doch auf ihre Kinder besser aufpassen!«

Mit dem gerichtlichen Freispruch ist für ihn die Sache gelaufen. Er hatte »Recht«. Ein anderer hat sich ebenfalls nichts vorzuwerfen, dennoch lastet das Ereignis schwer auf ihm. Er fühlt sich »schuldig«.

Welches Verhalten ist menschlicher? Dies ist ein Beispiel an der Grenze: Schuldbewusstsein, obwohl »eigentlich« gar keine Schuld vorliegt. Im krassen Gegensatz dazu sprechen nicht wenige Menschen davon, der Mensch könne für seine Schuld überhaupt nicht verantwortlich gemacht werden, er sei gar nicht fähig dazu. Auch wenn die Bremsen abgenutzt, die Reifen abgefahren, die Geschwindigkeit zu hoch gewesen war. Alles sei Schicksal. Das Schicksal sei eben an allem »schuld«. Sind uns solche Erklärungen aber wirklich Entlastung und Trost?

Es breitet sich in unserer Gesellschaft ein heimlicher Unschuldswahn aus, der Schuld und Versagen, wenn überhaupt, immer nur bei »anderen« sucht, bei anderen Menschen, der Vergangenheit, bei der Natur, bei Veranlagung und Milieu. Die Erfolge unseres Tuns rechnen wir uns gern selbst an. Bei negativen Folgen aber verleugnen wir unsere Zuständigkeit und suchen für unsere Fehler und unsere Schuld ständig neue Ausreden und Alibis. Diese Schuldverschiebungen und Entschuldigungsmechanismen machen auch vor unserem zwischenmenschlichen Verhalten nicht Halt. Die ganze Lebenseinstellung und Lebensplanung wird dann nicht mehr vom Gefühl der Verantwortung füreinander geprägt, sondern von der Berechnung zum eigenen Vorteil. Eine derartige Welt aber wird unmenschlich. Darum unsere Behauptung, dass ein waches Sündenbewusstsein auch ein menschliches Zusammenleben ermöglicht.

Versagen vor Gott und Versagen gegenüber den Mitmenschen lassen sich nicht voneinander trennen. Die Abkehr von Gott setzt sich in der Schuld am Mitmenschen fort. Das Schuldigwerden am Mitmenschen verdüstert das Verhältnis zu Gott. Diese Entfremdung aber setzt sich weiter fort zwischen Mensch und Umwelt. Durch jede Sünde wird die Welt schlechter. Wer sich die Bilder von den im Krieg zerbombten Städten anschaut, der ahnt etwas von diesen Zusammenhängen.

Entfremdung zwischen Gott und Mensch, Entfremdung zwischen Mensch und Mitmensch, Entfremdung zwischen Mensch und Umwelt – das sind die Folgen der Sünde. Dies aber macht auch deutlich: Mit der Abkehr von Gott treffen wir nicht eigentlich ihn – das ist gar nicht möglich –, sondern uns selbst, wir verlieren zutiefst den Sinn unserer Bestimmung. Zeichen dafür sind Unsicherheit, Verzweiflung, Leiden, Krankheit und Tod. Jeder von uns kennt Beispiele, wie die Unordnung, die Sünde, einen Menschen auch physisch zerstört (vgl. üble Nachrede, Alkohol am Steuer). Nicht Gott straft das Böse, die Sünde straft sich selbst. Mit jeder Sünde wächst zudem – wie jeder selbst erfahren kann – die Anfälligkeit für weitere Sünden. Einmal schwach geworden, erscheint ein weiteres Mal als nicht mehr so schlimm. Es folgt eine Kettenreaktion weiteren Übels. Am Ende steht oft die Verzweiflung und dann die Frage: Gibt es Gott nicht, oder sorgt er sich einfach nicht um die gequälte Menschheit? Der Mensch sündigt, Gott aber wird dafür verantwortlich gemacht.

Die Erbschuld

Andererseits sagen wir zu Recht: Es kann doch nicht alles uns Menschen in die Schuhe geschoben werden. Geschieht denn nicht sehr viel Unrecht, sehr viel Leid in der Welt, ohne dass einzelne Menschen dafür zur Verantwortung gezogen werden können? Ich bin doch nicht immer persönlich dafür schuldig zu sprechen. So sieht es auch die Bibel: Die Sünde wird nicht nur als Tat eines einzelnen Menschen gesehen, sondern auch als eine vorgegebene Situation des menschlichen Daseins von Anfang an. Jeder Mensch wird hineingeboren in eine von der Sünde gezeichnete Welt. Bevor er selbst noch irgend etwas Unrechtes tun konnte, ist er geprägt von der »Erbsünde«. Damit aber stoßen wir auf einen Begriff, für den viele Menschen kein Verständnis haben. Sie fragen: Was habe ich mit der Sünde Adams zu tun? Wieso soll ich die Konsequenzen tragen?

»Erbsünde«? – Die Schwierigkeiten beginnen schon mit dem Wort selbst. Unser deutsches Wort »Erbsünde« bringt das, was wirklich gemeint ist, nicht glücklich zum Ausdruck. Sünde verstehen wir normalerweise als persönliche Tat: Das ist die Erbsünde eben gerade nicht. Deshalb lehrt die Kirche, dass niemand wegen der Erbsünde allein verworfen wird. Auch die Silbe »Erb« verleitet zu falschen Vorstellungen. Es ist keinesfalls eine Vererbung im biologischen Sinne gemeint wie etwa eine Erbkrankheit. Es geht auch nicht um eine Sünde, die Adam und Eva einmal begangen haben, die uns allen noch angerechnet wird. Eher ist sie schon im Sinn einer belastenden Erbschaft zu verstehen. Die alte Sprache der Kirche (Latein) hat ein besseres Wort, nämlich »Ursprungssünde« oder »Ursprungsschuld«.

Wir kommen dem, was gemeint ist, näher mit dem Wort »Erb-Schuld«. Es ist ein Zustand, der uns von Geburt an etwas entbehren lässt, was wir nach Gottes Willen haben sollten, nämlich die lebendige Verbundenheit mit Gott.

Der biblische Bericht

Die Missverständnisse um die Erbsünde wurzeln nicht zuletzt auch im mangelnden Verständnis der Erzählung vom Sündenfall. Es ist die Geschichte vom Menschen (»Adam« heißt einfach »Mensch« und ist nicht als Eigenname eines ganz bestimmten Menschen zu verstehen), der von Anfang an auf einen Irrweg geraten ist und Wille und Plan Gottes durchkreuzt hat. Seitdem treten alle Menschen in eine Welt ein, die vom Nein zu Gott gezeichnet ist. Durch die Sünde am Anfang steht der Mensch im Machtbereich der Sünde. Das Versagen Adams, des »Menschen«, ist nicht nur Vergangenheit, sondern aktuelle Gegenwart. Denn bis in unsere Zeit sprechen alle Menschen immer wieder das Nein zu Gott, stehen damit zum ersten Menschen und seiner Sünde, begeben sich so auch persönlich wieder in den Zustand der Gottesferne und werden ihrerseits wieder mitschuldig an der Unheilssituation, an der Sündenverflochtenheit dieser Welt. Adam ist Ursprung und Beispiel der menschlichen Schuldverstrickung.

Nur die Tatsache der Sünde von Anfang an ist Glaubenslehre, nicht alle Einzelheiten des Berichts sind wörtlich zu nehmen. Auch die Frage, ob alle Menschen von einem Menschenpaar abstammen (Monogenismus) oder ob es mehrere Stammeseltern gibt (Polygenismus), wird vom biblischen Schöpfungsbericht offen gelassen und hat mit der religiösen Aussage nichts zu tun. (Auf das Verstehen biblischer Texte, besonders auf den biblischen Schöpfungsbericht gehen wir später noch ausführlich ein.)

Wir haben heute ein lebhaftes Gespür für die Schicksalsgemeinschaft aller Menschen. Die Welt ist zusammengerückt. Wir wissen, dass ein einziger Diktator in irgendeinem Winkel der Erde die Menschheit in einen furchtbaren Krieg hineinziehen kann. Aber auch schon ein einziger Familienvater, der aus seiner Familie ausbricht, kann für Generationen unheilvolle Weichen stellen. Wir wissen, dass mit der Geburt für jeden Menschen bereits Vorentscheidungen fallen, die sein ganzes Leben prägen (Zugehörigkeit zu einem bestimmten Volk, einer bestimmten Gesellschaftsschicht, zu dieser oder jener Religion usw.). Israel besaß dieses

*Gefühl der Schicksalsgemeinschaft sehr ausgeprägt gerade bezüglich der
Sündhaftigkeit aller Menschen.*

»Euer Widersacher, der Teufel ...« (1 Petr 5,8)

Wenn die Sünde dem Menschen so sehr ins eigene Fleisch schneidet,
erhebt sich die Frage: Wie kommt der Mensch dazu, *freiwillig* so unsinnig zu handeln? Eigentlich ist das nicht zu begreifen. Der Mensch kann
immer nur etwas erstreben, das ihm als gut, als wertvoll erscheint. Also
muss sich ihm auch die Sünde im Gewand des Guten und Erstrebenswerten anbieten, sonst würde sich kein Mensch dafür entscheiden. Die
»verbotene Frucht« im Paradies ist dafür ein gutes Bild. Sie war »besonders schön«. Auch der Dieb meint, der Besitz des fremden Eigentums
bedeute für ihn Bereicherung und Glück. Wer lügt, will einer Strafe entgehen oder Ansehen vor den Menschen gewinnen.
Nur so ist es erklärlich, dass sich der Mensch für die Sünde entscheiden kann
und sie der Freundschaft mit Gott vorzieht. Er macht zwar jedesmal die Erfahrung, dass sich die Sünde letztlich doch nicht auszahlt. Aber er wird hin-
und hergerissen zwischen Wollen und Sollen. Schon Paulus klagt: »... ich
tue nicht das Gute, das ich will, sondern das Böse, das ich nicht will« (Röm
7,19). Was ist es, das ihn daran hindert, das Gute zu tun? Wieso kommt der
Mensch dazu, das Böse zu tun, was er im Grunde doch gar nicht will?

*Der SS-Obergruppenführer und General der Waffen-SS, Karl Wolff,
schrieb im August 1942 in einem Brief: »Mit besonderer Freude habe ich
von Ihrer Mitteilung Kenntnis genommen, dass nun schon seit vierzehn
Tagen tagtäglich ein Zug mit je 15 000 Angehörigen des auserwählten
Volkes nach Treblinka fährt ...«
Ist dazu überhaupt ein Mensch fähig? Von was oder von wem wird er
getrieben? Haben wir nicht, wenn wir an die Verbrechen in den Konzen-
trationslagern denken, den Eindruck, dass eine derartige Bosheit gar
nicht mehr nur menschlich ist? Muss da nicht eine stärkere geistige
Macht dahinter stecken, etwas Dämonisches, Übermenschliches?*

Die Heilige Schrift nennt diese geistige, den Willen Gottes verneinende
Kraft Teufel. Sie bezeichnet ihn als »Lügner von Anbeginn«, als »Diabo-
lus«, d.h. den »Verwirrer«, der die Werte umkehrt, und so die Sünde erst
erstrebenswert macht. Und doch darf dies für den Menschen nicht als Entschuldigung gelten, denn nur durch seine eigene Zustimmung setzt sich die
Macht des Bösen durch und kommt die Sünde zustande.

Wie wir uns den Teufel zu denken haben? Die Heilige Schrift macht darüber kaum Aussagen. Sie will nur die Wirklichkeit und die Wirkung dieser teuflischen Macht darlegen. Die vielen volkstümlichen, oft äußerst naiven Vorstellungen vom Teufel finden in der Heiligen Schrift jedenfalls keine Bestätigung.

Und das Leid?

Jede Freiheit birgt auch ein Risiko. Aber ohne diese Freiheit wäre der Mensch kaum mehr als ein willenloses Werkzeug, eine Marionette in Gottes Hand. Gott will den Menschen größer. Somit kann sich der Mensch auch zum Nein gegenüber dem Willen Gottes entscheiden, also zur Sünde. Wir können mit der Bibel einverstanden sein, wenn sie die Ursache für vieles Leid in der Welt im Menschen selbst sieht. Ebenso sehr wird in der Heiligen Schrift eine tiefe menschliche Erfahrung niedergelegt, wenn sie von dämonischen Mächten spricht, die die Menschen zu Bösem verleiten, wozu man Menschen eigentlich nicht mehr für fähig hält. Reicht dies alles aber aus, um alles Leid der Welt zu erklären? Woher kommt das Leid, das wir offensichtlich in keine Verbindung mit der Sünde bringen können? Leid, das den Menschen unvermutet und unverschuldet überfällt. Sinnloses Leid: Katastrophen, Erdbeben, Unfälle, das Leiden Unschuldiger, unheilbare Krankheiten, plötzlicher Tod ... Wer ist dafür verantwortlich? Wie steht Gott dazu?

An dieser Frage haben sich vom Beginn der Menschheitsgeschichte an die Einwände gegen Gott entzündet: Ich kann nicht an einen Gott glauben, der das alles zulässt! Kein irdischer Vater könnte zusehen, wie seine Kinder so leiden. – »Nein Pater«, sagt der Arzt zum Priester, »ich habe eine andere Vorstellung von der Liebe, und ich werde mich bis in den Tod hinein weigern, die Schöpfung zu lieben, in der Kinder gemartert werden« (Albert Camus, »Die Pest«).

Die Frage des Leids bleibt für alle Rätsel und Anfechtung, für die Gläubigen, aber auch für Atheisten. Manche schlagen vor: »Handeln wir doch, drängen wir das Leid zurück, wo es geht! Damit ist mehr gewonnen als mit allem Nachgrübeln und Erklärenwollen.« Dies ist zweifellos richtig. Das entspricht auch dem Willen Gottes: Wer immer irgendwo Leid lindert, handelt in seinem Auftrag. Ist damit aber die Frage beantwortet? Was sagt das Christentum zum unverschuldeten Leid?

»Erklären« können das Leid auch die Christen nicht. Der Christ aber findet dennoch das Vertrauen, dass das Leid nicht der Bankrott der Liebe Gottes ist. Wie ist das möglich?

Wir versuchen zu überlegen: Leid *kann* läutern. Ein Lebensweg ohne Schicksalsschläge verläuft allzu leicht an der Oberfläche. Leid lässt oft erst hinter die Dinge schauen. »Not lehrt denken«, sagt Ernst Bloch. »Erst durch Leiden wird der Mensch aufgeweckt«, meint Karl Jaspers. Leid *kann* Menschen reifen lassen (aber auch zerbrechen!). Manchen leidgeprüften Menschen stehen wir voller Bewunderung gegenüber. Der französische Schriftsteller André Gide prägte den Satz: »Ich glaube, es gibt gewisse Tore, die einzig die Krankheit öffnen kann.«

Leid *kann* beten lehren – aber auch fluchen! Man kann und muss wohl immer wieder versuchen, dem Leid einen Sinn zu geben. Die Frage aber bleibt: Ginge es nicht auch anders? Müssen Läuterung, Reifung und Warnung auf so schmerzliche Weise geschehen? Eine befriedigende Antwort auf diese Frage finden wir so nicht.

Gibt die Bibel eine Antwort?

Viele Menschen bringen das Leid spontan mit Strafe für Sünden in Verbindung. Tatsächlich herrscht diese Ansicht auch in weiten Teilen der Bibel, besonders im Alten Testament vor: Leid als Strafe für – vielleicht auch verborgene und unbewusste – Schuld. Doch ist dies keineswegs die einzige Lehre des Alten Testaments. Mit Ijob wird ein Mensch vorgestellt, der sich gegen das unverständliche Leid aufbäumt und mit Gott rechtet. Er ist nicht der »Dulder Ijob«, von dem fälschlicherweise immer wieder die Rede ist, sondern der aufbegehrende Ijob, der sich gegen Gott auflehnt. Er zeigt, dass der leidende Mensch nicht schweigen muss, dass Gott ihm seine Anklage nicht übel nimmt. Wer mit Gott hadert, ist noch lange kein Atheist. Gerade der klagende Ijob erfährt schließlich mitten in seinem Leiden Gott. Seine Freunde hingegen, die Ijob viele Erklärungen für seine Leiden zu geben suchten und ihn schalten, weil er nicht aufhörte, Gott anzuklagen, werden am Schluss von Gott getadelt.

Erst recht räumt Jesus mit der einseitigen Erklärung des Leids als Strafe für Sünden auf. Als die Jünger einen Blinden sehen und fragen: »Rabbi, wer hat gesündigt? Er selbst? Oder haben seine Eltern gesündigt, so dass er blind geboren wurde?« antwortet Jesus: »Weder er noch seine Eltern haben gesündigt, sondern das Wirken Gottes soll an ihm offenbar werden« (Joh 9,2 f.).

So vordergründig und vorschnell kann also die Verbindung von Sünde und Leid nicht gesehen werden. Dennoch aber gibt es auch in der Heiligen Schrift eine Verbindung zwischen Sünde und Leid, ohne dass das Leid die Folge einer persönlichen Sünde sein muss. Wir haben bereits gesagt, dass mit jeder Sünde die Welt schlechter wird, dass sich die Sünde selbst bestraft. Nicht nur der Mensch wird von der Tragik seines Nein zu Gott betroffen, sondern auch die Dinge um ihn herum, die ganze Welt. Gott ist der Urgrund aller Dinge, und unser Nein zu Gott trifft damit auch die ganze Schöpfung Gottes. Wir stellen uns die Schöpfung zumeist so vor, als hätte sie von ihrem Wesen her keinerlei Verbindung und Zusammenhang mit uns Menschen oder gar mit Gott. Darum ist es uns schwer vorstellbar, dass das Nein der Sünde Sabotage an der ganzen Schöpfung sein soll, dass sich die Kettenreaktion der Sünde und des Unheils auch in der materiellen Welt noch fortsetzen soll. Die Sünde des Menschen zerstört die Ordnung des Kosmos. So fremd ein solcher Gedanke auf den ersten Blick sein mag, haben wir nicht gerade heute ein Gespür dafür bekommen, dass die ganze Schöpfung in unsere Hand gelegt ist, zum Heil oder Unheil?

Trotzdem stellen wir fest: Auch die Bibel sagt nicht endgültig, woher und wozu das Leid kommt. Ihr kommt es hingegen vielmehr darauf an, deutlich zu machen, dass Gott das Leid und das Böse nicht will, sondern nur das Gute. Auch Christus erklärt das Leid nicht. Christus sagte keinem: »Du leidest, weil …«, versuchte aber, den Notleidenden zu helfen und vertraute sie der besonderen Sorge aller Menschen an. Er kämpfte mit aller Kraft dagegen an, wich dem Leiden selbst nicht aus, sondern nahm es auf sich. Vor seinem eigenen Leiden bat er Gott, das Leiden, wenn möglich, von ihm zu wenden. Wie Ijob bäumte sich Jesus gegen das Leid auf, betrachtete es keineswegs als etwas, was sein muss. Am Kreuz, am Höhepunkt seines Leidens, klagte er Gott an: »Mein Gott, warum hast du mich verlassen?!« Wie Ijob aber nahm er das Leiden schließlich an und offenbarte den Menschen damit, dass das Leid nicht das letzte Wort hat, sondern die Macht Gottes. Auf Karfreitag folgt Ostern, auf den Tod die Auferstehung. Das Leid lässt uns Gott oft nicht mehr verstehen, ohne Gott jedoch ist es erst recht absurd. Die Bibel gibt zwar keine Erklärung des Leids, aber eine Hilfe, es durchzustehen.

In einem Gespräch über Naziterror und Judenverfolgung fragte man einen Rabbi: »Wie kannst du nach dem, was an uns geschehen ist, noch an Gott glauben?« Die Antwort des frommen, in der Spruchweisheit des

Alten Testaments aufgewachsenen Weisen bestand aus der Gegenfrage: »Wie kannst du nicht an Gott glauben nach dem, was geschehen ist?«

Die Treue Gottes

Vieles in diesem Kapitel war bedrückend. Anderes aber erinnerte wieder ausdrücklich an die Größe und Würde des Menschen, die er von Gott her bekommt und ihn in seine Nähe rückte. Beide Aussagen zusammen ergeben ein realistisches Bild vom Menschen, so wie ihn die Bibel sieht!

So sehr Fortschritt und andere menschliche Bemühungen notwendig sind und dem Menschen weiterhelfen können – Rettung aus der Unheilssituation kann sich der Mensch allein nicht bringen; so wenig, wie sich jemand am eigenen Schopf aus dem Sumpf ziehen kann. Der Mensch hat sich durch die Sünde von Gott entfernt, die Nähe aber kann er von sich aus nicht wiederherstellen. Hilfe, Rettung, Befreiung – wir Christen sprechen von *Erlösung* – muss in der Überwindung der Gottesferne bestehen. Dazu muss Gott dem Menschen helfen. Und er tut es. Gott verlässt den Menschen nicht. Er ist treu. Schon im Alten Testament steht nach dem Fall des Menschen (Paradies, Kain, Turmbau zu Babel, Sintflut …) immer auch sofort die Verheißung Gottes, dass er die Menschen niemals vergessen werde. Schließlich aber ist Gott dem Menschen in Jesus Christus ganz nahe gekommen. In Christus hat die Erlösung, die Befreiung und Erneuerung von Welt und Mensch begonnen – trotz gegenteiliger Erfahrungen und vieler Rückschläge. In ihm liegt die Hoffnung der Menschen heute und für die Zukunft.

Es sei noch einmal wiederholt:
Gott gefällt es nicht, wenn Menschen leiden. Er will unser Glück, und dafür setzt er das Höchste ein, nämlich sich selbst in Jesus Christus. Wenn es noch eines Erweises für die uns zugesagte Liebe Gottes bedurfte, dann ist er hier erbracht. Denn »es gibt keine größere Liebe, als wenn einer sein Leben für seine Freunde hingibt« (Joh 15,13).

8.

Ein Glaube, der frei macht

»Er hat mich gesandt,
damit ich den Armen eine gute Nachricht bringe;
damit ich den Gefangenen die Entlassung verkünde
und den Blinden das Augenlicht ...«

Lukas 4,18

Gott macht frei

Jeder Mensch will leben, sich entfalten und verwirklichen. Dazu braucht er Freiheit. Aber er unterliegt vielen Zwängen, Einschränkungen, Bindungen und Hemmungen. Oft muss er sich ducken, sich fügen, sich abfinden. Angst, Misstrauen, Heimlichkeiten, Vorsichtsmaßnahmen und Rücksichtnahmen schränken seine Freiheit ein. Die Freiheit des einen schränkt die des anderen ein. Wieviel Freiheiten bleiben Arbeitnehmern und Arbeitgebern inmitten von Marktgesetzen, Konkurrenzkampf, Wettbewerbsbedingungen, Rationalisierung und Arbeitsplatzsicherung? Was bleibt an freier Entfaltung denen, die an Hunger leiden und in Armut leben, und denen, die »alles haben«, aber krank sind? Kann man in Gefängnissen, in Lagern, unter Diktatoren von Freiheit sprechen?

Viele meinen, Befreiung, Erlösung wenigstens von einem Teil dieser Zwänge könne der Mensch nur selbst bewirken. Sind wir nicht dabei, mit unserer Freiheit, mit Computern und Wissenschaft das Leben von Jahr zu Jahr lebenswerter zu machen? Haben wir nicht erlebt, wie in kurzer Zeit Bürger der DDR und anderer östlicher Staaten die Last von Diktatoren abschütteln konnten?
Übrigens gilt in diesen Ländern die Kirche in der Regel als Hort der Freiheit und des Widerstandes. Da konnte man offen reden, da stand das Gewissen über verordneter Ideologie. Dagegen stehen Glaube und Kirche in den Ländern westlicher Demokratien oft in dem Verdacht, die Menschen zu bevormunden, also letztlich unfrei zu machen. Dort fühlen sich diejenigen, die der Kirche den Rücken gekehrt haben, als besonders »freie« Menschen. Machen nicht tatsächlich manchmal

Christen den Eindruck von »Zu-kurz-Gekommenen«, von Unfreien, von Verklemmten?

Niemand bezweifelt, dass viele Zwänge und Unfreiheiten durch Menschen verursacht werden und deshalb auch von Menschen beseitigt werden können. Auch zeigt die Entwicklungsgschichte der Menschheit insgesamt immer wieder eindrücklich, welche Möglichkeiten zur »Selbstbefreiung« im Menschen liegen. Dank seiner Ideen und Vernunft vermag er Ängste abzuschütteln oder gar ganz zu beseitigen.

Selbstverständliche Erfahrungen unserer heutigen Zivilisation machen dies an vielen Beispielen deutlich: Wir bauen Hochhäuser und fürchten uns nicht mehr vor Blitz und Hagel: Dafür gibt es Blitzableiter und Sicherheitsglas. Wir vermuten keine teuflischen Mächte hinter Geisteskrankheiten, sondern behandeln die längst erkannten Ursachen gezielt, usw.

Und dennoch gibt es keinen Grund zur Überheblichkeit. Menschliche Selbstsucht wird immer wieder andere unfrei machen. Wie oft sind aus Befreiern schon Unterdrücker geworden! Alles, was dem Fortschritt dient, kann auch zur Vernichtung gebraucht werden. Wir dürfen längst nicht mehr alles, was wir können, wenn wir unsere Erde nicht unbewohnbar machen wollen. – Und dann darüber hinaus die großen Fragen nach dem »Warum« und dem »Wozu« des Lebens, ohne deren Beantwortung meines Erachtens von einem freien, erfüllten Leben nicht die Rede sein kann. Der Sinn des Lebens, ein »glückliches« Leben ist mit Konsum und Wohlstand noch lange nicht gefunden. Und Leid und Tod durchkreuzen jedes Streben nach Freiheit.

Darum gehen Christen davon aus, dass Glaube und menschliche Anstrengung nur gemeinsam Befreiung bewirken. Denn die Rückbindung an den Willen Gottes schützt den Menschen vor seinem eigenen Machtstreben. Und wenn ich mich in Beziehung zu einem liebenden Gott weiß, dann können Diktatoren und Zwänge meine äußere Freiheit nehmen, nicht aber die innere, die im Frieden mit mir selbst und mit Gott besteht.

Kern des Übels

ist die Entfremdung des Menschen von Gott. Der Mensch ist Geschöpf. Wenn er also in seinen Überlegungen und Handlungen nicht den Schöpfer mitdenkt, muss alles schieflaufen. Gottes Ordnung hält alles zusammen. Trennung von Gott, die Sünde, bedeutet für den Menschen Entfremdung, Verlust seiner Identität, Unfreiheit.

Das ist erfahrbar: Lüge zerstört den Kontakt zu anderen, isoliert den Menschen – Unfreiheit. Die Wahrheit aber macht frei (vgl. Joh 8,32). Faulheit lässt Dornen und Disteln wachsen – Unfreiheit. Im Engagement wird ein Mensch frei und befreit andere. Leichtsinn und Rücksichtslosigkeit führen zu einem Verkehrsunfall. Eine ganze Familie wird ruiniert – Unfreiheit. Verantwortung und Rücksicht lassen dagegen Freiheitsräume entstehen. Ausbeutung der Natur nimmt uns und anderen Generationen die Lebensmöglichkeiten – Unfreiheit.

Heilung muss also an der Wurzel ansetzen. Kein vernünftiger Arzt wird sich damit begnügen, die Symptome einer Krankheit zu behandeln und die Ursachen außer Acht zu lassen. Jeder Selbsterlösungsversuch des Menschen wird – früher oder später – in sein Gegenteil umschlagen, wenn der Mensch nicht in seinem Herzen von »dem Bösen« befreit wird. Das aber kann nur Gott wirken.

Eins mit Gott – Anfang der Freiheit

»Hospitalismus« nennen Ärzte und Psychologen ein Krankheitsbild, das bei Kindern beobachtet wird, die längere Zeit (etwa durch einen Krankenhausaufenthalt, daher der Name!) von ihren Eltern oder anderen Bezugspersonen getrennt werden. Zu den Symptomen gehören u.a.: Entwicklungsstörungen, Zurückbleiben der geistigen Entwicklung, Anfälligkeit für Krankheiten, Störungen im zwischenmenschlichen Verhalten, höhere Sterblichkeit. Zudem wissen wir, dass Kriminalität, Brutalisierung und Suchtkrankheiten ebenso wie Gefühlsarmut und Minderwertigkeitsgefühle durch fehlende Liebe mitverursacht sein können. Hier ist letztlich weder mit Medikamenten noch mit Verordnungen oder geschlossenen Anstalten zu helfen. Diese Menschen brauchen viel Verständnis, Geduld, Vertrauen, mit einem Wort: Liebe.

Diese Symptome decken sich verblüffend mit den »Krankheits- und Mangelerscheinungen« einer Menschheit, die sich von Gott getrennt und damit selbst zu »Waisen« gemacht hat. Verblüffend auch die Übereinstimmung in der Therapie: auch hier hilft nicht so sehr, was menschlicher Verstand erdenkt, vielmehr Heilung geschieht durch Liebe.

Dazu ist Gott in die Welt gekommen. Er hat für uns etwas Unbegreifliches getan. Er selbst ist in die von Sünde geprägte Welt eingetreten und hat damit die Trennung zwischen sich und dem Menschen aufgehoben. (Die Bibel sagt drastisch: Er – Gott – habe seinen Sohn für uns »zur Sünde gemacht« (2 Kor 5,21).

Das heißt: Selbst ohne Sünde, hat Jesus am eigenen Leib erfahren müssen, was es für einen Menschen bedeutet,»von Gott und der Welt verlassen zu sein«. Obwohl er selbst nie gesündigt hat, hat er die Folgen der Sünde bis zum bitteren Ende aushalten müssen. Die Sünde der Welt wurde auf ihn wie auf einen Sündenbock abgeladen.

So hat er uns von der Sünde und deren Folgen freigemacht. In Christus hat Gott gleichsam die Menschheit »unterwandert« und sich an deren Spitze gestellt. Und in Christus hat stellvertretend die ganze Menschheit das entscheidende Ja zu Gott gesagt. Dieses Ja stellt den unterbrochenen Lebenskontakt zu Gott wieder her. Es ist gleichsam die Initialzündung zu einer neuen Schöpfung.

Als Sohn Gottes offenbart Jesus, wie Gott zu uns steht; als »Menschensohn« zeigt er zugleich, was der Mensch ist, und daß er zu Gott gehört. Aus »Waisen« sind wir wieder »Kinder Gottes« geworden. Fortan ist es jedem Menschen möglich, Schuld und Sühne hinter sich zu lassen, Vergebung zu finden. Das ist der Grund aller Freiheit.

Schon jetzt sind wir frei

... befreit von Schuld

Den Zusammenhang von Gottes erlösender Liebe und der neuen Lebenschance für uns Menschen erfahren wir am deutlichsten im Sakrament der Buße (vgl. dazu Kapitel 20).

Niemand kommt »schuldlos« durch das Leben. Auch der Glaube kann solche Schuld nicht ungeschehen machen. Aber er braucht sie auch nicht zu verdrängen. Denn er kennt die Befreiung von Schuld.

Wohl jeder war schon in Situationen, in denen er ein Versagen, eine Schuld verheimlichen wollte: als Kind, als Ehepartner, als Arbeitskollege ... Wie unfrei macht das! Wie engen Angst und Sorge uns ein: »Ob die schon was gemerkt haben?« Und wie befreiend umgekehrt, wenn darüber gesprochen werden kann und die Sache bereinigt ist: »Vorbei und vergeben!«

Noch viel mehr aber befreit die Zusage, dass Gott vergeben hat. Es gibt tatsächlich eine »alternative Lebensweise« für den Menschen. Für den, der »umkehren« will, darf die Vergangenheit vergangen sein. Er darf neu anfangen. Sein Leben verläuft nicht mehr in festgefahrenen Spuren, er kann ihm eine neue Richtung geben. Er braucht nichts zu verdrängen und zu verschweigen. Er braucht die Schuld nicht auf andere abzuschieben.

Er braucht sich nicht mehr selbst zu entschuldigen. Damit erhält er aber zugleich die volle Verantwortung für sein Leben zurück.

... befreit vom Tod

Befreiung von der Sünde – gut. Aber suchen das die Menschen heute wirklich? Geht es ihnen nicht vielmehr um Befreiung von anderen Zwängen, vor allem von Sinnlosigkeit, Leid und Tod? Sinnlosigkeit, Leid und Tod hängen ganz eng zusammen. Sinnlosigkeit schafft Leid; Leid erscheint als Beweis gegen Sinnhaftigkeit, Sinnverlust führt zur Verzweiflung, zum »Tod mitten im Leben« und umgekehrt: keine überzeugende Sinnantwort, solange der Tod das letzte Wort hat. Daher wenden wir uns zunächst dem Tod zu. Die bisherigen Überlegungen haben die Richtung gezeigt, in der Sinn liegen müsste; dort, wo Liebe und Zuwendung erfahren und gegeben werden. Diese Spur endet an der Grenze des menschlichen Lebens. Da bleibt nichts als Hoffnung.

Nun aber ist in Christus deutlich geworden: Es gibt Liebe und Zuwendung über den Tod hinaus. Es gibt sie vor unserer Geburt, und sie hält uns noch nach dem Tod. Was Gabriel Marcel (franz. Philosoph) von der menschlichen Liebe sagte, gilt hier erst recht: »Sagen: ich liebe dich, heißt sagen: Du wirst nicht sterben.« In Jesus Christus ist uns die Liebe Gottes sichtbar und erfahrbar geworden. Kein noch so schlimmes Schicksal, keine Krankheit, kein Leid kann uns von dieser Liebe trennen. Nicht einmal der Tod; denn unser Leben währt ewig. Weil Gott mich liebt, will er, dass ich nicht aufhöre.

Der Apostel Paulus schreibt begeistert an die Gemeinde von Rom: »Was kann uns trennen von der Liebe Gottes? Seelische Not, soziale Zwänge, wirtschaftliche Bedrängnis, Krieg, Gehässigkeit? Nein! All das überwinden wir durch ihn, weil er uns liebt. Ich bin da ganz sicher: Weder Tod noch Teufel, weder Himmel noch Hölle, nicht die Vergangenheit und nicht die Zukunft vermögen uns zu trennen von der Liebe Gottes, die uns erschienen ist in Jesus Christus« (vgl. Röm 8).
Diese Überzeugung ist gegründet in der Auferstehung Jesu Christi. Aus dem Osterereignis nimmt alle Hoffnung ihre innere Kraft. Der Tod hat nicht das letzte Wort. Das ist seither gewiss. Der Tod konnte den nicht halten, der das Leben selbst ist. Damit ist seine Kraft ein für allemal gebrochen.

Allerdings: Auch für den Christen bleibt die Angst vor dem Sterben.
Schließlich ist in unserem Leben die Macht des Todes augenscheinlicher
als der Sieg des Lebens. Es bleibt die Furcht vor der Dunkelheit, die

Angst vor der letzten Einsamkeit. Aber der Glaube lässt diese Angst nicht zur Tyrannin werden. Dieser Glaube gibt uns die Kraft, dem Tod ins Angesicht zu schauen. Wir brauchen uns nicht hinter der Maske ewiger Jugendlichkeit zu verstecken. Wir können in Würde alt werden. Der Glaube bewahrt uns davor, den Tod zu verdrängen und die Sterbenden abzuschieben.

Allen gilt die Verheißung Jesu: »Euer Herz lasse sich nicht verwirren. Glaubt an Gott, und glaubt an mich. Im Haus meines Vaters gibt es viele Wohnungen. Wenn es nicht so wäre, hätte ich euch dann gesagt: Ich gehe, um für euch einen Platz vorzubereiten? Wenn ich gegangen bin und einen Platz für euch vorbereitet habe, komme ich wieder und werde euch zu mir holen, damit auch ihr dort seid, wo ich bin« (Joh 14,1-3). Und – so dürfen wir ergänzen – auch die anderen Menschen, die wir lieben, und »ohne die wir nicht mehr leben können«.

Diese Hoffnung also läßt uns die Sterbensangst ertragen. Der Tod ist das Tor, das uns den Weg in die Heimat eröffnet. Jenseits des Sterbens ist kein Schattenreich, durch das verlorene Seelen irren, sondern Erfüllung und Glück und Leben (vgl. Kapitel 23).

... befreit von der Trostlosigkeit des Leids

All das Gesagte kann nicht bedeuten, dass wir uns vorschnell mit Leid und Tod versöhnen. Gott will das Leben, und Gott will das Heil. Leid und Tod sind gegen seinen Willen in der Welt. Darum hat ihnen auch unser erbitterter Widerstand zu gelten. Gott will das Glück und die Freiheit des Menschen, nicht das Schwere und das Leid. Er will das Gute. Um uns vor dem Dunklen und dem Bösen zu befreien, ist er in diese von der Sünde gezeichnete Welt gekommen und hat sich mit den Menschen solidarisiert. Er war bereit, dafür am Kreuz zu sterben. So fordert der Glaube an diesen Gott des Lebens das entschiedene Engagement gegen Krankheit, Leid, Schmerz und Tod.

Hat sich aber Jesus nicht selbst unter das Leid gebeugt? Hat er durch seinen Tod nicht all die Tode noch um einen weiteren vermehrt? Wo zeichnet sich da »Befreiung« ab?

Gerade die Tatsache, dass Jesus Leid und Tod nicht verdrängt hat, zeigt uns die Richtung. Er hat beides angenommen und bewältigt. Gerade weil seine Geschichte nach unseren Maßstäben keine ungebrochene Erfolgsgeschichte war, deshalb – und nur deshalb – kann sie heute für uns noch Bedeutung haben. Gerade weil die Geschichte Jesu eine Leidensgeschichte war, können wir uns darin wieder finden und schließlich durch alles Leid hindurch jene Freude und jene Freiheit erfahren, die sein Leben prägten. Sie sind uns allen zugesagt, und oft erfahren wir sie bei gläubigen Menschen, die von schwerer Krankheit und vom nahen Tod gezeichnet sind.

Oft genug wird uns in diesen Situationen Gott grausam erscheinen. Und der Mensch hat das Recht zur Klage und zum Protest. Vielleicht braucht er sehr lange Zeit, bis er sich zu einer Haltung durchringen kann, wie sie die Hl. Schrift am Beispiel Ijobs deutlich macht. Auch er kommt erst nach langem Ringen zu der Erkenntnis: Wer kann schon Gott verstehen? Er ist groß – zu groß für mich – und seine Wege sind nicht unsere Wege. Seine Überlegungen und Ratschlüsse sind nicht die unseren. Darf ich – der Mensch – meinen Gott richten? Was gibt mir das Recht, daran zu zweifeln, dass Gott das Gute will und nicht das Schlimme? Weiß ich denn, wozu mein Leben, mein Leiden, meine Angst und meine Sorge wichtig gewesen sind? (vgl. das Buch Ijob).

Damit hört das Leid nicht auf, Leid zu sein, und der Tod bleibt Tod. Aber Leiden und Tod sind nicht sinnlos, wo sich das Vertrauen festgesetzt hat, dass Gott nicht gegen uns, sondern für uns ist. Für viele Menschen ist in der Erfahrung »sinnlosen Leids« und mitten in einem »hoffnungslosen Schicksal« das Kreuz Jesu die einzige Stütze. Unserem Gott ist das Leid nicht fremd. Er hat in Jesus Schmerzen, Angst und Sinnzweifel auf sich genommen. Er weiß, »wie das ist«! Was wir brauchen, wenn das Leid über uns hereinbricht, ist keine Erklärung, sondern eine Hoffnung.

Das Kreuz Christi, bisher negatives Zeichen für sinnloses Sterben, wird nun zum Zeichen der Befreiung und Erlösung. Der Gläubige sucht nun keine Erklärung mehr, sondern vertraut Gott, der nicht gegen uns ist, sondern für uns. Alles Übel findet ein Ende. Gott kommt mit seiner Schöpfung doch zu einem guten Ende. »Alle Leiden dieser Zeit sind nicht zu vergleichen mit der Herrlichkeit, die uns offenbar werden wird« (vgl. Röm 8,18). Wir dürfen unseren Blick nicht nur auf den kleinen Ausschnitt menschlichen Lebens einschränken, sondern müssen über die Grenze des Todes hinausschauen.

... befreit von Einsamkeit

Viele Menschen, vor allem Kranke und Alte, aber auch zunehmend Jugendliche erfahren den Zwang der Einsamkeit und die Last der Verlassenheit. Da ist niemand, mit dem man reden kann. Keiner hat Zeit. Jeder hat genug mit sich selbst zu tun. Es gibt Einsamkeit, weil Menschen verlernt haben, Gefühle wahrzunehmen und sie zu äußern: Kommunikationsunfähigkeit und Kontaktarmut. Es gibt die Einsamkeit in der Anonymität unserer Städte.

Die Unfähigkeit, sich anderen mitzuteilen, andere auf sich zukommen zu lassen, die Not anderer wahrzunehmen, beschreibt die Bibel am Leiden konkreter Menschen: am Blinden, am Tauben, am Lahmen. Für den Zeitgenossen Jesu wird durch die Heilung dieser körperlichen Gebrechen zugleich auch eine tiefere Dimension wieder heil. Menschen erleben, dass sie durch ihn wieder hören, sehen und gehen können – in einem doppelten Sinn: Nicht nur, was um sie herum vorgeht, sondern sich selbst sehen sie in einem ganz neuen Licht. Sie können nicht nur ihre Beine wieder bewegen, sondern sie geraten selbst in Bewegung: sie verändern ihr Leben, sie gehen einen völlig neuen Weg.

Im Glauben ist sich der Mensch gewiss, dass Gott ein »Gott für mich« ist. Dass es für ihn keine letzte Verlassenheit gibt. Dass er immer einen hat, den er ansprechen kann und der ihn anspricht, der ihn im Blick hat. Er braucht sich nie ganz verlassen zu fühlen.

Aber noch etwas bewirkt der Glaube: Er führt auch Menschen untereinander wieder zusammen. »In ihm sind alle eins geworden« (Joh 17). Wir haben *einen* Vater, *eine* Heimat. Jede Isolierung ist dem Glauben zutiefst fremd: sei es, weil Menschen anderen Rassen angehören, anderen Weltanschauungen und Glaubensüberzeugungen anhängen, sei es, weil sie krank, alt oder hilflos sind, weil sie verachtet werden, arm sind, ausgestoßen sind … Wie wir sind sie alle Kinder Gottes. In Christus sind sie unsere Brüder und Schwestern. Es gibt kein christliches Leben ohne Gemeinschaft und Solidarität unter den Menschen. Wo Menschen als überzeugte Christen handeln, hat die Einsamkeit um sie herum und in ihrem eigenen Leben ein Ende.

… befreit von Angst

Es gibt kein Leben ohne Angst. Jeder hat Angst: vor dem eigenen Versagen, vor der Bedrohung durch andere, vor Schicksalsschlägen und Krankheit, vor dem Sterben. Auch der Glaube kann nicht die Angst aus dem Leben wegnehmen. Er kann jedoch helfen, mit der Angst zu leben, sie zu bewältigen. Denn gegen Angst hilft nur eines: Vertrauen. Nicht der »Angstlose« ist der »normale Mensch«, sondern der, der mit der Angst leben kann; der in der Angst durchhalten kann, weil sein Vertrauen größer ist als das Gefühl der Angst. Der Christ glaubt nicht an ein »blindes Schicksal«, wohl aber an einen, der »schickt«, und der zugleich mit dieser »Schickung« oder »Zulassung« sagt: Ich stehe auf deiner Seite, ich trage mit; und vor allem: Niemand und nichts kann dich aus meiner Hand reißen. Ich fange dich auf, ich halte dich. So kann für einen gläubigen Menschen unter Umständen sogar die Angst zu einem Begegnungsort, zu einem Erfahrungsraum Gottes werden.

Ein Kind schreit vor Angst. Es schreit so lange, bis es die Mutter oder den Vater sieht. Angst ist also das »Schmerzsignal« einer Liebe, die den nicht sieht, ohne den sie nicht leben kann. Das bedeutet für den Gläubigen: Zeig dich, Gott! »Wie lange noch, Herr, vergisst du mich ganz? Wie lange noch verbirgst du dein Gesicht vor mir? Wie lange noch muss ich Schmerzen ertragen in meiner Seele, in meinem Herzen Kummer Tag für Tag?« (Psalm 13,2 f.).

... befreit zu sich selbst

Das Wissen, dass der Tod nicht das Ende ist, befreit uns von dem Zwang, in diesem Leben alles auf eine Karte setzen zu müssen: »Lasst uns leben und fröhlich sein, denn morgen sind wir tot!« Es befreit von dem Zwang, sich ausleben zu müssen ...
Wenn mit dem Tod alles aus ist, dann ist die Versuchung groß, dieses Leben voll auszuschöpfen, denn: Man lebt ja nur einmal! Es ist zu bezweifeln, ob man mit dieser Lebensauffassung wirklich glücklich werden kann; denn dann wären wir ständig auf der Jagd nach Lebensgenuss und blieben immer enttäuscht.
Ist aber einer frei von dieser Angst, dieser Sinnlosigkeit und Hoffnungslosigkeit, dann ist er frei, sich auch selber zu verschenken. Er braucht nicht mit der Zeit zu geizen, nicht auf Kosten anderer sein Lebensglück vermehren. Er wird frei zu einem Leben gegen die reine Selbsterhaltung, die in Wahrheit der Tod ist. Sein Leben steht unter dem Gesetz der »Sym-pathie«: Er wird mit-leiden, mit-fühlen und mit-empfinden. Das ist die wörtliche Übersetzung des Wortes Sympathie.
Er wird seine Mitmenschen verstehen und sich in sie hineinversetzen können. Der Glaube befreit und verpflichtet, auch andere zu befreien. »Der Nächste« rückt in den Mittelpunkt. Dem Glaubenden ist das Entscheidende längst geschenkt; denn gibt es einen besseren Grund für seine Selbstachtung als die Erfahrung, dass Gott ihn schätzt und liebt? Das

genügt, um seine Existenz zu rechtfertigen. Aus sich selbst kann das keiner! Darum kann der Gläubige seine Kraft darauf verwenden, andere glücklich zu machen. Wer sich selbst geliebt weiß, ist fähig, weiterzulieben. Wer »mit anderen leidet«, ist selbst »wohlgelitten«. »Sym-pathie« wird durch Sympathie beantwortet.

Das Ende der Sinnlosigkeit

Gottes Liebe lässt uns leben. Sie äußert sich für uns in der Befreiung von Sünde und Tod, Schuld, Einsamkeit und Angst. Das macht unser Leben sinnvoll und immer wieder lebenswert. Für einen Christen gibt es kein letztlich sinnloses, wertloses Leben, da jeder Mensch von Gott bejaht wird, auch der physisch und psychisch Kranke, das ungeborene Kind ebenso wie der im Alter erschöpfte Mensch. Hier liegt die letzte Begründung für die unantastbare Würde menschlichen Lebens. Der Mensch ist mehr als das, was er in der kurzen Spanne seines Lebens leisten und erreichen kann. Er hat seinen Wert, weil Gott ihn für wert hält, in Ewigkeit das Leben mit ihm zu teilen.

Sinnlosigkeit ist, wo keine Hoffnung ist, kein Ziel. Der Tod ist nun einmal kein Ziel. Der Gläubige kennt die Zusage Gottes: »Fürchte dich nicht, denn ich habe dich ausgelöst, ich habe dich beim Namen gerufen, du gehörst mir« (Jes 43,1) – endgültig und für alle Zeit. Und wir dürfen ergänzen: Und mit dir alles, was du getan und erlitten hast. Nichts fällt mit dem Tod zurück in ein sinnvernichtendes Nichts. Nichts war vergeblich. Das gilt von jedem Einsatz für die Menschen und die Lebensqualität dieser Welt.

Allerdings kennt auch der Gläubige die schmerzliche Erfahrung, ein gestecktes Ziel nicht erreicht zu haben. Er stirbt oder ermüdet, und was er hinterlässt, erscheint vielleicht unbrauchbar, unvollendet, bruchstückhaft. Auch dieses »Bruchstück« ist ein Steinchen in einem großen Mosaik. Wohl ist er verantwortlich für dieses »Teil-Stück«, doch das ganze Bild formt ein anderer – Gott. Dadurch, dass er aus vielen Einzelteilen ein Ganzes fügt und alles vollendet, hat alles und jeder seinen Sinn.

Ein ganz neuer Anfang

Für den Menschen kommt das einer »Neuschöpfung« gleich. Der Mensch ist wie »neugeboren«. Er bekommt ein neues Leben. So drückt es die Bibel aus, wenn sie beschreiben will, was Gott am Menschen tut. Der

Mensch weiß nun, wozu er auf der Erde lebt. Die Ziel-Sicherheit und Sinn-Gewißheit aus dem Glauben geben ihm mehr als nur ein bisschen »mehr Lebensqualität«, sie schenken »Leben in Fülle«, »das Leben schlechthin«. Damit ist alles gemeint, was zum Leben gehört.

Dies wird noch deutlicher, wenn wir es dem gegenüberstellen, was die Schrift mit »Tod« meint. Tod ist mehr als nur Sterben. Man kann auch mitten im Leben schon tot sein: Erstickt von Hoffnungslosigkeit, vergiftet von Sinnzweifeln, an Trostlosigkeit verhungert, geknickt, weil kein Halt da ist. Dieser »geistige Tod« macht anfällig für alles andere Dunkle und Zerstörerische: Hass, Neid, Bitterkeit, Gewalt, Unterdrückung. Das sind »Spinnenfäden«, die der Tod über das Leben spannt, bis sich irgendwo das Leben end-gültig darin verfängt.

Das Leben, das Jesus bringt, ist nicht bloß das Leben nach dem Tod. Jesu Auferstehung bricht nicht nur die Macht des Todes am Ende des Lebens, sondern hier und jetzt: »Jetzt, da ihr aus der Macht der Sünde befreit«, schreibt Paulus an die Bürger Roms, »habt ihr einen Gewinn, der zu eurer Heiligung führt und euch das ewige Leben bringt« (Röm 6,22). Das Programm Jesu: »… ich bin gekommen, damit sie das Leben haben und es in Fülle haben« (Joh 10,10).

Wer an Gott glaubt, kann frei atmen, weil er ein Ziel vor sich sieht. Er erträgt viel, weil er weiß, dass alles gut werden wird. Er kann aus Fehlern lernen, bereuen, sich ändern, weil er Zukunft vor sich hat.

Diese positive Lebenseinstellung zieht wie ein Magnet alles Helle und Erbauliche an: Liebe, Zufriedenheit, Freude, Gelassenheit, Toleranz, Zärtlichkeit, heilende Kräfte. Die Auferstehungsgewissheit durchzieht wie ein weitverzweigtes Netz das Leben »mit Strömen lebendigen Wassers« (vgl. Joh 7,37). Hier und jetzt vermag die Hoffnung aus Wüsten blühende Gärten zu machen. Die Erfahrung befreienden Lebens ist »Vorgeschmack«, »Angeld« auf das neue Leben. Die geschichtliche Auferstehung Jesu macht deutlich: Auferstehung und ewiges Leben sind kein Symbol und keine Metapher, sondern Wirklichkeit. Wirklichkeit, die den ganzen Menschen umfasst: Leib und Seele, Geist und Materie, das Individuum und die ganze Menschheit, die Erde und den ganzen Kosmos. Das ist »Leben total«.

Nur Zukunftsmusik?

Ist das denn wirklich so? Merkt man schon jetzt etwas davon im Leben? Klingt das nicht eher wie Zukunftsmusik: Es wird zu einem guten Ende kommen; Gott hat das letzte Wort; »die Leiden dieser Zeit sind nicht zu vergleichen mit der künftigen Herrlichkeit ...«. Das alles klingt doch fatal nach Vertröstung.

Tatsächlich liegt vieles in der Zukunft. Und doch hat es bereits begonnen. Es ist einerseits noch nicht, aber andererseits doch schon. In Christus ist das alles bereits angebrochen, aber es ist erst ständig im Kommen, im Wachsen.

Jesus fasst das, was er bringt, unter dem Begriff »Reich Gottes, Herrschaft Gottes« zusammen. Aber damit ist gerade nicht gemeint, dass jemand beherrscht wird. Denn wo Gott herrscht, gibt es nur eine Unterdrückung: die der Unfreiheit und des Bösen. Wo Gott herrscht, geht es um eine neue, bessere Welt. Zugleich aber braucht Jesus Bilder, die zum Ausdruck bringen, dass der Anfang damit gemacht ist, dass aber die Vollendung noch aussteht. Er spricht vom Samenkorn, das sich immer mehr und mehr entfaltet (Mk 4,31), vom Sauerteig, der auf die Dauer alles durchwirkt (Mt 13,33). Also ist das neue Leben, das Reich Gottes, ein Prozess, der auch vom Menschen abhängig ist. Überall, wo Menschen wirklich Christus folgen, da wird das, was Jesus will, Wirklichkeit. Genauso aber können Menschen diesen Prozeß aufhalten, für sie wie auch für die Menschheit als Ganze, wenn sie sich ihm verweigern. Das Geschenk unserer eigenen Erlösung ist zugleich Auftrag für uns, auch andere zu erlösen.

Jetzt aus der Freiheit leben

Christus ist frei, und er macht frei. Im Umgang mit ihm werden Menschen ge-löst, sie atmen auf. Er nimmt ihnen ihre Lasten von den Schultern. Er lässt sie ausruhen. Er schenkt Ruhe und Erquickung, wenn Menschen beladen sind mit Mühsal. Er vergibt Schuld, nimmt »Steine von ihren Herzen«. Bei ihm richten sich Menschen auf, fassen neuen Mut und finden neue Hoffnung (vgl. Mt 5,1 ff.). In seiner Antrittspredigt greift Jesus ein Wort des Propheten Jesaja auf: »Gott hat mich gesandt, damit ich den Armen eine gute Nachricht bringe; damit ich den Gefangenen die Entlassung verkünde und den Blinden das Augenlicht; damit ich die Zerschlagenen in Freiheit setze ...« (Lk 4,18).

Nicht nur damals, sondern immer wieder haben Menschen diese befreiende und erlösende Kraft Christi in ihrem Leben erfahren. Viele Menschen *sind* durch den Glauben frei geworden – sowohl von Ängsten und Depressionen, von Schmerzen und körperlichen Gebrechen als auch von belastenden Erfahrungen der Erziehung, frei von Schuldgefühlen aus der eigenen Vergangenheit, frei vom Druck der öffentlichen Meinung und der feigen Anpassung an die herrschende Ideologie. Aus der Kraft des Glaubens pflegen Christen Kranke und setzen sich für Gerechtigkeit ein. Immer wieder durchbricht der Glaube elementar die Angst des Menschen vor dem Tod, er erträgt Schmerz und Unrecht und findet sogar die Kraft, auch einmal »die andere Wange hinzuhalten«.

Und gerade dadurch verändern diese Menschen als Christen die Welt. Sie beschämen, sie überraschen, sie machen ratlos und nachdenklich … Keine religiöse Unterweisung kann die Begegnung mit solchen Menschen ersetzen. Sie sind die eigentlichen Überbringer der Botschaft der Befreiung.

Manches davon können auch Menschen leisten, die nicht an Gott oder Christus glauben. Das ist kein exklusives Privileg Gläubiger. Aber viele Menschen erfahren Freiheit in ihrem eigenen Leben, weil sie ganz bewusst ihr Leben im Glauben Jesus anvertraut haben. Viele finden allein durch den Glauben an Christus die Kraft, Schwäche, Feigheit und Mutlosigkeit zu überwinden. Dass auch Christen oft nicht zu solcher Freiheit durchstoßen, müssen wir ebenso zugeben. Nietzsche warf den Christen vor: »Erlöster müssten sie aussehen«. Aber auch der Gläubige ist immer auf dem Weg und nicht schon am Ziel; auch er schleppt seine Veranlagungen und Belastungen mit sich und erleidet immer wieder Rückschläge.

Hier Freiheit erfahrbar machen

Christus hat in seinem Leben, seinen Reden und seinem Handeln Maßstäbe gesetzt. Dem, der an ihn glaubt und ihm nachfolgen will, hat er zugesagt: »Wer an mich glaubt, wird die Werke, die ich vollbringe, auch vollbringen« (Joh 14,12). An dieser Zusage muss sich das Christentum und der Glaube des einzelnen Christen messen lassen. Denn wer sich von Gott angenommen weiß, der kann auch andere annehmen. Wer selbst aus der Vergebung lebt, wie kann der anderen die Vergebung verweigern? Wer selbst von Gott nicht verurteilt wurde, wie kann der andere verurteilen? Wer weiß, daß Gott ihn – trotz aller Schwächen – erträgt, wie kann der intolerant sein, Gewissensfreiheit missachten, auf Fehlern anderer herumreiten, unnachsichtig Schwächen bloßstellen, Versagen ausnutzen? Wie kann der, dem das »Brot des Lebens« gegeben ist, gleichgültig bleiben, wenn anderen das Brot zum Überleben fehlt? Wie kann er diese Welt vernichten, ausbeuten, zerstören, wenn er an die Vollendung der Schöpfung glaubt?

Für viele Menschen sind die Christen, deren Leben und Verhalten, die einzige »Bibel«, die sie zu lesen vermögen. An ihnen muss die Erlösung erkennbar werden, durch sie Befreiung erfahrbar werden. (Vgl. auch die Kapitel »Leben als Christ« und »Christ in der Zeit«.)

9.

Die Kirche

»Es sind viele drinnen,
die draußen sind;
und viele sind draußen,
die drinnen sind.«

Augustinus

Worum geht es?

Dass es einen Gott gibt, glauben fast alle; aber mit dem »Bodenpersonal«
haben sie ihre Schwierigkeiten. Dass uns Jesus Gott geoffenbart hat, ist
die Überzeugung vieler Menschen; aber dass der Glaube an Christus eine
Kirche nötig haben soll, ist für manche ärgerlich und schwer verständlich.
Oder: Wenn schon Kirche, dann müsste sie anders in Erscheinung treten.
In allerjüngster Zeit freilich gibt es auch eine gegenläufige Erfahrung. Kirche ist wieder gefragt. Aber meist nicht im Sinne der großen Institution,
der anonymen Gottesdienstgemeinde; sondern Kirche als kleine Gruppe,
in der man den Glauben miteinander vollziehen und erfahren kann.

Kritik an der Kirche hat es immer gegeben. Besonders dann, wenn die
gesamte Gesellschaft von tiefgreifendem Wandel erfasst wurde. So ist es
heute. Um nur ein Beispiel zu nennen: Autorität alten Stils wird in Frage
gestellt und durch neue partnerschaftliche Strukturen ersetzt. Das gilt im
politischen Bereich ebenso wie im schulischen bis hin zum familiären.
Würde die Kirche von diesen Veränderungen nicht erfasst, müsste man
den fatalen Verdacht haben, dass die Zeit an ihr vorbeigeht.
Die Kirche wird jedoch von diesem Umbruch besonders stark betroffen.
Die einen wollen eine radikale Anpassung an die heutige Zeit. Andere
sind enttäuscht, weil sich die Kirche nach ihrer Meinung dem Zeitgeist
schon allzu sehr angepasst hat. Was für andere gesellschaftliche Struk-
turen gelte, könne nicht ohne weiteres auf die Kirche angewandt werden.
Selbst Gläubige werden deshalb heute an der Kirche irre.
Aber die Vorbehalte gehen noch tiefer. Immer häufiger begegnet man
Christen ohne jede kirchliche Bindung. Für sie ist der Glaube eine reine

Gesinnungsangelegenheit, die »Äußerlichkeiten« wie Gottesdienst, Priester und Kirchengemeinde nicht braucht. Das alles ist für sie überflüssige »Institution«. Zum Christsein gehöre allein die gläubige Hingabe an Christus. Dazu brauche es keine Zwischeninstanz. Christus ja – Kirche nein, so formulieren sie ihr persönliches Verständnis des Christentums. Sie wollen christlich, aber nicht kirchlich sein.

Andere wiederum sehen in der Kirche eine zwar wünschenswerte, aber doch nur menschliche Einrichtung. Deshalb seien auch ihrer Veränderung durch Menschen kaum Grenzen gesetzt.

Was gilt nun wirklich? Ist die Kirche mehr oder weniger zufällig entstanden, oder hat Christus eine Kirche gewollt? Ist es möglich, auf die Dauer ohne Kirche Christ zu sein? Auskunft kann uns vor allem die Bibel selbst geben.

Was hat Jesus Christus gewollt?

Er hat die Botschaft von der Befreiung verkündet. Aber war das alles? Wäre es dazu notwendig gewesen, Jünger zu sammeln, ein gemeinsames Mahl zu stiften und eine Taufe, durch die man in die Gemeinschaft der Glaubenden aufgenommen wird? Und: Wie kommt die Botschaft von der Befreiung an die Menschen?

Jesu Absicht ging offenbar weiter: Der Mensch ist auf Gemeinschaft ausgerichtet. Die Sünde aber zerstört nicht nur sein Verhältnis zu Gott, sie trennt auch die Menschen untereinander. Beides will Jesus in Ordnung bringen: die Menschen mit Gott, aber auch untereinander wieder versöhnen und zusammenführen. Beides gehört eng zusammen. Ihm geht es deshalb nicht nur darum, Einzelne zu retten. Er will vielmehr alle, die sich von ihm befreien lassen, zu seinem Volk machen. Das ist das Herz seiner Botschaft: Gott wird für immer Herr über diese Welt sein, und die an ihn glauben, werden sein Volk sein.

Nun verstehen wir, warum Jesus immer wieder vom »Reich Gottes«, von der »Herrschaft Gottes« spricht.

Herrschaft Gottes, Reich Gottes – was aber hat das alles mit der Kirche zu tun? Das Wort »Kirche« kommt in den Evangelien nur zweimal vor (Mt 16,18 und 18,17). Hat also Loisy († 1940) recht, wenn er sagt: »Jesus hat das Reich Gottes verkündet, und was kam, war die Kirche«? Kirche ist das Werkzeug, durch das Christus das Reich Gottes, die Herrschaft Gottes in dieser Welt mehr und mehr verwirklichen will. Alle, die sich nach dem Willen Gottes auszurichten suchen, gehören zu diesem Gottesreich. Selbst wenn sie nicht zur Kirche gehören. Andererseits kann man in der Kirche sein, aber außerhalb des Reiches Gottes stehen. Deshalb sagt Augustinus: »Es sind viele drinnen, die draußen sind; und viele draußen, die drinnen sind«.

Dass sich die Kirche nicht mit dem Reich Gottes gleichsetzt, geht schon daraus hervor, dass sie immer wieder betet: »Zu uns komme dein Reich«. Sie weiß sich im Dienst der Gottesherrschaft. Deshalb darf es ihr nie um sich selbst gehen. Sie ist vorläufig und wird deshalb aufhören, wenn das Reich Gottes vollendet ist. Das aber wird erst am Ende der Zeiten sein. Die Kirche ist nur dessen Keim, dessen unscheinbarer Beginn.

Also ist das Reich Gottes noch nicht da, sondern erst im Kommen? Ja und nein. Jesus antwortete einmal, als man ihn fragte, wann es anbrechen werde: »Das Reich Gottes ist (schon) mitten unter euch« (Lk 17,21). In ihm selbst ist es schon da und wirkt in die Gegenwart hinein. Aber es ist noch nicht voll verwirklicht, solange nicht der Anspruch Gottes in der Welt ganz zum Durchbruch gekommen ist. Alles Reden und Tun Jesu zielt darauf hin.

Er wendet sich mit diesem Anspruch zunächst an sein Volk Israel, das sich ja als »Volk Gottes« versteht. Aber ein Großteil versagt sich ihm. So kündigt er in seinen Gleichnissen bereits an, dass es ein neues Gottesvolk geben wird, nicht mehr nur aus Juden wie im Alten Bund, sondern aus allen Völkern und Rassen. Die vorher »nicht sein Volk« waren, sind nun »Gottes Volk« (vgl. 1 Petr 2,10). Gott und sein Volk Israel waren durch einen Bund verbunden. Nun spricht Jesus von seinem »Neuen Bund«, der für immer Bestand haben soll. Durch seinen Tod und seine Auferstehung verwirklicht er diesen neuen Bund, wie die Worte beim Abendmahl deutlich machen: »Dieser Kelch ist der *Neue Bund* in meinem Blut, das für euch vergossen wird« (Lk 22,20).

Es gibt zwar keinen Akt, durch den Christus feierlich eine neue Gemeinschaft – getrennt vom Volk Israel – proklamiert hätte. Aber seine ganze Lehre und sein Wirken, seine Absichten und sein Auftrag (z.B. die Berufung der Apostel und der Jünger) zielen darauf hin.

So war es denn nur folgerichtig, dass die, die an ihn glaubten, sich auch nach seinem Tod und seiner Auferstehung weiterhin zusammengehörig wussten als das neue Volk Gottes. Am Pfingsttag (Apg 2) trat diese junge Gemeinde zum ersten Mal in Erscheinung, aber noch ohne sich vom Volk Israel abzugrenzen. Etwa dreitausend ließen sich taufen und wurden so der Gemeinschaft zugezählt (Apg 2,41). Damit ist die Grundlegung der *Kirche* – wie sich die Gemeinschaft fortan nennt – abgeschlossen. In immer neuen Ortsgemeinden lebt und wächst sie. Pfingsten war sozusagen der Geburtstag der Kirche.

Der Ausgangspunkt für die Kirche liegt also nicht bei einzelnen Menschen, die religiöser Gemeinschaftssinn zusammenführt, sondern bei Christus. Die Kirche ist mehr als die Summe derer, die sich gläubig zu Christus bekennen; mehr als organisatorischer Zusammenschluss derer, die wollen, dass die Sache Jesu weitergeht.

Das Geheimnis der Kirche

Das deutsche Wort »Kirche« ist aus dem Griechischen »kyriake« gebildet und bedeutet »dem Herrn gehörig«. Im Neuen Testament aber wird – wie heute noch in den romanischen Ländern – ein anderes Wort gebraucht, das ebenfalls aus dem Griechischen stammt: »ecclesia«, das ist die »Versammlung« oder »versammelte Gemeinde«. Wörtlich heißt es »die Herausgerufenen«. Wer ruft da heraus oder zusammen?

An beiden Begriffen wird etwas von der Eigenart des Gottesvolkes deutlich: Es wird nicht wie andere Völker durch Grenzen oder Rassen, durch Kultur oder gemeinsame Sprache bestimmt. »Wo das geschieht, gibt es nicht mehr Griechen oder Juden, Beschnittene oder Unbeschnittene..., Sklaven oder Freie, sondern Christus ist alles und in allen« (Kol 3,11).

In dieses Volk wird man auch nicht hineingeboren. Es entsteht dadurch, dass der Anruf Gottes auf Menschen trifft, die frei diesem Ruf folgen. Es gibt viele Beispiele, wie Jesus Menschen beruft, und wie diese alles liegen und stehen lassen und ihm folgen. Zum Beispiel: Jesus sieht die beiden Fischer Simon und Andreas und sagt: »Kommt her, folgt mir nach!« Ohne zu zögern, lassen sie ihre Netze liegen und folgen ihm (vgl. Mk 1,16 ff.).

Dieses Volk ist zwar über die ganze Erde verstreut, dennoch besteht eine enge Gemeinschaft. Die Bibel verwendet dafür verschiedene Bilder: Gottes Ackerfeld, Gottes Bau (1 Kor 3,9); Gottes Tempel oder Wohnung (Eph 2,21 f.); Herde (Joh 10,16); Weinberg (Joh 15,1-5); Weinstock (Mt 21,33). Besonders deutlich wird diese Einheit in dem Bild von dem einen Leib in Christus. Die Gläubigen sind die Glieder dieses Leibes, die zueinander gehören. Jedes Glied hat seine eigene Funktion (Röm 12,4 f.; 1 Kor 12,12 ff.).

Besonders das letzte Bild zeigt auch, wodurch die Einheit zustande kommt: Christus ist und bleibt das Haupt des Leibes. Er lebt und wirkt weiter in seiner Kirche. »Ich bin bei euch alle Tage bis zum Ende der Welt« (Mt 28,20). Jesus hat nicht eine Gemeinschaft gewollt und diese dann sich selbst überlassen. Er ist kein Religionsstifter wie Buddha oder Mohammed, die ein Fundament legten und Späteren alles Weitere überließen. Jesu Geist bleibt in seiner Gemeinde lebendig. Geist ist hier nicht gemeint im Sinne von »Idee«, dass also nur die Gedanken, das Werk Jesu Christi in seiner Gemeinde weiterleben. Nein, Christus bleibt durch den Heiligen Geist inmitten seiner Kirche. Seit seinem Fortgang zum Vater ist er den Menschen näher, als er es vorher sein konnte. Gottes Geist lenkt die Kirche und wirkt in ihr. Er befähigt zu den verschiedenen Aufgaben und Diensten. Er ist fortan die innere Kraft, durch die Christus die ganze Kirche belebt und in ihr wirkt (vgl. Apg 1,8; 2,1-13). Er ist in ihren Ämtern, in ihren Sakramenten und Gebeten wirksam. Er leitet sie bei der Abfassung und später bei der Interpretation der Schriften, die unter dem Namen »Neues Testament« fortan für sie verbindliche Norm ist. Er wirkt in den verschiedenen Charismen (Gnadengaben), durch die einzelne Glieder der Kirche für besondere Dienste befähigt werden (vgl. 1. Kor 12,4-11). Das ist das Geheimnis der Kirche.

Außerhalb der Kirche kein Heil?

Nur wenn wir das bisher Gesagte voraussetzen, wird das missverständliche Wort von der »allein selig machenden Kirche« verständlich. Gott will, dass alle Menschen gerettet werden. Der Weg dahin aber geht nur über den *einen* Mittler zwischen Gott und den Menschen, Christus (1 Tim 2,4 f.). Alle, die erlöst werden, werden es nur durch Christus, selbst wenn sie nie etwas von ihm gehört haben. Er selbst sagt: »... niemand kommt zum Vater außer durch mich« (Joh 14,6). In diesem Sinn kann niemand »nach seiner Fasson« selig werden. Wenn also Christus in seiner Kirche weiterwirkt und durch sie die Erlösung vermittelt, dann gibt es »ohne die Kirche keine Möglichkeit, gerettet zu werden«.
Dasselbe betont Martin Luther (Großer Katechismus, II. Art.): »Außer der Kirche kann niemand zu dem Herrn Christo kommen.« Christus selbst betont die Notwendigkeit des Glaubens und der Taufe für das Heil (Joh 3,5; Mk 16,16) und damit die Notwendigkeit der Kirche, in die man durch die Taufe eingegliedert wird. Schon Cyprian von Karthago (✝ 258) prägte darum den Satz: »Außerhalb der Kirche kein Heil«.

Das besagt nicht, daß einer, der ohne eigene Schuld außerhalb der Kirche steht, von Gott verworfen wird. Es ist Glaubenssatz der Kirche, dass kein Mensch ohne eigene Schuld verloren geht. Die meisten Menschen außerhalb der Kirche haben den verpflichtenden Anspruch nie erkannt, sie sind also schuldlos. Auch der gläubige Jude, Mohammedaner, Hindu und Buddhist, der nach seinem Glauben lebt, der Gott aus ehrlichem Herzen sucht, erlangt das ewige Heil. Das sagt das II. Vatikanische Konzil ausdrücklich in der Konstitution über die Kirche (Nr. 16). Das gilt selbst von Menschen, die nicht einmal zur Anerkennung Gottes kommen, ja selbst für Atheisten, die recht zu leben versuchen und das tun, was ihr Gewissen ihnen vorschreibt. Wer den Willen Gottes – wenn auch unbewusst – sucht, hat eine Ausrichtung auf Christus und auf die Kirche. Er erfährt die Gnade der Erlösung durch sie. Statt »außerhalb der Kirche kein Heil« würden wir besser positiv sagen: Alle kommen »durch die Kirche zum Heil«, weil in ihr Christus wirkt und handelt.

Heilige Kirche – Kirche der Sünder

»Ich glaube an die heilige, katholische (das heißt weltumfassende) Kirche.« Bei diesem Satz im Glaubensbekenntnis meldet sich bei vielen Widerspruch. Die Kirche und heilig! Man müsste ja blind sein, wollte man all das Unheilige in ihr nicht sehen. Heilige Kirche! Kein Merkmal wird mehr bestritten und – missverstanden. Denn »heilige Kirche« sagt gerade nicht, dass sie sich als Vereinigung besonders vollkommener Menschen versteht. Wir bekennen nicht eine Kirche der Heiligen, sondern eine heilige Kirche. Heiligkeit aber ist nicht etwas von Menschen Machbares, sondern geht von Gott aus. Von heiliger Kirche kann man deshalb nur sprechen, weil sie Gottes Werk ist, weil Christus in ihr gegenwärtig bleibt und fortwirkt. Trotz ihrer Sündigkeit wirkt Christus in ihr die Heiligung der Menschen. Er hat sich für sie hingegeben, um sie zu heiligen (vgl. Eph 5,25).

Deshalb verbietet sich von vornherein jede Selbstgefälligkeit und Überheblichkeit, wenn wir von »heiliger« Kirche sprechen. Gerade diejenigen, die wir als Heilige verehren, hatten durchweg ein sehr starkes Bewusstsein ihrer Sündhaftigkeit. Sie wussten wie der hl. Paulus: »Doch durch Gottes Gnade bin ich, was ich bin« (1 Kor 15,10).

So sehr es stimmt, dass Christus in seiner Kirche gegenwärtig ist, so wenig aber kommt eine volle Gleichsetzung Kirche = Christus in Frage. So sehr es stimmt, dass die Kirche Gottes Werk ist, so sehr stimmt auch, dass es Kirche nie ohne Menschen gibt. Am Anfang der Kirche steht der Wille und der Ruf Gottes; aber ohne dass Menschen auf diesen Willen und Ruf eingehen, gibt es keine Kirche.

In der Kirche gibt es also Göttliches und Menschliches. Zum Menschlichen aber gehört das Suchen, Irren und Sündigen. Das betrifft zunächst jedes einzelne Kirchenglied. Christus will die Heiligung des Menschen (vgl. 1. Thess 4,3), und er sagt von sich: »… ich bin gekommen, um die Sünder zu rufen, nicht die Gerechten« (Mt 9,13). Die Frommen seiner Zeit werfen ihm deshalb vor: »Er gibt sich mit Sündern ab und isst sogar mit ihnen« (Lk 15,2). Darf die Kirche anders handeln? Muss sie sich nicht an seine Weisung halten: »Nicht die Gesunden brauchen den Arzt, sondern die Kranken« (Mt 9,12)? Muss sie deshalb nicht auch ihre schwachen Glieder ertragen, auch wenn diese dem Ansehen der Kirche schaden? Gerade für die Sünder hat Jesus das Sakrament der Vergebung geschenkt. Wer von uns könnte sich überhaupt noch zur Kirche zählen, wenn die Sünder darin keinen Platz hätten – Bischöfe und Päpste eingeschlossen? Sind die Fehler, an denen wir so leicht Anstoß nehmen, nicht auch unsere eigenen? Geht der Widerstreit zwischen Gottes Herrschaft und unserer Selbstherrlichkeit nicht mitten durch das Herz jedes Kirchengliedes? Die Kirche, das sind nicht »die da oben«, das sind alle Getauften.

Man wirft den »Kirchlichen« gelegentlich vor, dass sie auf andere herabsehen. Wo das der Fall ist, haben sie noch nicht verstanden, dass sie alles, was sie sind, nur Gott verdanken. Wieviel Pharisäismus kann umgekehrt in dem Wort über die Kirchgänger stecken: »Die sind auch nicht besser als die anderen!«

Von Anfang an hat sich die Kirche gegen das Missverständnis verwahrt, nur die »Reinen«, die Vollkommenen gehörten wirklich zu ihr. »Die Reinen« heißt im Griechischen »katharoi«. Davon ist das Wort »Ketzer« abgeleitet. Gerade die also, die eine Kirche nur der Reinen wollten, werden zuerst in der Kirche als Ketzer, als Irrlehrer, bezeichnet.

Die Sündhaftigkeit betrifft aber nicht nur die Einzelnen, sondern auch die Kirche als Ganze. »Sie ist heilig und stets der Reinigung bedürftig zugleich; ihr Weg ist immerfort der der Buße und Erneuerung«, betont das II. Vatikanische Konzil. Es ist gar nicht so leicht, hinter ihrer unansehnlichen Fassade die Wirklichkeit Christi zu erkennen. Wenn schon in dem sündenlosen Jesus von Nazaret viele Gott nicht erkannten, wieviel schwerer muss es dann sein, in der sündenbeladenen Kirche Christus zu erkennen. Es gibt dunkle Kapitel in der Geschichte der Kirche; Zeiten, in denen ihr Versagen besonders offensichtlich war, zum Beispiel die Inquisition, die Hexenprozesse, Konflikte zwischen Papst und Kaiser, die Kreuzzüge …

Kritik an der Kirche

Da die Kirche Fehler und Schwächen hat, muss es auch Kritik an der Kirche geben. Eine sachliche und faire Kritik – komme sie von außen oder von innen – kann nur wünschenswert sein. Es kann nicht darum gehen, alles in der Kirche verteidigen zu wollen. Versagen wird nicht durch Beschönigung ausgeräumt, sondern durch Bekenntnis und Bekehrung. Das aber setzt Wahrhaftigkeit voraus. Die innerkirchliche Kritik ist zudem noch aus einem anderen Grund legitim: Weil jeder, der der Kirche angehört, Verantwortung für die Kirche hat. Es ist deshalb seine Pflicht, zu benennen, was ihm nicht in Ordnung zu sein scheint. Bei einer solchen Kritik wird man die Sorge für die Kirche oder den Schmerz über ihr Versagen heraushören, aber niemals hämische Freude. Diese Kritik will helfen, sie baut auf. – Kritik hat da ihre Grenzen, wo sie eindeutig auf die Kirche als Stiftung Christi zielt.

Christentum ohne Kirche?

Kommen wir noch einmal zurück auf die Schwierigkeiten vieler suchender Menschen: Drängt sich die Kirche nicht zwischen Gott und uns? Warum genügt nicht private Frömmigkeit?
Glaube im Sinne Christi ist nicht nur private Herzensangelegenheit. Manche Christen scheinen aus der Heiligen Schrift nur den Satz zu kennen: »Wenn du beten willst, gehe in dein Kämmerlein«. Alles bisher Gesagte aber übersehen sie. »Gott und ich« und »Das mache ich mit Gott allein aus« sind die Formeln, auf die sie ihr Christentum reduzieren. Das Bild vom Leib Christi aber zeigt, dass ein Glied für das andere einzustehen hat, daß keiner in seinem Glauben für sich steht. Der Mensch ist in allen Bereichen auf den anderen bezogen. Hat nicht jeder, der sich ehrlich bemüht, schon erfahren, dass der Glaube verkümmert, wenn er nicht immer wieder Anregung und Stütze von der Gemeinschaft erfährt? Der Versuch, für sich allein Christ zu sein, lässt sich auf die Dauer nicht durchhalten. Die Selbstrechtfertigung »In meinem Herzen bin ich religiös« ist allzu leicht ein Vorwand für die Beschränkung des Religiösen auf ein unverbindliches Minimum.

Ein Student hatte an die Katholische Glaubensinformation geschrieben, dass er durchaus bereit sei, sich mit Jesus zu befassen. »Aber bleiben Sie mir weg mir der Kirche!« Ein halbes Jahr später schrieb er: »Hier in X. fand ich eine Gruppe gläubiger Menschen, der ich mich anschloss. In diesem lebendigen Kontakt bereinigten sich manche Schwierigkeiten wie von selbst. Ich weiß nun, dass Glaube ohne Kirche nicht möglich ist.« Jedenfalls nicht auf längere Zeit. Es genügt auch nicht, die Kirche nur als eine unsichtbare, rein geistige Gemeinschaft derer zu verstehen, die an Christus glauben. Warum soll nach dem Willen Christi die Aufnahme in die Gemeinschaft durch ein sichtbares Zeichen, die Taufe, vollzogen werden? Und wie sollen die Sakramente gereicht werden? Diese sind doch sichtbare Zeichen der Gnade Gottes.

»Ich kann auch ohne Kirche ein guter Christ sein!« Diese Formulierung scheint nach alldem fragwürdig. Wir können natürlich fragen: Warum benutzt Gott ein so schwaches Instrument wie die Kirche? Das alles ist mir zu menschlich. Warum offenbart er sich nicht jedem Einzelnen unmittelbar?

Wir wissen darauf auch keine Antwort. Aber läuft eine solche Frage nicht letztlich auf die Frage hinaus: »Warum ist Gott überhaupt in Jesus Christus Mensch geworden?« Ist das nicht erst recht »viel zu menschlich«? Es hätte doch auch andere Wege zur Erlösung gegeben. Aber offenbar geht es Gott gerade um diese »Vermenschlichung«. Und er will diesen Weg durch die ganze Geschichte hindurch beibehalten. So wie Gott in Jesus Christus erfahrbar, sichtbar, greifbar wird, so will Christus in seiner Kirche erfahrbar, sichtbar, greifbar bleiben. Gott sagt damit ja zu allem Menschlichen und entspricht damit dem Menschen als einem Wesen aus Fleisch und Blut, das auch das Sichtbare, das auch Erfahrung braucht.

Immer wieder versucht der Mensch, sich ein eigenes »geschnitztes Bild« von Gott zu machen. »So kann Gott doch nicht sein, das kann er doch nicht wollen!« Es gilt, alle menschlichen Überlegungen preiszugeben und schlicht darauf einzugehen, wie Gott sich uns offenbart. Das gilt auch hinsichtlich der Kirche.

10.

Die Kirche und die Kirchen

»Im Notwendigen Einheit;
im Zweifel Freiheit;
in allem aber die Liebe.«

Augustinus

Einheit und Pluralismus

Alle Christen bekennen im »Großen Glaubensbekenntnis« die *eine, heilige, katholische* (d.h. allgemeine, weltumfassende) und *apostolische* Kirche. Über die heilige Kirche haben wir gesprochen. Für unsere weiteren Überlegungen sind die Begriffe »eine« und »katholische« Kirche wichtig. Christus wollte *eine*, aber keine einförmige Kirche. Dass Christus nur *eine* Kirche wollte, ist die Überzeugung aller Kirchen. Er hat nur von *einer* Kirche gesprochen. In Wirklichkeit aber erleben wir viele Kirchen. Allein im Weltkirchenrat sind etwa 300 »Kirchen« zusammengeschlossen. Und darin ist die größte, die katholische Kirche, nicht einmal vertreten.

»In Indien sind etwa 229 Missionsgesellschaften am Werk, in Japan 179, in der Südafrikanischen Union 71, im Kongo 44 und in Tanganjika 41. Selbst wenn man das gute Einvernehmen zwischen den Missionaren in Betracht zieht ..., so bleibt die Spaltung unter Christen dennoch ein großes Hindernis und ein Ärgernis für die Christen selbst« (Kardinal Bea, ein früherer Beauftragter des Papstes für die Einheit).

Wenn die Kirche Jesu Christi sich »über die ganze Erde hin« (das ist die wörtliche Übersetzung von »katholisch«) ausbreiten soll, wenn die Kirche der Leib Christi ist, kann sie nur eine einzige sein. »*Ein* Leib und *ein* Geist, wie euch durch eure Berufung auch *eine* gemeinsame Hoffnung gegeben ist; *ein* Herr, *ein* Glaube, *eine* Taufe, *ein* Gott und Vater aller« (Eph 4,4-5). Deshalb will Christus, dass *ein* Hirt und *eine* Herde sei (Joh 10,16) und betet inständig um diese Einheit, damit alle eins seien, wie er mit dem Vater eins ist.

Dieses so eindringliche und inständige Gebet Jesu können wir nicht verwirklicht sehen in dem, was heute an Zersplitterung in der Christenheit sichtbar ist. Das Neue Testament redet zwar in den Paulusbriefen und der Apostelgeschichte von Kirchen in der Mehrzahl. Es sind damit aber Ortskirchen gemeint (z.B. in Korinth, in Ephesus, in Rom). Nie aber wird das Wort »Kirchen« im Sinne von Konfessionen verstanden, wie das heute der Fall ist. Zwar haben im Lauf der Geschichte solche Ortsgemeinden gewisse Eigenheiten ausgeprägt und bewahrt, z.B. eigenes Brauchtum, eigene Riten, eine eigene Sprache, doch waren sie alle in ein und demselben Glauben verbunden und verstanden sich als Teilkirchen der Gesamtkirche. So entstanden z.B. die alten sog. Patriarchate des Ostens (in Konstantinopel, Jerusalem, Antiochien), die aber untereinander und mit dem Nachfolger Petri, dem Papst, in engster Verbindung standen. Sie alle nennen sich zu Recht »Kirchen« im Sinne von Regionalkirchen innerhalb der einen Kirche.

In diesem Sinn darf und muss es auch heute einen Pluralismus, eine Verschiedenheit in der Einheit der Kirche geben: Vielheit aus Völkern, Rassen und Kulturen; Vielheit der Ämter und Dienste; Vielheit der Riten und Bräuche; Vielheit der Ortskirchen und Bistümer. Das alles ist Zeichen der Universalität, der Weltweite, der Katholizität der Kirche.

Pluralismus aber muss zur Zersplitterung führen, wenn nicht zugleich eine fundamentale Einheit besteht. Denn wo die Spaltung einsetzt, hört die Universalität auf; wo aus der Vielseitigkeit Zersplitterung wird, da wird die Kirche zerstört. Rechtmäßige Vielfalt dient der Einheit der Kirche, Spaltung und Trennung aber widersprechen ihr.

Schon in den Apostelbriefen ist von Spaltungen die Rede (z.B. im 1. Korintherbrief). Da sind freilich noch nicht getrennte Kirchen gemeint, sondern Auseinandersetzungen *innerhalb* einer Gemeinde. Später wurden daraus Spaltungen zwischen den Gemeinden oder zwischen Teilkirchen; daraus entstanden schließlich die großen geschichtlichen Aufsplitterungen.

Die geschichtlichen Spaltungen

1054 kam es zur endgültigen Trennung der Ostkirche, der sog. Orthodoxen; 1517 kam es in der Reformation zur Spaltung der westlichen Kirche. Seither reden wir in einem anderen Sinn von »Kirchen«, nämlich im Sinne von Konfessionen, von verschiedenen Bekenntnissen. Bis in unsere Familien hinein leiden wir unter der Spaltung. Es muß das Anliegen aller

Christen sein, dass wieder Einheit werde (das heißt nicht: Einförmigkeit). Selbst Missstände in der Kirche geben uns nicht das Recht, die Einheit der Kirche preiszugeben.

Der Wille zur Einheit

Zum Glück erwacht bei allen Christen die Sehnsucht nach der Einheit; der Blick richtet sich heute mehr auf das Gemeinsame als auf das Trennende. Zum Glück scheint bereits *eine* Voraussetzung zur Einheit im Kommen: die Liebe und die Achtung voreinander.

Aber die Einheit, wie Christus sie wollte, ist nicht allein durch die Liebe zu erreichen, sie muss auch in den wesentlichen Grundlagen der Lehre bestehen. Zwei sich direkt widersprechende Aussagen können nicht zugleich wahr sein. »Liebe ohne die Wahrheit ist blind und kann nicht von Dauer sein« (Kardinal Bea).

Die Einheit der Kirche muß auch eine *sichtbare*, wahrnehmbare sein. Die Kirche ist zwar eine geistige Gemeinschaft, insofern Gott in ihr wirkt; sie ist aber keine unsichtbare Gemeinschaft, denn sie wird aus Menschen gebildet. Dem »einen Geist« entspricht deshalb in der Heiligen Schrift »ein Leib« (Eph 4,4), ein Herrenmahl (vgl. 1 Kor 10,16). Deshalb können wir nicht die oft vertretene Meinung teilen, dass die Einheit der Kirche *unsichtbar* bereits gegeben sei; dass also die verschiedenen Konfessionen mit ihren sich widersprechenden Bekenntnissen nur verschiedene Zweige an dem einen Baum der Kirche Christi seien.

H. Küng nennt in seinem Buch »Die Kirche« derartige Thesen Ausflüchte, die nicht legitim sind: »Können solche Kirchen Äste oder Zweige am gleichen Baum sein, die sich gegenseitig ausschließen, ja vielleicht um der Wahrheit des Evangeliums willen ausschließen müssen? Kann denn in der einen und gleichen Kirche Widersprüchliches im Wesentlichen gleichzeitig wahr sein: im Glaubensbekenntnis, im Gottesdienst, in der kirchlichen Grundordnung? Kann denn das, was hier Wahrheit ist, dort Irrtum heißen, was hier Dogma dort Häresie?« (S. 335 f.).

Gott sei Dank ist das Gemeinsame unter allen Christen weit größer und umfassender als das Trennende. Gemeinsam ist: der Wille zur Einheit, die gemeinsame Taufe, die gemeinsame Heilige Schrift, echter Glaube, Liebe zu Gott, dem Vater, und zu Jesus Christus; darüber hinaus gibt es in einigen Kirchen auch die Fortdauer des Bischofsamtes von den Aposteln her. – In anderen Belangen wiederum ist eine Einheit gar nicht vonnöten, sondern ein echter Pluralismus wünschenswert: im Gottesdienst, in Fragen des kirchlichen Rechts usw.

Zweifellos ist die Einheit zwischen gläubigen Christen verschiedener Konfessionen größer als die zwischen Gläubigen und religiös Gleichgültigen derselben Kirche. Die religiöse Trennungslinie verläuft heute zwischen Glaube und Unglaube.

Dennoch besteht Trennung in zentralen Glaubenswahrheiten, und deshalb haben wir keine sichtbare Einheit – weder in der Leitung der Kirche noch im Abendmahl.

Diese Trennung besteht nicht so sehr in dem, was man volkstümlich als unterscheidend ansieht; z.b. dass es in der katholischen Kirche die Marienverehrung gibt. (Wir werden später sehen, dass kein Katholik zur Heiligenverehrung verpflichtet ist.) Sie besteht auch nicht mehr eigentlich in dem, was vor 400 Jahren zur Trennung führte: nämlich Missstände in der Kirche und Missverständnisse um die Frage, wie der Mensch von Gott gerechtfertigt wird. Heute sehen wir das Trennende vor allem in dem Verständnis und in der Bedeutung der Kirche, deren Sakramenten, ihrer Vollmacht und ihren Diensten und Ämtern. Vielleicht aber besteht das Trennende noch viel mehr in der durch vier Jahrhunderte je anders geprägten Mentalität und Tradition.

Die vielen Kirchen

Die entscheidende Frage, die heute alle bewegt, ist: Wo ist die Kirche Christi zu finden? Viele Christen stellen ehrlich fest: Wenn meine Eltern evangelisch oder katholisch oder orthodox gewesen wären, wäre auch ich evangelisch oder katholisch oder orthodox ... und wäre überzeugt, in der »richtigen« Kirche zu sein. Wie verhält sich also die eine, von Christus gestiftete Kirche zu den konkreten, jetzt existierenden Kirchengemeinschaften?

Die katholische Sicht

Die katholische Kirche hat auf dem II. Vatikanischen Konzil (1962 bis 1965) in der »Konstitution über die Kirche« gesagt, dass die verschiedenen kirchlichen Gemeinschaften nicht in gleicher Weise als Kirchen bezeichnet werden können. Sie sieht die Kirche »verwirklicht in der Katholischen Kirche, die vom Nachfolger Petri und von den Bischöfen in Gemeinschaft mit ihm geleitet wird. Das schließt nicht aus, dass auch außerhalb ihres Gefüges vielfältige Elemente der Heiligung und der Wahrheit zu finden sind.« Hier wird also gesagt, dass die Kirche Christi existiere, und dass sie erkennbar sei. Es ist wichtig anzufügen, was das Konzil über die anderen Kirchen sagt, dass nämlich auch dort »vielfältige Elemente der Heiligung und der Wahrheit« zu finden sind. Welcher Reichtum an christlichen Werten außerhalb der katholischen Kirche verwirklicht ist, wird vom Konzil positiv hervorgehoben. Es kann durchaus sein, dass der eine oder andere christliche Wert außerhalb der katholischen Kirche lebendiger verwirklicht ist als in ihr.

Verbundenheit mit anderen Kirchen

Das Konzil sagt dann weiter: »Die Kirche weiß sich aus mehrfachem Grund jenen verbunden, die getauft, der Ehre des Christentums teilhaftig sind, den vollen Glauben aber nicht bekennen oder die Kommunioneinheit unter dem Nachfolger Petri nicht wahren.« Das Konzilsdekret über den Ökumenismus führt diesen Gedanken weiter: »Die Katholische Kirche betrachtet sie (die Getrennten) als Brüder in Verehrung und Liebe. Denn wer an Christus glaubt und in rechter Weise die Taufe empfangen hat, steht dadurch in einer gewissen, wenn auch nicht vollkommenen Gemeinschaft mit der Katholischen Kirche...«

Es gibt demnach Stufen der Verwirklichung der Kirche. Die Verbindung mit ihr kann mehr oder weniger intensiv sein. Jedenfalls sind die getrennten Christen – wie dasselbe Dokument betont »durch den Glauben in der Taufe gerechtfertigt und dem Leib Christi eingegliedert, darum gebührt ihnen der Ehrenname der Christen... Mit Recht werden sie von der katholischen Kirche als Brüder im Herrn anerkannt«. Die katholische Kirche weiß, dass der »Geist Christi« und seine Gnade auch da gegenwärtig sind. Auch außerhalb der katholischen Kirche ist demnach Kirche verwirklicht, wenn auch nach unserer Überzeugung nicht im Vollsinn, weil dort wesentliche Eigenschaften, die Christus seiner Kirche verliehen hat, fehlen. Beispielsweise das Petrusamt, das nach katholischer Überzeugung die Einheit der Kirche garantieren soll; bei einigen die apostolische Nachfolge, also das historische Bischofsamt.

Der eine mag überrascht sein, weil er sich die Haltung der katholischen Kirche intoleranter, selbstherrlicher vorgestellt hat; der andere wird auch diese Sicht überheblich finden. Selbst die Gliedkirchen, die im Ökumenischen Rat der Kirchen vertreten sind, haben sich aber ausdrücklich vorbehalten, einander nicht im vollen Sinn als Kirchen anerkennen zu müssen.

Feste Überzeugung ist nicht Intoleranz

Hier steht Anspruch gegen Anspruch. Wir sollten einander unterstellen, dass jede Konfession redlich bemüht ist, den Willen Christi zu suchen, und dass nicht Gruppeninteressen und Starrsinn die verschiedenen Positionen bestimmen. Auch der katholischen Kirche geht es um die Verwirklichung der Kirche, wie Christus sie haben will. Aus diesem Grund will sie darum für alle mit Festigkeit bewahren, was ihrer Überzeugung nach Christus verbindlich gestiftet hat.

Auch die katholische Kirche weiß aber sehr gut, dass sie ständig hinter dem zurückbleibt, was sie nach dem Willen Christi sein sollte. Der Weg zur Einheit beginnt deshalb mit der inneren Umkehr, mit der eigenen Erneuerung. Das letzte Konzil war ausdrücklich zu dem Zweck einberufen worden, die Wiedervereinigung dadurch vorzubereiten, dass sich die katholische Kirche innerlich erneuert, reformiert. Die Katholiken werden daher in diesem Konzil ermahnt, in Wort und Tat alles zu unterlassen, was die anderen Christen verletzen könnte. Umso mehr aber sollen sie mit den getrennten Christen zusammenarbeiten, im Dialog sie besser kennen und verstehen lernen und die wahrhaft christlichen Güter aus dem gemeinsamen Erbe mit Freuden anerkennen.

Der Ökumenismus

Allen Christen ist es aufgegeben, die Einheit der Kirche zu suchen und die Spaltung zu überwinden. Es darf nichts unterlassen werden, was uns diesem Ziel näher führt.

Wir nennen die Bewegung, die sich darum bemüht, die christlichen Konfessionen einander näher zu führen, die ökumenische (oekumene, griech. = wörtlich: die bewohnte Erde; im kirchlichen Sprachgebrauch: die für die ganze Menschheit bestimmte allgemeine Kirche). Im theologischen Gespräch, durch Zusammenarbeit im sozialen und karitativen Bereich, im gemeinsamen Gebet und Studium der Heiligen Schrift versuchen Christen aller Bekenntnisse gegenseitige Vorurteile abzubauen und sich verstehen zu lernen. Seit mehreren Jahrzehnten beten die Christen aller Konfessionen um die Wiedervereinigung der getrennten Christen. In vielen Bereichen gibt es bereits enge Zusammenarbeit: gemeinsame Übersetzungen der Bibeltexte, gemeinsame Gebete und Lieder, gemeinsame Gottesdienste und Bildungsveranstaltungen bis hin zur gemeinsamen Nutzung kirchlicher Räume. Das Verhältnis der christlichen Gemeinschaften untereinander hat einen ganz neuen Stil erhalten.

Wunsch nach Eucharistiegemeinschaft

Besonders schmerzlich empfinden es viele, dass die Christen noch am Tisch des Herrn, also bei der Kommunion und beim Abendmahl getrennt sind. Hier geht es besonders der katholischen Kirche um sehr zentrale Fragen, z.B. hinsichtlich des Verständnisses der Eucharistie (vgl. Kapitel 19); vor allem aber bezüglich der Frage des Amtes und der Bevollmächtigung zum Vollzug des Abendmahls. Da gibt es zum Teil noch trennende Unterschiede.

Für die katholische Kirche ist die Kommunion die Vollendung, der Gipfel der Einheit, so dass Kommunioneinheit die Kirchengemeinschaft voraussetzt. Das war schon in den ersten Jahrhunderten der Kirche so. Eine Eucharistiegemeinschaft würde deshalb eine Einheit vortäuschen, die noch nicht besteht und damit weitere Bemühungen um wirkliche Einheit u. U. sogar blockieren.

Deshalb sagte die gemeinsame Synode der Bistümer in der Bundesrepublik über die Eucharistiegemeinschaft mit den reformatorischen Kirchen: Eine »gegenseitige Eucharistiegemeinschaft trifft für die kirchlichen Gemeinschaften reformatorischen Ursprungs zum gegenwärtigen Zeitpunkt nicht zu. Ihren Mitgliedern ist die Teilnahme an den Sakramenten der katholischen Kirche deshalb ... in der Regel untersagt. Weil aber ... die Sakramente ... auch Quelle der Gnade sind, kann die Kirche wegen ausreichender Gründe den Zutritt zu diesen Sakramenten einem/einer getrennten Bruder/Schwester gestatten (Todesgefahr und andere schwere Not)«.

Als generelle Voraussetzung gilt jedoch, dass jemand getauft ist und mit dem Glauben der Kirche im Hinblick auf die Eucharistie übereinstimmt; dass er das Verlangen nach der Gemeinschaft mit Christus in der Eucharistie hat und sich um die Einheit der Kirche sorgt. Selbstverständlich ist eine entsprechende Vorbereitung und christliche Lebensführung, wie sie auch für jeden Katholiken vorausgesetzt ist.

Modelle einer künftigen Einheit

Wie eine endgültige Einheit einmal aussehen könnte, weiß noch niemand zu sagen. Es gibt verschiedene Einheitsvorstellungen. Darunter lassen sich zwei Haupttendenzen feststellen: Die eine zielt auf eine Einheit, in der die überkommenen konfessionellen Besonderheiten zugunsten einer neuen, umfassenderen Einheit aufgegeben werden. Die andere richtet sich auf eine Gemeinschaft, in die jede Konfession das Wertvolle ihres

Erbes einbringt. Von katholischer Seite gibt man den Modellen des zweiten Typs den Vorzug. Die katholische Kirche sieht die Möglichkeit der Einheit nicht mehr in der »Rückkehr« der anderen. Sie sieht vielmehr in der Einebnung legitimer konfessioneller Traditionen eine Verarmung. Sie möchte die Einheit der Kirche als Einheit in der Verschiedenheit verwirklichen. Man spricht von einer »korporativen Wiedervereinigung«. In eine solche unierte Kirche unter verbindlicher apostolischer Leitung würde jede Kirche ihre vom Evangelium her berechtigte, im Lauf der Geschichte gewachsene Eigenart christlichen Glaubens und Lebens einbringen. Alle Kirchen würden sich bemühen, mehr und mehr Verständnis für die Besonderheiten der anderen zu gewinnen und vielleicht sogar manches als Bereicherung für sich selbst zu übernehmen. Eine ähnliche Einheitsvorstellung ist mit dem Begriff »Konziliare Gemeinschaft« gemeint, den die Versammlung des Weltkirchenrats 1975 in Nairobi gebrauchte.

Erste Schritte auf diesem Weg sind getan: In Kontaktgesprächen auf allen Ebenen – die katholische Kirche hat in Rom ein eigenes Sekretariat für die Einheit der Kirche – wird um die strittigen Glaubensüberzeugungen gerungen. Den orthodoxen Kirchen, mit denen die Katholische im Verständnis der Sakramente und des Amtes übereinstimmt, wurde katholischerseits die gegenseitige Zulassung zur Kommunion angeboten. Mit der altkatholischen Kirche wurde ein Austausch in verschiedenen Amtshandlungen vereinbart. Mit den evangelischen Kirchen wurden z. B. Vereinbarungen über die Spendung der Taufe und über die Trauung konfessionsverschiedener Paare getroffen.

In seinem Buch »Die Kirche« schlägt H. Küng Wege zur Einigung vor:
- *Jeder muss die eigene Kirche noch ernster nehmen. Es wäre eine Illusion, wollte man aus der eigenen Kirche aussteigen und außerhalb der Kirche die Einheit der Kirche verwirklichen.*
- *Keine Einigung um jeden Preis. Eine Kirche, die die Wahrheit aufgibt, gibt sich selber auf. Diplomatische Kompromisse sind kein Weg zur Einheit.*
- *Norm für die Einigung muss das Evangelium Jesu Christi und dieses als Ganzes sein. Also keine Einigung durch Addition, die von jeder Kirche etwas auswählt, ohne es zu einem neuen Ganzen zusammenzusetzen. Auch nicht durch Subtraktion des Trennenden, um sich mit dem Rest zufrieden zu geben. Dieser Rest wäre ein substanzloses Destillat.*

Entscheidend wird sein, dass zunächst die Liebe wächst, die ja das Grundgesetz des Gottesvolkes ist. Nur sie kann die Kluft überbrücken helfen, die die Wahrheitsfrage noch aufwirft. Man kann nicht erwarten, dass die Wiedervereinigung durch Abstriche im Glauben zustande kommt. Eine Einigung auf dem kleinsten gemeinsamen Nenner wäre gegen das Gewissen und gegen den Geist des Ökumenismus. Wir können nicht so tun, als ob keine Gegensätze mehr bestünden. Die Spannung muss vielmehr redlich durchgetragen werden; denn wenn wir nicht an der Trennung leiden, werden wir sie nie überwinden.

Kirche und Welt

Nicht nur vom Selbstverständnis der Kirche her ist Einheit geboten. Auch der Dienst, den die Christen an der Welt zu leisten haben, wird erst glaubwürdig, wenn die Kirchen gemeinsam handeln. Mehr und mehr geschieht dies in gemeinsamen Verlautbarungen. Diese sind zum Beispiel erschienen als Empfehlungen für die konfessionsverschiedene Ehe, zu Fragen des Friedens und der Bewahrung der Schöpfung, zum Schutz des ungeborenen Lebens, zu wirtschaftlichen und sozialen Fragen. Manche Menschen sind der Meinung, die Kirche habe sich ganz auf die Aufgabe zu beschränken, Menschen zu Gott und zum ewigen Heil zu führen. Im Gegensatz dazu erwarten andere von ihr, dass sie sich auch um Fragen kümmert, die der Menschheit heute auf den Nägeln brennen. Die Kirche soll nicht weltfremd sein, sondern vor allem im sozialen Bereich wirksam werden und kritisch ihre Stimme erheben.

Dieses Thema ist sehr wichtig. Das II. Vatikanische Konzil hat deshalb das Dokument herausgebracht »Die Kirche in der Welt von heute«. Hier nur einige Gedanken zu diesem Thema: Wo es um rein innerweltliche Dinge geht, steht es der Kirche nicht zu, sich einzumischen. Es gibt eine echte Autonomie der wissenschaftlichen und politischen Bereiche. Vor allem darf sich die Kirche nicht weltlicher Macht bedienen, um Aufgaben in der Welt zu erfüllen. Das letzte Konzil hat in dem oben genannten Dokument derartige Abweichungen von ihrer eigentlichen Aufgabe im Lauf der Geschichte ausdrücklich abgelehnt.

Eine kritische Funktion

Andererseits würde man die Kirche mit Recht weltfremd schelten, wenn sie sich aus den Aufgaben, die uns heute gestellt sind, einfach heraushalten wollte. Letztlich stehen ja alle Bereiche menschlichen Lebens in Verantwortung vor Gott. Die Technik beispielsweise darf nicht zum

Nachteil der Menschen missbraucht werden; die Politik darf die Freiheit und Würde der Person nicht aufheben; die Wirtschaftsordnung muss für *alle* auf der Welt Existenzmöglichkeiten schaffen usw. Man macht der Kirche heute nicht nur Vorwürfe, dass sie sich in weltliche Bereiche eingemischt habe, sondern auch, dass sie zu Fragen geschwiegen habe, wo sie hätte reden müssen. In diesem Sinn werden z.B. die häufigen Aufrufe und Bemühungen der letzten Päpste, besonders Johannes Pauls II., um soziale Gerechtigkeit und den Frieden in der Welt auch von Nichtchristen begrüßt.

Das heißt nicht, daß die Kirche ihre Anschauungen durch staatliche Gesetze zur Norm für alle machen sollte. Nicht durch Mittel weltlicher Herrschaft, sondern durch die Kraft des Glaubens und der Liebe muß sie die Gewissen aufrütteln und bewegen.

Nicht nur die Kirche hilft durch ihre Sendung der Welt. Sie ist sich bewusst, dass auch sie viele Hilfen aus der Welt von heute, aus dem Fortschritt der Wissenschaft und der Technik erfährt. Darum ist sie bemüht, mit allen Bereichen in lebendigem Dialog zu stehen und die unselige Distanz, die sich vor allem im Lauf der letzten Jahrhunderte herausgebildet hatte, zu überwinden.

Dienst am Menschen

In rechter Weise nimmt die Kirche ihre Aufgabe in der Welt wahr, wenn sie ihre Sendung als einen Dienst am Menschen versteht. Es darf ihr nicht um sich selbst gehen. »Die Christen können ... nichts sehnlicher wünschen, als den Menschen unserer Zeit immer großherziger und wirksamer zu dienen« (II. Vatikanisches Konzil). Nicht Machtwille noch Besserwisserei darf die Kirche leiten, wenn sie um ihres Auftrags willen »gelegen oder ungelegen« aller Welt die Offenbarung Gottes verkündet. Diesen Dienst ist sie der gesamten Menschheit schuldig. Die Sendung der Kirche ist eine rein religiöse, aber gerade deshalb auch eine höchst humane. Auf eine Formel gebracht, könnte man die Aufgabe der Kirche in der Welt etwa so umschreiben: Dadurch, dass sie den Menschen in Beziehung zu Gott bringt, bringt sie ihn auch in die rechte Beziehung zum Mitmenschen und zu seiner Aufgabe in der Welt und hilft ihm, sich selbst zu verwirklichen.

»Gewiß ist die Menschheit in unseren Tagen voller Bewunderung für die eigenen Erfindungen und die eigene Macht; trotzdem wird sie oft ängstlich bedrückt durch die Fragen nach der heutigen Entwicklung der Welt,

nach Stellung und Aufgabe des Menschen im Universum, nach dem Sinn seines individuellen und kollektiven Schaffens, schließlich nach dem letzten Ziel der Dinge und Menschen. Es geht um die Rettung der menschlichen Gesellschaft. Die Synode bietet der Menschheit die aufrichtige Mitarbeit der Kirche an. Dabei bestimmt die Kirche kein irdischer Machtwille, sondern nur dies eine: das Werk Christi selbst weiterzuführen; zu retten, nicht zu richten; zu dienen, nicht sich bedienen zu lassen.« (Gekürzt aus: »Die Kirche in der Welt von heute«, Nr. 3.)

11.
Vielfältiger Dienst

Das eine Zeugnis
braucht viele Zeugen;
der eine Glaube
braucht viele Träger.

Heutige Kritik an der Kirche richtet sich vor allem gegen die »Institution«, gegen die »Amtskirche« und oft insbesondere gegen den Papst. In den letzten 20 Jahren haben zahlreiche ökumenische Kommissionen auf Weltebene sich vor allem auch mit der Frage des Amtes in der Kirche und da insbesondere mit dem Petrusamt befasst. Den einen erscheint das Papsttum als ein Haupthindernis für die Einheit der Christen. Andererseits sehen auch manche lutherische Theologen in dem päpstlichen Primat, das heißt der Leitungsgewalt über die Gesamtkirche, wenn er sich im Licht des Evangeliums erneuere, nicht weiterhin ein Hindernis für die Versöhnung der Konfessionen.

Was ist also von den verschiedenen Ämtern in der Kirche zu halten? Im Zeitalter der Demokratien und des Zusammenbruchs vieler weltlicher autoritärer Systeme scheint die Kirche eine letzte Bastion hierarchischer, herrschaftlicher Machtstrukturen zu sein. Das Wort Hierarchie (»heilige Herrschaft«, »Vollmacht«) ist fast zu einem Schimpfwort geworden. Menschliche Werte wie Freiheit, Gleichheit, Brüderlichkeit haben Privilegien von Gesellschaftskreisen hinweggefegt. In der Kirche aber spricht man immer noch von Klerus und Laien, als ob das sich gegenüberstehende Stände wären.

Eine Gemeinschaft – viele Aufgaben

Keine Frage: Vor Gott sind alle Menschen gleich. Erst recht sind alle Christen in dem einen Gottesvolk eins. Es darf deshalb in der Kirche keinen Unterschied von Arm und Reich, von Alter, Rasse oder Herkunft geben; keine Spaltung zwischen Klerus und Laien. Vom einfachen Christen bis zum Papst sind alle in gleicher Weise zum Glauben und zum

Gehorsam berufen. Wichtiger als jede Unterscheidung zwischen Amt und Gemeinde ist die Gemeinsamkeit aller. Alle bilden sie die Kirche, nicht nur die Leitenden. Alle sind sie »Laien« (griech. laos = Volk), denn das Wort bedeutet nichts anderes, als dass alle zum Volk des Neuen Bundes gehören. Deshalb wollen wir das Wort »Laien« hier nicht mehr gebrauchen, weil es heute einen völlig anderen Sinn hat, nämlich den »Nichtfachmann« oder den »Unwissenden« meint. Das aber geht an dem Sinn des Wortes, wie es hier von der Kirche verstanden wird, vorbei.

Alle Glieder der Kirche haben teil an der Sendung der Kirche und am allgemeinen Priestertum aller Gläubigen. Das II. Vatikanische Konzil spricht von einer »wahren Gleichheit der Würde aller Gläubigen«. Von einer »Kirche von oben« oder »Kirche von unten« zu sprechen, entspricht also nicht dem Selbstverständnis der Kirche.

Dennoch gibt es in der Kirche verschiedene Aufgaben und Ämter. Bei den ökumenischen Gesprächen der verschiedenen Kirchen sind sich alle darin einig, dass für spezifische Funktionen ein besonderes Amt da sein muss. Die Bibel kennt eine Fülle von einzelnen Ämtern und Aufträgen: Apostel, Propheten, Lehrer; an anderer Stelle Diakone, Älteste. Paulus bittet, die anzuerkennen, die sich um die Leitung der Gemeinde mühen (vgl. 1 Thess 5,12 f.), und sich denen unterzuordnen, die einen Dienst versehen (vgl. 1 Kor 16,16). Zu diesen Diensten werden Einzelne »ausgesondert«, um der Gemeinde zu dienen, denn jedes Amt ist ein Dienst. Und darum erhebt kein noch so hohes Amt in der Kirche einen über andere. Der einzige, der über allen steht als das Haupt, ist Christus. Leitung und Vollmacht wollen im Neuen Testament nicht nach der Art staatlichen Rechts oder weltlicher Herrschaftsstrukturen verstanden werden. »... und der Größte unter euch soll werden wie der Kleinste, und der Führende soll werden wie der Dienende« (Lk 22,26). Im ersten Petrusbrief heißt es: »... seid nicht Beherrscher eurer Gemeinden, sondern Vorbilder für die Herde!« (1 Petr 5,3). Wo daher jemand sein Amt zur Ausübung von Macht missbraucht, entfernt er sich vom Auftrag Christi. Keine Frage, dass die Versuchung dazu – wie die Kirchengeschichte beweist – groß war und ist. Zu allen Zeiten haben Christen – vor allem große Heilige – durch ihre Kritik immer wieder den rechten Weg gewiesen.

Jesus sendet

Jesus weiß sich von Gott, dem Vater, gesandt. Diese Sendung gibt er weiter an andere, die er nach eigenem Ermessen auswählt, und denen er sagt:

»Wie mich der Vater gesandt hat, so sende ich euch« (Joh 20,21). Diese von Jesus Gesandten haben also ihre Sendung wie er nicht von unten, sondern letztlich von Gott.

Da sind zunächst die aus den Jüngern ausgewählten Zwölf, die er Apostel, das heißt Abgesandte, Bevollmächtigte, nennt. Ihnen verspricht er seinen Beistand, seinen Heiligen Geist: »Ich bin bei euch alle Tage bis zum Ende der Welt« (Mt 28,20). Bis zum Ende der Welt, also deutlich über die Zeit der Apostel hinaus: So haben ihn die Apostel verstanden und durch Handauflegung und ihr Gebet die überkommene Vollmacht an andere Männer weitergegeben (vgl. 2 Tim 1,6; 1 Tim 4,14 und 5,22).

Diese Beauftragung und Bevollmächtigung umfaßt vor allem den *Dienst der Verkündigung,* also der Weitergabe der Botschaft Jesu.

Zwar haben alle Christen teil am Verkündigungsauftrag der Kirche, jeder ist – auch ohne amtlichen Auftrag – von Gott berufen, von seinem Glauben Zeugnis zu geben. Aber mit Autorität, die zugleich auch die Einheit der Kirche garantiert, verkünden die ausdrücklich dazu Bevollmächtigten.

Weiter gehört zu diesen Diensten der *Dienst der Heiligung* (Priesteramt). Zwar geht alle Heiligung von Christus aus, er ist der einzige und wirkliche Priester der Kirche. Aber an seinem Priestertum haben alle, die zum Volk Gottes gehören, durch die Taufe und die Firmung teil. Wir sprechen daher vom »gemeinsamen Priestertum« aller Gläubigen (vgl. 1 Petr 2,15). Es wird ausgeübt im Gebet, im Beispiel eines christlichen Lebens. Aber der Dienst der Spendung der meisten Sakramente ist den dafür Bevollmächtigten vorbehalten. – Und schließlich der *Dienst der Leitung* (Hirtenamt). Christus bleibt der eigentliche Leiter seiner Gemeinden, aber er nimmt Menschen dafür in seinen Dienst.

Diese drei Dienste sollen den Glauben der apostolischen Zeit sichern und dürfen deshalb in der Kirche nie fehlen.

... *bis zum Ende der Welt*

Durch die wachsende Zahl der Gläubigen und die Gründung immer neuer Gemeinden entstanden verschiedene Ämter, die allmählich zur Institution wurden. Diese Entwicklung war zunächst nicht einheitlich, je nachdem, ob es sich um juden-christliche oder heiden-christliche Gemeinden handelte. Aber die Grundstruktur war die gleiche: Es gab immer Männer, die die Ämter der Verkündigung, der Heiligung und der Leitung versahen und die sich über die Apostel von Christus beauftragt wussten.

Diese Nachfolger der Apostel wurden in heiden-christlichen Gemeinden »episcopoi« (Aufseher, Vorsteher) genannt. Das Wort Episkopat (Gesamtheit der Bischöfe) ist davon abgeleitet. In anderen Gemeinden hießen sie »presbyteroi« (Älteste). Daraus ist unser Wort »Priester« entstanden. Diesen standen noch Diakone zur Seite. Allmählich ist es wohl zu einer Durchdringung, einer Verschmelzung beider Ordnungen, zu einer Dreiteilung der Ämter der Kirche in das des Bischofs, des Priesters und des Diakons, gekommen. So ist es in der katholischen Kirche bis auf den heutigen Tag geblieben. Wir wissen beispielsweise, dass es um das Jahr 100 n. Chr. einen Bischof Ignatius als Leiter der Gemeinde von Antiochien gab. Und aus seinen Briefen geht hervor, dass es Bischöfe auch in anderen Städten gab.

Diese Nachfolge (Sukzession) von den Aposteln her war den Christen der ersten Jahrhunderte Garantie für die Übereinstimmung mit der apostolischen Lehre. In den Glaubensbekenntnissen aller Kirchen heißt es: … ich glaube an die … apostolische Kirche«. Das bedeutet in der katholischen Kirche, dass neben der Treue zur Lehre und dem Glauben der Apostel auch die Amtsnachfolge der Apostel wichtig ist.

Allerdings war das Apostelamt in dem Sinn einmalig, dass die Apostel Augen- und Ohrenzeugen des Lebens Jesu waren und die Kirche grundgelegt haben. Das hatten sie allen Nachfolgern voraus. Darum sprechen wir heute in der Kirche nicht mehr von Aposteln, wohl aber von deren Nachfolgern und bezeichnen sie mit den vorgenannten Namen.

Die katholische Kirche sieht daher im Priester- und im Bischofsamt nicht nur eine menschliche, sondern eine göttliche Einrichtung. Deshalb gibt es in der katholischen Kirche neben dem allgemeinen Priestertum aller Gläubigen noch das besondere Priestertum mit den genannten Aufgaben. Das wird am deutlichsten in der Eucharistiefeier, in der der Priester zwar in der Gemeinde und für die Gemeinde und mit der Gemeinde das Abendmahl Jesu feiert, aber ihr gleichzeitig als im Namen Christi Handelnder gegenübersteht – nicht als Christ höherer Ordnung, sondern als zum Dienst Beauftragter.

In einem eigenen Sakrament, das dreifach gestuft ist – Bischofsweihe, Priesterweihe, Diakonenweihe –, werden nach der Bibel und Tradition einzelne aus dem Volk für den Dienst an der Gesamtheit bevollmächtigt (vgl. Hebr 5,1). Nicht die Privatinitiative eines Einzelnen, aber auch nicht die Beauftragung der Gemeinde oder der Kirchenleitung begründen den Auftrag, das Amt; sondern in einem Sakrament wird der Einzelne von

Christus her für das Amt befähigt. Wie zu Zeiten der Apostel wird diese Weihe durch Gebet und Handauflegung des Bischofs vollzogen. Paulus schreibt an seinen Schüler und Nachfolger, den Bischof Timotheus: »Entfache die Gnade Gottes wieder, die dir durch die Auflegung meiner Hände zuteil geworden ist« (2 Tim 1,6). Das ist weit mehr als eine feierliche Einführung in ein Amt. Diese »Ordination« ist in der katholischen Kirche ein Sakrament, das einen Menschen in den Dienst Jesu Christi stellt.

Hier erhebt sich die Frage, warum nicht auch Frauen Priester werden können. Während in den evangelischen Kirchen auch Frauen Pfarrerinnen, neuerdings auch Bischöfinnen werden können, lehnt die katholische Kirche dies nach wie vor ab. Die Begründung: Weder aus der Gleichheit der Geschlechter, die die Kirche anerkennt, noch aus der durch die Taufe grundgelegten Gleichheit aller lässt sich ein Anspruch auf eine bestimmte Funktion in der Kirche ableiten. Die katholische Kirche sieht sich durch die eindeutige Tradition gebunden, dass von allem Anfang an niemals Frauen zum priesterlichen Dienst berufen wurden. Dies gilt in gleicher Weise auch von den orthodoxen Kirchen, die mit der katholischen Kirche das gleiche Amts- und Weiheverständnis verbindet.

Papst Johannes Paul II. hat in einem Apostolischen Schreiben von 1994 als Hauptgrund dafür angegeben, dass Christus keine Frau unter die zwölf Apostel berufen hat, obwohl er doch sonst in seinem positiven Verhalten gegenüber den Frauen von den damals geltenden gesellschaftlichen Normen abwich und sich auch in anderer Beziehung nicht Gewohnheiten seiner Zeit angepasst und dafür Widerspruch in Kauf genommen hat. Auch die Apostel handelten entsprechend. Als Nachfolger des Apostels Judas wählten sie den (unbekannten) Matthias, nicht aber Maria. Wohl ist sie an Pfingsten bei der Geistaussendung anwesend, aber es sind nur die Zwölf, die ihre Stimme erheben und Jesu Botschaft verkünden. Bei der Verkündigung des Glaubens im heidnischen Bereich haben die Apostel mit vielen wichtigen (jüdischen) Traditionen brechen müssen. In der heidnischen Umwelt spielten Priesterinnen eine große Rolle. Aber obwohl bei der Evangelisierung Frauen einen wichtigen Platz einnahmen, fühlten sich die Apostel dem Vorbild Jesu verpflichtet, ihnen kein priesterliches Amt zu übertragen.

Deshalb hat sich auch die katholische Kirche durch die Jahrhunderte hindurch nicht für ermächtigt gehalten, Frauen zur Priesterweihe zuzulassen. Sie sieht sich durch die Handlungsweise Jesu gebunden. Ein wichtiger

Grund kommt hinzu: Der Priester handelt »an Christi Statt«, er »repräsentiert« Christus, ganz besonders in der Feier der Eucharistie.

Zölibat – Die Heilige Schrift rät an mehreren Stellen zur Ehelosigkeit »um des Himmelreiches willen« (Mt 19,10 ff. u.a.). Aus diesem Rat ist in der römisch-katholischen Kirche – also nicht in der gesamten katholischen Kirche – die Praxis entstanden, nur solche zu Priestern zu weihen, die ehelos bleiben wollen. Sie sollen sich auf diese Weise ganz von dem Dienst in der Gemeinde und der Hingabe an Gott einfordern und binden lassen. Diese feste Verbindung von Priestertum und Ehelosigkeit ist kirchlichen Rechts und kann deshalb auch wieder aufgehoben werden.

Ohne Frage ist früher das besondere Amt in der Kirche oft zu sehr betont worden. Durch das II. Vatikanische Konzil aber haben sich Strukturen der Mitbestimmung aller und neuer Beauftragten herausgebildet.

Das Petrusamt

In der Gemeinschaft der Apostel ragt einer deutlich heraus, Simon, der später den Beinamen Petrus (griech. petra = Fels) erhält. 114-mal wird er in den Evangelien vor den übrigen Aposteln genannt. Er steht an der Spitze aller Apostel-Listen. Meist ist er der Sprecher des Apostelkollegiums. Der Vorrang wird ihm von den Mitaposteln nicht streitig gemacht, und das, obwohl Petrus nicht der Älteste und nicht der »Lieblingsjünger« war. Ganz deutlich wird dieser Vorrang nach der Himmelfahrt Christi. Einen entscheidenden Text finden wir bei Matthäus. Jesus stellt an die Jünger die Frage: »Ihr aber, für wen haltet ihr mich?« Petrus antwortet für alle: »Du bist der Messias, der Sohn des lebendigen Gottes!« (Mt 16,15 f.). Jesus bestätigt diese Antwort und vertauscht dann die Rollen, indem er nur dem Petrus sagt, wer er ist bzw. sein soll. Dabei gibt es in der aramäischen Sprache ein interessantes Wortspiel: »Du bist Petrus (kepha = Fels), und auf diesen Felsen werde ich meine Kirche bauen, und die Mächte der Unterwelt werden sie nicht überwältigen. Ich werde dir die Schlüssel des Himmelreichs geben; und was du auf Erden lösen wirst, das wird auch im Himmel gelöst sein« (Mt 16,18 f.).

Der Bau der Gemeinde Jesu soll also in Petrus einen Felsengrund haben. Das eigentliche, unsichtbare Fundament bleibt natürlich Christus selbst (vgl. 1 Kor 10,4). Jesus aber will seiner Kirche für die Zeit nach seinem Fortgang auch ein sichtbares Fundament geben, das ihn repräsentiert. Darum kann Paulus mit Recht sagen, dass die Kirche aufgebaut ist auf dem Fundament der Apostel und Propheten (vgl. Eph 2,20). Hier aber wird Petrus als Einzelner »Fels« und Fundament der Kirche genannt. An anderer Stelle sagt Jesus mehrmals zu Petrus: »Weide meine Lämmer!« – »Weide meine Schafe!« (Joh 21,15 ff.). Die Könige werden in der Heiligen Schrift oft »Hirten der Völker« genannt. Christus will, dass Petrus an seiner Stelle sein Volk leitet. Das soll vor allem dadurch geschehen, dass er durch seinen Dienst alle Brüder im Glauben und in der Einheit stärkt (vgl. Lk 22,32).

Brauchen wir einen Papst?

Nach katholischer Auffassung ist dem Apostelkollegium das Kollegium der Bischöfe nachgefolgt. Die katholische Kirche ist der Überzeugung, daß es richtig ist, wenn im Bischofskollegium wie in dem Kollegium der Apostel einer ist, dem als Nachfolger Petri der Dienst der Einigung der ganzen Kirche zukommt. Nicht der schwache Petrus, der Jesus bald nach seiner Beauftragung verleugnet, ist der Fels, auf den Jesus seine Kirche bauen will, sondern der Petrusdienst, das Petrusamt. Dieses soll – wie ein Fundament – die Einheit der Kirche und die Unverfälschtheit der Lehre Jesu sichern.

Der Dienst der Einheit brauchte, als die Kirche noch wenig verbreitet war, noch nicht so deutlich in Erscheinung zu treten. Dennoch gibt es für die Frühzeit der Kirche Dokumente, die die Bedeutung des römischen Bischofs bzw. der Kirche von Rom zum Ausdruck bringen. Irenäus von Lyon schreibt:»Mit der Kirche von Rom muss wegen ihres hohen Vorrangs jede Kirche übereinstimmen, denn in ihr ist immer die apostolische Tradition bewahrt worden.« Cyprian von Karthago (ca. 200–258), durchaus nicht in allem einer Meinung mit dem Bischof von Rom, bezeugt dessen Vorrang, indem er ihn das »Prinzip der Einheit und Unfehlbarkeit« nennt. Er gebraucht zum ersten Mal die Bezeichnung »Primat«, das heißt Leitungsgewalt, für den Bischofssitz von Rom und gibt als Grund für diese Stellung die Nachfolge des hl. Petrus an.

Dass vom 4. Jahrhundert an der sogenannte Primat des römischen Bischofs allgemeine Überzeugung war, wird heute nicht mehr bezweifelt. Selbst Irrlehrer suchten bei ihm Bestätigung. Freilich hat sich dann der Einfluß des Papsttums im Lauf der Jahrhunderte weiter gesteigert und auch gelegentlich zu Macht- und Herrschaftsansprüchen geführt, die dem Dienstamt des Papstes nicht entsprachen. – Die Bedeutung des Papsttums für die Gesamtkirche erreichte im I. Vatikanischen Konzil 1869/70 und in den darauffolgenden bedeutenden Päpsten einen Höhepunkt. Das II. Vatikanische Konzil hat demgegenüber wieder stärker die Kollegialität aller Bischöfe untereinander herausgestellt.

Papst Paul VI. (1978) betont in einem seiner Weltrundschreiben, dass der Primat des Papstes ein Primat des Dienens, des Helfens und der Liebe sein soll. Gerade ihm war dabei schmerzlich bewusst, daß sein Amt von manchen Christen als Hindernis auf dem Weg zur Wiedervereinigung angesehen wird.

Papst und Bischöfe

Die Bischöfe haben ihre Vollmacht nicht vom Papst, sondern von Christus. Deshalb kann der Papst nicht willkürlich in die Angelegenheiten eines Bistums eingreifen. Das II. Vatikanische Konzil hat die Gemeinschaft der Ortskirchen und die kollegiale Struktur des Bischofsamtes gegenüber einem zu starken Zentralismus stärker hervortreten lassen. So wie Petrus, einer der Zwölf, mit ihnen verbunden war, so ist der Papst einer der Bischöfe und mit ihnen verbunden. Und jeder Bischof ist nicht nur für sein Bistum verantwortlich, sondern auch für die gesamte Kirche. Das wird besonders deutlich durch die internationalen Bischofssynoden. Die Kirche ist ein Gefüge aus vielen Ortskirchen, der verbindliche Orientierungspunkt für die Einheit aller aber ist der Nachfolger des Petrus.

Mitbestimmung in der Kirche

Bisher ging es um die Frage, woher sich Autorität in der Kirche ableitet. Und da ist deutlich geworden, dass sie von Christus kommt und nicht von der Gemeinde verliehen wird. Man wird Christ nicht durch Berufung der Gemeinde, sondern durch Glaube und Taufe. Ebenso wird man Priester oder Bischof nicht durch einen Volksentscheid, sondern durch die Sendung Christi. Er ist der Souverän der Kirche. Alle Christen – die Amtsinhaber natürlich eingeschlossen – müssen sich in der Treue zum Evangelium an seinem Willen orientieren. Aber es kann durchaus wieder dahin kommen, dass – wie in früheren Jahrhunderten – auch heute wieder Bischöfe vom Volk gewählt werden. Die Bevollmächtigung aber kommt dann von Christus her und wird durch eine Weihe übertragen.

Deshalb kann es Demokratie im üblichen Sinn in der Kirche nicht geben, weil Kirche nicht auf eigenem Willen beruht. Auch in dem Wort Demokratie steckt ja noch das Wort »kratie«, das heißt Herrschaft. Jede Art von

menschlicher Herrschaft aber soll es gerade in der Kirche nicht geben. Die Herrschaft Jesu Christi ist eine Herrschaft des Dienens.
Jede Autorität in der Kirche muss sich also daran messen lassen, ob sie dient. Das wurde in der Vergangenheit durch die Überbetonung des Amtes oft verhindert. Alle sind sich einig, daß die Ausübung von Ämtern in der Kirche nur im Sinn der Geschwisterlichkeit und der Kollegialität geschehen darf. Der Führungsstil der Kirche kann heute nicht mehr einer Monarchie ähnlich sein. Alle Glieder der Kirche sind an den Diensten mitbeteiligt. Deshalb hat sich nach dem Konzil ein Rätesystem herausgebildet, das auf allen Ebenen – in der Pfarrgemeinde ebenso wie in der Diözese – den Ämtern der Leitung zur Seite steht. Oft bilden darin Frauen die stärkste Gruppe. Auf der Ebene von Bistümern oder von Ländern gibt es Synoden, in denen die Christgläubigen mit den Priestern und Bischöfen gemeinsam beraten.
Neben den Ämtern, die durch eine eigene Weihe übertragen werden, gibt es Beauftragungen, die durch bischöfliche Sendung verliehen werden. So gibt es heute das Amt der Gemeinde- bzw. Pastoral-Referenten und -Referentinnen, die als Seelsorger/innen mit den Priestern in der Leitung der Gemeinden zusammenarbeiten.

Unfehlbarkeit der Kirche

An dem Wort Unfehlbarkeit wird oft Anstoss genommen. Die Formulierung ist auch nicht glücklich. Das, was gemeint ist, würde besser mit »Letztverbindlichkeit« wiedergegeben werden. Um allen Missverständnissen vorzubeugen, wollen wir voranstellen, was Unfehlbarkeit *nicht* bedeutet: Sie meint nicht, dass es irgendeinen Menschen gibt, der nicht sündigen oder irren könnte. Auch der Papst ist ein Mensch mit Schwächen und Fehlern, auch er beichtet. Auch er kann selbstverständlich irren, selbst in theologischen Aussagen. Er kann sogar Irrlehren vertreten. Deshalb kann ein Papst, wie das I. Vatikanische Konzl sagt, unter Umständen auch abgesetzt werden. – Unfehlbarkeit bedeutet auch nicht, dass die Kirche keine Fehlentscheidungen treffen könnte; dass alle Lehrmeinungen, die in der Kirche jemals vertreten wurden, irrtumslos seien. Auch Papstansprachen und Papstrundschreiben fallen – obwohl sie sicher eine hohe Bedeutung haben – nicht schon deshalb, weil sie vom Papst herausgegeben sind, unter die Irrtumslosigkeit.
Nur was die Kirche in feierlicher Verkündigung von Glaubenssätzen mit ausdrücklicher Berufung auf die göttliche Offenbarung lehrt, gehört zum

letztverbindlichen, unfehlbaren Bestand des Glaubens. Aber selbst dieser Bestand ist in seinen Formulierungen zeitbedingt und verbesserungsfähig. Er kann im Lauf der Zeit tiefer erkannt werden. Was als unfehlbar gelten kann, ist also sehr begrenzt.

Die Letztverbindlichkeit in Glaubensfragen gründet in der Zusage Jesu, dass Gottes Geist als Beistand bei der Kirche bleiben wird (vgl. Joh 14,16). Gottes Wort kann nicht in Irrtum führen. Wenn wir nicht das Zutrauen zur Kirche haben dürften, dass in ihr Christus weiterhandelt, könnten wir auch kein Zutrauen zur Heiligen Schrift haben, die aus der Verkündigung der Urkirche hervorgegangen ist.

Das Lehramt der Kirche

Im 15. Kapitel der Apostelgeschichte lesen wir, wie die Apostel und Ältesten zu einer wichtigen Beratung zusammenkommen. Es wird berichtet von einem heftigen Streit um das Verhältnis von Heidenchristen und Judenchristen, der leicht zu einer Spaltung der jungen Kirche hätte führen können. Auf diesem »Apostelkonzil« hält Petrus die entscheidende Rede, und es kommt zu einem Beschluss, den die Versammlung mit den Worten einleitet: »Der Heilige Geist und wir haben beschlossen ...« (Apg 15,28). Dieses Beispiel macht klar, wer Garant der Verlässlichkeit der Kirche ist, da doch jeder einzelne – auch jeder Bischof – in Glaubensdingen irren kann. Aber die Kirche als Ganze kann in den wesentlichen Glaubenswahrheiten nicht in die Irre gehen, weil Christus sie davor schützt.

Letztverbindlichkeit in Glaubens- und Sittenfragen ist also eine Eigenschaft der gesamten Kirche. Wer aber in der Kirche formuliert das Glaubensbewusstsein der Gesamtkirche? Damals in Jerusalem auf dem »Apostelkonzil« waren es die Apostel und Ältesten. Heute geschieht es durch die Gesamtheit der Bischöfe. Sie bilden das Lehramt. Die in der Nachfolge der Apostel stehenden Bischöfe in ihrer Gesamtheit – und dazu gehört auch der Papst – sind nach katholischer Überzeugung letztverbindlich, wenn sie in Fragen des Glaubens und der Sitte eine Lehre feierlich als gültig und verpflichtend vortragen. Aber auch sie sind Glaubende, die – wie jeder andere – ihren Glauben von der Gesamtkirche empfangen. Das Lehramt steht nicht über dem Wort Gottes, sondern dient ihm; es ist an Offenbarung und Überlieferung gebunden.

Wie ist es aber, wenn sich – wie mehrfach in der Kirchengeschichte vorgekommen – große Teile der Kirche in entscheidenden Glaubenswahrheiten widersprechen? Wenn selbst Bischöfe unterschiedlicher Meinung

sind und damit Spaltung droht? In solchen Fällen gab in der geschichtlichen Tradition der römische Bischof den Ausschlag. Er hat die Aufgabe, die Einheit im Kollegium der Mitbischöfe zu sichern. Von ihm gilt
dann das Wort des Herrn an Petrus: »Ich aber habe für dich gebetet, dass
dein Glaube nicht erlischt. Und wenn du dich bekehrt hast, dann stärke
deine Brüder« (Lk 22,32).

Deshalb ist für uns der Papst in Glaubens- und Sittenfragen (aber nur in
diesen) unfehlbar, wenn er unter Berufung auf sein höchstes Lehramt
eine Lehre in endgültiger Weise für die gesamte Kirche verkündet (wenn
er »ex cathedra« spricht).

*Ein solcher Fall ist sehr selten. Tatsächlich wird der Bischof von Rom eine
derart verpflichtende Aussage nicht machen, ohne sich vorher der Meinung seiner Mitbischöfe vergewissert zu haben. Er ist zwar das Haupt des
Bischofskollegiums, aber es gibt kein Haupt ohne Leib. Auch der Papst
kann als verbindlich zu glauben nur vorlegen, was durch Offenbarung und
Tradition gemeinsamer Glaube der gesamten Kirche ist. Und er muss
geeignete Mittel anwenden (Konzil, Umfrage unter Theologen und Bischöfen), um die Ansicht der Gesamtkirche zu erfahren. So wurde auch das
Dogma von der leiblichen Aufnahme Mariens in den Himmel im Jahr
1950 nach Anfrage bei allen Bischöfen und kirchlichen Hochschulen der
Erde verkündet, also nicht als »einsamer Entschluss« des Papstes.*

Christus hat uns nicht ein Schriftdokument hinterlassen, sondern eine
Gemeinschaft, der er die Fähigkeit und Vollmacht gab, seine Botschaft
weiterzugeben und auszulegen. Ein Wagnis! So wie seine Menschwerdung ein Wagnis war, das ja tatsächlich am Menschen scheiterte und dennoch – oder besser – gerade so sein Ziel erreichte. Das Wagnis Christi
mit seiner Kirche scheitert immer wieder am Menschen. Von der unfehlbaren Kirche zu sprechen heißt zugleich, die Fehlbarkeit der Kirche, des
Lehramtes, des Papstes nicht zu übersehen. Die Kirche mitsamt dem
Lehramt hat im Lauf ihrer Geschichte immer wieder Fehlurteile gefällt
und auch Irrtümer vertreten. Aber dennoch kommt der Herr auch damit
an sein Ziel: in allen Belangen, in denen es um das Wesentliche seiner
Botschaft geht, diese Botschaft unverfälscht – wenn auch menschlich
unvollkommen – zu erhalten. Trotz allem was immer wieder zur Kritik
berechtigt, dient die Kirche mit ihrem Lehramt dem Menschen.

In der Verlässlichkeit seiner Kirche hinsichtlich der entscheidenden Inhalte seiner Botschaft schenkt uns Jesus Christus einen Halt, der uns sagen
läßt: »… ich weiß, wem ich Glauben geschenkt habe…« (2 Tim 1,12).

12.
Offenbarung, Schrift und Überlieferung

»Jede von Gott eingegebene Schrift
ist auch nützlich zur Belehrung,
zur Widerlegung, zur Besserung,
zur Erziehung in der Gerechtigkeit ...«

2 Tim 3,16

»Glaube, Religion, Gott – das haben sich die Menschen doch nur alles ausgedacht!«, sagen viele, die von Gott nichts halten. »Im Gegenteil«, erwidern überzeugte Christen. »Gott ist alles andere als eine menschliche Erfindung. Er hat sich selbst geoffenbart. Er hat zu uns gesprochen. Und seine Worte sind aufgeschrieben in dem ältesten und meistgedruckten Buch der Welt, dem Buch schlechthin: der Bibel (griech. biblos = Buch).« Ist aber auf dieses Buch auch Verlass? Hat nicht erst um 1450 Johannes Gutenberg die Buchdruckkunst erfunden? Wie oft musste bis dahin die Bibel abgeschrieben werden! Wie oft musste sie in andere Sprachen übersetzt werden! Wie leicht konnten Blätter verderben, Zeilen vertauscht werden, Abschnitte verloren gehen, sinnverfälschende Schreibfehler begangen werden! Und zu allem noch: Von keiner biblischen Schrift gibt es ein Original, an dem sich eine spätere Ausgabe messen ließe. Von Jesus selbst kein einziges geschriebenes Wort! Als schließlich die ersten Schriften des Neuen Testaments entstanden, war er schon 30 Jahre tot. Wie soll man da den »richtigen« Text finden? Was meint die Kirche, wenn sie von Offenbarung spricht, von Inspiration, von Irrtumslosigkeit der Schrift?
Einen Teil dieser Fragen können wir vorweg beantworten: Allein vom Neuen Testament gibt es über 4000 Textfragmente, die zum Teil bis auf wenige Jahre an die Entstehungszeit heranreichen und alle zusammen – nach gründlicher Auswertung – die Bibelwissenschaft heute in die Lage versetzen, einen gut abgesicherten Bibeltext vorzulegen.

Zwischen 1947 und 1952 wurden in elf Höhlen in der Wüste am Toten
Meer die Reste einer uralten Bibliothek gefunden. Nach dem Fundort

heißen diese Texte die »Schriften von Qumran«. Darunter Abschriften aus allen alttestamentlichen Büchern (mit Ausnahme des Buches Ester). Darunter einige wichtige Prophetenbücher fast vollständig! Das Alter der Abschriften reicht bis ins 3. vorchristliche Jahrhundert. Nicht einmal Jesus selbst verfügte für seine Bibelstudien über eine so genaue Textfassung alttestamentlicher Schriften, wie sie heute jedem Bibelleser zur Verfügung steht. Wir können uns also mehr als je zuvor darauf verlassen, daß unsere Bibeltexte dem entsprechen, was die damaligen biblischen Schriftsteller sagen wollten und niedergeschrieben haben.

Gottes Wort

Wichtiger als die Frage: Ist der vorliegende Bibeltext *richtig?* ist aber die Frage: Ist das, was uns in der Bibel überliefert ist, auch *wahr?* Wie kann denn im Menschenwort Gottes Wort enthalten sein? Und gerade das ist doch die Überzeugung der christlichen Kirchen: Gott hat auf vielfältige Weise zu uns Menschen *gesprochen* (vgl. Hebr 1,1 f.). Er hat uns das »Geheimnis seines Willens kundgetan« (Eph 1,9).

Gott spricht

Gott spricht! Das scheint eine klare und unmissverständliche Aussage zu sein. Viele Menschen nehmen daher auch an, Gott habe auf wunderbare Weise mit bestimmten Menschen Kontakt aufgenommen und gleichsam die Bibel Wort für Wort diktiert. Der Autor wäre gleichsam ein gehorsamer Sekretär: »Rede, Herr: dein Diener hört« (1 Sam 3,9). Aber so einfach ist die Sache nicht. Die Bibel verwendet wohl das gleiche Wort wie wir, wenn sie sagt: »Wort des Herrn«, »Gott spricht ...«, meint aber viel mehr damit, als der unbefangene Nicht-Hebräer darunter versteht.

Um das zu zeigen, machen wir einen kleinen Ausflug in die orientalisch-hebräische Sprachwelt. In ihr sind das Judentum und das Alte Testament zu Hause. Sie ist die Welt Jesu. In ihr wurzelt das Neue Testament. Für einen Orientalen kommt Worten – und das gilt vor allem für das Wort Gottes – Macht zu. Es gibt keine »leeren Worte«. Worte wirken, setzen etwas in Gang. Wort und Geschehen gehören zusammen wie zwei Seiten einer Medaille. Das bedeutet natürlich umgekehrt ebenso, dass jedes Ereignis auch eine Bedeutung hat, einen Inhalt. Die Menschen fühlen sich von Ereignissen »angesprochen«. Das gilt von Einzelerlebnissen ebenso wie von historischen Ereignissen; von außergewöhnlichen und Aufsehen erregenden Zeichen ebenso wie von einem Traum. Wenn ein Israelit in der Bibel liest: »*Und Gott sprach*« *oder* »*Wort des Herrn*«, *dann weiß er ganz von selbst, dass gleichzeitig etwas geschehen sein muss. Er liest mit:* »*Und Gott wirkte*« *oder* »*Tat des Herrn*«. *Und umgekehrt hört der Gläubige aus der Geschichte seines eigenen Lebens und seines ganzen Volkes* »*Gottes Wort*« *heraus.*

Die Bibel gibt uns dafür anschauliche Beispiele. Im Schöpfungsbericht heißt es bei der Erschaffung vom Licht: »Gott spricht: Es werde Licht. Und es wurde Licht« (Gen 1,3). Gottes Wirk-Wort setzt ein ganzes Universum ins Dasein. Der Prophet Jesaja lässt Gott sprechen: »Denn wie der Regen und der Schnee vom Himmel fällt und nicht dorthin zurückkehrt, sondern die Erde tränkt und sie zum Keimen und Sprossen bringt, wie er dem Sämann Samen gibt und Brot zum Essen, so ist es auch mit dem Wort, das meinen Mund verlässt: Es kehrt nicht leer zu mir zurück, sondern bewirkt, was ich will, und erreicht all das, wozu ich es ausgesandt habe« (Jes 55,10 f.).

Und bei dem Propheten Jeremia das Gegenbeispiel: Der Prophet beobachtet einen Töpfer bei der Arbeit. Dieses Ereignis beginnt nun für ihn »zu sprechen«. Aus diesem alltäglichen Geschehen hört er das Wort des Herrn: »Da erging an mich das Wort des Herrn« (Jer 18,5). Jeremia hat dabei keine »Schallwellen« gehört. Das Wort Gottes ist kein physikalisches Phänomen. Vielmehr hat Jeremia in seinem Herzen eine tiefere Wahrheit erkannt. Er hat ein normales Ereignis »durchschaut«. Ein Erlebnis wurde für ihn transparent, durchsichtig, auf Gott hin.

So offenbart sich Gott in der Geschichte. Und ein geschichtliches Ereignis wird »Wort Gottes«. Wir können sogar sagen: Offenbarung Gottes an uns beginnt schon bei der Schöpfung. Die ganze Welt ist ein Stück »Wirklichkeit gewordenes Wort Gottes«. Daher lässt sich aus der Natur und der Betrachtung des Universums und auch aus der wissenschaftlichen Forschung etwas von der Größe und Erhabenheit Gottes erahnen und erspüren. Denn wie jedes Wort ist auch dieses »weltgewordene Schöpfungswort« Selbstaussage Gottes. Auch der geschaffene Mensch ist Offenbarung. Auch er eine »Äußerung Gottes«. Wir sind gemacht nach seinem Ebenbild und Gleichnis. Das schließt natürlich nicht aus, dass einzelne Verfaser auch besondere Offenbarungserlebnisse hatten, die sich dann in ihren Schriften niederschlugen. Uns kommt es nur darauf an, deutlich zu machen, dass das »Sprechen« Gottes sehr vielseitig sein kann.

Der Mensch hört

Nun ist deutlich, dass auch das »Hören des Wortes Gottes« umfassender und vielfältiger ist, als man zunächst meinen möchte. Das Wort Gottes kann geschaut, erlebt und erlitten werden. Es ist abzulesen an Schicksalen, herauszuhören noch aus Katastrophen. Es kann gefühlt werden an den Höhepunkten des menschlichen Lebens. Und das »Wort Gottes« kann sogar »gegessen« werden (vgl. Ez 3,1)!

Gottes Wort essen, das klingt zunächst befremdlich. Aber diese bildhaft-konkrete Vorstellung ist eine sehr anschauliche Interpretation dessen, was die Bibel unter dem gläubigen Hören versteht. Etwas Alltägliches kann zur »Offenbarung« werden, wenn es »verinnerlicht« wird, wenn es gründlich durchdacht, also »verdaut« wird. So wird es zum Kraftquell neuen Lebens: zur Nahrung. So lebt der Mensch wahrhaftig nicht vom Brot allein, sondern von jedem Wort, das aus dem Mund Gottes kommt (vgl. Mt 4,4; Dtn 8,3).

»Menschensohn, iss, was du vor dir hast! Iss diese Rolle! Dann geh und rede zum Haus Israel!« (Ez 3,1)

Wer garantiert die Wahrheit?

Wer sagt aber, ob die Deutungen wahr sind? Können sich die Menschen nicht täuschen? Kann man nicht über ein und dasselbe Ereignis verschiedener Meinung sein?

Der gläubige Christ antwortet darauf: Gott selbst garantiert die Wahrheit; er selbst achtet darauf und sorgt dafür, dass sich die richtige Deutung, das richtige Hören seines Wortes mit der Zeit durchsetzt.

Es gibt zwar genügend Beispiele dafür, dass sich zu Zeiten das Volk von Gott abwendet und zu großen Teilen den »wahren Glauben« verliert. Aber immer wieder setzte sich aus jahrhundertealter Erfahrung der gemeinsame Glaube durch.

Der Rufer in der Wüste

Gerade in solchen Zeichen wird deutlich, dass Gott sich immer auch einzelner Menschen bedient, auf denen in besonderer Weise sein Geist ruht. Sie sind gleichsam seine Werkzeuge. Sie bewahren treu den Glauben der Väter; in ihnen bleibt die Hoffnung lebendig; sie eröffnen neue Wege, mahnen, trösten, machen Mut und Hoffnung. Die Heilige Schrift nennt sie Propheten. Ihnen vor allem verdanken wir es, wenn das Verstehen der

Offenbarung immer weiter fortschreitet. Sie wissen sich von Gottes Geist gesandt und beauftragt. Manch einer droht dabei an dem Zwiespalt zwischen seinem Sendungsbewusstsein und der öffentlichen Missachtung zu zerbrechen. Sie werden zu »einsamen Rufern in der Wüste«. Sie bleiben unverstanden, werden verfolgt, sogar getötet. In solchen religiösen »Trockenzeiten« verweisen sie auf die Zukunft.

Gott selbst

Die abgelehnten Propheten ertragen Unverständnis und Unglauben in dem festen Vertrauen, dass Gott das letzte Wort behalten wird. Er wird das Volk zur Besinnung bringen. Zumindest aber ein »heiliger Rest« wird den wahren Glauben bewahren. Mag auch das Volk wie ein Baumstumpf absterben; aus diesem Stumpf wird ein Spross erblühen und weiterleben. Und dies wird Gott selbst tun! Immer wieder finden sich in den Schriften des Alten Testaments Hinweise auf das rettende Eingreifen Gottes am Ende. Gottes Geist wird in dieser »Endzeit« über alle Menschen ausgegossen. Alle können Gott erkennen und die Wahrheit sehen. Gott wird die verstockten Herzen öffnen, den Tauben hören und den Blinden sehen lassen. Er schafft den neuen Menschen. War Israel tot, so wird es nun leben. Hatte es ein Herz von Stein, so bekommt es nun ein Herz aus Fleisch, das fähig ist zu verstehen, zu erkennen und zu lieben« (Ez 27; Jer 31,31; Joh 3,1-5).

Jesus Christus

Nach Überzeugung der Christen ist diese Endzeit, der Tag des Herrn, angebrochen in der Menschwerdung Gottes in Jesus Christus. Von ihm schreibt Johannes: »Was von Anfang an war, was wir gehört haben, was wir mit unseren Augen gesehen, was wir geschaut und was unsere Hände angefasst haben, das verkünden wir: Das Wort des Lebens. Denn das Leben wurde offenbart; wir haben gesehen und bezeugen und verkünden euch das ewige Leben, das beim Vater war und uns offenbart wurde« (1 Joh 1,1 f.).

Gott selbst ist offenbar geworden. Das ist der Tag der Wahrheit. Jesus sagt: Ich und der Vater sind eins; wer mich sieht, sieht den Vater. Ich bin die Wahrheit (vgl. Joh 8,19; 10,30; 14,6; 18,37). Hatte Gott in den Jahrhunderten zuvor auf vielfältige Weise zu den Menschen gesprochen, so ist Jesus »sein letztes Wort« (vgl. Hebr 1,1 f.). Er ist das Wort Gottes schlechthin. Denn in dieses Wort »legt sich Gott ganz hinein«. Er sagt in ihm: »So bin ich«. Er ist das Wort. Und dieses Wort ist Mensch geworden und hat unter uns gelebt. In ihm hat Gott sich selbst in unserer eigenen Sprache ausgelegt und gedeutet. Das ist der Höhepunkt der Offenbarung. Über das hinaus, was Gott über sich selbst sagt, gibt es kein Wissen über Gott. Das ist die Fülle der Wahrheit! Darin finden auch die alttestamentlichen Offenbarungen ihre Bestätigung.

Botschaft für alle Welt

Jesus sammelt um sich einen Kreis von Vertrauten, Freunden, Schülern und Zeugen. Aus ihrer Mitte wählt er Jünger und Apostel. Sie sendet er in alle Welt, bis an die Grenzen der Erde, um Zeugnis zu geben für die Wahrheit (vgl. Mk 16,15). Ihnen schenkt er seinen Geist als Beistand, der sie in alle Wahrheit einführen wird. Dieser Geist verwandelt die Menschen. Erst die Apostel und die Jünger und dann immer mehr Menschen werden von der Kraft Gottes erfaßt, begeistert (Apg 2): sie erkennen und bekennen. Sie beten und predigen. Sie trösten und machen Mut. Sie lehren und hören, meditieren und diskutieren. Sie lesen die Schriften des Alten Bundes, in denen Gott selbst die Menschen behutsam auf Christus vorbereitet hatte. Sie beginnen selbst Schriften zu verfassen. Und bei alldem begleitet sie, leitet und führt sie der Heilige Geist. Aus diesem lebendigen Glaubensleben kristallisiert sich allmählich, gleichsam als schriftlicher »Niederschlag«, die Sammlung von Glaubenszeugnissen heraus, die wir die Bibel nennen.

Es gab in dieser Zeit verschiedene Sammlungen alttestamentlicher Schriften. Eine Zusammenfügung (Kanonisierung) erfolgte im 2. Jahrhundert nach Christus.
Nicht alle Schriften, die sie aus ihrer jüdischen Tradition kannten, wurden übernommen. Auch nicht alle Schriften, Briefe und Evangelien, die im Raum der jungen Kirche, dem neuen Israel, entstanden waren (z.B. Thomas-Evangelien). Nur solche Zeugnisse wurden aufgenommen, in denen die gläubige Gemeinde untrüglich und wahr ein Spiegelbild ihres eigenen lebendigen Glaubens wieder erkannte. Entscheidend war, dass sie die Fülle der Wahrheit, die in Jesus Christus erschienen war, wahrhaft wiedergaben.
Jesus Christus selbst ist letztlich Maßstab (Kanon, urspr. Schilfrohr, dann Meßeinheit, Maßstab; später: festumrissener Textbestand), der der Heiligen Schrift zugrunde liegt.

Was ist Inspiration?

Paulus bezeichnet die Bücher des Alten Testaments als von Gott eingehauchte (lateinisch: inspirierte) Schriften. Zur Erklärung der Entstehung des Alten Testaments wird also ein Bild benutzt: Die Verfasser der biblischen Bücher werden von Gott beatmet, atmen also den Gottesgeist in sich ein. Dieses Bild gebrauchen wir auch heute noch, wenn wir die ganze Heilige Schrift als von Gott »inspiriert« bezeichnen.

Voll und ganz Menschenwort

Was wir in der Bibel lesen, ist zunächst ganz und gar Menschenwort. Man darf vermuten, dass kein Schriftsteller sich dessen bewußt gewesen ist, dass er unter Einwirkung des Geistes Gottes arbeitet. Sie schreiben dieselbe Sprache, benutzen ihre eigenen Worte, ihren Schreibstil. Sie sind Kinder ihrer Zeit, mit deren Fehlern, Nöten und Irrtümern. Vieles davon finden wir auch in den Schriften der Bibel. So teilen alle biblischen Schriftsteller das antike Weltbild.

Wie ihre Zeitgenossen setzen sie z.B. voraus, dass die Erde auf einem Meer schwimmt wie eine Scheibe. Über sie ist das Himmelsgewölbe gespannt, an dem die Sterne befestigt sind und über das Sonne und Mond ihre Bahn ziehen.

Dennoch: Voll und ganz Gotteswort

Sie teilten aber nicht die Überzeugung ihrer Umwelt, über jenem Himmelsgewölbe »thronten die Götter«. Ihr Gott war ein einziger Gott, der sich nicht ausschließlich an bestimmte heilige Orte binden ließ, auch nicht an den »Himmel«. So sehr auch die Ausdrucksmöglichkeiten zeitgebunden waren, das, was sie mitteilen wollten, das, worauf es ihnen ankam, das bleibt wahr.

Die »Irrtumsfreiheit« bezieht sich nur auf die Glaubens-Aussagen. Und sie wird auch nicht dadurch »falsch«, dass sie in zeitgemäßer Sprache geschrieben ist.

Schon Augustinus entgegnete einem Irrlehrer: »Der Herr hat im Evangelium nicht gesagt: Ich werde euch einen anderen Beistand senden, der euch belehrt über den Lauf der Sonne und des Mondes; er wollte Christen machen und keine Mathematiker.«

Gott setzt seine Wahrheit durch

Inspiration hat sehr viel mit Liebe zu tun. Denn Gott haucht seinen Geist nicht nur in unseren Verstand und unseren Intellekt. Er verwandelt unsere Personmitte. Inspirierte Menschen sind nicht kluge, sondern begeisterte Menschen; nicht von einer Idee besessene, sondern von Gott beseelte. In der Inspiration geschieht nicht etwas »am Menschen«, sondern der ganze Mensch wird verwandelt – so wie in der Liebe. Und so wie die Liebe vermag auch der Geist, den Gott gibt, das scheinbar Widersprüchliche zu vereinen; er verwandelt, ohne zu verfremden; er motiviert, ohne zu manipulieren; er bewegt, ohne zu zwingen; Gott nimmt den Menschen in Dienst, ohne ihn zu versklaven; er setzt seine Absichten durch, ohne den freien Willen des Menschen einzuschränken.

Auch hier mag der Prophet Jeremia ein anschauliches Beispiel geben. Er verzweifelt an seinem Misserfolg. Er will aufgeben. Da erfährt er: Wenn ich aber Gott trotzen will und sage: »Ich will nicht mehr an ihn denken und nicht mehr in seinem Namen sprechen!«, so war es mir, als brenne in meinem Herzen ein Feuer, eingeschlossen in meinem Inneren. Ich quälte mich, es auszuhalten, und konnte nicht« (Jer 20,9). Hier spricht ein Mensch, der gegenüber der Stimme seines Herzens wehrlos ist. Was ihn im Innersten bewegt, das fesselt ihn zugleich; es scheint, dass sein Herz ganz einem anderen gehört.

So setzt Gott seine Wahrheit durch. In der Kraft seiner Liebe erkennen Menschen Zusammenhänge, die anderen verborgen bleiben; sie sehen mehr und tiefer; sie finden Wertvolles und Beachtenswertes, wo andere achtlos vorübergehen. Darum ist auf die Bibel Verlass. Darum sind ihre Glaubensaussagen unveränderlich wahr, auch wenn die Aussageform zeitgebunden bleibt.
So wie Petrus sein Verhältnis zu Jesus beschreibt, so können zu allen Zeiten Menschen auch von der Heiligen Schrift sagen: »Herr, zu wem sollen wir gehen? Du hast Worte des ewigen Lebens« (Joh 6,68).

Heilige Schrift und Überlieferung

Zunächst hatte wohl niemand daran gedacht, etwas schriftlich niederzulegen. Zunächst ging es darum, möglichst vielen Leuten von Jesus zu *erzählen*, denn dazu wussten sich die Apostel, Jünger und Zeugen von Jesus gesandt und vom Heiligen Geist »getrieben«. Es entstanden erste Gemeinden. Man traf sich zum Gottesdienst und zum Liebesmahl; Kranke waren zu versorgen, Kinder zu erziehen; den Nachbarn und interessierten Neugierigen musste man Fragen beantworten, kurz und bündig erklären, was man glaubte und warum. Die Christen wollten allzeit Rechenschaft geben über die Hoffnung, die in ihnen war. Das, was von Anfang an geglaubt, als Glaube gelebt und weitergegeben wurde, nennen wir Überlieferung. Fast von selbst verfestigte sich das Zeugnis zu Formen und Formeln; »gerann« die mündliche Verkündigung zur schriftlichen Botschaft.

So entstand die Heilige Schrift unter dem Einfluss des Heiligen Geistes in und mit der jungen Kirche. Sie ist das erste und zugleich grundlegende »Dogma« (Glaubenssatz) der Kirche. Kein Glaube und keine Glaubensformulierung, die nicht in diesem »Ur-Dogma« wurzeln und sich nicht aus ihm ableiten lassen müssen. Es gab sogar eine Zeit, in der es wohl Kirche, aber noch kein Neues Testament gab. Und auch nicht alles, was in der jungen Kirche – auch unter dem Beistand des Geistes Jesu – geglaubt und verkündet wurde, hat sich später in den Schriften niedergeschlagen. Aber ohne diese Schrift kann die Kirche nicht überleben. Beide – Kirche und Schrift – haben ein Eigenleben und können dennoch ohne einander nicht sein.

Das II. Vatikanische Konzil (1962-1965) sagt darüber: »Die Heilige Schrift und die Überlieferung sind eng miteinander verbunden und haben aneinander Anteil. Demselben göttlichen Quell entspringend, fließen beide gewissermaßen in eins zusammen und streben demselben Ziel zu ... Die Heilige Überlieferung aber gibt das Wort Gottes, das von Christus, dem Herrn, und vom Heiligen Geist den Aposteln anvertraut wurde, unversehrt an deren Nachfolger weiter, damit sie es treu bewahren, erklären und ausbreiten. So ergibt sich, dass die Kirche ihre Gewissheit über alles Geoffenbarte nicht aus der Heiligen Schrift allein schöpft ... Die heilige Überlieferung und die Heilige Schrift bilden den einen, der Kirche überlassenen Schatz des Wortes Gottes« (Dogm. Konstitution über die göttliche Offenbarung, Art. 9/10).

Das Alte Testament spielte dabei von Anfang an eine große Rolle. Ohne Zögern übernehmen die ersten Christen die alten Schriften. Sie betrachten sie als ihr Testament. Sie sind das neue Israel, das wahre Volk Gottes. Vor allem: Die alten Schriften sind auf Jesus Christus hingeordnet. Dieser allerdings stand ganz im Mittelpunkt. So wichtig man auch das Alte Testament nahm: es war »nur« das *alte* (heute sprechen manche lieber vom »Ersten Testament«), das inzwischen erfüllt und weitergeführt war.

Das Alte Testament, das schließlich von der Kirche als ihr Erbe übernommen wurde, unterscheidet sich daher auch von dem Buch der Juden. (In der »kirchlichen Fassung« finden sich Bücher, die im jüdischen Kanon fehlen und umgekehrt.)

Schriften und Briefe: Darüber hinaus entstanden allmählich neue Lieder, Gebete, Lobeshymnen, erste Glaubensbekenntnisse und Kurzformeln des Glaubens. Je weiter man sich im Lauf der Zeit und im Zug der Ausbreitung von den ursprünglichen Ereignissen entfernte, umso schwerer wurde es, Augen- und Ohrenzeugen zu finden. So begann man, Wichtiges und Wissenswertes niederzuschreiben und zu sammeln. Das meiste davon ist allerdings wieder verloren gegangen.

Einige Briefe des Paulus zählen zu den ältesten Schriften des Neuen Testaments. Die Sammlung seiner Briefe und der anderer Autoren bildet einen großen Block. Zwischen den ersten Briefen (um 50) und den letzten (z.B. an Timotheus und Titus sowie Petrusbriefe um 90-100) liegen 50 Jahre Lebensgeschichte der jungen Kirche. Die Autoren berichten kaum aus dem Leben Jesu, sie setzen das Wissen voraus. Sie deuten und vertiefen, mahnen und trösten. In manchen Briefen (Korinther, Timotheus, Judas) setzen sich die Absender mit Irrlehren auseinander, die die angeschriebenen Gemeinden bedrohen. In anderen geht es um Fragen der Gemeindeordnung (z.B. Korinther), um Fragen des christlichen Lebens (Jakobus) und auch der Lehre (Hebräerbrief).

Der Verfasser dieses letzten Briefes ist uns namentlich unbekannt; bei Jakobus und Judas kann man mit einigem Recht vermuten, dass es sich dabei um enge Verwandte (sog. Herrenbrüder) Jesu handelt. Jakobus war wohl Bischof von Jerusalem. Bei wieder anderen Briefen weiß man ziemlich sicher, dass die Schreiber nicht diejenigen sind, mit deren Namen die Briefe gezeichnet sind (Pseudepigraphen). Das gilt für die Briefe an Timotheus und Titus, die zwar den Geist paulinischer Theologie atmen und wohl auch Texte des Paulus enthalten; ähnliches gilt für den 2. Petrusbrief, während der Autor des 1. Petrusbriefes möglicherweise Silvanus, der zeitweilige Begleiter des Apostels, ist (1 Petr 5,12). Die beiden Johannesbriefe stammen wohl von Schülern des Johannes.

Die Praxis, einem Text dadurch besondere Autorität zu verleihen, dass man einen berühmten Mann als Autor nannte, ist damals allgemein üblich gewesen. Das war bekannt, und man fand nichts dabei. Wichtiger als die »Echtheit« des Namens war daher für die Christen damals, dass in diesen Schriften ihr Glaube wahrhaft und zutreffend zur Sprache kam.

Die Evangelien

Markus, Begleiter des Paulus auf seiner ersten Missionsreise, verfasst als erster einen zusammenhängenden Bericht, etwa um das Jahr 67. Er selbst hat Jesus nicht kennengelernt. Sein Wissen hat er aus der Predigt des Paulus. Diesen Bericht nennt er »Evangelium«. Frohe Botschaft, gute Nachricht, freudige Proklamation. Die Wahl dieses Namens kündet ein Programm an: Markus geht es nicht um ein historisches Protokoll, sondern um missionarische Verkündigung. Er will einladen, verändern, bewegen, die Menschen zu einer Entscheidung für Christus bringen. Das prägt selbstverständlich den Stil und den Inhalt dieser Schrift.

In gewisser Weise ähnelt der Charakter der Evangelien einer Werbeschrift. Sie haben etwas »Plakatives« an sich. Sie vereinfachen, stellen das Wesentliche heraus, sie appellieren an den Leser, wollen ihn bewegen … Sie holen den Zuschauer dort ab, wo er steht: bei seinen Fragen, Anliegen und Bedürfnissen. Sie sprechen seine Sprache. Hier liegt der Grund, warum sich die vier Evangelien zum Teil voneinander unterscheiden.

Matthäus schreibt sein Evangelium Anfang der siebziger Jahre, wenig später *Lukas* das seine. Beide legen dabei die Markus-Fassung zugrunde und ergänzen sie durch eigene Kenntnisse und gezielte Benutzung bereits vorliegender schriftlicher Sammlungen.

Im letzten Jahrzehnt des 1. Jahrhunderts schließlich entsteht das »jüngste«, das Evangelium des *Johannes.* Dieser Schrift merkt man an, dass viele Jahre des Nachdenkens und der theologischen Reflexion vergangen sind. Sie ist gewachsen aus intensiver und meditativer Verarbeitung des Glaubens. Vielen erscheint es daher auch als das schwierigste Evangelium. Es nimmt eine gewisse Sonderrolle ein gegenüber den ersten dreien, die wegen ihrer weitgehenden inhaltlichen und formalen Ähnlichkeit auch die »synoptischen« Evangelien genannt werden (Synopsis = Zusammenschau).

Apostelgeschichte und Apokalypse

Nur kurz nach seinem Evangelium schrieb Lukas um das Jahr 80 ein zweites Buch. Er schildert in diesem Bericht die Ausbreitung der jungen Kirche bis zum damaligen Mittelpunkt der Welt: Rom, die Macht- und Schaltzentrale des römischen Imperiums. Auffallend ist hier die herausragende Bedeutung des Heiligen Geistes bei den in dieser »Apostelgeschichte« geschilderten Ereignissen. Er ist es, der die Kirche lenkt und führt.

Kurz vor der Jahrhundertwende hat sich die Lage dagegen verändert. Der Glaubenseifer in den blühenden, jungen Kirchen Kleinasiens droht zu erlahmen. Die neue Religion gerät in Konflikt mit der herrschenden Staatsideologie. Die ersten Verfolgungen setzen ein. Es fließt erstes Märtyrerblut. Verzweiflung und Glaubensnot bedrängen die Christen. Für diese Menschen ist die »Apokalypse« (Geheime Offenbarung) gedacht. Sie will trösten und stärken. Aus der Sicht des Glaubens erkennt der Autor, dass Jesus Christus am Ende den Sieg davontragen wird. Die Leiden der Zeit werden vorübergehen. Gott hat das letzte Wort. Der »Seher Johannes« ist kein Hellseher oder Wahrsager, sondern Seelsorger. Aus der Apokalypse Aussagen über den Verlauf der Geschichte oder gar das Ende der Welt herauslesen zu wollen, wäre unbiblisch.

Lehramt und Exegese

Die Heilige Schrift und die Überlieferung sind – nach katholischer Auffassung – Norm und Quelle unseres Glaubens. Wer hilft uns aber heute, dieses Buch richtig zu verstehen? Schließlich liegen fast 2000 Jahre zwischen damals und heute. Wir können weder Matthäus noch Paulus, weder Judas noch Lukas fragen: Wie hast du das gemeint? Habe ich dich richtig verstanden?

Selbstverständlich ist es keine Frage, dass jeder, der unbefangen und offen die Heilige Schrift aufschlägt, dort Gottes Wort und Anspruch vernehmen kann. Man kann die Bibel sehr wohl »mit dem Herzen« richtig erfassen. Andererseits bleiben aber immer noch Fragen, die den Verstand beunruhigen, die Anlaß zu Missverständnissen und Fehldeutungen geben. So sehr die gemeinsame Schrift die Gläubigen untereinander verbindet, so sehr vermag sie aber auch zu spalten und zu trennen.

Nach katholischer Überzeugung hat die Kirche das »letzte deutende Wort«. Denn in ihr lebt der auferstandene Herr weiter. In ihr ist der Heilige Geist wirksam. Die Bibel selbst ist ja ein Buch der jungen Kirche und nicht ein Stenogramm der Reden und Taten Jesu. Der Geist Gottes, der die Schriften bei ihrer Entstehung »inspirierte«, ist derselbe, der die Kirche bei der Auslegung begleitet.

Ein Vergleich soll dies anschaulich machen: In jeder Familie gibt es ein Album, ein altes Köfferchen oder eine verbeulte Keksdose, in denen alte Erinnerungen gesammelt sind: Fotos, Zeitungsausschnitte, Briefe, eine Feldpostkarte, Todesanzeigen … Wenn die Enkel darin blättern, ist ihnen vieles fremd. Sie lachen über die altmodischen Kleider, schütteln den Kopf über die schlechte Bildqualität, sind ratlos bei einer Feldpostkarte … Zeit und Geist, in denen dies entstand, sind ihnen fremd. Oft tun sich die Großeltern dann schwer, den Enkeln zu erklären, was ihnen so selbstverständlich ist. Nun schlagen die Jüngeren vielleicht im Lexikon nach, befragen Fachleute und Wissenschaftler. Von ihnen erfahren sie Dinge, die für das Verständnis wichtig sind: wie es damals war und warum; Gesellschaft und Politik, Kultur, Technik, Sitte, Zeitgeist; Ereignisse, die damals die Welt bewegten, das Denken prägten, den Stil beeinflussten …
Die Großeltern werden sich die Ergebnisse anhören, zustimmend nicken, bei manchem staunen: Das haben wir selbst nicht gewusst! So war das also. Jetzt verstehen wir das auch besser! Sie werden von ihren Enkeln belehrt, werden klüger, vielleicht sogar korrigiert. Und doch: In wesentlichen Dingen kommt es zuletzt ausschlaggebend auf sie und ihr Urteil an! Denn was die Enkel erforschen, das haben die Großeltern selbst erlebt. Es sind Zeugnisse ihrer Geschichte. Und das Selbsterlebte ist immer mehr, als Fotos, Briefe, Ton-Dokumente oder Protokolle wiederzugeben vermögen.

Ähnlich ist es bei der Schrift und der Kirche. Die Kirche und das Lehramt in ihr brauchen die Wissenschaften – Bibelwissenschaft, Geschichtswissenschaft, Literaturwissenschaft, Archäologie, Religionsgeschichte, Philosophie –, um sich selbst und das Wort Gottes, das ihr anvertraut ist, besser zu verstehen, um heute zu verstehen, was die biblischen Schriftsteller in der Sprache ihrer Zeit sagen wollten. Aber sie hat auch in ihrer Tradition in den Schriften aus frühchristlicher Zeit einen lebendigen Schatz an Erfahrung bewahrt, wie eh und je die Botschaft Jesu verstanden und gelebt wurde. Darum behält die Kirche die Letztentscheidung und Letztverantwortung. Niemals kann das Lehramt Verkünder neuer Offenbarungen sein. Es hat eine hörende und dienende Aufgabe, nämlich die Offenbarung des Alten und Neuen Testaments *lebendig zu erhalten*, verbindlich *auszulegen* und davor zu *schützen*, daß sie sich in beliebige private Meinungen verflüchtigt. Auch für die Kirche gilt: »Bewahre das dir anvertraute kostbare Gut durch die Kraft des Heiligen Geistes, der in uns wohnt« (2 Tim 1,14).

Anspruch an uns

In der Verkündigung der Kirche, in ihrer Lehre und Predigt begegnet uns das Wort Gottes, das Gott in Jesus Christus gesprochen hat. Im Leben der Kirche ist es noch heute lebendig. Dieses Wort ist *Anrede.* Es trägt Aufforderungscharakter. Es wartet auf die Antwort des Menschen. Diese Antwort ist der Glaube. Damit lässt sich der Mensch auf Gott ein. Auch hier wirkt der Heilige Geist. Unter seinem Anhauch (Inspiration) öffnet sich das Herz des Menschen der Liebe Gottes.

Die hier sehr knapp behandelte Frage des Verständnisses der Heiligen Schrift wird im kommenden Kapitel vertieft und an einem Beispiel im biblischen Schöpfungsbericht verdeutlicht.

Eine Bibel-Meditation

Es ist wichtig, die Bibel nicht nur zu »studieren«, sondern sie auch zu beten, zu meditieren. Das kann in vier Schritten geschehen.

1. Schritt: Ich lese aufmerksam den Text Lukas 18,35-43. Ich rechne damit, daß mir mit dieser Erzählung etwas gesagt werden soll.

2. Schritt: Ich stelle mir die Szene bildhaft vor: der gehemmte Blinde inmitten der Menge. Er bettelt. Plötzlich hört er den Jubel der Leute. »Was bedeutet das?« Er hört, dass Jesus kommt. Hoffnung wächst in ihm. Er schreit: »Jesus, Sohn Davids, hab Erbarmen mit mir!« Man will ihn zum Schweigen bringen. Er schreit lauter. Jesus bleibt stehen, lässt ihn kommen: »Herr, ich möchte wieder sehen können.« – »Du sollst wieder sehen. Dein Glaube hat dir geholfen.«

3. Schritt: Ich bringe das Ereignis in Beziehung zu meinem Leben: Hat dieses Ereignis von damals nicht auch mit mir zu tun? Wo in der Geschichte finde ich mich wieder? Bin ich selbst der Blinde? Für manches im Leben scheine ich blind zu sein. Andere erkennen Dinge, die ich nicht sehe. Oft übersehe ich etwas, sogar die Menschen, die an meiner Seite leben. Manchmal sehe ich tatsächlich den Wald vor lauter Bäumen nicht. Neben mir »geht einer am Stock«, und ich sehe es nicht. Ich tue jemandem weh, und merke es nicht.
Vielleicht bin ich auch blind für die schönen Dinge des Alltags? Rührt daher vielleicht meine Unzufriedenheit, mein Pessimismus, meine Resignation, meine schlechte Laune?

Bin ich nicht erst recht blind gegenüber dem, was von Gott kommt? Gehöre ich nicht auch zu denen, »die sehen und doch nicht sehen«? (vgl. Mk 8,18) Ein Grubenpferd wird blind, weil seine Augen keine Sonne und kein Licht mehr gewohnt sind. Bin ich auch eine Art Grubenpferd, das geistig blind geworden ist?

Habe ich mich damit abgefunden? Habe ich überhaupt Sehnsucht nach dem Glauben? Begnüge ich mich mit dem, was mir unmittelbar vor Augen ist? Habe ich die Fähigkeit verloren, hinter die Dinge zu sehen, die Zusammenhänge des Lebens zu erkennen; habe ich den Gesamtsinn noch im Blick?

4. Schritt: All das, was ich bisher bedacht und an Blindheit an mir entdeckt habe, lasse ich Gebet werden: So bin ich, Herr. Ich möchte sehen können und vermag es so oft nicht. Öffne meine blinden Augen: für die Dinge um mich herum, für den Menschen neben mir, für das Licht des Glaubens.

13.

Vom Verstehen der Heiligen Schrift

Die Bibel gehört allen: denen, die sich als gläubige Juden und Christen betrachten, und denen, die sich vom Glauben ihrer Vorfahren inzwischen weit entfernt haben. Goethe, Nietzsche oder Brecht wären ohne die Luther-Bibel nicht denkbar. Ohne sie wären wir Deutschsprechenden alle nicht, was wir sind. Doch ist das noch lange nicht alles. In ihren Inhalten birgt die Bibel wichtigste Stücke unseres kulturellen Gedächtnisses. Mehr als alles andere hat die Bibel unsere Welt geprägt. Damit ist für den Christen die eigentliche Bedeutung und Auslegung noch nicht erfasst. Um die geht es hier.

Die Bibel ist ein sehr altes Buch. Das allein kann sie für bestimmte Menschen schon faszinierend machen, für andere aber kann es den Zugang erschweren. Ihnen *kann* die Bibel bei näherem Kontakt unendlich fremd, uninformiert, ja irrend erscheinen. Sie erschrecken darüber, wie wenig in ihr sich mit unserem Wissen und unserem Weltbild deckt; wie wenig ihre Leidenschaften unserem Lebensgefühl entsprechen; wie undurchsichtig uns manche ihrer Vorstellungen sind. Im Namen Gottes geführte Kriege, Fluchpsalmen und der irdische Charakter der Hoffnung im Alten Testament können uns alle zutiefst befremden. Die Schwierigkeiten dieser Art werden dadurch verschärft, dass wir die Bibel gewöhnlich gerade nicht wie irgendein altes Buch lesen, sondern als Wort Gottes, von dem wir weder Irrtum erwarten, noch dass es uns derartig verfehlt.
Diese Schwierigkeit muss nicht nur durch Geduld, Ausdauer und Glauben, sondern auch durch Information und klare Prinzipien gemeistert werden. Deshalb soll im Folgenden ausführlich davon gesprochen werden. Wir beginnen mit einer grundsätzlichen Klärung.

Die Bibel: Gotteswort als Menschenwort

Paulus bezeichnet die Bücher des Alten Testament als »von Gott eingegebene (eingehauchte) Schriften« (2 Tim 3,16). Im 2. Petrusbrief lesen wir: »... niemals wurde eine Weissagung ausgesprochen, weil ein Mensch es wollte, sondern vom Heiligen Geist getrieben haben Menschen im Auftrag Gottes geredet« (2 Petr 1,21). Zur Erklärung der Entstehung des Alten Testaments wird also ein Bild benutzt: Die Verfasser der biblischen Bücher werden von Gott bestimmt, atmen also den Gottesgeist in sich ein und werden dann von innen her von ihm getrieben zum Reden und Schreiben. Dieses Bild gebrauchen wir auch heute noch, wenn wir die ganze Heilige Schrift als von Gott »inspiriert« bezeichnen.

Einem anderen Bild begegnen wir oft in mittelalterlichen Bibelhandschriften. Ein Evangelist sitzt da und schreibt an seinem Werk. Seine Hände schreiben, sein Kopf ist lauschend geneigt. Auf seiner Schulter sitzt eine Taube, Symbol des Heiligen Geistes. Sie flüstert ihm die Worte ins Ohr, die er schreiben soll. Hier haben wir also die bildliche Vorstellung, dass die Heilige Schrift von Gott »diktiert« wurde. Die biblischen Verfasser sind als »Sekretäre« gedacht.

Wir dürfen nicht vergessen, daß dieses nur Vergleiche sind. Als Vergleiche haben sie ihren Wert, aber auch ihre Gefahr. Die Gefahr besteht darin, dass der menschliche Anteil bei der Entstehung der Heiligen Schrift unterschätzt wird. Wenn Gott einen Menschen als »Werkzeug« benutzt, dann ist das etwas ganz anderes, als wenn ein Mensch einen anderen Menschen zu seinem »Werkzeug« macht. Wer einen anderen zu seinem Werkzeug macht, erniedrigt ihn; wenn Gott einen Menschen zu seinem Werkzeug benutzt, erhöht er ihn. Der Sklave eines Menschen muss willenlos sein und auf eigenes Werk verzichten. Wen Gott in Dienst nimmt, der kann gerade in dessen Dienst seine eigene Freiheit und sein eigenes Werk entfalten. Dieser Satz klingt paradox. Er ist aber deshalb richtig, weil Gott nicht ein Wesen innerhalb dieser Welt ist, sondern aus einem ganz anderen Bereich in und durch alle irdische Wirklichkeit sein Werk vollbringt. Haben zwei menschliche Verfasser an einem Buch gearbeitet, so kann und muss man den Anteil des einen und den Anteil des anderen am fertigen Werk genau unterscheiden. Bei der Bibel kann man keine Anteile unterscheiden, obwohl wir sagen müssen, daß es auch hier eine doppelte Autorschaft gibt: die menschliche und die göttliche. Jedes biblische Buch ist ganz von Gott und ganz Gottes Wort, und doch ist es zugleich auch ganz von seinem menschlichen Verfasser, und es gibt keinen einzigen Satz, keinen einzigen Gedanken, von denen gesagt werden könnte, sie stammten nicht vom menschlichen Verfasser, sondern allein von Gott.

Schon im Mittelalter, als man in die Bibelhandschriften die Miniaturen mit der einflüsternden Taube malte, schrieb der Theologe Thomas von Aquin: »In der Heiligen Schrift wird uns das Göttliche in der Weise vorgelegt, derer die Menschen sich zu bedienen pflegen«.

Echtes und volles Menschenwort

1. Der Verfasser eines Buches der Heiligen Schrift muss nicht gewusst haben, dass er unter dem besonderen Einfluß Gottes handelt. Beispielsweise entstanden die Briefe des Neuen Testaments durchweg als Gelegenheitsschriften aus ganz konkreten Anlässen. Selbstverständlich hatten einzelne Verfasser besondere Offenbarungserlebnisse, die sich dann in ihren Schriften niederschlugen. Aber das muss nicht immer so gewesen sein. Ein biblisches Buch, das nur menschliche Überlieferungen aufgriff oder nur durch »eigenes« Nachdenken des Verfassers zustande kam, muss deshalb nicht weniger inspiriert sein als ein Buch, dem Offenbarungserlebnisse vorangingen.

Man darf die biblische »Inspiration« also auch nicht mit der »Inspiration« bei Dichtern und Künstlern verwechseln.

2. Nichts zwingt Gott, die Bücher der Bibel nur durch berühmte Persönlichkeiten abfassen zu lassen. Die spätere jüdische und christliche Überlieferung hat Bücher mit unbekannten Autoren gern auf bedeutende Männer zurückgeführt, so etwa den »Pentateuch« (pente = 5; Sammelbegriff für die Bücher des Mose) auf Mose. Wenn die moderne Forschung aus berechtigten Überlegungen heraus in manchen Fällen an der Richtigkeit dieser menschlichen Überlieferung zweifelt, so hat das nichts mit der Ehre Gottes zu tun.

Selbst wenn der biblische Text einen bestimmten Verfasser ausdrücklich meint, gibt es Fälle, in denen die Bibelwissenschaft einer solchen Aussage gegenüber skeptisch ist. Das hängt damit zusammen, dass man in der Antike nicht so großen Wert wie heute darauf legte, ein Buch unter dem eigenen Namen zu veröffentlichen. In bestimmten Fällen zog man es vor, ein Buch unter einem berühmten Namen der Vergangenheit erscheinen zu lassen. Wir müssen also von vornherein damit rechnen, dass manche biblischen Autoren ihre Werke berühmten Männern wie Mose, David, Salomo, Petrus oder Paulus in den Mund legten. Da das damals üblich war, kann man diese so genannte Pseudepigraphie weder als bewußte Irreführung noch als Lüge bezeichnen. Dann ist es aber auch Gottes nicht unwürdig, wenn sich in der Heiligen Schrift einige Bücher dieser Art finden. Im Einzelnen ist es heute natürlich oft schwierig, derartige Verfasserfragen zu entscheiden. Unter der Rücksicht der »Inspiration« ist es aber auch nebensächlich.

3. Gott ist auch nicht darauf angewiesen, ein Buch durch einen einzigen Verfasser und auf einen Wurf abfassen zu lassen. Ein Buch, an dem Jahr-

hunderte geschrieben haben, das immer wieder ergänzt und überarbeitet wurde, widerspricht nicht der »Inspiration«.

Der Pentateuch und mehrere Prophetenbücher sind hier aus dem Alten Testament als Beispiele zu nennen. Die Evangelisten verarbeiten festformulierte Überlieferungen über Tun und Worte Jesu, die mehrere Jahrzehnte lang mündlich in den urchristlichen Gemeinden weitergegeben und dabei natürlich in vielfältiger Weise gekürzt, ergänzt und umgeformt wurden. Am Anfang stand nicht die Heilige Schrift, sondern die lebendige, lehrende und Sakramente spendende Kirche, deren Lehrverkündigung dann in den Evangelien ihren Niederschlag fand.

Die Entstehung der Evangelien zeigt auch, dass wir uns die Abfassung biblischer Bücher nicht immer als Niederschrift vorstellen dürfen. Das gilt auch von weiten Teilen des Alten Testaments. Die Bibel stammt aus einer Zeit, in der mündliche Komposition und gedächtnismäßige Weitergabe noch eine viel größere Rolle spielten als heute.

4. Es gibt in der Bibel keine eigene »göttliche Sprache« und keinen eigenen »göttlichen Stil«. Jedes Buch spiegelt Sprache und Stil seines menschlichen Verfassers wider.

Die Sprache hängt vor allem von der Entstehungszeit der Bücher ab. So folgen in der Bibel drei Sprachen aufeinander: Hebräisch, Aramäisch, Griechisch. Im Hebräisch des Alten Testaments spiegeln sich mehrere Perioden der Sprache und der Rechtschreibung, auch verschiedene Dialekte. Doch ist hier manches durch spätere Textvereinheitlichung bei der Weitergabe des Bibeltextes ausgeglichen worden.

Der persönliche Stil wurde in der Antike nicht so intensiv angezielt wie bei uns heute. Dafür gab es für die verschiedenen literarischen Arten festere sprachliche und stilistische Konventionen als heute. Sprache und Form für Briefe, Erzählungen, Lieder, Gesetzbücher, Gebete, philosophische Ausführungen usw. lagen traditionell fest. Um verstanden zu werden, musste man sich an die Konventionen halten (vgl. etwa die Einleitung und den Schluß der Paulusbriefe).

Die Qualität von Sprache und Stil der biblischen Verfasser kann unterschiedlich sein. Die Bibel enthält Höhepunkte der Weltliteratur. Andere Stücke erheben sich nicht über den Durchschnitt. Wenn man die Bibel in Übersetzung liest, fallen diese Unterschiede nicht so sehr auf. Denn starke Übersetzerpersönlichkeiten (wie Martin Luther) werfen der ganzen Bibel das Gewand ihrer eigenen, stark ausgeprägten Sprache über. Erst die Lektüre im Urtext zeigt die Unterschiede in ihrer ganzen Wucht.

5. Gott macht seine Aussagen in der Bibel in der Weise, in der in menschlicher Sprache immer Aussagen gemacht werden. Man kann in menschlicher Sprache zwar auch wissenschaftliche Aussagen machen. Dann ist jeder der gebrauchten Begriffe genau definiert, und alle Begriffe sind in eine genaue Beziehung zueinander gesetzt. Bei der Analyse eines wissenschaftlichen Satzes kann man genau sagen, was ausgesagt wurde und was nicht ausgesagt wurde. Auch in der Bibel können Aussagen dieser Art vorkommen, vor allem in juristischen Texten des Alten Testaments. Aber wissenschaftliche Aussagen sind nicht das Normale in menschlicher Sprache, und sie setzen auch schon als Umgreifendes und Tragendes eine andere Art von Erkennen und Sprechen voraus, bei der immer irgendwie das Ganze der Welt ins Spiel kommt. Alle unsere Worte sind dann vieldimensional; kein Wort ist sinnvoll, ohne in verschiedenste Beziehung zu allen möglichen anderen Worten zu treten; keine Aussage kann gemacht werden, ohne zugleich in mehr oder minder starker Intensität eine unendliche Fülle anderer Sachverhalte mitauszusagen und mitzubejahen. Von dieser komplizierten Struktur, die wir wie selbstverständlich immer vollziehen, sind natürlich auch die normalen Aussagen der Bibel. Je intensiver ein Text künstlerisch gestaltet ist, desto stärker ist die in ihm aufklingende Welt. Die biblische Sprache ist weithin von künstlerischer Qualität.

Es wäre falsch, die menschliche und künstlerische Sprache der Bibel ihrer Dimensionen zu berauben. Hier spricht Gott selbst nicht wissenschaftlich oder juristisch, sondern er macht sich alle Abgründe an Aussagetiefe, alles Schillernde und Hintergründige, auch alles Schwebende und Offene, das solche Sprache bergen kann, zu eigen. Man darf nicht fragen: Was hat Gott hier *eigentlich* gemeint? Solche Sprache ist nicht ein Gewand für wissenschaftliche Thesen, das man entfernen müßte, um auf den Kern zu dringen, sondern die Aussage selbst.
Andererseits ist es normalem, menschlichem Sprechen auch eigen, nicht alles Ausgesagte mit gleichem Nachdruck zu behaupten. Etwas Bestimmtes ist das Sinnzentrum, und alles andere ist nur mitausgesagt, um das Sinnzentrum verständlich aussagen zu können. Im Bereich des Mitausgesagten ist man viel eher zu Revision bereit als im Sinnzentrum, um das es der Rede geht.

6. Als menschliche Bücher spiegeln die Bücher der Bibel das Wissen, das Weltbild, das Lebensgefühl der Menschen, die sie schrieben, und der Menschen, für die sie geschrieben wurden, wider. Gott hat die biblischen

Verfasser nicht aus ihrer geschichtlichen Bedingtheit herausgerissen. Er hat sie nicht auf einen überzeitlichen (und damit nicht mehr menschlichen, unverständlichen) Standpunkt gestellt.

Denken wir an all das typisch Orientalische, das in die Bibel eingegangen ist: Bilder, wo wir Begriffe suchen; unverbunden nebeneinander gestellte Gegensätze, wo wir Logik erwarten (heute liegt uns diese »Dialektik« wieder näher); entfesselte Leidenschaft, wo wir nüchtern-unterkühlt reagieren würden.

Die biblischen Verfasser stehen in fragloser Selbstverständlichkeit im antiken Welt- und Geschichtsbild. Von moderner Naturwissenschaft und modernem Wissen um die großen Dimensionen der Weltgeschichte fehlt ihnen jede Ahnung. Gerade hier können wir den menschlichen und damit geschichtlich bedingten Charakter des Gotteswortes besonders stark erleben. Es tritt uns entgegen in den Worten von Menschen, in deren Welt die Sonne völlig unzweifelhaft täglich das Himmelsgewölbe durchläuft, die noch nie etwas von Abstammungslehre und Älterer Steinzeit gehört haben, die den Begriff des Naturgesetzes noch nicht gedacht haben und deren politische Gestaltungen so klein, deren Waffen so harmlos sind, daß sie den Krieg noch als ein normales Mittel der Politik und Verteidigung betrachten können.

Für die richtige Wertung dieses Sachverhalts kommt es auf zwei Dinge an:

Das vollbehauptete Sinnzentrum der biblischen Aussage liegt nicht in dem Welt- und Geschichtsbild ihrer Verfasser. Dieses ist nur der geistige Raum, in dem sie denken (vgl. Punkt 5).

Auch wir, die Leser der Bibel, sind geschichtlich bedingt und leben aus einem ganz bestimmten Welt- und Geschichtsverständnis, dessen Relativität uns genauso wenig bewusst wird wie den biblischen Verfassern die Relativität des ihren. Solche Dinge werden immer erst von späteren Generationen bemerkt, die schon wieder aus gewandelten Voraussetzungen heraus leben. Den Wandel des Welt- und Geschichtsbildes im Lauf der Zeit darf man dabei nicht nur als Fortschritt betrachten; zugleich mit dem Fortschritt gibt es auch einen ständigen Verlust an Wissen und Erfahrungen der Wirklichkeit, einfach weil das menschliche Bewusstsein nur eine begrenzte Aufnahmefähigkeit hat. Hätte Gott für seine Offenbarung unsere Zeit gewählt, dann wäre die dann entstehende Heilige Schrift späteren Generationen genauso zeitbedingt erschienen.

7. Gott hat der Menschheit nur eine einzige zusammenhängende Botschaft zu sagen. Dennoch ist die Heilige Schrift nicht ein einziges, durchgeplantes Buch, sondern eine umfangreiche und als Ganze völlig unsystematische Sammlung verschiedenster Schriften. Sie sind auch in ihrer Art sehr unterschiedlich.

Es gibt geschichtliche Darstellungen (die »Historischen Bücher« des Alten Testaments; im Neuen Testament die »Evangelien« und die »Apostelgeschichte«), ein Gesang- und Gebetbuch (die »Psalmen«, dazu auch die »Klagelieder des Propheten Jeremia«), Predigtsammlungen (die meisten »prophetischen« Bücher des Alten Testaments), Briefe (vor allem die des Apostels Paulus), eine Sammlung von Liebesliedern (»Das Hohelied«), Novellen (»Judit«, »Tobias« und »Ester«), vielleicht sogar ein theologisches Märchen (»Jona«), philosophische Dialoge (»Ijob« und vielleicht auch der »Prediger«), philosophische Aphorismensammlungen und Abhandlungen (»Sprüche« und »Weisheit«), Anstandsbücher (Teile der »Sprüche« und des Buches »Jesus Sirach«), Gesetzessammlungen (große Teile der 5 Bücher des Mose), einen visionären Zukunftsroman (»Geheime Offenbarung«). Diese für manchen Leser vielleicht schockierenden Bezeichnungen sind allerdings nicht ganz zutreffend. Sie sind nämlich von heute gebräuchlichen literarischen Gattungen hergenommen. Literarische Gattungen sind aber auch dem geschichtlichen Wandel unterworfen. Deshalb müssen für die biblischen Gattungen bei genauer Untersuchung eigene Namen geprägt werden. Doch kann unsere modernisierende Aufzählung vielleicht am ehesten die Vielfalt der biblischen Schriften verdeutlichen.

8. Diese Vielfalt bedeutet allerdings nicht, dass die Bibel völlig auseinander fällt. Sie bildet trotzdem eine echte Einheit – aber auch diese Einheit hat wieder eine typisch menschliche Gestalt. Wir dürfen die ganze Bibel betrachten als die Zusammenstellung der bleibenden Lebensäußerungen des auserwählten Volkes Israel und der Urkirche.
In den meisten Fällen haben die biblischen Verfasser die zu ihrer Zeit schon existierenden biblischen Bücher ganz oder teilweise gekannt. Jedes geschriebene Buch prägte wieder neu die geistige Welt Israels. Neue, von Gott gesetzte Geschichtstatsachen (Sinaibund, David, Exil, Jesus zu Nazaret) riefen als Echo die Abfassung neuer biblischer Bücher hervor, die im Grunde jedesmal wieder eine neue Gesamtinterpretation der Existenz des Gottesvolkes gaben.

So können wir alle Bücher der Heiligen Schrift als Zeugen eines einzigen großen Gesprächs betrachten, das sich durch die Jahrhunderte zieht. Es geht dabei wirklich zu wie bei einem Gespräch. Ein Teilnehmer hat zu den vorher geäußerten Dingen noch einige neue Tatsachen hinzuzufügen. Ein anderer will nicht nur ergänzen, sondern widersprechen. Ein Dritter will nur unterstreichen, was vorher schon gesagt wurde, formuliert alles aber der Deutlichkeit halber nochmals mit eigenen Worten und macht dabei, ohne es selbst zu merken, dann doch eine ganz neue Sicht geltend. Ein Vierter versucht, zusammenzufassen und disparate Aussagen zu einer Synthese zu vereinigen. Man macht in einem Gespräch auch nicht nur endgültige Aussagen. Manchmal stellt man nur eine Frage, oder man macht eine provozierende Behauptung und wartet, wie sie sich im Fortgang des Gesprächs bewährt. Gerade dies soll man beachten, wenn man Widersprüche zwischen verschiedenen Teilen der Bibel festzustellen glaubt. Gottes Wort ist so sehr Menschenwort geworden, dass es sich auch nicht gescheut hat, aufgeteilt zu werden auf die verschiedenen Teiläußerungen einander ergänzender Gesprächspartner.

Deutlich wird die Gesprächssituation, wenn neue Bücher sich als Konkurrenz neben alte stellen. So behandeln die Chronikbücher die gleiche Geschichte Israels wie die Samuel- und Königsbücher, aber aus der Sicht einer späteren Zeit und im Licht neuer religiöser Erfahrungen. Jesus Sirach 40,11 widerspricht ausdrücklich dem Zweifel am Weiterleben nach dem Tod, den Prediger 3,20 f. geäußert hatte. Das Buch der Weisheit erzählt noch einmal die ganze bekannte Heilsgeschichte, stellt sie aber nun unter den neuen Leitgedanken der Führung Israels durch die »Weisheit«. Das Johannesevangelium, lange nach den anderen Evangelien geschrieben, erzählt das Leben Jesu noch einmal. Dabei lässt es vieles aus den ersten Evangelien Bekannte aus, bringt dafür einiges dort nicht Aufgeführte, baut eine schärfere Chronologie ein und formuliert die Worte Jesu in der Weise neu, dass sie nun zugleich die Frucht einer langen theologischen Meditation über das Geheimnis Jesu und seines Werkes zum Ausdruck bringen. Der 2. Petrusbrief mahnt zur Vorsicht vor einer unvorsichtigen Benutzung der Paulusbriefe, weil diese wegen ihrer hochfliegenden Intelligenz oft schwer zu verstehen seien und von Unwissenden deshalb leicht verdreht würden. Die Geheime Offenbarung redet in einer völlig anderen Sprache als alle anderen Bücher des Neuen Testaments, und doch will sie in dieser neuen Sprache in ihrem ersten Hauptteil im Grunde nur das wiederholen und neu formulieren, was un-

ser Herr schon gesagt hatte und was man in den synoptischen Evangelien ebenfalls lesen kann.
Man darf deshalb auch nicht überrascht sein, wenn die Bibelwissenschaft innerhalb des Neuen Testaments verschiedene »Theologien« entdeckt (paulinische, johanneische, lukanische usw.). Oder wenn der Prophet Hosea die Wüstenzeit Israels als die Zeit der »ersten Liebe« zwischen Gott und seinem Volk versteht, während Ezechiel in dieser Zeit schon die ganze Halsstarrigkeit und Bosheit Israels gegenüber Gott erkennt. Gerade solche Beobachtungen zeigen, dass immer neu um das Verständnis der grundlegenden Heilstaten Gottes gerungen wurde, im Alten wie im Neuen Testament. Gott hat uns in der Heiligen Schrift nicht ein zusammenfassendes Schlusswort, sondern das Protokoll dieses Ringens selbst als sein Wort gegeben.

9. Verfasser von Büchern pflegen heute einen Teil ihrer Verfasserfunktionen an die Verleger abzutreten. Der Verleger investiert und erwartet Gewinn. Dafür braucht er ein gewisses Recht, in die Sinngestalt des Werkes einzugreifen. Beispiele solcher Sinneingriffe durch Verleger sind heute: Überarbeitung des Textes, graphische Gestaltung und Illustration (bestimmte Dinge können da in den Vordergrund geschoben werden); Veröffentlichung in einer Zeitschrift oder in einer bestimmten Veröffentlichungsreihe (durch Tendenz und Publikum derselben kann ein Werk auch einen neuen Sinnakzent erhalten); Übersetzung in andere Sprachen (viele Aussagen bekommen in einer anderen Sprache eine neue Tönung). Diese Vorgänge sind im Vergleich zur Abfassung des Manuskripts zwar sekundär, doch lässt sich nicht übersehen, dass auch sie zur Bestimmung des Sinnes des Buches beitragen und damit, genau genommen, Verfasserbetätigung sind. Diese Überlegung ist wichtig für unsere Betrachtung der Menschlichkeit des Bibelwortes. Denn alle menschliche Verfassertätigkeit muss als göttlich inspiriert betrachtet werden. Daher bildet die durch Menschen geschehene Zusammenstellung der biblischen Bücher zu der einen Sammlung, die wir »Heilige Schrift« nennen, insofern sie für die einzelnen Bücher nochmals sinnbestimmend wurde, das letzte Element der Abfassung der Bibel durch Gott und Mensch zugleich.
Tatsächlich ist die Zusammenstellung der biblischen Bücher zum sog. Kanon (Sammlung, Norm) in vielen Fällen nochmals sinnbestimmend gewesen. Die Kanonbildung ging im Alten Testament schon in verschiedenen Schritten vor sich, dann kam als letzter Schritt die Hinzufügung des Neuen Testaments zum Alten Testament. Alle Schritte geschahen

durch Autoritäten. Wenn aber eine alttestamentliche oder urkirchliche Autorität vorher getrennte Bücher zu einer Sammlung der heiligen, nun im Gottesdienst zu verwendenden Bücher zusammenfügt, dann tut sie das in der Meinung, dass die verschiedenen Bücher sich letztlich nicht widersprechen und dass Aussagen des einen Buches, die in sich vielleicht verschieden verstanden werden könnten, von jetzt ab so zu verstehen sind, wie sie im Licht aller anderen Stellen der ganzen Sammlung heiliger Bücher erscheinen.

Zur Verdeutlichung denke man an Notizen, die man in späteren Auflagen von Büchern manchmal im Vorwort lesen kann, etwa so: »Inzwischen habe ich mich zum gleichen Thema noch einmal da und da geäußert. Ich bitte, das vorliegende Buch im Licht dieser neuen Überlegungen zu verstehen.« Eine solche editorische Willensäußerung bildet vor allem die Zusammenfügung des Alten und Neuen Testaments zu einem Kanon der christlichen Kirche. Sie ist zwar nie in voller Allgemeinheit ausgesprochen, unterliegt aber klar dem ganzen Selbstverständnis des Neuen Testaments. In vielen alttestamentlichen Büchern sind die Zukunftsverheißungen durchaus noch mehrdeutig. Auch nach der Abfassung dieser Bücher hätte Gott die Heilsgeschichte noch auf verschiedene Weise weiterführen können. Die Menschwerdung des ewigen Wortes in Jesus von Nazaret, sein Tod und seine Auferstehung, die Loslösung der Heilsgemeinde vom jüdischen Volk waren wirklich nur eine der vielen Möglichkeiten, die an sich auch von den Schriften des Alten Testament aus noch offenstanden. In der Schaffung des christlichen Kanons steckt der Willensentschluss der Kirche, dass in ihrer Heiligen Schrift von nun an das Alte Testament in dem Sinn gelesen und verstanden werden sollte, den es von Christus her erhält. Damit hat die kirchliche Autorität am Alten Testament noch einen letzten Autorenakt vollzogen und gehört so selbst noch unter die inspirierten Autoren des Alten Testaments, wenn auch in einem ganz bestimmten, eingeschränkten Sinn. Erst mit der Einordnung des Alten Testaments in den christlichen Kanon ist das menschliche Verfassertum an diesen Büchern abgeschlossen. Die dadurch entstehende Mehrschichtigkeit des Sinns der Bücher des Alten Testaments gehört auch zu der Menschlichkeit, die Gott wollte, als er sein Gotteswort als echtes Menschenwort in die Welt gehen ließ.
Es wäre falsch, eine vorläufige und in einer weiteren Sinnschicht des Alten Testaments längst aufgearbeitete Aussage gegen die Irrtumslosigkeit der Bibel ins Feld zu führen. Was Gott wirklich sagen wollte, ergibt

*sich ja erst, wenn die Einheit in der Vielfalt der biblischen Aussagen und
wenn die letzte Sinnvariation eines vielschichtigen biblischen Textes
erfaßt ist.*

Man darf nicht Menschlichkeit und Irrtum verwechseln

Alles bisher Beschriebene ist so sehr »menschlich«, dass man nicht mehr
von echt menschlichen Worten reden könnte, wenn auch nur ein Element
davon fehlte. Nun könnte man sagen: Wenn die Heilige Schrift so sehr
»menschlich« ist, dann muss sie sich auch irren können, denn auch »Irren
ist menschlich«. Aber in diesem Fall hätte das Wort »menschlich« einen
anderen Sinn. Niemand will doch damit sagen, daß jede menschliche
Aussage irre. Wenn Gott Verfasser der Heiligen Schrift ist, ist ein Irrtum
nicht möglich. Es ist in keiner Weise gegen die Menschwerdung des Gotteswortes, wenn die Kirche lehrt, dass die Heilige Schrift frei von Irrtum
und Lüge ist, weil Gott, ihr erster Verfasser, weder irren noch lügen kann.
*Manche evangelischen Theologen sagen, die Lehre von der Irrtumslosig-
keit der Bibel leugne die wahre Menschlichkeit des Gotteswortes. Das ist
genau so, wie wenn man sagte, der Sohn Gottes sei nicht voller Mensch
geworden, weil er keine Sünden begangen habe.*

Die meisten Schwierigkeiten gegen die Irrtumslosigkeit der Bibel kommen aus der Verwechslung der Menschlichkeit der Bibel mit echtem Ir-
tum. Es ist zu beachten, dass unser Sprachgebrauch hier tatsächlich oft
ungenau ist. So sind wir etwa gewohnt, ein geozentrisches Weltbild (die
Erde als Mittelpunkt) ganz schlicht als falsch und damit als Irrtum einer
früheren Zeit zu bezeichnen. Wir stellen uns dabei wie selbstverständlich
auf den Standpunkt unseres heutigen Bewusstseins und Weltbilds. Wir
beachten dabei weder, dass auch wir mit bestimmten Schichten unseres
Seins noch geozentrisch denken (etwa wenn wir sagen: Die Sonne geht
unter), und zwar ganz mit Recht; noch bedenken wir, dass etwa beim
Schöpfungsbericht von Gen 1 das eindeutig mitausgesagte geozentrische
Weltbild gar nicht im Sinnzentrum der Aussage liegt (dort liegt der Satz:
Gott hat alles geschaffen), sondern weiter draußen, wo schon eine viel
differenziertere und viel weniger feste Aussageabsicht vorliegt (die vielleicht kaum fester ist als unsere, wenn wir sagen: Die Sonne geht unter).
In Wirklichkeit ist also die geozentrische Aussage in Gen 1 einfach der
geschichtlichen Bedingtheit des Verfassers und damit der Menschlichkeit
des Gotteswortes zuzuordnen. Ein Irrtum im genauen Sinn des Wortes
läge erst vor, wenn die Behauptung des geozentrischen Weltbilds als wis-

senschaftliches Weltmodell die eigentliche Aussageabsicht, das Sinnzentrum des Textes wäre. Ja, als Irrtum der Heiligen Schrift und damit als Irrtum Gottes selbst könnte man so etwas sogar erst bezeichnen, wenn auch innerhalb der Gesamtheit der biblischen Bücher und ihrer gegenseitigen Bezogenheit und selbst im Sinn der neutestamentlichen Editoren (Herausgeber) des christlichen Kanons diese falsche Aussage voll aufrechterhalten werden müsste. Denn erst im Gesamt der Schrift und im Augenblick des Abschlusses des christlichen Kanons ist der endgültige Sinn jeder einzelnen Stelle bestimmt. Das geozentrische Weltbild im Schöpfungsbericht in Gen 1 ist also kein Irrtum im strengen Sinn des Wortes, wenn wir es vielleicht auch in einem ungenaueren Sprachgebrauch als »Irrtum« bezeichnen können. Die Lehre von der Irrtumslosigkeit der Schrift gilt da, wo sich also die Bibel voll und ganz für eine Aussage engagiert. Alles andere gehört in den Bereich der Menschlichkeit des Gotteswortes, die ebenso Lehre der Kirche ist wie die Irrtumslosigkeit.

Ist man sich einmal über den Unterschied zwischen der Menschlichkeit der Bibel und echtem Irrtum klar geworden, dann bietet die Lehre der Kirche von der Irrtumslosigkeit des Gotteswortes keine grundsätzlichen Schwierigkeiten mehr. Stoßen wir in der Bibel auf Dinge, die uns falsch zu sein scheinen, oder begegnen wir verschiedenen biblischen Aussagen, die sich zu widersprechen scheinen, dann werden wir zunächst mit der geschichtlichen Bedingtheit der Verfasser, mit dem Gesprächscharakter vieler biblischer Aussagen und mit anderen typisch menschlichen Erscheinungen rechnen und uns nicht sofort darauf versteifen, hier lägen Irrtümer der Bibel vor. Nun könnte jemand sagen: Muss man dann nicht ein Spezialist sein und sein Leben lang Bibelstudium treiben, um das alles zu wissen und zu beachten? Soll man da nicht lieber gleich aufgeben?

Der nichtwissenschaftliche Weg, die Bibel zu verstehen

Es gibt zwei Wege, alte und wie aus einer anderen Welt kommende Texte zu verstehen. Der eine ist der Weg der Wissenschaft. Er kann nur von Spezialisten beschritten werden. Es ist übrigens falsch, wenn man meint, er sei allein Aufgabe der *Bibel*wissenschaft. Sie legt nur die erste Hälfte des Wegs zurück, mindestens dann, wenn sie als rein historisches Fach verstanden wird. Die Bibelwissenschaft verfremdet den Text der Bibel. Sie erkennt ihn in all seiner historischen Bedingtheit, sie lehrt, ihn ganz und gar als einen Text von »damals« zu verstehen. Damit zerstört sie alle voreiligen Ausdeutungen, die den Text zu unmittelbar wie einen Text von heute betrachteten. Aber damit ist der Text ja noch nicht »verstanden«. Richtig verstanden ist er erst, wenn es gelingt, das, was der Text nun wirklich sagt, neu auszudrücken in Formulierungen, die sich vom Text gelöst haben und die der geistigen Welt und den Denkgewohnheiten und dem Lebensgefühl des Menschen von heute entsprechen. Diese Umsetzung der biblischen Aussage in ein heute gültiges Sprachsystem ist in der üblichen Aufteilung der theologischen Fächer die Aufgabe der sog. dogmatischen Theologie, die zu ihrer Hilfe auch noch das ganze auf der Bibel beruhende Denken der kirchlichen und theologischen Überlieferung von der Urkirche bis heute heranzieht.

Die wissenschaftliche Erkenntis der biblischen Aussage ist ein Unternehmen, das die ganze Theologie in all ihren Fächern in Bewegung versetzt. Man kann sogar sagen, es sei schlechthin das Unternehmen der theologischen Wissenschaft. Da sie aber nun wirklich eine Sache für Spezialisten ist, stellt sich umso dringender die Frage nach einem zweiten, nicht wissenschaftlichen Weg, den Sinn der alten biblischen Texte zu verstehen. Es ist der Weg der unmittelbaren Texterfassung.

Die Voraussetzung unmittelbaren Verstehens eines Textes aus alter Zeit ist, dass man sich in diesen Text und in den ganzen Textbereich (in unserem Falle: in die Bibel) eingelesen und eingelebt hat. Dann braucht man weder philologische Finessen noch Gattungsforschung noch altorientalische Geschichte und Literatur zu beherrschen, weil ein unmittelbarer Kontakt zur Sache gegeben ist. Mit diesem unmittelbaren Verstehen des Textes können Unkenntnisse, Missverständnisse und Irrtümer verbunden sein, die historische und literarische Einzelheiten betreffen. Aber man kommt nicht erst durch systematische Überwindung dieser Erkenntnismängel zum Verständnis des zentralen Sinns, sondern ist immer schon beim ganzen Sinn, während sich diese Einzelheiten dann im Lauf der Zeit klären und verbessern können.

Das unmittelbare Verstehen eines alten Textes ist umso leichter, je stärker man lebensmäßig innerhalb einer lebendigen Überlieferung steht, die von diesem Text noch getragen wird. Als Glied der auf das Wort Gottes gegründeten Kirche hat man von vornherein das rechte Vor-Verständnis der Bibel. Das ist der Grund dafür, warum der eigentliche Ort der Bibel die im Gotteshaus versammelte Gemeinde ist.

Als Glied der immer schon aus der biblischen Botschaft lebenden Kirche weiß ich schon dann, wenn ich die Bibel zum ersten Mal zu privater Lektüre aufschlage, welche Botschaft mich aus diesem Buch erreichen wird.

Ich weiß das in einer sehr vorläufigen Weise, aber ich weiß das Ganze der Botschaft. Meine Lektüre bestätigt meine Erwartung, korrigiert sie an manchen Stellen, vertieft und färbt sie an anderen. Das so gewonnene bessere Verständnis der ganzen Botschaft ist dann wiederum Vor-Verständnis bei einem neuen Gang der Lektüre. So ist der Erkenntnisprozess beim unmittelbaren Verstehen des biblischen Sinns ein Fortschreiten vom Ganzen zum Ganzen, nicht von einem Teil zu einem neuen Teil im Hinblick auf das erst später zu erreichende Ganze.

Bestimmte Dinge bleiben bei diesem Zugang zur biblischen Aussage natürlich unerkannt. Es sind gerade die Dinge, zu deren Erforschung die wissenschaftliche Reflexion unentbehrlich ist. Ein Beispiel mag das verdeutlichen. Wir haben unmittelbar verstanden, was das Petrusbekenntnis und die Petrusverheißung des Herrn bei Cäsarea Philippi (Mt 16,13-20) uns sagen wollen. Würden wir gefragt, welche genauen historischen Vorgänge sich in diesem Text spiegeln, so würden wir vermutlich antworten, es handle sich um ein Gespräch, das zu einer bestimmten Zeit während der öffentlichen Tätigkeit Jesu bei Cäsarea Philippi stattgefunden habe. Es würde uns auffallen, dass wir uns diese Frage selbst gar nicht gestellt haben, so selbstverständlich haben wir uns einfach an den Text gehalten, wie wir ihn auffassten, und haben uns ganz auf die Aussage Jesu über das Amt des Petrus konzentriert. Von da aus haben wir den Sinn des ganzen Textes erfasst; die historische Situation, die vom Gesamtsinn des Textes aus nicht entscheidend ist, haben wir einfach am Rand mitregistriert. Ein Bibelwissenschaftler könnte uns darauf aufmerksam machen, dass die historische Situation schwierige und vertrackte Fragen in sich schließt. Er wird uns sagen, es sei wohl anzunehmen, dass die hier berichteten Worte nicht alle zu gleicher Zeit und am gleichen Ort gesprochen wurden, dass vielmehr wohl der Evangelist verschiedene Worte, die aus verschiedenen Situationen stammten, zu einer einzigen Szene zusammengebaut habe. Nehmen wir an, die Aussage des Wissenschaftlers sei richtig, dann hat sie uns etwas mitgeteilt, was wir beim unmittelbaren Verstehen des Textes nicht erfassen konnten. So etwas konnte nur die Wissenschaft erarbeiten. Wird damit unsere ganzheitliche Erfassung des Textsinnes umgeworfen? Keineswegs. Das Historische stand ja nur an der Peripherie der Ganzaussage des Textes.

Es ist äußerst wichtig, diese Zusammenhänge zu sehen. Oft stellen sich heute bei Bibellesern Minderwertigkeitskomplexe ein, wenn sie plötzlich feststellen müssen, dass sie in historischen oder literarischen Fragen lange Zeit von den Forschungsergebnissen der Wissenschaft nichts gewusst haben. Sie meinen dann, sie hätten bisher die Bibel falsch verstanden. Da das unmittelbare Verstehen der Bibel ein so unauffälliger und geradezu selbstverständlicher Vorgang ist, übersehen sie ganz, dass ihnen dieses größte aller Wunder schon stets gegeben war, und dass historische Einzelerkenntnisse im Vergleich dazu erst ein Zweites und Abgeleitetes darstellen, wofür man immer noch Zeit hat, und was man auch entbehren kann, ohne damit die Hauptsache zu verlieren.

Noch schlimmer ist es, wenn der Bibelleser den Eindruck gewinnt, die literarischen und historischen Ergebnisse der modernen Bibelwissenschaft brächten sein bisheriges Verständnis der Bibel zum Zusammensturz. Ausgenommen der Fall, dass jemand die Bibel wirklich völlig missverstanden hätte, ist dieser Eindruck stets Selbsttäuschung. Wenn jemand sagt: "Alles fängt an zu gleiten, nichts ist mehr sicher", dann entspringen solche Äußerungen einer Stimmung der Panik. Panik verkennt die Wirklichkeit. Sie sieht nicht mehr klar.

Sobald es diesen Menschen gelingt, die begrenzte Reichweite der historischen und literarischen Erkenntnisse der Bibelwissenschaft zu durchschauen, erkennen sie auch, dass ihnen vom Eigentlichen dadurch nichts genommen wird, ja sie können dann in einem weiteren Schritt auch recht bald einsehen, wie sehr die Erkenntnis des Eigentlichen durch die Ergebnisse der Bibelwissenschaft dann doch auch wieder gefördert wird.

Kommt man als Laie ganz ohne Bibelwissenschaft aus? Theoretisch und grundsätzlich: ja. Der Sinn der Wissenschaft liegt nicht in der unmittelbaren Glaubensverkündigung, sondern in der reflexen Erfassung des Glaubenswissens und seiner Grundlagen. Irgendwo in der Kirche muss Wissenschaft getrieben werden. Aber nicht jeder einzelne muss sie treiben.

Allerdings ist heute in Mitteleuropa die Bewusstseinslage so, dass doch die wenigsten ganz ohne eine gewisse Reflexion ihres Glaubenswissens verantwortlich als Christen leben können. Daher kann man faktisch doch die Bibelwissenschaft nicht ganz vernachlässigen. Was man von ihr mitnehmen muss, ist aber doch so bemessen, daß es auch für den Laien vertretbar und zu leisten ist.

Die Situation ist dadurch gekennzeichnet, dass unser naturwissenschaftliches und historisches Bewusstsein so geschärft ist, dass uns beim Lesen der Bibel von selbst eine ganze Reihe von Problemen kommt, die zwar von der eigentlichen Aussage der Bibel aus gesehen am Rande liegen, die uns aber so lange beunruhigen, bis wir klar sehen. Hier müssen wir die Bibelwissenschaft zu Hilfe rufen. Auch erfahren wir auf den verschiedensten Wegen von diesem und jenem Ergebnis der Bibelwissenschaft, und dann müssen wir uns natürlich, um nicht dadurch im unmittelbaren Umgang mit der Bibel durcheinandergebracht zu werden, einen zusammenhängenden Überblick verschaffen.

Deshalb gibt es bibelwissenschaftliche Vulgarisation. Kleinkommentare, allgemeinverständliche Kommentare, Bibellexika, Einführungen in die biblische Welt, biblische Kleinschriften und manches andere dieser Art, das gerade in unseren Jahren immer zahlreicher auf dem Markt erscheint, kann uns hier gut weiterhelfen. Diese Dinge sind, wie gesagt, heute in gewissem Umfang notwendig. Aber wir dürfen nicht glauben, dass sie die Lektüre der Bibel selbst ersetzen können. Das meiste davon führt noch nicht einmal an die eigentliche Aussage der Bibel heran, sondern klärt und erleuchtet nur Randfragen.

Besonders hilfreich ist heute die Bibelwissenschaft bei Texten, die uns auf den ersten Blick als rein historische Texte entgegentreten, deren Inhalt uns aber von unserem sonstigen Geschichtswissen her verdächtig vorkommt. Da kann sie unsere Schwierigkeiten klären, indem sie uns die wirkliche literarische Gattung der Texte erarbeitet.

Die Gattungen erzählender Texte in der Bibel

Erzählende Texte gehen auch heute unter ganz verschiedenen Gesichtspunkten an die historischen Tatsachen heran. Denken wir an die Unterschiede zwischen einer Zeitungsnachricht, einem Protokoll nach einem Verkehrsunfall, einer Reiseerzählung, einem historischen Roman, einem frei erfundenen Roman (der natürlich trotzdem auch noch viele Tatsachen unserer Welt und Geschichte registriert und verarbeitet), dem Werk eines Geschichtsschreibers, einer Autobiographie. Jede dieser Gattungen wählt die Tatsachen unter einer anderen Rücksicht aus, setzt andere Akzente. Man kann nicht sagen, manche dieser Gattungen seien wahrer, manche falscher. Denn jede Gattung hat ihr eigenes Interesse, das sie verfolgt, und entsprechend hat jede eine andere Art von Wahrheit mitzuteilen. Goethe nannte seine Autobiographie z.B. »Dichtung und Wahrheit«, und er hat einmal ausdrücklich erklärt, dass er selbstverständlich einiges aus seinem Leben etwas umarrangiert habe, aber gerade um damit die tiefere Wahrheit seines Lebenslaufs besser zum Ausdruck zu bringen – also

»Dichtung« gerade wegen der »Wahrheit«. Die Wahrheitsfrage bei erzählenden Gattungen ist komplizierter, als manche Leute meinen. Sie entscheidet sich nicht allein an der Vollständigkeit der Tatsachen und deren genauer Reproduktion. Die einzelnen erzählenden Gattungen haben je nach ihrer besonderen Aussageabsicht ein anderes Verhältnis zur nackten Tatsächlichkeit.

Das Alte Testament berichtet eine Szene, an der dieser Sachverhalt beispielhaft aufleuchtet. David hat schwer gesündigt, indem er sich mit der Frau eines seiner Offiziere verging. Der Prophet Natan kommt zu ihm, um ihn zur Erkenntnis seiner Sünde zu bringen. Er sagt dem König nicht sofort, weshalb er gekommen ist, sondern erzählt ihm eine Geschichte: »In einer Stadt lebten einst zwei Männer; der eine war reich, der andere arm. Der Reiche besaß sehr viele Schafe und Rinder, der Arme aber besaß nichts außer einem einzigen kleinen Lamm, das er gekauft hatte. Er zog es auf, und es wurde bei ihm zusammen mit seinen Kindern groß. Es aß von seinem Stück Brot, und es trank aus seinem Becher, in seinem Schoß lag es und war für ihn wie eine Tochter. Da kam ein Besucher zu dem reichen Mann, und er brachte es nicht über sich, eines von seinen Schafen oder Rindern zu nehmen, um es für den zuzubereiten, der zu ihm gekommen war. Darum nahm er dem Armen das Lamm weg und bereitete es für den Mann zu, der zu ihm gekommen war. Da geriet David in heftigen Zorn über den Mann und sagte zu Natan: So wahr der Herr lebt: Der Mann, der das getan hat, verdient den Tod. Das Lamm soll er vierfach ersetzen, weil er das getan und kein Mitleid gehabt hat. Da sagte Natan zu David: Du selbst bist der Mann.« (2 Sam 12,1-7). Mit diesem kurzen Satz zerstörte er Davids Missverständnis der Gattung der Geschichte und zeigte ihm die wahre Gattung; es handelte sich nicht um die Schilderung von Ereignissen, sondern um ein Gleichnis, das erst indirekt auch Ereignisse meinte. Die eigentliche Aussage des Gleichnisses war nicht historische Tatsächlichkeit: die des reichen Mannes und des armen Mannes überhaupt nicht (sie waren ja erfunden) und die der indirekt gemeinten Sünde Davids nur nebenbei und sekundär. Die eigentliche Aussage war die Gemeinheit eines derartigen Verhaltens. Sie hat David spontan und richtig verstanden, und zwar hat er sie gerade deshalb so intensiv verstanden, weil er die Gattung missverstanden hat. Hätte Natan ihm einfach sein eigenes Verhalten geschildert, dann hätte sofort seine ganze innere Abwehr gegen die notwendige Selbsterkenntnis eingesetzt. Die Natangeschichte zeigt uns beispielhaft, dass erzählende

Texte ganz unterschiedliche Beziehungen zur historischen Tatsächlichkeit
haben können, und daß man die Beziehungen eines Textes zur Tatsache
verkennen kann, wenn man die Gattung des Textes nicht richtig erkennt.

Literarische Gattungen sind historische Größen. Die oben aufgezählten modernen erzählenden Gattungen gab es in dieser Form in der Antike nicht. Dafür gab es andere erzählende Gattungen, die uns heute fremd sind.

Im Folgenden sollen beispielhaft einige erzählende Gattungen der Bibel benannt werden.

Der Verfasser der biblischen *Urgeschichte* (Gen 1-11) konnte weder auf eine genauere Altersbestimmung des Kosmos, der Erde, des Lebens auf der Erde und der Menschheit noch auf Ausgrabungen frühmenschlicher Skelette oder auf Überreste der ältesten Hochkulturen und ihrer Schriftdenkmäler zurückgreifen. All das gab es damals noch nicht. Was ihm zur Verfügung stand, wenn er über die Anfänge der Menschheit und über die Menschheitsgeschichte bis zu den bekannteren Perioden (für ihn praktisch: bis zu Abraham) nachdachte, waren überlieferte Erzählungen teils sagenhaften, teils mythologischen Charakters. Diese Erzählungen beruhen zum Teil auf wirklichen historischen Ereignissen, so zum Beispiel die Sintfluterzählung auf wirklichen Überschwemmungen in Mesopotamien, deren Spuren Ausgrabungen inzwischen gesichert haben. Die Sintflut hatte kosmische Dimensionen angenommen und war zu einem mythologischen Symbol gewachsen, das dem Menschen letzte Geheimnisse seines Daseins im Bild entschlüsselte. Neben solchen unabhängigen Einzelerzählungen, die in den dunklen Anfang der Menschheit verwiesen, standen dem Verfasser der Urgeschichte noch Geschichtsentwürfe zur Verfügung, die etwa versuchten, durch Listen großer Männer der Urzeit mit Angabe des jeweiligen Lebensalters eine Deutung des Geschichtsverlaufs zu geben (dabei spielte Zahlensymbolik eine große Rolle). Der Verfasser der Urgeschichte nahm aus dem ihm vorliegenden Material das, was ihm geeignet schien, um nun eine eigene Urgeschichte zu konstruieren. Er kann dabei gar nicht die Absicht gehabt haben, in unserem heutigen Sinn Geschichten zu schreiben. Er wusste ja, woher er sein Wissen hatte (nämlich aus seinen Vorlagen), und er war sich ja darüber klar, wie er selbst mit seinem Material umging. Seine Absicht war, eine zusammenhängende Erzählung zu konstruieren, die für die Menschheitsgeschichte vor Abraham vor allem Folgendes zum Ausdruck bringt: Am Anfang der Geschichte steht die menschliche Sünde, und sie hat Leid und Tod in die Welt gebracht; im Lauf der Geschichte nimmt die Sünde immer mehr zu, aber zugleich vergrößert sich auch das Erbarmen Gottes, das sich schon dazu rüstet, an den Patriarchen und dann am Volk Israel die Geschichte des Heils in der Welt beginnen zu lassen. Diese Aussage können wir als eine geschichtstheologische Aussage bezeichnen. Um sie geht es in der Urgeschichte, und die Verwendung alter mythologischer und sagenhafter Erzählungsmaterialien dient nur dazu, diese Aussage zu konkretisieren, ohne dass damit eine Historie in unserem Sinn gemeint wäre, die auf der Erforschung von Dokumenten und Überresten beruhte. In zweiter Linie gehört auch die in den einzelnen Erzählungen konzentrierte geschichtliche Erfahrung und symbolische Bedeutsamkeit (wir sprechen davon im Zusammenhang der Kain- und Sintflutgeschichte) zur Aussageabsicht der Urgeschichte. Manchmal hat der Verfasser selbst noch zur Gestaltung dieser Art von Aussage beigetragen, so sicher bei der Paradieserzählung, die nicht nur eine Sünde am Anfang der Geschichte namhaft machen will, sondern zugleich auch in einem eindrucksvollen Bild zeigen will, was immer und zu allen Zeiten geschieht, wenn der Mensch versucht wird und der Versuchung erliegt. Erst in dritter Linie, schon ganz am Rand des eigentlich Gemeinten, wird beim Verfasser der Urgeschichte auch das Bewusstsein gestanden haben, dass die Tradition, die er aufnahm, wenigstens im Allgemeinen auch in der einen oder anderen Weise auf wirkliche historische Tatsachen zurückging. Das Zentrum seiner Aussageabsicht aber war, wie gesagt, geschichtstheologisch.

Von den *Patriarchen*erzählungen an (Gen 12-50) herrscht im Pentateuch und in den eigentlichen Geschichtsbüchern mindestens grundsätzlich und im Allgemeinen die Absicht, echte geschichtliche Tatsachen mitzuteilen; denn die Verfasser dieser Bücher waren davon überzeugt, dass Gott am Volk Israel in der Geschichte gehandelt habe. Deshalb ging es ihnen letztlich stets um wirkliche Geschichtsfakten. Doch teilten sie diese auf sehr unterschiedliche Weise mit. Das hängt wieder zu einem großen Teil an dem Überlieferungsmaterial, das ihnen zur Verfügung stand. So verfügten die Israeliten aus der Patriarchenzeit nur über Überlieferungen vom Typ der Familiensage. Die Sage greift nur einzelne Ereignisse heraus und stellt sie nicht in einen eigentlichen geschichtlichen Zusammenhang, sondern eher in den Rahmen einer Familie. In den geschilderten Ereignissen werden nicht nur die ursprünglichen Fakten (»Primärerfahrung«), sondern auch viele andere, spätere Erfahrungen (»Sekundärerfahrung«) miteingefangen. Dabei wird die Figur der Handlung auf einfachste, das Typische herausstreichende Linien zurückgeführt. Man denke als Beispiel an die Erzählung von Isaaks Opferung. Unserem heutigen Geschichtsbewußtsein geht es vor allem um das möglichst isoliert erfasste einmalige Ereignis. Die Sage ist gerade nicht an der Zufälligkeit des einmalig Historischen interessiert, sondern an seiner immer wieder in der menschlichen Erfahrung sich wiederholenden Grundfigur. Deshalb hat sie uns, wenn wir uns ihr öffnen, auch wirklich viel zu sagen. Sie enthält auch wesentlich mehr historische Substanz, als eine exakte Beschreibung des einmaligen Faktums enthalten könnte, die es nicht auf andere, ähnliche Erfahrungen hin durchsichtig werden ließe. Nur sind wir heute nicht mehr in der Lage, die historische Substanz an all den verschiedenen Stellen der Zeitlinie anzuordnen, wo ein moderner Geschichtsschreiber sie unterbringen würde. Durch die Gattung der Sage ist alles ununterscheidbar in einer einzigen Szene zusammengefallen.

Ähnlich ist es bei den Beschreibungen der Stiftung des Gottesbundes am *Sinai* (im Buch Exodus). Dieses grundlegende Ereignis wurde später im Gottesdienst Israels immer wieder erneut und kultisch gefeiert. Die späteren gottesdienstlichen Zeremonien haben dann auch bei der Erzählung des ursprünglichen Ereignisses mancherlei Farben und Einzelzüge geliefert, die für uns heute von den wirklich historischen Vorgängen nicht mehr absolut sicher abgehoben werden können. Alles bildet eine ununterscheidbare Einheit, und so begegnet uns in diesen Erzählungen in unerhörter Dichte nicht nur die historische Erfahrung des ursprünglichen Bundesschlusses, sondern zugleich die ganze Summe (ebenfalls historischer) Erfahrungen der Bundesnähe Gottes, die Israel immer wieder in seinem Gottesdienst machte.

Die vielen *Gesetze*, die der Pentateuch enthält, werden alle in immer wiederkehrenden Formeln auf Mose zurückgeführt bzw. auf Gott, der sie Mose mitteilte. In Wirklichkeit haben wir hier mehrere große Gesetzessammlungen, die zwar in ihren Anfängen auf Mose zurückgehen, dann aber im Lauf der Zeit immer wieder ergänzt, den neuen Verhältnissen angepaßt, aufeinander abgestimmt und überarbeitet wurden. Die Zuteilung an Mose ist eine feste Formel, die nur zum Ausdruck bringt, dass auch alle spätere Gesetzgebung nichts sein wollte als Erklärung und Verdeutlichung des anfänglichen Gesetzes, das Gott Israel am Sinai durch Mose gegeben hat.

Im *Pentateuch* werden manche Erzählungen mehrfach gebracht, andere sind aus verschiedenen Fassungen derselben Erzählung zusammengebaut.

Daraus wird deutlich, daß der Geschichtsstoff des Pentateuchs, bevor er schriftlich aufgezeichnet wurde, in der Form mündlicher Einzelerzählungen überliefert wurde. Dabei entwickelte sich dieselbe Erzählung an verschiedenen Orten und in verschiedenen Kreisen oft unterschiedlich. Sie konnte dann auch in verschiedenen Gestalten schriftlich fixiert werden. Die letzten Verfasser stellten oft unterschiedliche Fassungen einfach nebeneinander, weil sie selbst gar nicht mehr in der Lage waren, zu beurteilen, welche Fassung der historischen Wirklichkeit mehr entsprach. So überlieferten sie alles, was ihnen überkommen war.

Uns ist das wichtig, weil wir sehen, dass der Pentateuch selber volle historische Sicherheit nicht für alle Einzelheiten beansprucht. Man kann das vertreten, ohne daran zu zweifeln, dass doch gewöhnlich ein echter historischer Kern anzunehmen ist und die Historizität der eigentlich grundlegenden Heilstaten Gottes zugleich mit größter Emphase ausgesagt ist.

Auch die *Bücher Josua* und *Richter* stellen noch meist Sagenstoffe zusammen. Sie sind oft im Lauf der Zeit mehrfach überarbeitet worden und wurden dabei immer neu theologisch gedeutet, so dass wir jetzt oft mit der Erzählung zugleich mehrere Deutungen derselben besitzen.

Von den *Samuelbüchern* an nimmt der auch in unserem Sinn »historisch« zu nennende Stoff zu. Das hängt damit zusammen, dass mit dem Beginn des Königtums auch die Kunst des Lesens und Schreibens eingeführt wurde und man bald auch Schriftrollen zu sammeln begann. Dazwischen erscheint allerdings auch manchmal ursprünglich mündlicher Überlieferungsstoff mit den entsprechenden Gattungseigenschaften. So sind die Erzählungen über den Propheten Elischa zum Teil legendär. Doch die meisten Mitteilungen der Königsbücher kann man unmittelbar historisch verstehen. Nur tritt hier etwas anderes ein. Es ist deutlich sichtbar, daß dem Verfasser der Königsbücher viel mehr Archivmaterial und historisches Einzelwissen zur Verfügung stand, als er uns mitteilt. Oft verweist er ausdrücklich auf seine Quellen, die weitere Informationen enthielten. Er hat nur eine einzige, ganz klare Frage, die er an die Vergangenheit stellt: wie die einzelnen Könige den Bund beobachtet haben. Nur die Tatsachen, die das Verhalten der Könige Gott und dem Gottesbund gegenüber beleuchten können, werden gebracht. Sie dienen dazu, dann über jede Regierungszeit ein zusammenfassendes Schlussurteil zu formulieren. Im Ganzen seines Geschichtswerks will der Verfasser zeigen, dass es durch die fortdauernde Sünde Israels zu der Verschleppung des Volkes nach Babylon gekommen ist; er will durch diesen theologischen Rückblick in die Vergangenheit seine im Exil lebenden Volksgenossen zur Bekehrung und Buße aufrufen. Hier liegt die eigentliche Aussageabsicht dieses Geschichtswerks.

Die *Chronikbücher* (dazu als Anhang die *Bücher Esra und Nehemia*) nehmen noch einmal den ganzen Gang der Geschichte Israels auf. Sie benutzen dabei als Quelle einfach die früheren biblischen Geschichtsdarstellungen, in einzelnen Fällen verfügen sie allerdings auch über zusätzliche Nachrichten. Es geht diesem Geschichtswerk um eine neue Gesamtansicht der Geschichte Israels. Das Wirken Gottes an seinem Volk soll wieder neu aufgezeigt werden. Dabei werden vor allem die Entwicklungsstadien des Gottesdienstes in Israel in den Vordergrund geschoben.

Die *Bücher Judit* und *Ester* spielen zwar wohl auf wirkliche historische Ereignisse an, wollen aber keine Geschichtsschreibung sein. Das lässt sich deutlich daran erkennen, dass sie Elemente aus verschiedensten Perioden ineinander schieben. Wir können sie gattungsmäßig mit Novellen vergleichen. Sie wollen in lockerer Anlehnung an bekannte Fakten Idealfiguren religiösen Daseins und Schicksals für Israel entwerfen.

Ähnliches gilt vom *Buch Jona*. Doch unterscheidet es sich durch die Anhäufung märchenhafter Stil- und Handlungselemente. Es macht seine Aussage also durch die Aussagetechnik des Märchens. Das heißt: Indem eine Welt aufgebaut wird, in der das Außergewöhnliche normal ist, wird verdeutlicht, was eigentlich die oft so verborgene Sinngestalt unseres normalen, schwer verständlichen Daseins ist. Im Fall der Jona-Erzählung wird das Höchste genommen, was das auserwählte Volk Israel aufzuweisen hat, nämlich sein Prophetentum, und es wird verdeutlicht, wie klein und lächerlich selbst diese letzte Aufgipfelung menschlicher Möglichkeiten sich noch ausnimmt vor dem unendlich viel größeren wahren Gott.

Im *Neuen Testament* ist der Abstand zwischen den Ereignissen und ihrer endgültigen Aufzeichnung wesentlich geringer als bei den meisten Erzählungen des Alten Testaments. Es handelt sich nur um Jahrzehnte, nicht um Jahrhunderte. Deshalb ist die Möglichkeit historischer Aussageabsicht viel größer. Sie ist auch tatsächlich vorhanden. Es ist für die Botschaft des ganzen Neuen Testaments entscheidend, dass Jesus wirklich gelebt, gelehrt, Wunder gewirkt hat, dass er gestorben und auferstanden ist. Für die Auferstehung lese man 1 Kor 15. Auch die mündliche Tradition, die der schriftlichen Aufzeichnung der *synoptischen Evangelien* voranging, war im Sinne des rabbinischen Traditionswesens äußerst konservativ. Doch schließt das nicht Umformulierungen, Kürzungen, Zusammenfassungen, Kommentierungen von Jesusworten aus. Ferner wurden ursprünglich Einzelstücke weitergegeben, die erst von den Evangelisten in einen größeren Rahmen gefügt wurden. Dieser Rahmen folgte nicht genau der historischen Folge. Dabei sind wir nicht in der Lage, das genaue historische Nacheinander der Dinge, die wir über Jesus wissen, zu rekonstruieren. Daran waren die Evangelisten nicht interessiert. Ihr Interesse richtete sich auf die Taten und Worte Jesu selbst und auf deren Bedeutung für die Kirche. In der Anordnung der Teile und in leichten Kommentierungen drücken die drei ersten Evangelien schon eine aus dem Glauben der Urkirche kommende Deutung des Lebens Jesu aus. Auch in manchen Einzelfällen ist es nicht mehr leicht, die genauen historischen Einzelheiten zu erschließen. So vor allem bei den Berichten über die Erscheinungen Jesu nach seiner *Auferstehung* (Berichte über die Auferstehung selbst gibt es nicht; sie ist von niemandem gesehen worden, und insofern wird sie manchmal als nicht »historisch« bezeichnet; der Begriff des »Historischen« meint dann nicht die Tatsächlichkeit, sondern die Greifbarkeit mit den Methoden der Geschichtswissenschaft; greifbar und damit in diesem Sinn »historisch« sind nur die Erscheinungen des schon auferstandenen Herrn). So wie wir die Berichte über die Erscheinungen jetzt in den Evangelien lesen, lassen sie sich nicht mehr ganz zu einem geschlossenen Gesamtbild zusammensetzen. In verschiedenen Traditionslinien muss die Urtradition von den Erscheinungen zum Ausdruck verschiedener theologischer Anliegen jeweils verschieden weiterentwickelt worden sein. Doch berechtigt diese Vielfalt der Stimmen nicht zu einem historischen Zweifel an der Tatsache der Erscheinungen überhaupt oder an der Inspiration des Textes.

Die Kapitel über die *Geburt und Kindheit Jesu* am Anfang des Lukas- und des Matthäusevangeliums stammen nicht aus der gleichen Überlieferungstätigkeit der Urkirche wie der Rest des Evangelienstoffes; denn es bestand nicht das gleiche Interesse an der Kindheit und am verborgenen Leben Jesu wie an seinem öffentlichen Leben, seinem Tod und seiner Auferstehung. Die Kindheitserzählungen unterscheiden sich auch in Stil und Form vom restlichen Evangelienstoff. Dabei unterscheiden sich die beiden Kindheitserzählungen bei Lukas und bei Matthäus auch wieder untereinander. Die Frage ihrer eigentlichen Aussageabsicht muss daher unabhängig von der Frage nach der Aussageabsicht des sonstigen Evangelienstoffs gesondert gestellt werden. Die neuere Forschung hat immer mehr erkannt, dass in beiden Kindheitserzählungen auch eine sehr starke theologische Aussageabsicht vorliegt. Anlässlich von Geburt und Kindheit des Herrn soll dessen wahres Sein und dessen Aufgabe als Erlöser schon ins volle Licht gestellt werden. Das geschieht vor allem durch Anlehnung des Gedankengangs an viele Stellen des Alten Testaments. Die Technik dieser Bezugnahme auf das Alte Testament ist bei Matthäus und bei Lukas unterschiedlich. Aber bei beiden lässt sich nicht absolut ausschließen, dass auch die Erzählung selbst in manchen Einzelheiten vielleicht weniger von den berichteten Ereignissen als von den alttestamentlichen Stellen her, die die Erzähler im Auge hatten, gestaltet wurde. Doch läßt sich das auch wieder nicht zwingend für eine bestimmte Einzelheit beweisen. Die Hauptpunkte der Erzählungen, vor allem also die jungfräuliche Empfängnis Jesu und seine Geburt in Betlehem, sind auf jeden Fall als historische Tatsachen gemeint. Das zeigt schon die Übereinstimmung von Matthäus und Lukas, und zwar gerade deshalb, weil ihre Kindheitserzählungen in vielem anderem so unterschiedlich sind. Wir werden also die Kindheitserzählungen als im Wesentlichen historisch betrachten, im Hinblick auf Einzelheiten unser historisches Urteil aber in einer gewissen Schwebelage halten, in der sich vermutlich auch das Bewusstsein der Evangelisten selbst dem ihnen überkommenen Erzählungsstoff gegenüber befand. Zugleich werden wir uns vor allem auf die Botschaft über das Sein und die heilsgeschichtliche Aufgabe Jesu ausrichten, die uns diese Kapitel nicht nur in Nebenbemerkungen, sondern auch durch die Gestaltung der Erzählung selbst mitteilen wollen. Da liegt das Zentrum der Aussage.

Das Johannesevangelium ist später als die drei ersten Evangelien geschrieben. In manchem will es die historischen Angaben der anderen Evangelien ergänzen und erweitern, vor allem was die Wanderungen Jesu und sein mehrfaches Auftreten in Jerusalem angeht. Zugleich tritt aber die auch schon in den ersten Evangelien vorhandene deutende Absicht neben der historischen Aussageabsicht viel stärker in den Vordergrund. Die theologische Deutung ist dabei nicht, wie wir das heute vielleicht machen würden, angehängt oder in Reflexionen des Verfassers vor- und zwischengeschaltet (das ist nur im Prolog und an einigen anderen Stellen der Fall), sondern gewöhnlich Jesus selbst in den Mund gelegt. Die Reden Jesu im vierten Evangelium dürfen also nicht als Bandaufnahme betrachtet werden. Meistens sind echte Jesusworte entfaltet und ausgebaut. Wir müssen sie also nicht nur als Worte Jesu, sondern zugleich als Worte über Jesus vernehmen. Erst dann haben wir diejenige Haltung des Hörens und Lesens eingenommen, die der Gattung des Johannesevangeliums entspricht.

Die Apostelgeschichte verwertet gutes geschichtliches Material, will aber zugleich eine theologische Deutung der Zeit zwischen Auferstehung und Wiederkunft des Herrn sein, also der »Zeit der Kirche«. Die Deutung geschieht vor allem durch die Auswahl und Anordnung des Stoffs. Die Zeit der Kirche ist die Zeit der Ausbreitung der Botschaft in die ganze Welt, also die Zeit der Mission. Wir dürfen also über den mitgeteilten Ereignissen nicht die umfassendere Botschaft des Buches überhören, denn auf sie kommt es hauptsächlich an, und sie gilt auch uns unmittelbar.

Mit den angeführten Beispielen sind bei weitem nicht alle erzählenden Gattungen der Bibel gekennzeichnet. Doch sind wohl die wichtigsten genannt, vor allem auch die, an die man sich als Mensch unserer Zeit erst gewöhnen muss, ehe man auch ihren positiven Wert empfindet. Denn manche Aussagen, die in der Bibel gemacht werden, ließen sich kaum so dicht und unmittelbar in den Gattungen machen, mit denen wir heute hantieren.

Vertrautheit mit Gott

Die Vielheit und geschichtliche Bedingtheit der biblischen Gattungen sind nur ein einziger Aspekt an der »Menschlichkeit« der Bibel. So könnte man jetzt in ähnlicher Weise noch auf andere Aspekte eingehen, etwa auf die Unterschiede des Lebensgefühls, wie sie uns vor allem im Alten Testament begegnen. Aber die Probleme der erzählenden Gattungen sind heute die vordringlichsten, und sieht man in diesem Bereich einmal klar, dann findet man schon leichter den Weg allein weiter. Deshalb haben wir vorgezogen, die Gattungen ausführlich zu behandeln und dafür andere Fragen nicht mehr im Einzelnen zu berühren.

Was Sie über die Gattungen erzählender Texte in der Bibel gelesen haben, bezieht sich alles auf die Bibel als »Menschenwort«. Was geschieht eigentlich über unser menschliches Verstehen des menschlichen Bibelworts hinaus? Denn etwas darüber Hinausgehendes muss doch geschehen, damit die Bibel sich uns auch als »Gotteswort« kundtut!

Zunächst lässt sich sagen, dass das uns in der Bibel mitgeteilte Wort ein »sicheres« Wort ist. Viele Texte der Weltliteratur deuten uns unser Dasein und das umfangende göttliche Mysterium, darin das Dasein gründet. Aber der Text der Bibel deutet es mit Sicherheit, weil das daraus an uns andringende Menschenwort zugleich Gotteswort ist. Die Sicherheit unseres an der Bibel immer neu lebendig werdenden Glaubens erwächst nicht daraus, dass sie Menschenwort, sondern daraus, dass sie Gotteswort ist.

Dazu kommt noch etwas anderes: Wenn wir verstehen, was jemand zu uns sagt, dann verstehen wir zugleich ihn, den Sagenden. Unser Verstehen geht direkt auf das Ausgesagte, indirekt aber zugleich auf den Sprecher. Und eigentlich kommt es auf das Sich-Verstehen unter uns Menschen mehr an als auf das Verstehen einer Sache. Die Verständigung über eine Sache ist nur die Gelegenheit oder der Vorwand, damit das personale Sich-Verstehen zustande kommt. Die Liebe steht über der Erkenntnis. Allerdings ist der Mensch so gebaut, dass man niemals zum Sich-Verstehen kommt und auf die Dauer nicht im Sich-Verstehen bleibt, wenn man nicht immer wieder über »etwas« spricht und »etwas« versteht, was der andere sagt. Das Reden über »etwas« ist der Raum, in dem allein das Sich-Verstehen möglich ist. Das Reden und Verstehen von »etwas« ist die Voraussetzung der menschlichen Vertrautheit.

Dieses grundlegende Gesetz gilt auch für unsere Beziehung zu Gott. Wir kommen in personalen Kontakt mit Gott, wir verstehen »ihn«, wir kommen ins Einverständnis mit ihm nur dadurch, dass er uns »etwas« sagt und wir das Gesagte verstehen. Er sagt es uns in der Bibel, und dadurch werden wir mit ihm vertraut. Damit aber die Vertrautheit mit Gott weiterleben kann, damit sie wächst und immer mehr an Tiefe gewinnt, muss sie ständig weiter im Raum des Redens über »etwas«, des Hörens auf das, was Gott uns sagt, bleiben. Als diesen Raum, in dem unsere personale Beziehung zu Gott bleibend wird, hat uns Gott die Heilige Schrift gegeben. An dem »Etwas«, wovon da die Rede ist, ändert sich nichts, ob ich es als Wort der biblischen Verfasser oder als Wort Gottes betrachte. Der Sinn bleibt sich gleich. Gott sagt uns genau das, was die Verfasser uns sagen wollten, nicht mehr und nicht weniger. Aber dass nicht nur ein Mensch das sagt, sondern Gott, das allein ändert alles völlig. Beim Lesen der Gedanken Platons verstehe ich, was Platon schrieb und gelange dabei auch über die Jahrhunderte hinweg in eine gewisse Vertrautheit mit Platon. Ich verstehe ihn. Aber das heißt, dass ich wieder einen Menschen verstehe. Der innerweltliche Zauberkreis ist nicht gesprengt. Beim Lesen der Bibel ist er aufgesprengt. Ich lese Menschenwort. Ich verstehe es. Zugleich verstehe ich den Menschen, der es schrieb. Doch nicht nur ihn. Ich verstehe Gott. Ich gelange ins Einverständnis mit Gott und in die Vertrautheit mit Gott. Das gibt es nur bei der Bibel und bei keinem anderen Menschenwort.

Prof. Dr. Norbert Lohfink S.J.

14.

Der biblische Schöpfungsbericht

»Das Ende der Dinge und ihr Anfang
sind unwiderruflich verborgen
in einem unerforschlichen Geheimnis.«

Blaise Pascal

Wie weit kann man heute eigentlich der Bibel noch glauben? Diese Frage
spitzt sich vor allem bei dem Schöpfungsbericht der Bibel zu. Er spricht
von einer Schöpfung der Welt und aller Lebewesen in sechs Tagen. Für
uns steht heute eindeutig fest: Die Entstehung unserer Welt zieht sich
durch Jahrmillionen hin. Das Alter der Erde beträgt fünf bis zehn Milliarden Jahre. Menschen gibt es auf unserem Planeten nach wissenschaftlichen Erkenntnissen bereits seit einer Million Jahre. Skelettfunde
zwingen immer wieder dazu, das Alter des Menschen noch früher anzu-
setzen. Die Angaben einzelner Naturwissenschaftler schwanken noch,
aber das eine ist sicher: Das Alter der Erde und der Menschheit liegt in
dieser Größenordnung. Können wir also auf Grund unserer naturwissenschaftlichen Kenntnisse von der Weltentstehung der Bibel noch glauben?

In Kapitel 13 wurden grundsätzliche Fragen des Schriftverständnisses
erörtert. Diese gelten auch für das Verständnis des biblischen Schöpfungsberichts. Allem voran ist zu beachten: Die Bibel ist kein Naturkun-
debuch und kein Geschichtsbuch. Sie will keine naturwissenschaftlichen,
sondern theologische Aussagen machen; deshalb ist schon von daher
nicht zu vermuten, dass sich biblische und wissenschaftliche Aussagen
widersprechen. Der Bibel geht es um philosophisch-theologische Antworten auf die Urfragen der Menschheit: Woher kommt letztlich die
Welt? - Woher kommt das Böse und das Leid in der Welt?

Die Antworten darauf sind auch für uns heute noch gültig, wenn wir die
eigentliche Aussageabsicht der biblischen Texte im Auge behalten. Sie
ist unabhängig davon, dass der Schöpfungsbericht vor etwa 2 500 Jahren
niedergeschrieben wurde, dass die biblischen Schriftsteller einem ande-

ren Kulturkreis angehörten und ein Weltbild vor Augen hatten, das von unserem grundlegend verschieden ist. Es ist das Weltbild der Mittelmeerkulturen etwa um das Jahr 600 vor Christus. Es entstand nach dem Augenschein: Die Erde hielt man für eine Scheibe, die – von Säulen getragen – aus dem Weltmeer ragt; das Meer begrenzt ringsum das Festland; Meer und Land überspannt das Himmelsgewölbe wie eine feste Mauer, um die Wasser des Himmels oberhalb des Gewölbes zurückzuhalten. Am Himmelsgewölbe sind Sonne, Mond und Sterne wie Laternen aufgehängt. Wenn die Schleusen des Himmels geöffnet werden, regnet es auf die Erde. Zwischen Land und Meer und dem Himmelsgewölbe ist der Luftraum.

Die Fragen, auf die der biblische Schöpfungsbericht eine Antwort geben will, werden dadurch, dass sie auf dem Hintergrund des damaligen Weltbildes beantwortet werden, in keiner Weise unglaubwürdig. Sie ließen sich auch bei Zugrundelegung unseres heutigen Weltbilds nicht anders beantworten, als wie es die Absicht der biblischen Schriftsteller war.

Schöpfungsbericht – Geschichte oder Dichtung?

Die Autoren dieser biblischen Berichte wollten in keiner Weise ein Geschehen darstellen, das sich irgendwann einmal so ereignet hat. Der Schöpfungsbericht ist kein Bericht, wie ihn ein Reporter über ein Ereignis gibt. Der flüchtige Leser könnte meinen, das Alte Testament (AT) sei als Ganzes ein Geschichtsbuch und berichte wahrheitsgetreu tatsächlich Geschehenes. In Wirklichkeit verbergen sich unter dem Kleid »Geschichte« andere Aussagearten.

Natürlich enthält das AT auch Geschichte im Sinn unserer Historiker. Aber die eigentliche Geschichte des Volkes Israel beginnt mit der Erwählung Abrahams, also im 12. Kapitel der Genesis. Wenn wir eine Jahreszahl angeben wollen, wäre das etwa um das Jahr 1750 vor Christus. Abraham war also ein Zeitgenosse des großen Königs und Gesetzgebers Hammurapi im Zweiströmeland (Mesopotamien). Bis auf diese Zeit kann sich der Verfasser der Patriarchengeschichte, der etwa um 500 bis 600 vor Christus schreibt, auf Quellen stützen. Aber auch ihm ist die Führung des Volkes Israel durch Jahwe, was als roter Faden durch die Berichte geht, wichtiger als Einzelheiten der Geschichte. Dagegen wollen die ersten elf Kapitel der Genesis keine Geschichte bieten.

Wie aber sind sie dann zu verstehen? Der Schöpfungsbericht macht *theologische* Aussagen in Form einer Erzählung.

»Am Anfang schuf Gott Himmel und Erde« (Gen 1,1)

Dieser Satz steht am Anfang des gesamten Alten Testamentes. »Im Anfang«, damit soll ein bestimmter Zeitpunkt festgehalten werden. Vor ihm liegt das Nichts. Der Anfang ist der absolute Uranfang. Damit unterscheidet sich der Schöpfungsbericht von einem Märchen. Ein Märchen beginnt mit »Es war einmal« – irgendwann in grauer Vorzeit. Hier geht es nicht um ein »Irgendwann einmal«, sondern um einen wirklichen Anfang. An diesem Anfang schuf Gott.

Gott ist schon da. Er reicht hinter diese Grenze zurück. Vergleichen wir unseren biblischen Schöpfungsbericht mit den Berichten aus Phönizien und Babylonien. Dort steht im Anfang das Urchaos, stehen unpersönliche Weltmächte. Aus diesem Urchaos steigen erst die Götter auf, und sie entwickeln sich aus dem Widerstreit der Mächte. Durch Zeugung gehen sie hervor. Eine Ahnentafel der Götterwelt wird aufgestellt. – Ganz anders der biblische Schöpfungsbericht: Gott steht souverän vor allem. Gott *wird* nicht, er *ist.* »Ehe die Berge geboren wurden, die Erde entstand und das Weltall, bist du, o Gott, von Ewigkeit zu Ewigkeit«, heißt es im Psalm 90,2.

Gott ist da. Er setzt den Anfang für Welt und Zeit. »Im Anfang schuf Gott Himmel und Erde.« Schaffen heißt im Hebräischen »bara«. Dieses Schaffen wird nur von Gott ausgesagt. Es setzt göttliche Allmacht voraus. Wenn wir vom »Schaffen« des Künstlers sprechen, so meinen wir damit, dass er z.B. das Holz oder den Ton nach seinen Ideen umgestaltet. In harter Arbeit, im Schweiße seines Angesichts wird das Werk entstehen. Das Schaffen Gottes ist anders. Mühelos bringt er seine Geschöpfe hervor. Er braucht keinen Werkstoff. Gott ruft seine Geschöpfe aus dem Nichts. Am Anfang eines jeden Tagewerks steht: »Dann sprach Gott ...«. – »So geschah es«, stellt der Schriftsteller am Ende jedes Tages fest.

Gott schuf Himmel und Erde. Dem Israeliten fehlt ein Wort für die gesamte Schöpfung: Ihm fehlt der Begriff Kosmos oder Universum. So behilft er sich mit den Begriffen Himmel und Erde. Er will damit sagen: Gott hat *alles* geschaffen, was über und was unter dem Menschen ist. Das ist die entscheidende Aussage des ganzen Schöpfungsberichts. Die folgenden Verse entfalten nur, was es heißt: »Im Anfang schuf Gott Himmel und Erde«.

Das Sechs-Tage-Werk

Die Schöpfung Gottes wird im Buch Genesis auf sechs Tage verteilt. Es fällt uns sofort die Ordnung, die klare Einteilung des Berichts auf. Sechsmal kehrt fast genau dasselbe Schema wieder: Gott sprach ... Es ward ... Es war gut. Gott gibt den Namen ... Es ward Abend, es ward Morgen, erster ... sechster Tag.

Natürlich ist mit den »Tagen« kein Zeitraum von 24 Stunden gemeint. Sie sind Schöpfungstage, also lange Zeiträume, in denen sich immer wieder Morgen und Abend abwechseln – Millionen Jahre lang; und zwar lässt der Verfasser des Schöpfungsberichtes Gott die Welt in zweimal drei »Tagen« schaffen. Wie kommt der Verfasser auf die Zahl drei? Er läßt sich dabei von einem Bauplan leiten. Für den Israeliten jener Zeit bestand die Welt aus drei Schichten, die übereinander lagen, aus drei Stockwerken: der Unterwelt, der Erde und dem Himmel. Dieses Raumschema wird für den Verfasser des Schöpfungsberichts zum Zeitschema; der Bauplan der Welt mit seinen drei Stufen zum »Bauplan«, zum Gerüst seines Schöpfungsberichts. Zweimal fügt er die drei aneinander und kommt so zum Sechs-Tage-Werk.

Wenn wir genauer hinsehen, entdecken wir: Gott schafft in den ersten Tagen durch die Trennung der verschiedenen Elemente drei große Räume: den Lichtraum durch die Trennung von Licht und Finsternis; den Luftraum durch die Trennung des Wassers oberhalb und unterhalb des Firmaments; den Raum auf der Erdoberfläche durch die Trennung von Land und Meer. Es wird sozusagen der »Rohbau« der Welt erstellt. In den folgenden drei Tagen werden die Räume ausgestattet. Dem Lichtraum werden die Gestirne zugeordnet. Die Sonne wird herrschen über den Tag, der Mond über die Nacht. Fische und Vögel beleben den Raum, der durch Trennung der Wasser entstanden ist. Der dritte Raum, die Erdoberfläche, gehört den Landtieren und den Menschen. Das wollen wir uns näher ansehen.

Schaffung des Lichts

»Gott sprach: Es werde Licht. Und es ward Licht. Gott sah, dass das Licht gut war. Gott schied das Licht von der Finsternis, und Gott nannte das Licht Tag, und die Finsternis nannte er Nacht. Es wurde Abend, und es wurde Morgen: erster Tag« (Gen 1,3-5).

Es fällt sofort auf, dass Gott zuerst das Licht schafft, oder – wie es in Vers 4 heißt – er scheidet das Licht von der Finsternis. Und das, bevor er die Lichtquellen Sonne, Mond und Sterne ins Dasein ruft. Erinnern wir uns an das zuvor Gesagte, dass der Schriftsteller alles am Schema eines Hausbaus festmacht: zuerst der Rohbau, dann die Ausschmückung. Bis ins Mittelalter hielt man zudem das Licht für eine feine Substanz, die einfach da ist und alles durchdringt. Ist es nicht auch hell, wenn wir bei Tag die Sonne nicht sehen? Der Augenschein rechtfertigt also diese Annahme. Die Scheidung von Licht und Finsternis ist der erste Schritt zur Ordnung: Tag und Nacht folgen aufeinander in genau bestimmtem Maß. Diese Ordnung wird immer bestehen.

Scheidung der Wasser

»Dann sprach Gott: Ein Gewölbe entstehe mitten im Wasser und scheide Wasser von Wasser. Gott machte also das Gewölbe und schied das Wasser unterhalb des Gewölbes vom Wasser oberhalb des Gewölbes. So geschah es, und Gott nannte das Gewölbe Himmel. Es wurde Abend, und es wurde Morgen: zweiter Tag« (Gen 1,6-8).
Erinnern wir uns an das Weltbild der damaligen Zeit. Das Himmelsgewölbe trennt die Wasser in Wasser oberhalb und Wasser unterhalb des Firmaments. Wie eine Halbkugel, die festgemauert oder aus Metall festgehämmert ist, hält das Firmament den himmlischen Ozean zurück. Unter dem Gewölbe entsteht der Hohlraum, der nach unten vom Ozean und dem Festland begrenzt wird.

Scheidung von Wasser und Land

»Dann sprach Gott: Das Wasser unterhalb des Himmels sammle sich an einem Ort, damit das Trockene sichtbar werde. So geschah es. Das Trockene nannte Gott Land, und das angesammelte Wasser nannte er Meer. Gott sah, dass es gut war« (Gen 1,9-10).
Die Erdoberfläche ist von Wasser überflutet. Auch hier schafft Gott Ordnung. Er lässt das Wasser sich sammeln an einem Ort, dem Meer. Dann tritt von selbst das trockene Land hervor. Es sind nun die großen Räume geschaffen, und Gott kann mit der Ausstattung dieser Räume beginnen. Die heutige Wissenschaft bestätigt diese Entwicklung.

Die Welt der Pflanzen

»Dann sprach Gott: Das Land lasse junges Grün wachsen, alle Arten von Pflanzen, die Samen tragen, und von Bäumen, die auf der Erde Früchte bringen mit ihrem Samen darin. So geschah es« (Gen 1,11).

Gleich noch am dritten Tag nach der Scheidung von Wasser und Land beginnt Gott mit der Ausstattung der Erde. Die Erde ist so weit bereitet, dass sie Pflanzen tragen kann. Pflanzen sind so eng mit der Erde verbunden, dass sie sozusagen zur Erde gehören. Sie sind fest in der Erde verankert, mit ihr verwurzelt. Was wir heute von der Entstehung der Fauna auf der Erde wissen, findet sich in ganz wenigen Worten in diesem Text wieder.

Die Himmelskörper

»Dann sprach Gott: Lichter sollen am Himmelsgewölbe sein, um Tag und Nacht zu scheiden. Sie sollen Zeichen sein und zur Bestimmung von Festzeiten, von Tagen und Jahren dienen; sie sollen Lichter am Himmelsgewölbe sein, die über die Erde hin leuchten. So geschah es. Gott machte die beiden großen Lichter, das größere, das über den Tag herrscht, das kleinere, das über die Nacht herrscht, auch die Sterne« (Gen 1,14-16). Israel lebt in einer heidnischen Umgebung. Die großen Kulturvölker, die Babylonier und Ägypter, verehren die Gestirne als Götter. Der Verfasser des biblischen Berichts will zeigen, dass die Gestirne gar keine Götter sind. Sie sind Geschöpfe wie alle anderen Wesen auf der Welt. Sie sind Leuchten, Lampen, Lichtquellen – aber keine Götter. Nicht einmal einen Namen erhalten sie. Durch die Umschreibung »große und kleine Leuchten« werden sie kenntlich gemacht. Sie stehen im *Dienst* unserer Erde. Sie »dienen« dazu, »Tage und Jahre« anzuzeigen und der Erde Licht zu spenden. So wird den Gestirnen aller Götterglanz genommen. Der einzige Ausdruck, der noch an »Macht« erinnert, ist: Sie sollen *herrschen* über Tag und Nacht.

Die Erschaffung der Tiere

»Dann sprach Gott: Das Wasser wimmle von lebendigen Wesen, und Vögel sollen über dem Land am Himmelgewölbe dahinfliegen. Gott schuf alle Arten von großen Seetieren und anderen Lebewesen ...« (Gen 1,20 ff.). Das war der fünfte Tag.
Erst am sechsten Tag soll die Erde Lebewesen hervorbringen, die auf der Erdoberfläche leben: Vieh, Kriechtiere, Tiere des Feldes. Sagen nicht auch heutige Forscher, dass »alles Leben aus dem Wasser« gekommen sei?
Gott segnet die Tiere mit den Worten: »Seid fruchtbar, und vermehrt euch, und bevölkert das Wasser im Meer, und die Vögel sollen sich auf dem Land vermehren« (Gen 1,22).

Für uns ist es eine Selbstverständlichkeit, dass jedes Lebewesen sich irgendwie fortpflanzt. Wir finden darin nichts Besonderes. Anders war es bei den naturverbundenen Völkern. Für sie war es ein »Wunder«, wenn aus der Vereinigung zweier Tiere neues Leben aufkeimte. Sie konnten es sich nur so erklären: Die Geschlechtskraft selber muss etwas Göttliches sein. So wurde bei den Völkern, in deren Mitte Israel lebte, die Geschlechtskraft als Gottheit verehrt. Man denke nur an die Fruchtbarkeitskulte.

Der Verfasser des Schöpfungsberichts wehrt sich gegen die Vergöttlichung der Geschlechtskraft. Er stellt ausdrücklich fest: Gott selber hat diese wunderbare Kraft, sich fortzupflanzen, in Tiere und Pflanzen hineingelegt. Was Tag um Tag geschieht, wenn neues Leben entsteht, ist nichts anderes als Gottes Auftrag, die Verwirklichung seiner Ordnung, die er in Pflanze und Tier hineingesenkt hat.

»Lasst uns Menschen machen«

»Dann sprach Gott: Lasst uns Menschen machen als unser Abbild, uns ähnlich. Sie sollen herrschen über die Fische des Meeres, über die Vögel des Himmels ... Gott schuf also den Menschen als sein Abbild; als Abbild Gottes schuf er ihn. Als Mann und Frau schuf er sie« (Gen 1,26 f.).

Ehe Gott dieses Werk beginnt, geht er gleichsam mit sich zu Rate: »Lasst uns Menschen machen«. Der Mensch ist die Krone, das Ziel der Schöpfung. Gott schafft ihn nach seinem Bild. Wir sind zwar als Geschaffene vom Schöpfer durch Welten getrennt, aber wir sind Gott ähnlich in unserem Sein und in unserem Tun. Gott ist der Herr, aber an dieser Herrschaft darf der Mensch in bestimmtem Umfang teilnehmen. Als Krone der Schöpfung steht der Mensch über allen anderen Geschöpfen. Er selbst aber steht unter der Herrschaft Gottes. Das ist die Ordnung in der Welt, wie der Schöpfungsbericht sie uns darstellt.

»Gott segnete sie, und Gott sprach zu ihnen: Seid fruchtbar, und vermehrt euch, bevölkert die Erde, unterwerft sie euch, und herrscht über die Fische des Meeres, über die Vögel des Himmels und über alle Tiere, die sich auf dem Land regen« (Gen 1,28). Er übergibt dem Menschen alle Pflanzen und Bäume, sie sollen ihm zur Nahrung dienen. Herrschen über Pflanzen und Tiere bedeutet Verantwortung, nicht Raubbau und nicht Zerstörung der Natur. Es ist unser Auftrag, Gottes Werk fortzusetzen, die Ordnung der Natur aufzuspüren und in Technik und Wirtschaft uns dienstbar zu machen. Menschliches »Herrschen« kann nur im Gehorsam gegen Gott und seinen Schöpferauftrag geschehen.

»Gott sah alles an, was er gemacht hatte: Es war sehr gut.« Ist das auch unser Urteil, wenn wir heute die Welt, die Völker, die Kriege betrachten? Von Krankheiten, Naturkatastrophen wie Überschwemmungen und Erdbeben ganz zu schweigen. Gott fand es »sehr gut«. Klingt das nicht wie Hohn?

In der gleichen Welt der Kriege, der Krankheit, des Hungers und der Bedrückung lebte das israelitische Volk. Es war der Spielball der Großmächte am Nil, an Euphrat und Tigris. Es fragt: »Warum das alles? Woher kommt das Böse, die Ungerechtigkeit, die Grausamkeit, woher kommt der Tod?« Wenn der Verfasser des Schöpfungsberichts schreibt: »Die Welt ist gut, ja sehr gut, aus der Hand des Schöpfers hervorgegangen«, wie kommt dann das Unheil in die Welt? Auf diese Frage will der Sündenfallbericht eine Antwort geben.

Der Sündenfallbericht

Woher kommt das Unheil? Die biblischen Schriftsteller sagen: Zu jeder Zeit sündigen die Menschen. Sie lehnen sich auf gegen Gottes Gebot. Sie wollen immer mehr vom Leben, mehr Freude, mehr Lust. In dieser Gier setzen sie sich über die Ordnung in der Natur hinweg. Sie halten sich selber für das Maß aller Dinge.

Die Verfasser der Genesis schließen nun: In allen Menschen ist von Anfang an die Auflehnung gegen Gott in der Sünde. Pflanzen und Tiere folgen notwendig den Gesetzen ihrer Natur. Die Unordnung kann nur dort in die Schöpfung eingebrochen sein, wo ein Wesen die Möglichkeit hat, sich gegen die Ordnung zu stellen. Nur an dieser einen Stelle war die Schöpfungsordnung verwundbar: in der personalen Freiheit des Menschen. Nur der Mensch konnte sich in freier Entscheidung gegen Gott stellen und durch diese Tat das Böse in die Schöpfung einlassen. Zu dieser Erkenntnis sind also die biblischen Verfasser nicht nur durch Erleuchtung Gottes, durch Offenbarung, gekommen, sondern auch durch ihr Nachdenken.

Die literarische Gattung des Sündenfallberichts

Die biblischen Verfasser kannten die Menschen, für die sie schrieben; und so kleiden sie ihre Aussage in eine Geschichte, ein Drama. Was wir im Sündenfallbericht lesen, will kein Bericht sein. Es ist nicht wirklich so geschehen, wie es dargestellt wird. Es ist also müßig zu fragen, wie es möglich war, daß die Schlange reden konnte, oder zu fragen, was für eine Frucht es war, die Adam und Eva aßen. Der Sündenfallbericht gehört wie der Schöpfungsbericht in die literarische Gattung der epischen Geschichte und der Volksüberlieferung.

Erinnern wir uns an den biblischen Bericht: Gott, der Herr, bildet den Menschen aus dem Staub der Erde und haucht ihm den Odem des Lebens ins Angesicht. Gott bringt den Menschen in einen Garten, in dessen Mitte der Baum der Erkenntnis und der Baum des Lebens steht. Der Mensch erhält das Gebot: »... vom Baum der Erkenntnis von Gut und Böse darfst du nicht essen, sonst mußt du sterben« (vgl. Gen 2,17). Der Mensch ist einsam. Gott schafft aus der Rippe des Menschen Eva. Die Schlange versteckt sich auf dem Baum der Erkenntnis und verführt Eva zum Essen der Früchte. Ihr Versprechen: Ihr werdet sein wie Gott. Eva isst, sie gibt auch ihrem Mann zu essen. Adam und Eva erkennen, dass sie nackt sind. Es folgt das Verhör, der Urteilsspruch über die Schlange, Frau und Mann und die Vertreibung aus dem Paradies.

Die Sünde entzweit mit Gott. Die Sünde entzweit aber auch die Menschen untereinander. Der Mann beschuldigt die Frau, die Frau wälzt die Schuld auf die Schlange ab, die Strafe besteht schließlich in der Vertreibung aus dem Paradies. Stellt das Paradies die innige Lebensgemeinschaft des Menschen mit Gott dar, so bedeutet die Vertreibung aus dem Paradies den Verlust dieser Gemeinschaft mit Gott mit all den Konsequenzen: Für die Frau Beschwerden bei der Mutterschaft und Schmerzen bei der Geburt (Gen 3,16), für den Mann Mühsal und Plage. Am Ende eines mühevollen Lebens steht für alle der Tod (Gen 3,17-19). Er ist die Konsequenz der Trennung von Gott.

Mythische Bilder liefern den Stoff für diese Erzählung

Wie kommt nun der Verfasser dazu, den Sündenfall, das Nein des Menschen gegen Gott, gerade in diese Erzählung einzukleiden? Warum erfindet er nicht eine andere? Weshalb spielen in der Erzählung die Schlange, der Baum, der Garten eine besondere Rolle? Die Antwort: Der biblische Verfasser verwendet mythische Bilder der heidnischen Nachbarreligionen, um in diesen Bildern seine theologischen Aussagen zu machen. Der Verfasser schreibt aber nicht einfach ab. Er übernimmt nicht einfach

Mythen aus Babylonien und Phönizien. Er »entmythologisiert« bereits, das heißt, er übernimmt nur das Bild, die Schale, und gibt ihr einen neuen theologischen Inhalt. Oft übernimmt er das Bild nur deshalb, um zu zeigen, dass seine Aussagen ganz anders sind.

In einem alten babylonischen Epos heißt die eindeutige Antwort auf die Frage: »Woher kommt das Böse in der Welt?«: Das Böse kommt von den Göttern. Ein Gott, der Unrecht getan hatte, hat damit Fluch über das ganze Göttergeschlecht gebracht. Um sich davon zu befreien, wird er getötet, aus seinem Blut und aus seinem Lehm wird der Mensch geknetet, und die Schuld des Übeltäters, das Böse, geht auf diesen Menschen über.

Dagegen wendet sich der biblische Verfasser. Er übernimmt das Bild des babylonischen Mythos. Aber er macht genau die entgegengesetzte Aussage: Der Mensch ist gut! Gott hat ihn geschaffen aus dem guten, fruchtbaren Ackerboden, der Adama. Gott hat das Böse nicht in ihn hineingelegt. Das Böse kommt erst später dazu. Das Böse kommt vom Menschen. Er lässt sich von außen zum Bösen verführen.
Wer war nun diese böse Macht, die den Menschen verführt? Wie soll der Verfasser das darstellen? In seiner Umwelt findet er ein Bild, das das Böse, den Fluch, verkörpert: die Schlange.

Die Schlange – das Bild für das Böse

Das Volk Israel hatte das Land Kanaan erobert und war dort sesshaft geworden. Die Bewohner Kanaans waren Heiden, die die Schlange als heiliges Tier verehrten, das hoch aufgerichtet dargestellt wurde und Leben und Fruchtbarkeit verlieh.
Die Schlange stand für das Heidentum und seine Kultgebräuche. Immer wieder war Israel versucht, in diesen Götzenkult zurückzufallen. Israel hat in seiner Geschichte erfahren: Immer, wenn es sich dem Götzenkult zuwendet, bricht Unheil und Not über das Volk herein. Die Schlange wird also für Israel zum Zeichen des Bösen. Diese Erfahrung wird zurückverlegt bis in das Paradies. Auch dort haben die Menschen sich von Gott abgewandt und vom Bösen verführen lassen. Dieses Böse tritt – genau wie an die Israeliten in Kanaan – in der Gestalt der Schlange an die ersten Menschen heran. Darin lag zugleich eine Mahnung an das Volk, sich nicht mit dem Schlangenkult der Kanaaniter einzulassen: Wer sich der Schlange zuwendet, verfällt dem Verderben so wie unsere Stammeltern im Paradies.

Das Bild vom Baum

Im Orient ist der Baum das Sinnbild des Lebens und der Fruchtbarkeit. Wo im Orient ein Baum wächst, da ist Wasser, da ist Schatten, da kann Leben gedeihen. Der Mensch darf vom Baum leben. Nur vom Baum der Erkenntnis von Gut und Böse zu essen, ist ihm verwehrt. Erkenntnis aller Dinge ist Machtsteigerung ist Lebenssteigerung. Aus *eigener Kraft* will er sie erreichen, der Mensch will Gott gleichen. Die Sünde des Menschen besteht darin, dass er Gott beiseite schiebt: Ich brauche dich nicht, ich kann mein Leben allein gestalten, ich kann allein mein Glück finden und sichern. Die Frucht vom Baum der Erkenntnis soll ihm diese Macht sichern. So hat es ihm die Schlange versprochen.

Exegetische Erklärungen zum Text

Die Erschaffung des Menschen

Aus der Art und Weise, wie Gott den Menschen schafft, geht hervor, was der Mensch seinem Wesen nach ist. Er ist geformt aus der Erde des Ackerbodens, und Gott blies ihm den Lebensatem in die Nase (Gen 2,7). Damit sind die beiden Elemente genannt, die zum Menschen gehören. Mit seinem Körper ist er der stofflichen Welt zugehörig. Mit seinem Geist kommt er von Gott.

Es ist klar, dass der Verfasser keine naturwissenschaftliche Aussage über die Entstehung des Menschen geben will. Er gräbt tiefer. Er sagt uns etwas über das Wesen des Menschen. Wir brauchen deshalb von der Bibel her keine Schwierigkeiten zu haben, die »Formung« des Menschen aus dem Staub der Erde als einen jahrtausendelangen Prozeß anzusehen, in dessen Verlauf der Mensch mit dem Tier gemeinsame Ahnen hatte.

Die Erschaffung der Frau

Bei der Erschaffung der Frau wird noch einmal deutlich, dass ein wesentlicher Unterschied zwischen Mensch und Tier besteht. Alle Tiere ziehen an Adam vorbei, er gibt ihnen ihre Namen. Das kann er nur, weil er sie an ihrem Wesen erkennt, denn der Name ist nicht nur ein Wort. Adam findet unter den Tieren keine Hilfe, die zu ihm gepasst hätte. Zugleich wird in den Versen Gen 2,18-20 der Tierkult der heidnischen Umwelt angegriffen. Das Tier steht unter den Menschen. Es kann also nie Gott sein. Was bedeutet das Bild von der Erschaffung der Frau aus der Rippe des Mannes? Gott hätte doch Eva genau wie Adam aus Erde schaffen können. Warum diese unglaubwürdige Geschichte: »Da ließ Gott, der Herr, einen tiefen Schlaf auf den Menschen fallen ..., nahm eine seiner Rippen und verschloss ihre Stelle mit Fleisch. Gott, der Herr, baute aus der Rippe, die er vom Menschen genommen hatte, eine Frau und führte sie dem Menschen zu« (Gen 2,21-22).

Diese merkwürdig klingende Geschichte soll eines klarmachen: Mann und Frau sind beide ihrem Wesen nach dasselbe, volle und ganze Menschen. Das war für die damalige Zeit durchaus nicht klar. Die Frau wurde als minderwertig und unter dem Mann stehend betrachtet. Mit dieser Vorstellung räumt der Verfasser auf. Die Frau ist von gleicher Art wie der Mann, genauso Mensch. Darum rief Adam aus: »Da endlich ist Bein von meinem Bein und Fleisch von meinem Fleisch. Frau soll sie heißen; denn vom Mann ist sie genommen« (Gen 2,23).

Steht am Anfang ein Elternpaar?

Nach Genesis 2,7 schafft Gott zunächst einen Menschen, einen Mann. Aus diesem Mann geht die Frau hervor. Ist das nur ein Bild, oder soll damit die theologische Aussage gemacht werden: Am Anfang gab es nur *einen* Menschen. Er soll die Wurzel der ganzen Menschheit sein?

Damit erhebt sich die Frage: Stammt die Menschheit von einem Elternpaar ab, oder ist es möglich, dass mehrere Menschen unabhängig voneinander »auftreten«? Eine naturwissenschaftliche Frage, auf die wir keine Antwort aus der Bibel erwarten dürfen. Mit dem Text der Genesis lässt sich weder für noch gegen die eine oder andere These ein Argument herleiten. Ein Teil der Exegeten ist der Ansicht, dass der Paradiesbericht einen strengen Monogenismus (Abstammung der Menschheit von einem einzigen Menschenpaar) vertritt. Ein anderer Teil ist der Ansicht, dass die Formung des Adam aus der Erde und die Schaffung der Eva aus einem Teil Adams nur ein Bild sei. Danach will der Schöpfungsbericht nicht aussagen, *wie* der Mensch entstanden ist, sondern *was* der Mensch ist. Die Frage nach der Abstammung des Menschen bleibt also offen. Adam, das heißt übersetzt »der Mensch«, wäre nach diesen Exegeten nicht Benennung eines einzelnen Menschen, sondern ein Gattungsbegriff. Von der Exegese des Schöpfungsberichts her sind beide Deutungen möglich.

Fassen wir zusammen: Der Bericht von Schöpfung und Sündenfall ist eine Einkleidung theologischer Wahrheiten in ein erzählerisches Gewand. Es geht vor allem um drei große Themenbereiche: den Hervorgang alles Geschaffenen aus der Hand Gottes; den Ursprung des Bösen in der Welt aus der Freiheit des Menschen; und schließlich: Was ist der Mensch?

Der Mensch, der nach dem Bilde Gottes gestaltet ist, spricht schon im Anfang seiner Existenz das Nein zum Willen Gottes und zerstört damit die Harmonie der Schöpfung. Gott zieht sich vom Menschen zurück, aber nicht für immer. Er überlässt den Mensch nicht sich selbst und seiner quälenden Einsamkeit. Er kümmert sich um ihn (vgl. Gen 3,21).

P. Stefan Krenzer OFM

Der Schöpfungsglaube und die Evolutionstheorie

Wer fragt, ob die Ergebnisse der Naturwissenschaften den Überzeugungen des christlichen Glaubens widersprechen oder mit ihnen vereinbar sind, kann darauf ganz allgemein oder auch geschichtlich konkret antworten.

Ganz allgemein kann gesagt werden: Es sollte eigentlich kein Gegensatz bestehen; denn letztlich kann es nur eine Wahrheit geben, insofern der Mensch überzeugt ist, dass es einen Gott gibt, der alle Wahrheit in sich vereint. Aber auch einem Menschen, der nicht an die Existenz Gottes glaubt, kann man klarmachen, dass im Grund kein Widerspruch zwischen Wissenschaft und Glaube bestehen kann; denn die Naturwissenschaften handeln von anderen Erkenntnisobjekten als der Glaube. So untersuchen die Naturwissenschaften zum Beispiel die Welt und alles, was darin ist, insofern es messbar, sichtbar ist. Die Naturwissenschaften sind Maß-Wissenschaften.

Gott kommt aber in dieser Welt als messbarer Gegenstand nicht vor, weil er reiner Geist ist und nur Materielles messbar ist. Die Naturwissenschaften können daher mit ihrer Methode weder einen Beweis für die Existenz Gottes erbringen noch einen Gegenbeweis antreten. Zur Erkenntnis der Existenz Gottes können wir entweder durch philosophische Überlegungen kommen oder durch die glaubende Zustimmung zu den Aussagen einer Offenbarungsquelle, soweit diese uns glaubhaft nachgewiesen ist.

Zuweilen machen die Naturwissenschaften und der Glaube Aussagen über denselben Gegenstand. So stellen die Naturwissenschaften Theorien auf, wie das Weltall durch Urknall entstanden sei, wie sich das Leben entwickelt und in mannigfaltige Formen entfaltet habe und wie schließlich der Mensch durch Evolution entstanden sei. Die Bibel spricht hingegen von der Welt als ganzer und von den Lebewesen einschließlich des Menschen als Schöpfung Gottes. Auch hier lässt sich noch ganz allgemein sagen, dass diese Aussagen nicht gegen das Widerspruchsprinzip verstoßen, da beide Aussagen über denselben Gegenstand unter je anderer Rücksicht sprechen. Die Naturwissenschaften untersuchen die Welt als Phänomen, wie sie beobachtet werden kann, der christliche Glaube kündet die Botschaft von der Welt, die ihren letzten Urgrund im Schöpfer hat. Schöpfer und Schöpfung sind nun aber keine naturwissenschaftlich verifizierbaren Begriffe, die daher auch nicht von den Naturwissenschaften als falsch erwiesen werden können.

Andererseits ist beispielsweise die Frage nach der Schwerkraft oder nach dem heliozentrischen oder geozentrischen Sonnensystem nicht von der Theologie her, sondern mit naturwissenschaftlichen Methoden und Argumenten zu beantworten.

Auch wenn diese grundsätzlichen Überlegungen zutreffen, so hat es im Lauf der letzten Jahrhunderte immer wieder Gegensätze zwischen den Aussagen der Naturwissenschaften und den Lehren des christlichen Glaubens gegeben. Die Ursachen für diese Gegensätze sind von zweierlei Art. Erstens werden die *methodischen* Grenzen entweder der Naturwissenschaften oder auch der Aussagen der Offenbarungsquellen nicht gewahrt. Es liegen also Grenzüberschreitungen von beiden Disziplinen vor.

Als Beispiel einer solchen Grenzüberschreitung der Naturwissenschaften sei ein Text R. W. Kaplans »Der Ursprung des Lebens« zitiert. Unter der Überschrift »Einige weltanschauliche Konsequenzen« heißt es dort: »Nach den bisher erarbeiteten Ansichten ist die Fähigkeit, belebte Systeme zu entwickeln, allein in einer Struktur und in ihren möglichen Wirkungen gegeben. Übernatürliche Faktoren erscheinen überflüssig. Es gibt keinerlei Anzeichen für sie.«
R. W. Kaplan, emeritierter Professor der Mikrobiologie, kann den letzten Satz mit keiner naturwissenschaftlichen Methode beweisen. Es ist eine Banalität, muss aber gesagt werden: Mit naturwissenschaftlicher Methode kann man nur »natürliche« Ursachen bestimmen und erkennen; übernatürliche Ursachen überschreiten einfach die Erkenntnismöglichkeiten des Naturwissenschaftlers. Eigentlich müsste der Satz lauten: Ob noch andere als naturwissenschaftlich erkennbare Ursachen bei der Entstehung des Lebens eine Rolle spielen, darüber kann der Naturwissenschaftler selbstverständlich keine Aussage machen, weil es seine Erkenntnismethode überschreitet.

Aber auch von gläubigen Christen werden heute Grenzüberschreitungen vollzogen. So hat sich in den Vereinigten Staaten eine ganze Phalanx von »Creationists« gebildet, die gegen die Evolutionstheorie Sturm laufen. Dazu zählen einige Freikirchler, Zeugen Jehovas und die Fundamentalisten der Bibelauslegung. Sie nehmen den Schöpfungsbericht der Bibel buchstäblich und als naturwissenschaftliche Aussage. Das ist aber gegen die moderne wissenschaftliche Exegese. Schon ein Vergleich der beiden Schöpfungsberichte in Genesis 1 und Genesis 2 zeigt, dass es sich nicht um naturwissenschaftliche Aussagen handeln kann, weil die Erzählungen sich auf der dann in Frage kommenden Ebene zum Teil widersprechen. Die Aussageabsicht dieser Kapitel ist es, aufzuzeigen, dass alles, was existiert, sein Dasein dem schöpferischen Willen Gottes verdankt, und darüber hinaus, dass es kein dualistisches Prinzip des Bösen gibt, wie benachbarte Religionen es glaubten, sondern dass das Böse durch die freie Tat der Geschöpfe zustande kam.

Aussagen der Bibel missverstanden

Eine zweite Quelle für das Entstehen von Gegensätzen zwischen Naturwissenschaften und Glauben liegt in der Begrenztheit und Mangelhaftigkeit unserer menschlichen Erkenntnis. Diese Möglichkeit besteht sowohl für die naturwissenschaftliche Erkenntnis als auch für theologische Aussagen. Der Galileische Streit, ob die Erde stillsteht und die Sonne sich bewegt oder umgekehrt, ist nach moderner astronomischer Erkenntnis völlig gegenstandslos. Es dreht sich sowohl die Erde um sich selbst (Tag/Nacht) als auch die Sonne um sich selbst. Es dreht sich die Erde in einer Bahn um die Sonne (Jahr), und die Sonne dreht sich mit ihren neun Planeten in 220 Millionen Jahren um das Zentrum unserer Milchstraße in einer riesigen Umlaufbahn. Außerdem ist weder die Erde noch die Sonne im Zentrum des Kosmos, sondern unser Sonnensystem befindet sich am Rand unserer Milchstraße, und diese ist eine Galaxie unter Milliarden anderer im Weltall, die sich alle in einer Fluchtbewegung voneinander befinden.

In der katholischen Kirche hat es neben dem Fall Galilei die größten Auseinandersetzungen zwischen Naturwissenschaft und Glauben in der Frage der Evolutionstheorie und der Schöpfung gegeben. Im Lauf der Geschichte sind drei unterschiedliche Positionen dazu bezogen worden. »Entweder Schöpfung oder Evolution« heißt die erste Position, und zwar so, dass das eine das andere ausschließt. Viele Naturwissenschaftler meinen auch heute noch, wenn die Frage nach der Evolution naturwissenschaftlich beantwortet sei – und was die Tatsachen von Evolution betrifft, so ist sie geklärt –, dann sei die Frage von der Erschaffung von Lebewesen hinfällig. Der dialektische Materialismus lehnt Schöpfung in der Evolutionsproblematik sowieso ab, weil es nach atheistischer Überzeugung keinen Schöpfer gibt. Da viele Naturwissenschaftler nur den eingeschränkten Begriff der Erschaffung aus dem Nichts kennen, der bei der Evolution nicht ohne weiteres angewandt werden kann, sie aber fast nie etwas von creatio continua, der dauernden schöpferischen Erhaltung im

Sein, gehört haben, wird man hier eher von philosophischer Unkenntnis als von der Ablehnung der Schöpfung reden können.

Wie schon erwähnt, gibt es aber auch die umgekehrte Position, dass Schöpfung angenommen und deshalb Evolution ausgeschlossen wird. Wortführer ist der Amerikaner A. E. Wilder-Smith, der den Alleinvertretungsanspruch des darwinistischen Evolutionsmodells und die Rolle des Zufalls darin angreift, aber daraus »einen neuen und völlig unangebrachten Kreuzzug gegen die Evolution schlechthin« macht, wie der Biologe Joachim Illies schrieb.

In seinem Buch »Die Naturwissenschaften kennen keine Evolution« versucht Wilder-Smith, die Argumente der Evolutionstheorie zu widerlegen. In Wirklichkeit – auch wenn er vordergründig naturwissenschaftlich argumentiert – steckt ein fundamentalistisches Missverständnis der Bibelaussagen dahinter und die Überzeugung, wer Evolution vertrete, müsse notwendig Atheist sein. So wird die Evolutionstheorie in sich mit ihrer ideologischen Fehlform atheistischer Prägung verwechselt und attackiert. Teilhard de Chardin hat gesagt, dass man Evolution annehmen und zugleich gläubiger Christ sein kann, dass also das eine das andere nicht ausschließt. Wir haben eingangs gesehen, dass Schöpfung kein naturwissenschaftlicher Begriff ist, sondern ein philosophisch-theologischer und von daher den Zugang zu einer ganz anderen Betrachtungsweise eröffnet, die naturwissenschaftliches Forschen an dem Phänomen in keiner Weise einschränkt.

Ein Gott der Naturgesetze und ihrer Dynamik

So kommt man zur zweiten Position, die man in der Kurzformel zusammenfassen könnte: Sowohl Schöpfung als auch Evolution. Sie wird von den meisten christlichen Kirchen vertreten. Illies hat diese Position immer und immer wieder vorgetragen. In seinem Buch »Schöpfung oder Evolution« entwirft er seine Komplementäritätstheorie. »Im Komplementären des Sowohl-Als-auch« versucht Illies, die sich ausschließenden Positionen aufzulösen. Das ist sicher ein Erkenntnisfortschritt gegenüber der ersten Position, und richtig daran ist, dass beide Ebenen, die philosophisch-theologische und die naturwissenschaftliche, einander nicht ausschließen, sondern ergänzen. Aber damit allein ist unserem Verlangen nach denkerischer Synthese nicht Genüge getan.

Philosophisch lässt sich aufzeigen, daß alle Lebewesen als kontingente Wesen ständig der erhaltenden Schöpferkraft Gottes bedürfen. Darum wäre das Ineinander von Schöpfung und Evolution am besten und klarsten dadurch ausgedrückt, indem man sagt: Gott erhält die Lebewesen im Sein, und sein Schöpfungsakt setzt sich fort in der Zeit. Phänomenologisch zeigen sich die Lebewesen in Evolution befindlich. Schöpfung geschieht in der Form von Evolution. Die Kurzformel kann dann nicht mehr lauten: »Schöpfung oder Evolution«, auch nicht »Schöpfung und Evolution«, sondern »Schöpfung in Evolution«.

Lässt sich dieser Entwurf mit den Aussagen der Bibel in Einklang bringen? Auszugehen wäre von dem Bild Jahwes als Gott der Geschichte Israels, der also nicht nur am Anfang des auserwählten Volkes steht, sondern mit ihm durch sein ganzes Werden geht. Er ist der Gott des Heils, der sein Volk auf seinem Zug durch die Wüste und die Gefangenschaft begleitet, es also nicht allein lässt. Dieser Gott der dauernd liebenden Gegenwart ist im Zusammenhang der Naturgeschichte ein Gott, der eine *werdende* Welt schafft, der alles in den Samen legt und die Schöpfung sich entfalten lässt, der Gott der Gesetze der Natur und ihrer Dynamik. Die Dynamik Gottes zeigt sich in der Geschichte des Kosmos bis hin zum Lebendigen. Erst in der modernen Gesamtschau der Evolution, vom Werden der ersten Atome, Moleküle, Sonnensysteme, Milchstraßen bis hin zum Leben und der Personalität des Menschen, lässt sich heute erahnen, wie groß das Urbild *Gott* sein muss, wenn die Abbilder schon so großartig sind.

Prof. Dr. Rainer Koltermann S.J.

15.

Zeichen von Gottes Nähe

»In kurzlebigen Dingen vermag
der Mensch Dauerndes zu entdecken,
im Zeitlichen Ewiges
und in der Welt Gott.«

Leonardo Boff

Zeichen – Symbole – Riten

Dinge reden

Ein Kind setzt große und kleine Klötzchen aufeinander und nebeneinander. »Das da, das ist der Papa, das da die Mama, und das kleine Klötzchen ...« Kinder leben noch in einer anderen Welt. Für sie können selbst »tote Dinge« lebendig werden.

Erwachsene sind da »nüchterner«. Und doch wieder nicht. »Hier, bei einem Ausflug in diese Gegend, hat alles begonnen. Es war Liebe auf den ersten Blick. Immer wieder kommen wir gern hierher zurück.« Andere Leute finden nichts an dieser Gegend. Für zwei Menschen aber ist sie voller Erinnerung. Glück wird für sie gegenwärtig. Sie hebt die Vergangenheit auf, weckt zärtliche Gefühle.

Oder: Wer kennt nicht die Wohnung älterer Menschen. »Oma, warum schmeißt du denn nicht endlich den Lampenschirm auf den Müll? Du hast doch wirklich Geld für einen neuen. Das Zimmer würde gleich ganz anders aussehen!« – »Nein, den hat mir mein Mann zum dritten Hochzeitstag geschenkt. Fünfzig Jahre ist das nun schon wieder her. Was war er doch für ein guter Mensch ...«

Es gibt nichts, das einem Menschen nicht mehr bedeuten kann, als es »an sich« wert ist: eine Kerze, eine Landschaft, ein Lampenschirm, ein Stein, ein Ring, eine Halskette, ein Foto ... Man kann sagen: Die Dinge verlieren für uns ihr Eigendasein, sie verwandeln sich. Sie werden durchsichtig auf Tieferes, Höheres und Wertvolleres hin. Unter vielen Dingen, die gleich aussehen, kann gerade eines höchst bedeutungsvoll sein.

Worte und Gesten wirken

Aber nicht nur bei Dingen ist das so. Wir verfügen über viele Gesten und Redewendungen, die weit mehr sind als nur eine Handbewegung oder eine Wortkombination: sie können ärgern und trösten, verletzen und heilen, Nähe schaffen und auf Distanz gehen.

Wenn Menschen miteinander in Beziehung treten, finden sie dafür sichtbare und hörbare Zeichen: sie geben sich die Hand, schreiben sich Briefe, sprechen miteinander, werfen sich vielsagende Blicke zu. Man kann schon an diesen Zeichen ablesen, wie zwei Menschen innerlich zueinander stehen.

Das Geständnis »Ich liebe dich« ist weit mehr als eine Feststellung oder sachliche Mitteilung. Dieses Sätzchen besitzt, wenn es »ankommt«, große Macht. Es kann dem geliebten Menschen wirklich »alles« bedeuten. Und wenn zwei Menschen auf dem Standesamt oder vor dem Altar die Ringe tauschen, dann wechseln nicht bloß zwei Edelmetalle ihre Besitzer. Der Materialwert ist nebensächlich. Auf das Zeichen des Ringtausches kommt es an: Ich schenke dir mein Vertrauen, meine Liebe, ich will dir treu sein, wir beide vertrauen uns einer gemeinsamen Zukunft an.

Hinzu kommt nun noch: Diese Zeichen in Wort oder Tat zeigen nicht nur etwas an (»So, nun könnt ihr alle sehen, wie gern wir uns haben!«), diese Zeichen *bewirken* und *vertiefen* gleichzeitig, was sie andeuten: Liebe und Zuneigung. Aus Erfahrung wissen wir: Eine Auseinandersetzung kann durch ein versöhnendes Zeichen der Sympathie oder Liebe aufgearbeitet werden. Mehr noch: Die Liebe wächst durch diese Worte und Gebärden. Sie wird vertieft und noch reicher gemacht.

Wir Menschen sind also fähig, durch einfache Worte oder Gesten unendlich viel zu sagen, mitzuteilen, in Bewegung zu setzen, zu bewirken. Nur so können wir unserem Innenleben immer wieder neu Ausdruck verleihen. Dürften oder könnten wir dies nicht, hieße dies, die Fensterläden unserer Seele verschließen. Wer es nicht kann, dem fehlt die Möglichkeit und die Fähigkeit, Kontakt aufzunehmen und sich anderen mitzuteilen. Er vereinsamt, verkümmert in seinem Wesen, wird an Leib und Seele krank.

Riten bereichern das Leben

Die meisten Gesten und Worte – des Grußes oder Abschieds, der Liebe und Zuneigung, aber auch der Abneigung und des Hasses – übernehmen wir von unserer Umwelt. Sie sind darum allgemein verständlich. Wir brauchen sie nicht erst neu zu erfinden. Es gibt eine Vielzahl von Zeichen und symbolischen Handlungen, die immer in gleicher Weise wiederkehren und doch ihre Bedeutung nie verlieren.

Die Liebe z.b. können Menschen in vielfältiger Weise zeigen, den Ringwechsel aber kann in seiner Eindeutigkeit kaum etwas ersetzen.

Verdienstvollen Bürgern kann bei vielen Gelegenheiten Dank gesagt werden; »sichtbar« aber wird dieser Dank erst so recht bei der Verleihung von Orden, Ehrentellern und Urkunden. Hier wie dort wird ein Ding (Ring, Medaille, Urkunde) zum »handgreiflichen« Symbol. Und in beiden Fällen wird die Übergabe dieses Symbols zur feierlichen Handlung erhoben. Es wird ein *Ritus* daraus, eine Handlung, die sich ständig wiederholt und immer wieder so oder ähnlich abläuft.

Wer Ritus hört, denkt wahrscheinlich zuerst an Religion und Kirche. Doch auch das zivile Leben ist voller Riten. Denken wir an die immer so und nicht anders wiederkehrenden Ausdrucksformen in den zwischenmenschlichen Beziehungen, an die vielfältigen Feiern zwischen Geburt und Tod eines Menschen, an die Folklore-Veranstaltungen von Dörfern und Landstrichen, bis hin zum Zeremoniell auf internationaler Ebene (Staatsempfänge, Eröffnung von Weltmeisterschaften …).

Der Mensch liebt Riten nicht nur, er braucht sie. Und wenn er welche abschafft, weil sie veraltet und unverständlich geworden sind, dann findet er dafür bestimmt neue. Feierliche Riten heben unser Tun aus der Gewöhnlichkeit, aus totaler Sachlichkeit und Nüchternheit heraus. In ihnen strömt unser Leben und unser Menschsein immer wieder wie in Brennpunkten zusammen. Die Gegenwart wird gefeiert, die Vergangenheit herbeigeholt, die Zukunft beschworen.

Wir Menschen sind aus Fleisch und Blut und darum angewiesen auf das Sinnenhafte. Wir sind weder reine Geister noch aus Stein. Darum brauchen wir Dinge, Zeichen und Riten, an denen sich unsere Sinne und unsere Erinnerungen festhalten können. Nur so können wir leben.

Zeichen für Gott

Nicht anders aber ist es im christlichen Glauben. Gott hat die Welt erschaffen. Darum ist die Welt mit allem, was in und auf ihr ist, für gläubige Menschen Hinweis auf den Schöpfer. Sie betrachten sie nicht nur berechnend und analysierend, forschend und experimentierend. Sie lassen sich von den Dingen auf Gott verweisen. »Vor Gott ist nichts leer. Alles ist Zeichen für ihn« (hl. Irenäus).

Wer darum Gott finden will, muss versuchen, ihm in den Dingen dieser Welt und in den Menschen zu begegnen. Anders ist Gott nicht zu »bekommen«. Es ist ein göttlich-weltlicher Kreislauf: Je bereiter der Mensch ist, Gott in der Schöpfung zu finden, desto eher begegnet er ihm. Je mehr er aber Gott erfährt und sich von ihm erfassen lässt, desto mehr wird er beschenkt von der Erfahrung, dass die Schöpfung von ihrem Schöpfer erzählt. Gott wird in den Dingen sichtbar, Dinge und Menschen werden zu Zeichen Gottes, zu Zeichen seiner Nähe zu uns.

Gott in Jesus Christus und in der Kirche

Das dichteste Zeichen Gottes, das es je in der Welt gegeben hat, war Jesus Christus. Gott ist Mensch geworden. Durch einen Menschen hindurch konnten Jesu Zeitgenossen »Gott sehen«. Jesus war Gott. Da er aber zugleich Mensch war, wurde er zum Zeichen Gottes, das missdeutet und verkannt werden konnte: »Er war in der Welt, und die Welt ist durch ihn geworden, aber die Welt erkannte ihn nicht« (Joh 1,10).

Alle jene aber, die Jesus »begriffen« hatten und an ihn glaubten, fanden sich nach seinem Tod und seiner Auferstehung in der Gemeinschaft der Kirche zusammen. Jesus Christus blieb auch nach Auferstehung und Himmelfahrt Herr seiner Kirche. Er selbst wirkt in ihr weiter. Aber nicht mehr sichtbar als Mensch. Darum hat nun die Kirche die Aufgabe, an Jesu Stelle sichtbares Zeichen Gottes in der Welt zu sein. Dieser Aufgabe kommt sie in der Verkündigung seiner Botschaft und in den Werken der Nächstenliebe nach. Zum Zeichen von Gottes Nähe und Wirken wird die Kirche aber ganz besonders in der Spendung der Sakramente.

Die Sakramente der Kirche

Bis jetzt haben wir das Wort »Sakrament« vermieden. Wir sprachen bisher immer nur von Zeichen, Symbolen und Riten. Zunächst einmal ohne jeden religiösen Zusammenhang. Der vorige Abschnitt aber hat bereits gezeigt, dass dies alles auch im religiösen Bereich zutrifft. Ganz besonders gilt dies aber für die Sakramente der Kirche. Wo nämlich etwas zum Zeichen für Gott wird, wo etwas auf Gott hin »durchsichtig« wird, nähern wir uns dem, was mit Sakrament gemeint ist.

Jesus war demnach das Sakrament Gottes. Die Theologie nennt ihn daher auch das »Ursakrament«. Und da die Zeichenhaftigkeit Jesu auf die Kirche übergegangen ist, ist die Kirche *das* Sakrament Gottes in unserer Zeit. Seit dem 12. Jahrhundert wird das Wort »Sakrament« – was soviel

heißt wie »Heilige Sache«, »Geheimnis« – für die sieben besonderen »Heilsquellen« der Kirche gebraucht: Taufe, Firmung, Abendmahl, Buße, Krankensalbung, Priesterweihe und Ehe.
Was sind also die Sakramente, und was geschieht dabei?

Zeichen der Nähe Gottes

Gott will den Menschen immer nahe sein. Jesus Christus versicherte seinen Zuhörern immer wieder, dass Gott keinen Menschen vergisst, und dass jeder Mensch sich ihm vertrauensvoll nähern dürfe. Wie aber soll das geschehen?
Der gläubige Mensch weiß zwar, dass Gott immer und überall da ist. Gerade in entscheidenden Situationen seines Lebens hofft er, dass dies so ist. Dieses Wissen und Hoffen aber möchte der mit Leib und Sinnen – also nicht nur mit Geist und Verstand – ausgestattete Mensch immer wieder auch sinnenhaft bestätigt bekommen, gleichsam »mit Händen greifen« können.

Eine Liebe zwischen zwei Menschen hält nicht durch aufgrund einmal gegebener Versprechen und einmal gesprochener Worte der Zuneigung. Sie bedarf immer neuer Aufmerksamkeiten. Es genügt nicht, immer nur an den Partner zu glauben. Der andere muss seinerseits reagieren, und zwar spürbar, sichtbar. Auch das Verhältnis zwischen Menschen und Gott braucht solche »Haltegriffe« der Liebe, des Glaubens und der Hoffnung. Das sind die Sakramente.

Gott bedient sich menschlicher Dinge und Gesten. So kann er den Menschen zeigen, dass er da ist. Gott erzeugt durch sie Wirkungen, die die Kraft dieser menschlichen Dinge und Gesten weit übersteigen.
Das Wasser der Taufe ist zunächst nichts als Wasser, ohne das kein Leben möglich wäre. Es ist damit bereits Symbol für Fruchtbarkeit und Leben, Zeichen auch für die Reinigung, derer der Mensch bedarf. In der Taufe aber zeigt es neues Leben und Reinigung an, die von Gott kommen. Aber es zeigt dies nicht nur an, sondern bewirkt es tatsächlich.
Brot und Wein stehen für alles, was der Mensch als Nahrung zum Leben nötig hat. Essen und Trinken halten nicht nur Leib und Seele zusammen, sondern stiften auch Gemeinschaft. Im Abendmahl zeigen Brot und Wein Nahrung von und Gemeinschaft mit Jesus Christus nicht nur an. Wer sie genießt, ist mit ihm auch tatsächlich verbunden.
In jedem Sakrament geschieht das, was durch Wort und Zeichen angezeigt wird: In der Firmung ist Gottes Geist gegenwärtig; in der Buße

schenkt Gott Versöhnung und Vergebung; in der Krankensalbung steht Gott dem Kranken oder auch Sterbenden bei; in der Priesterweihe nimmt Gott einen Menschen in seinen besonderen Dienst und stattet ihn mit seinem Geist aus; bei der Trauung wird Gott »im Bunde der Dritte«.

Auch in den Sakramenten also weisen Dinge, Zeichen, Gesten und Worte über sich hinaus, bedeuten mehr, als sie an sich wert sind, und bewirken Größeres, als sie aus sich heraus vermögen. In den Sakramenten werden sie zu Zeichen von Gottes ständiger Sorge für den Menschen. Die immer wiederholten Riten der Sakramente feiern die Gegenwart Gottes, weisen auf die Erlösung durch Jesus Christus hin, bewirken die Begegnung zwischen Gott und Mensch. Menschen brauchen Zeichen und Riten. Es wäre schwer verständlich, wenn es im Glauben anders wäre.

Von Jesus eingesetzt

Jesus war dies bewusst. Gerade von ihm verlangten die Menschen ständig Zeichen zum Beweis seiner Person und seiner Botschaft. Er hielt nichts von Wundern, nur um die Neugier der Leute zu befriedigen. Dennoch aber setzte er Zeichen, in denen die Menschen Gott wirken sehen konnten. Manche dieser Zeichen finden wir in den Sakramenten der Kirche wieder. Von dreien (Taufe, Eucharistie, Buße) kennen wir aus dem Neuen Testament die Einsetzungsworte (Mt 28,18; Mt 26,20-29 u.a.; Joh 20,22 f.). Von den anderen haben wir nur Andeutungen oder wissen, dass sie bereits in der frühesten Zeit der Kirche gefeiert wurden. Die Apostel waren stets bemüht, alles so zu tun, wie Christus es getan hatte. Sie wussten sich auch in der Spendung der Sakramente eins mit ihm. Darum ist es nicht nötig, für jedes Sakrament ein ausdrückliches Einsetzungswort Jesu zu finden.

Sakramente sind also nichts anderes als die Weiterführung der Menschwerdung Christi. Hier zeigt sich ein Grundgesetz der Erlösung: So, wie der Sohn Gottes sichtbare Gestalt annimmt, um des Menschen willen, so sollte auch in der Zukunft das Handeln Christi in der Welt mit sichtbaren Zeichen verbunden sein. Zeichen, die bei den Sakramenten benutzt werden – Worte, Wasser, Brot, Wein, Öl – sind ein Teil unserer Welt. Das soll wohl andeuten, dass Gott durch die Dinge dieser Welt unser Heil wirken will. Das soll uns aber auch ein ständiger Hinweis sein, dass Gott allein letztlich all das für uns sein kann: lebendiges Wasser, wahres Brot, eigentliches Leben (vgl. Joh 4,13; 6,35; 14,6; 15,1).

Sieben Schlüsselstellen des Lebens

Warum gibt es sieben Sakramente? Warum nicht mehr oder weniger? Die Antwort: »Christus hat eben sieben eingesetzt« ist zu wenig. Überzeugender ist schon der Verweis auf die alte Überlieferung der Kirche: Auch die im Mittelalter von der römisch-katholischen Kirche abgetrennten orthodoxen Kirchen feiern bis heute sieben Sakramente. Die Frage: »Warum gerade sieben?« ist damit aber noch nicht beantwortet. Eine andere Überlegung kann uns weiterhelfen: Wann im Leben des Menschen werden denn die Sakramente gefeiert? Am Lebensbeginn (Taufe), bei Eintritt ins Erwachsenenalter, oft bei Verlassen der Schule und Beginn der Berufsausbildung (Firmung), bei der Heirat und Familiengründung (Ehe), in Krankheit und Todesgefahr (Krankensalbung), wenn ein Mensch darangeht, sein Leben zum Heil und zur Versöhnung seiner Mitmenschen Gott zu weihen (Priesterweihe) und schließlich, wenn der Mensch sich bewusst wird, dass er nicht von Brot allein leben kann, dass er zum Leben mehr braucht als Kleidung und Nahrung, dass er immer wieder der Gemeinschaft mit Gott und den Menschen bedarf (Abendmahl).

Es sind also immer Schlüsselstellen des Lebens. Achsen sozusagen, auf denen jedes Menschenleben ruht. Es sind Knotenpunkte im Leben des Menschen, an denen er in besonderer Weise spürt, dass er nicht alles allein machen kann, wo er sich seiner Abhängigkeit von anderen und seiner Hilfsbedürftigkeit bewusst wird.

Es sind nicht von Christus oder vom Christentum willkürlich in die Welt gesetzte religiöse Feiern, sondern Hoch-Zeiten des Lebens. Diese Hoch-Zeiten des Lebens gab es auch schon vor Christus, es gibt sie nach Christus auch bei Menschen, die vom Christentum nichts wissen oder nichts wissen wollen. Christus aber stellte sie ganz bewusst unter den besonderen Schutz und die besondere Zusage Gottes.

Geburt, Krankheit und Tod, Volljährigkeit, Heirat, Versöhnung – das öffentliche Leben findet dafür viele Feierlichkeiten und Riten, um der Bedeutung dieser Ereignisse Ausdruck zu geben. Kein Wunder, dass die Kirche sie nicht ohne den Segen Gottes lassen kann und will. Sie wirkt damit ganz im Sinne Christi. Dies heißt aber nicht, die Gnade Gottes wäre an diese sieben Sakramente gebunden, so als würde sich Gottes Heil nur durch sieben Kanäle über die Menschen ergießen. Das nicht. Aber im Empfang der Sakramente darf sich der Mensch sicher sein, dass Gott mit ihm, ihm nahe ist.

Allein Gott wirkt

Was ist aber der Unterschied zu Zauberformeln, magischen Riten, wie sie in Naturreligionen üblich sind? Manche bezeichnen das vielleicht als Hokuspokus, als Magie, weil hier offenbar Menschen glauben, durch diese Zeichen Gottes Hilfe »herabzwingen« zu können. Da gießt man einem Menschen Wasser über den Kopf und spricht dazu feierliche Worte – und nun hat Gott von diesem Menschen Besitz ergriffen? Der Bischof salbt die Stirn von jungen Menschen und sagt dazu immer dieselben Worte – und nun ist der Heilige Geist in ihnen? Es brauchen nur gewisse Zeichen gesetzt und bestimmte Worte gesprochen zu werden, und dann ist Gott zur Stelle? Das erscheint tatsächlich unheimlich. Können wir denn so mit Gott umgehen? Ein Fingerzeig nur, und er ist da?

Zu diesem Eindruck hat in der Vergangenheit zweifellos auch beigetragen, dass die Gläubigen die Zeichen nicht mehr verstanden. Also wurde vieles zum unverständlichen, mysteriösen Ritus.

Obwohl das immer schon die Lehre der Kirche war, muss die kirchliche Verkündigung heute wieder neu erklären und klarer als früher herausstellen: Die Riten selbst, die Dinge, die Zeichen und Worte haben für sich keinerlei Kraft, Gott kann zu nichts gezwungen werden. Das zu versuchen, wäre wirklich Magie. Wenn in der sakramentalen Feier Gottes Heil geschieht, dann nur, weil er selbst so will und wirkt, er allein. Nicht der Empfänger und auch nicht der Spender des Sakraments bewirken die Gnade des Sakraments. Gott hat uns zugesagt, in diesen Zeichen uns seine Nähe und Gnade mitzuteilen. Der Mensch darf sich auf dieses Versprechen Gottes verlassen, selbst wenn der Spender des Sakraments im Grunde gar nicht würdig wäre, diese heilige Handlung zu vollziehen. *Der gute Wille und die innere Bereitschaft des Empfängers sind Voraussetzungen für das Wirken Gottes.*

Mit dem Herzen dabei

Zur rechten Einstellung gehört der Wille zur Umkehr und das Bemühen, Gott zu suchen und ihm zu begegnen. Wer Gott begegnen will, muss mit dem Herzen zu ihm aufbrechen. Ohne den Glauben ist der Empfang der Sakramente sinn- und wertlos. Die Sakramente würden dadurch zum Formalismus und zur Lüge, ja zur Gotteslästerung (Blasphemie). Zu den Voraussetzungen für die Begegnung mit Gott in den Sakramenten gehört auch die Umsetzung ins Leben. Sakramentenempfang verpflichtet. »Ritus ohne Engagement, das dieser voraussetzt, verkörpert und ausdrückt, ist

Magie und Lüge vor Gott und den Menschen« (L. Boff). Der Mensch muss sich also durch die Sakramente verändern lassen.

Dennoch sind die Sakramente nicht nur für Heiligmäßige da, nicht nur für solche, die schon einen festen Glauben haben. Sie sind ganz besonders da für die von Sorge und Schuld beladenen, von Kleinglauben gequälten Menschen, die aber dennoch hoffen, in den Sakramenten Hilfe, Befreiung und Kraft zu erfahren und damit freier und fähiger werden für ein christliches Leben.

Die Sakramente sind sichtbare Zeichen der Gnade Gottes. Zeichen also, die die Nähe Gottes ansagen und zugleich auch bewirken. Der Mensch empfängt sie dann gut und richtig, wenn er durch sie selbst immer mehr ein Zeichen für Christus und seine Frohbotschaft wird – wenn er also selbst immer mehr zum Zeichen, zum Sakrament Gottes wird.

Das Sakrament der Taufe

Fast jeder, der nach den Sakramenten gefragt wird, wird zumindest die Taufe nennen können. Und fast jeder meint auch sicher zu wissen: Durch die Taufe wird man Christ. Das ist zunächst richtig; denn nicht der Mensch macht sich aus eigener Kraft dazu, sondern Gottes Handeln. Alle Getauften gehören zur Gemeinschaft der Christen. Es ist die größte Religionsgemeinschaft der Welt. In der alten Bundesrepublik bezeichnen sich mehr als 90% als Christen. – Und doch bleibt ein Unbehagen zurück: Ist wirklich jeder Getaufte ein Christ? Gehört zum Christsein nicht mehr als die Taufe? Wollen nicht viele Getaufte später nichts mehr vom Christentum wissen? Wo bleibt die christliche Lebensorientierung? Viele Menschen spüren das: Die Gleichung Taufe = Christ geht nicht auf. Da muss noch mehr dazukommen, zumindest für den Erwachsenen. Zum Christsein gehört die persönliche Glaubensentscheidung des Menschen. Gerade deswegen aber machen sich viele Menschen, auch gläubige Christen, Gedanken darüber, ob die Taufe eines Kindes sinnvoll sei; es kann ja noch nicht selbst entscheiden. Oder aber sie stellen sich die Gewissensfrage, ob sie die spätere Glaubensentscheidung des Kindes in der Taufe voraussetzen oder beeinflussen dürfen.

Im Auftrag Jesu Christi

Die Taufe ist nicht etwas ausschließlich Christliches. Es gab Taufriten schon vor Christus. Wir wissen aus der Bibel, dass Johannes taufte, um Bußgesinnung zu wecken. Auch Jesus unterzog sich dieser Johannestaufe, um ein Beispiel zu geben (Mk 1,9-11). Johannes betonte aber ausdrücklich den großen Unterschied zwischen seiner Taufe und jener, die mit Jesus Christus kommt: »Ich habe euch nur mit Wasser getauft, er aber wird euch mit dem Heiligen Geist taufen« (Mk 1,8).

Jesus hat nicht getauft. Er hielt diesen Ritus aber für geeignet, um ihn als Heilszeichen zu übernehmen. Er gab ihm eine ganz neue Bedeutung und Wirksamkeit. Die Taufe auf seinen Namen wird zum grundlegenden Sakrament für alle, die sich zu ihm und seiner Kirche bekennen. Darum lautete sein Auftrag an seine Jünger: »Geht zu allen Völkern, und macht alle Menschen zu meinen Jüngern; tauft sie auf den Namen des Vaters und des Sohnes und des Heiligen Geistes« (Mt 28,19).

Die Apostel und ihre Nachfolger haben die Taufe gespendet, sobald jemand zum Glauben gekommen war. Am ersten Pfingsttag, als Petrus die Botschaft der Erlösung verkündete, fragten die Zuhörer die Apostel: »Was sollen wir tun, Brüder?« Petrus antwortete ihnen: »Kehrt um, und jeder von euch lasse sich auf den Namen Jesu Christi taufen zur Vergebung seiner Sünden; dann werdet ihr die Gabe des Heiligen Geistes empfangen« (Apg 2,37 f.).

Am Ende des ersten Jahrhunderts haben wir bereits eine genaue Anweisung über die Spendung der Taufe in der »Zwölf-Apostel-Lehre« (eine Art Musterkatechismus der frühen Kirche, dessen Verfasser wir nicht kennen).

Was bewirkt die Taufe?

Das Zeichen des Taufsakraments ist das Wasser. Der Priester – im Notfall aber *jeder* Mensch – gießt dem, der getauft werden soll, Wasser über die Stirn und spricht dazu die Worte: »Ich taufe dich im Namen des Vaters und des Sohnes und des Heiligen Geistes«. Damit ist das Wesentliche geschehen. Alles, was sonst bei einer feierlichen Taufe noch hinzukommt, deutet nur noch weiter aus, was in der Taufe geschieht.

Was aber geschieht durch die Taufe?

Reinigung: Mit Wasser verbinden wir sofort die Vorstellung des Abwaschens. Tatsächlich geht es auch um eine Reinigung, um die »Abwaschung« der Erbschuld des Menschen und aller anderen Sünden, sollte er dazu schon fähig gewesen sein (Erwachsenentaufe).

Um diese Wirkung anzudeuten, trugen die (erwachsenen) Täuflinge der frühchristlichen Zeit vom Tag der Taufe (Osternacht) an acht Tage lang ein weißes Gewand. Heute noch heißt der Sonntag nach Ostern »Weißer

Sonntag«, da die Täuflinge bis zu diesem Sonntag ihre weißen Kleider trugen. Auch heute noch wird dem Taufkind bei der Taufe ein weißes Kleid überreicht oder angezogen.

Absterben und Auferstehen: Die Hl. Schrift nennt die Taufe auch ein Sterben und Auferstehen mit Christus (vgl. Röm 6,3-11). Damit wird deutlich, dass die Reinigung durch die Taufe nichts Äußerliches ist, sondern der Mensch völlig umgestaltet wird. Der »alte Mensch« muss absterben. Der Getaufte hat die Chance eines neuen Anfangs mit Gott. Aus diesem Grund wurden die Täuflinge früher in einem Wasserbecken völlig untergetaucht. Damit kam weit deutlicher als bei dem heute üblichen Ritus zum Ausdruck: Der alte sündige Mensch wird mit Christus begraben, um mit ihm zum neuen Leben aufzuerstehen.

Neues Leben: Reinigung und Absterben sind Bilder dafür, dass erst etwas weggeräumt werden muß, bevor der Mensch zu neuem Leben auferstehen kann. Noch deutlicher wird die Wirkung der Taufe in den positiven Aussagen der Heiligen Schrift:

Nikodemus war ein angesehener Mann unter den damaligen Juden. Er war Theologe und Politiker. Eines Abends kam er zu Jesus, um sich mit ihm über entscheidende Lebensfragen zu unterhalten. Christus erklärte ihm, dass es nur einen Zugang zum Reich Gottes und damit zum eigentlichen Leben gibt: »Wenn jemand nicht aus Wasser und Geist geboren wird, kann er nicht in das Reich Gottes kommen« (Joh 3,5). Die Taufe ist diese neue Geburt. Sie schenkt tatsächlich ein neues Leben (vgl. 2 Kor 5,17). Der Getaufte wird Kind Gottes. Deshalb nennt die Heilige Schrift die Taufe auch »Bad der Wiedergeburt und der Erneuerung im Heiligen Geist« (Tit 3,5), und Paulus schreibt: »... wißt ihr nicht, dass euer Leib ein Tempel des Heiligen Geistes ist, der in euch wohnt und den ihr von Gott habt?« (1 Kor 6,19).

Den Beginn dieses neuen Lebens soll auch der Name zum Ausdruck bringen, den das Kind bei der Taufe erhält. Am besten wird das deutlich, wenn das Kind den Namen eines Menschen erhält, der als vorbildlicher Christ gelebt hat (Namenspatron).

Aufnahme in die Kirche: Die Taufe verbindet nicht nur den Einzelnen mit Gott, sondern auch mit allen anderen Menschen, die an Christus glauben. Mit der Taufe beginnt die Mitgliedschaft in der Kirche. Um dies bildhaft auszudrücken, wird der Anfang der feierlichen Taufe in der Vorhalle oder am Eingang der Kirche vollzogen. Dann erst wird der Täufling in die Kirche geleitet. Am sinnvollsten ist es, wenn die Taufe vor der gesamten Gemeinde gespendet wird, um auf diese Weise die Einführung in die Gemeinschaft der Kirche noch mehr zu veranschaulichen. Aus diesem Grund wird heute die Taufe nur noch in Ausnahmefällen zu Hause oder im Krankenhaus gespendet, etwa wenn ein Kind krank ist und ihm die Taufe in der Kirche nicht zugemutet werden kann.

Die katholische Kirche achtet übrigens auch alle jene als Getaufte, die in einer anderen Kirchengemeinschaft die Taufe empfangen haben. Jede Taufe, die in der rechten Absicht durch Übergießen mit Wasser und im Namen des dreifaltigen Gottes vollzogen wird, ist gültig. Es gibt darum auch keine Wiederholung der Taufe, kein »Umtaufen«; es sei denn, es bestehen berechtigte Zweifel am rechten Vollzug einer Taufe. Dann aber wird die Taufe eigentlich nicht wiederholt, sondern zum ersten Mal – gültig – gespendet.

Ist die Taufe zum Heil notwendig? – Die Taufe ist für alle, die das Evangelium als Wort Gottes erkennen und die Möglichkeit zur Taufe haben, zum Heil notwendig. Wo aber Menschen keine Möglichkeit haben, die Taufe zu empfangen oder aber das Christentum nicht kennen und von der Verpflichtung der Taufe nichts wissen, müssen auch diese die Gemeinschaft mit Gott nicht entbehren. Für sie gilt das, was wir schon von der Möglichkeit des Heils von Menschen gesagt haben, die außerhalb der Kirche leben (vgl. das Kapitel »Die Kirche und die Kirchen«).

Sollen kleine Kinder getauft werden?

Es ist heute allgemeine Praxis der Kirche, schon kleine Kinder zu taufen. Setzt aber die Taufe nicht die persönliche Entscheidung voraus? Werden durch die Kindertaufe nicht unwissende und unmündige Kinder auf die Kirche festgelegt?

Der Ruf Jesu zur Umkehr gilt zunächst zweifellos erwachsenen und mündigen Menschen. Auch die Predigt der Apostel und urchristlichen Missionare richtet sich an Erwachsene. Aus der Taufe von Erwachsenen aber erwächst von selbst das Problem der Kindertaufe: Können Eltern, die glauben und von dem Wert der Taufe überzeugt sind, darauf verzichten, ihre Kinder taufen zu lassen?

So gibt es von Anfang an die Praxis der Kleinkindertaufe. »Als sie und alle, die zu ihrem Haus gehörten, getauft waren ...«, heißt es in der Apostelgeschichte (16,15). Das schließt nach damaligem Sprachgebrauch auch die Kinder ein. Nach Tertullian (Ende 2. Jh.) ist die Kindertaufe bereits allgemeine Regel. Die Christen handelten dabei ganz im Sinne Jesu, der niemanden vom Reich Gottes ausschließt und eine besondere Vorliebe für die Unmündigen und Kinder hat (Mt 19,13 ff.; Lk 18,15 ff.). Vor allem aber war den Gläubigen von Anfang an klar, dass für alle die Taufe ein unverdientes und durch keine eigenen Leistungen beanspruchtes Geschenk ist. Vor Gott sind wir alle in der Situation eines Kindes, das sich beschenken lassen muss. Vor dem, was in der Taufe geschenkt wird, steht der Erwachsene genauso mit leeren Händen da wie ein Kind, das noch nicht glauben und sich entscheiden kann. Denn selbst den Glauben muss Gott durch seine Gnade ermöglichen.

Eltern werden immer bemüht sein, ihr Kind von Anfang an gut zu erziehen, ihm so viel wie nur möglich an geistigen und kulturellen Gütern weiterzugeben. Sie können damit nicht warten, bis das Kind selbständig entscheiden kann. Ebenso werden christliche Eltern selbstverständlich bemüht sein, ihren Kindern das hohe Gut ihres Glaubens weiterzugeben. Den Anfang dazu bildet die Taufe. Nur davon selbst nicht überzeugte Eltern können darauf verzichten. Die Unterlassung der Taufe wäre dann ebenso eine Vorentscheidung der Eltern wie die Taufe.

Die Taufpaten: Weil eine enge Beziehung zwischen Glaube und Taufe besteht, werden Erwachsene nur getauft, wenn die Bereitschaft zum Glauben und der Wille zur Taufe gegeben ist. Aber auch die Kindertaufe wird nicht losgelöst vom Glauben gespendet. Hier ist es der Glaube der Eltern und der Paten, der eine gewisse Garantie dafür gibt, dass das Kind auf den Glauben hin erzogen wird. Wo das aussichtslos erscheint, darf die Taufe nicht gespendet werden.

Die Paten übernehmen die Verpflichtung, für die spätere christliche Erziehung des Getauften mitzusorgen. Sie sprechen zusammen mit den Eltern stellvertretend für das Kind das Glaubensbekenntnis. Sie bürgen so für seinen Glauben und vertreten gleichzeitig die Gemeinschaft der Kirche. Sie sind also mehr als nur Zeugen der Taufe. So ist es auch verständlich, dass der Pate Glied der Kirche sein soll, in die das Kind durch die Taufe eingegliedert wird. Es wäre z.B. von einem evangelischen Paten einfach zu viel verlangt, für die katholische Erziehung seines Patenkindes verantwortlich zu sein. Wohl aber kann er Taufzeuge oder Ehrenpate sein. Erst recht wäre es nicht zu verantworten, einen religiös gleichgültigen Paten zu wählen, selbst wenn er dem Namen nach katholisch wäre.

Leben als Getaufter

Der als Kind Getaufte muss später in seinen Glauben hineinwachsen und die Taufentscheidung der Eltern erneuern und bestätigen, sowohl in der Liturgie (z.b. in der Osternacht) als auch besonders in seinem Leben. Papst Leo d. Gr. (440-461) schreibt:»Christ, erkenne deine Würde, du bist der göttlichen Natur teilhaft geworden, kehre nicht zur alten Nichtigkeit zurück durch einen Wandel, der deinem Adel nicht entspricht« (Sermo 21). Der Getaufte ist zwar frei von Schuld, er hat das neue Leben, aber er trägt es »in zerbrechlichen Gefäßen« (2 Kor 4,7). Versuchungen, die Neigung zur Trägheit, zur Selbstsucht, zum Gebrauch der Ellbogen und der Mißbrauch der Macht werden ihm durch die Taufe nicht erspart. Viele Vorwürfe gegen die Kirche haben hier ihren Ursprung: »Die Christen sind auch nicht besser als alle anderen.« Soweit sich diese Vorwürfe gegen bloße »Namenschristen« richten, also Christen, die zwar getauft sind, aber ihr Christsein in keiner Weise realisiert haben, treffen sie das Christentum nicht. Ernsthafter aber wird dieser Vorwurf, wenn er den Gläubigen gilt, die ihre religiösen Pflichten erfüllen, im Alltag aber nichts von einer christlichen Gesinnung spüren lassen. Hier fehlt in der Tat das Leben aus dem Glauben. Gewiss ist dies bei denen, die »Licht der Welt« sein sollten, um »vor den Menschen zu leuchten« (Mt 5,14 ff.), besonders schlimm. Andererseits aber dürfen wir nicht richten, damit wir nicht gerichtet werden (vgl. Mt 7,1).

Wenn für den jungen Menschen die Entscheidung für den Glauben fällig wird, und er seine Taufe »ratifizieren« muss, steht ein weiteres Sakrament:

Das Sakrament der Firmung

Am Pfingstfest wurden die Jünger vom Heiligen Geist erfüllt, den Christus ihnen vor seinem Weggang versprochen hatte. Er gab ihnen Mut und Kraft für die Verkündigung seiner Botschaft in aller Welt (vgl. Apg 2). Seitdem teilen die Apostel und ihre Nachfolger, die Bischöfe, durch Handauflegung den Getauften den Heiligen Geist mit: »Als die Apostel in Jerusalem hörten, dass Samarien das Wort Gottes angenommen hatte, schickten sie Petrus und Johannes dorthin. Diese zogen hinab und beteten für sie, sie möchten den Heiligen Geist empfangen. Denn er war noch auf keinen von ihnen herabgekommen; sie waren nur auf den Namen Jesu, des Herrn, getauft. Dann legten sie ihnen die Hände auf, und sie empfingen den Heiligen Geist« (Apg 8,14-17).

Jemandem die Hand auflegen bedeutet: von ihm Besitz ergreifen; in diesem Fall: ihn in den Bereich Gottes hineinholen. Hier nennt uns also die Heilige Schrift ein zweites, von der Taufe deutlich verschiedenes Zeichen, in dem uns Gott nahekommt. Dieses Sakrament nennen wir die Firmung. Sie wurde in den ersten Jahrhunderten meist sofort im Anschluss an die Taufe gespendet, zu der sie in enger Beziehung steht. Aus dem Text der Apostelgeschichte geht hervor, dass sie den Aposteln vorbehalten war; darum ist in der Regel der Spender der Firmung bis auf den heutigen Tag der Bischof als Nachfolger der Apostel. Der Bischof kann die Vollmacht zu firmen allerdings weitergeben (delegieren), wenn die Zahl der Firmlinge oder bestimmte andere Umstände dies erforderlich machen.

»Firmung« kommt – ebenso wie Konfirmation – vom lateinischen »confirmatio« und bedeutet soviel wie Stärkung. Bei der Spendung der Firmung legt der Bischof dem Firmling die Hand auf das Haupt, salbt ihn auf der Stirn mit Chrisam (ein Öl, dem Balsam beigemischt ist) und spricht: »N., sei besiegelt durch die Gabe Gottes, den Heiligen Geist.« Jemanden mit Öl salben bedeutet – denken wir nur an die Salbung bei der Kaiserkrönung im Mittelalter – ihm Kraft und Macht übertragen.

Die Wirkungen der Firmung

Es heißt in der Apostelgeschichte: »... und sie empfingen den Heiligen Geist«. Freilich wird der Heilige Geist auch schon in der Taufe dem Menschen mitgeteilt. Was aber dort als Keim grundgelegt wird, soll nun zur vollen Entfaltung gelangen. Die Bedeutung der Firmung sehen wir am besten, wenn wir auf die Apostel schauen: Auch sie gehörten schon vor der Geistsendung zu Christus, und doch waren sie in vieler Hinsicht noch unreif und oberflächlich. Man denke nur an ihr schwerfälliges Begreifen und an ihre Glaubensschwäche. Gottes Geist hatte sie noch nicht voll erfasst. Völlig verändert finden wir sie dann aber an Pfingsten. Die Fesseln der Ängstlichkeit und des Unverstands waren gefallen, mutig verkündeten sie die Botschaft von Christus. Nun waren sie »erfüllt vom Heiligen Geist«.

Alles, was wir früher über das Wirken des Heiligen Geistes gesagt haben, können wir auch auf die Firmung anwenden. Sie ist das Sakrament des Wachstums und des Fortschritts im Leben des Glaubens. Bekommen wir durch die Taufe das »neue Leben«, so wird dieses durch die Firmung gestärkt. Sie macht den Christen mündig und befähigt ihn zum Kampf gegen Trägheit und Unordnung im eigenen Inneren und zum offenen Bekenntnis des Glaubens nach außen. Jeder Glaubende wird zum Verkünder des Evangeliums in der Welt: in Beruf und Politik, in Familie und Gesellschaft, auf der Straße und in der Kirche.

Der Apostel Paulus sagt uns in seinem Brief an die Galater, was der Geist vollbringt: »Die Frucht des Geistes aber ist Liebe, Freude, Friede, Langmut, Freundlichkeit, Güte, Treue, Sanftmut und Selbstbeherrschung« (Gal 5,22 f.). In Anlehnung an Jesaja sprechen wir von den »Gaben des Geistes«: Weisheit und Einsicht, Rat und Stärke, Erkenntnis und Gottesfurcht (Jes 11 f.).

Auf eigene Verantwortung

Bei der Firmung übernehmen nicht mehr die Eltern, Paten oder die Gemeinde die Glaubensentscheidung; der Firmling muss jetzt seine persönliche Entscheidung für Christus fällen und vor Gott und der Gemeinde bekennen. Das ist die Voraussetzung, dass die Firmung sich auswirken kann.

Auch die Firmung wirkt nicht automatisch. Sakramente sind kein »Sesam öffne dich«, sie fordern unser Mittun. Nicht ohne uns, mit uns arbeitet Gott. Wenn wir uns seinem Willen verschließen, kann er an uns nicht handeln. Wir verstehen so etwas besser die Schriftstelle, dass es eine einzige Sünde gibt, die nicht vergeben werden kann, nämlich die »Lästerung wider den Geist« (Mt 12,31). Damit ist dieses Sich-Verschließen des Menschen gemeint. Ihm gegenüber ist auch Gott machtlos, denn er zwingt nicht, er drängt sich nicht auf. Wenn wir uns aber von ihm führen lassen, nicht eigenmächtig oder selbstsüchtig unser Leben gestalten, wenn wir auf Gott hören und seine Botschaft in unser Leben übertragen, dann kann er wirken.

16.

Leben als Christ

»Ob Christus gelebt hat,
das ist für uns nicht die Frage;
wir wollen wissen:
Wo sind die Christen,
und was tun die Christen?«

Ein Marxist

Der heutige Mensch denkt realistisch, er will Tatsachen und Ereignisse. Er glaubt nur, was er sieht. Dahinter steht die Absicht, alles kritisch zu überprüfen. Gott kann man nicht sehen, Jesus hat vor fast 2000 Jahren gelebt. Aber sehen kann man Menschen, die an Gott glauben, die den Namen Christi tragen. An ihnen will der heutige Mensch ablesen können, was es mit Christus auf sich hat.

Den Statistiken zufolge sind wir weithin noch ein »christliches Volk«. Die Statistik beantwortet aber nicht die Frage, wie viele in unserem Land ihren Glauben wirklich ernst nehmen und als Christen leben. Wird der Glaube vieler nicht nur noch mühsam vom Milieu, der Tradition oder der Konvention gestützt? Man erinnert sich des Taufscheins bei der Hochzeit, bei der Geburt eines Kindes oder beim Tod eines Verwandten. »Wir leben in einem Heidenland mit christlicher Vergangenheit und christlichen Restbeständen« (Karl Rahner). Aber wann ist man überhaupt Christ? Wenn man getauft ist und einer Kirche angehört? Macht einen der regelmäßige Kirchgang zum Christen? Oder indem man sich bemüht, so zu leben, wie man glaubt, dass Jesus es vorgelebt hat?

Ein neues Fundament

Nicht der Mensch macht sich durch sein Handeln und Verhalten zum Christen, sondern Gott macht ihn dazu. Nicht dadurch wird einer wirklicher Christ, dass er sich bemüht, peinlich genau Gebote zu erfüllen, sondern dass er auf das Angebot eingeht, das ihm in Jesus von Gott her gemacht wird. Er ist »erlöst«, aber er steht noch ganz am Anfang des neuen Lebens. Es ist ihm geschenkt, aber er muss es nun »aus-leben«, entfalten. Er soll zur »Erkenntnis des Sohnes Gottes gelangen« (vgl. Eph 4,13). Hier beginnt die eigentliche Aufgabe des Christen. Immer wieder wird in der Bibel betont, dass wir leben müssen, was wir sind: Christus wirkt in euch, wirkt ihr nun auch in seinem Sinn (vgl. Römer 13,13 f.). Hier beginnt »Leben als Christ« unsere eigene Tat zu werden.

Neue Perspektiven

Der Mensch, der gläubig wird, trifft auf Gott. Damit tun sich ihm ganz neue Dimensionen auf. Er ist nicht mehr Zufallsprodukt einer blinden Evolution, nicht nutzlos, unbedeutend, überflüssig und beliebig: Für den glaubenden Menschen ist Gott nicht nur der Schöpfer der Welt, sondern auch »Vater«, der seine Kinder kennt und liebt. In dieser Sicht bekommt manches einen anderen Stellenwert. Unsere Beziehung zu Gott gibt meinem Leben eine neue Ausrichtung, stellt es vielleicht auf den Kopf. Wir gewinnen andere Maßstäbe. Was vorher vielleicht wirr und widerspruchsvoll aussah, ordnet sich auf eine lebendige Mitte hin. Leben und Welt klären sich. Der Mensch versteht sich selbst auf einmal viel besser, weil er die Zusammenhänge sieht.

Der Christ – ein Realist

Er orientiert sich an der Wirklichkeit – aber an der *ganzen*, nicht an einem Ausschnitt. Der Horizont des Christen endet nicht bei dem, was er handgreiflich vor sich hat; auch nicht beim Tod.

Dieser Blick macht ihn nicht untauglich für die Welt, im Gegenteil; er kommt zu einem tieferen Urteil über sich selbst und über die Welt, in der er steht. Er sieht sozusagen alles mit der »Welt-Anschauung« Gottes, er erklärt sich mit der Auffassung Gottes von Welt und Mensch solidarisch. Alles wird für ihn zum »göttlichen Bereich« (Teilhard de Chardin), in dem er verantwortlich und selbstbewusst das Werk des Schöpfers weiterführt. So trägt er zur Entfaltung und Verbesserung der Welt bei. Alles, was die Menschheit bewegt – die Frage nach Krieg und Frieden, nach Schuld und Vergebung, nach einer menschenwürdigeren Gesellschaftsordnung, der gerechten Verteilung der Güter unserer Erde –, all das sucht er in dieser Sicht zu beurteilen.

Der Christ lebt also nicht bloß aus der Summe menschlicher Erfahrungen. Er lebt aus der Begegnung mit Gott. Es geht darum, dass er sich mit Gott einlässt: auf ihn hört, auf ihn schaut – und danach handelt!

Die Wirklichkeit gebietet

Alles gut und schön. Aber wo begegnet mir denn Gott, auf welche Weise spricht er zu mir? In geheimnisvollen inneren Stimmen, blitzartigen Erleuchtungen und anderen außergewöhnlichen Ereignissen? – Keineswegs. Das meiste, was Gott uns zu sagen hat, erfahren wir auf eine sehr konkrete Weise: durch die Wirklichkeit, die uns umgibt. Die Alltäglichkeiten sind die Sprache Gottes in der Welt. Der Mensch haust nicht in einem »luftleeren« Raum. Tausenderlei Ursachen und Wirkungen sind es, die ihn tragen und mit unzähligen anderen Wesen verknüpfen. Diese Wirklichkeit fordert ihn heraus, und in ihr spricht Gott ihn an. Auf all das soll er die sachgemäße, richtige Antwort geben. Das ist gemeint, wenn wir von der »Schöpfungsordnung« oder dem »Gesetz der Natur« oder auch von dem »Natürlichen Sittengesetz« sprechen.

Die in der Charta der Menschenrechte niedergelegten Grundrechte sind ein Katalog solcher allen Menschen möglichen und daher alle Menschen verpflichtenden Erkenntnisse: Unversehrtheit des Leibes und des Lebens; Recht auf Freiheit, Freizügigkeit, Arbeit, Bildung, Information; Recht auf eheliche Gemeinschaft, Freiheit der Religionsausübung und Weltanschauung. Diese Rechte ergeben sich aus der »Natur« des Menschen. Diese Natur ist von Gott gewollt. Ansonsten hätte er uns anders geschaffen.

Diese Normen sind deshalb der willkürlichen Verfügungsgewalt des Menschen entzogen. Ein Verstoß gegen diese Grundrechte bedeutet Schuld. Die Fragen der Grund- und Menschenrechte kann die Kirche daher nicht allein Wissenschaftlern, Philosophen und Politikern überlassen. Sie beansprucht nicht nur ein Mitspracherecht, sondern sie versteht sich als »Hüterin« dieser in der Schöpfung grundgelegten Werte und Rechte.

Die Störung dieser Ordnung ist immer ein Attentat auf die Lebenswirklichkeit und deshalb Schuld vor Gott. Sie ist Un-Natur und rächt sich früher oder später. Schäden, Katastrophen und Leid sind die Folge: Untreue zerstört Familien, Unterdrückung ruft Aggressionen und Revolutionen hervor, Zügellosigkeit führt zur Selbstzerstörung. Ausbeutung der Natur, Verschmutzung der Umwelt vermindern unsere Lebensmöglichkeiten.

In all diese Wirklichkeiten weiß sich der Mensch von Gott hineingestellt. Darum ist er kein Fremder in der Welt, sondern Treuhänder, Ver-

walter, der in der Schöpfung Gottes seine eigene Sache sieht. Nichtglaubende meinen oft, dass sie allein die Erde wirklich ernst nehmen.
Kann man sich aber eine größere Verantwortlichkeit allem gegenüber
denken, als wenn der Mensch in diesen Gegebenheiten den Anruf Gottes
erkennt?

Immer wieder hat der Mensch – zum eigenen Schaden – den Versuch gemacht, sich selbst zum Maß aller Dinge zu erheben. Wir alle kennen
Schlagworte wie: »Was dem Volke nützt, ist gut« oder »Der Zweck heiligt die Mittel«. Mit solchen Grundsätzen verliert der Mensch leicht die
Maßstäbe für die rechte Lebensordnung und schadet damit sich selbst.
Was zunächst nach einer besonderen »Weltliebe« aussieht, erweist sich
später oft als Ruin der menschlichen Gesellschaft.

Damit kommen wir zu einer wichtigen Erkenntnis: Es ist für den Menschen gar nicht so leicht, die Wirklichkeit, in der er lebt, zu entschlüsseln
und zu erkennen, was hier und jetzt an sachgemäßem Verhalten von ihm
gefordert ist. Gesellschaftliche oder wirtschaftliche Gegebenheiten, aber
auch individuelle Schwäche oder Bequemlichkeit können unser Erkennen
trüben. Wohl jeder weiß, wie hart der Kampf um das Gute sein kann, und
wie leicht wir zu Entschuldigungen neigen. »Was man wünscht, das
glaubt man gern.«

Zwei Hilfen stehen unserer Erkenntniskraft als Maßstäbe zur Verfügung:
die eigene sittliche Urteilsfähigkeit, die wir das Gewissen nennen, und
die Kundgabe des Willens Gottes in der Offenbarung des Alten und Neu-
en Testaments.

Das Gewissen

Jeder Mensch – ob gläubig oder ungläubig – vermag zwischen Gut und
Böse zu unterscheiden. Er ist von Natur aus begabt mit einem Gespür,
einer Art »ethischem Instinkt« für das, was er tun soll. Diese angeborene
Fähigkeit nennen wir das Gewissen.

Wenn in unserer Gegenwart ein Kind misshandelt wird, dann reagiert
»etwas« in uns ganz spontan und eindeutig: »Das ist gemein und
schlecht.« Es drängt uns einzugreifen. Und wenn wir es aus mangelnder
Zivilcourage unterlassen, dann lässt es uns lange keine Ruhe.

Ein innerer Kompass

Das Gewissen läßt sich mit einem Kompass vergleichen, der uns den
Weg zeigt; es ist wie ein Radargerät, das uns heraufziehende Gefahr mel-

det. Vor einer Entscheidung ermuntert es oder warnt. Nach der Tat erfahren wir Freude oder Unbehagen (Gewissensbisse).

In den letzten 150 Jahren wurden zahlreiche Einwände gegen die »Naturgegebenheit« des Gewissens erhoben. Es sei keine angeborene Fähigkeit, sondern durch eigene oder stammesgeschichtliche Entwicklung, durch Erziehung und Milieu gebildet, also letztlich manipulierbar, fremdbestimmt (vgl. Darwin, Nietzsche und Freud).

Niemand leugnet, dass viele Umstände das Gewissen mitprägen, es bilden oder verbilden helfen. Wenn wir sagen, das Gewissen sei angeboren, so meinen wir damit nur die allgemeine Fähigkeit, zwischen Gut und Böse zu unterscheiden, nicht aber alle jeweils wechselnden Inhalte und konkreten Ausprägungen. Die Gewissensanlage ist mit der Sprachfähigkeit zu vergleichen. Sie ist allen Menschen gemeinsam, findet ihre Verwirklichung aber in verschiedenen Sprachen.

Die Tatsache, dass alle Menschen diese »Ur-Erinnerung« an das Gute gemeinsam haben, und dass sie uns auch da einfordert, wo es uns lästig ist, macht deutlich, dass wir uns hier einer letzten Instanz gegenübersehen. Das Zweite Vatikanische Konzil sagt deshalb: »Das Gewissen ist die verborgenste Mitte und das Heiligtum des Menschen, wo er allein ist mit Gott, dessen Stimme in diesem seinem Innersten zu hören ist« (Pastoralkonstitution 16).

Heilige Schrift und Gewissen

In der Bibel wird das, was wir Gewissen nennen, meist »Herz« genannt. Damit ist gemeint, dass der Gewissensspruch aus der personalen Mitte des Menschen kommt. Es ist also nicht nur Sache des Verstandes, des Willens oder des Gefühls, sondern kommt aus der Tiefe des Menschen, aus dem »Ich« (vgl. Röm 2,14 f.).

Weil die Gewissensentscheidung »aus dem Herzen des Menschen« kommt, weil ihm im Gewissen Gott nahe sein will, darum ist jeder Einzelne gegenüber seiner klaren Gewissensentscheidung zum Gehorsam verpflichtet. Zugleich ist diese für jeden anderen Menschen unantastbar. Das Gewissen ist die letzte subjektive Instanz, über die hinaus keine Berufung mehr möglich ist. Gott beurteilt uns nicht nach unserem äußeren Tun, sondern nach dem, »was aus dem Herzen kommt« (Mt 15,18). Das Gewissen verpflichtet deshalb auch dann, wenn es irrt. Es kann schuldig werden, wenn es durch mangelnde Orientierung den Irrtum selbst verschuldet hat.

Heute kommt dem persönlichen Gewissensurteil immer größere Bedeutung zu. Einmal, weil die Menschheit entscheidungsmündiger geworden ist und verantwortlicher zu sein hat als in früheren Zeiten. Zum anderen, weil die Möglichkeiten von Gewissenskonflikten in unserer Gesellschaftsordnung immer mannigfaltiger werden. Bei Unsicherheit des Gewissens in einer schwierigen Situation sollte man den Rat kompetenter Leute einholen, um Klarheit zu bekommen. Wenn man aber dann nach Abwägung aller Umstände zu einer Gewissensentscheidung gekommen ist, darf man mutig dazu stehen.

Gewissensbildung

Gewissensentscheidungen kann uns niemand abnehmen, auch nicht die Kirche. Weil diese Entscheidungen so wichtig und unumgänglich sind, ist es notwendig, die Anlage des Gewissens zu entwickeln und zu pflegen. Dabei macht das Gewissen einen Wachstumsprozess durch. Wir unterscheiden drei Stufen: das Gewöhnungsgewissen (ohne eigene Einsicht in Gut und Böse ahmt das Kind die Eltern nach): das Identifikationsgewissen (die innere Annahme der vorgelebten Normen); das mündige Gewissen (das Vorbilder beurteilt, sich mit Autoritäten auseinandersetzt und zu eigenverantwortlichen Entscheidungen kommt).

Viele Menschen sind auf der zweiten Stufe stehen geblieben. Auch als Erwachsene bleiben sie von irgendwelchen Autoritäten abhängig, scheuen ein eigenes Urteil und persönliche Verantwortung. Darum sollen Eltern ihren Kindern gegenüber nicht nur fordern oder verbieten, sondern Einsicht in das Gute zu wecken suchen. Sie sollen innere Begründungen aufweisen und durch das gelebte Vorbild bekräftigen.

Das Gewissen entwickelt sich und reift am besten durch die Gewissenstätigkeit selbst, so wie ein Autofahrer weniger in der Fahrschule als durch die Fahrpraxis lernt. Durch Vernachlässigung, Gewissensträgheit oder gar häufiges gewissenloses Handeln kann die Fähigeit abstumpfen oder ganz verkümmern. Denn allzu leicht ist der Mensch versucht, das Urteil seines Gewissens zum eigenen Vorteil zu verfälschen. Umgekehrt kann sich durch Überängstlichkeit ein skrupulöses Gewissen entwickeln, das in allem und jedem das Böse vermutet.

Die Psychologie hat uns wachsamer gemacht, auch krankhafte Fehlformen zu erkennen. Übertriebene Schuldgefühle und Sündenängste sind oft keine Reaktion des Gewissens auf schuldhaftes Versagen, sondern Ergebnis einer durch Erziehung und Erlebnisse verformten Persönlichkeit.

Um so notwendiger ist eine »Gewissenshygiene«. Wie ein Meßgerät dauernd überprüft werden muss, so muss sich das Gewissen dauernd an Maßstäben orientieren: nämlich an der Schöpfungsordnung und am Wort Gottes. Beide finden ihren Niederschlag u.a. in den Geboten.

Gewissen und Weisungen

Normen und Gebote überholt?

Eine solche Reaktion wäre verständlich. In Wirklichkeit aber handelt es sich bei den Geboten Gottes – die Bibel spricht von »Weisungen« – um Lebensregeln, die auf das Glück des Menschen hinzielen. Freiheit bedeutet nicht Bindungslosigkeit, sondern braucht Orientierung, um nicht im Chaos zu enden. Niemand wird behaupten wollen, dass rücksichtsloser Gebrauch der Macht, dass Lüge und Diebstahl, Ausbeutung und Ehrabschneidung, Mord und Unterdrückung zum Wohl des Einzelnen oder der Gemeinschaft beitragen. Die Gebote schützen Werte, ohne die das Menschenleben kaum erträglich ist; sie artikulieren das ungeschriebene Grundgesetz menschenwürdigen Verhaltens.

Aber die Gebote geben keine genauen Verhaltensregeln für jede erdenkliche Situation. Sie ersetzen das Gewissen nicht. Sie zeigen immer nur eine untere Grenze auf. Sie können nicht die eigene menschliche Entscheidung abnehmen. Fragen der Überbevölkerung, der Genforschung, des Einsatzes neuer Medikamente usw. lassen sich nicht mehr in Gebote fassen. Die Erfordernisse und Situationen einer modernen, differenzierten Gesellschaft sind so vielfältig, unterschiedlich und komplex, dass die Gesellschaft dann in einem Sumpf von Gesetzen, Paragraphen und Ausführungsbestimmungen ersticken müsste. Darum bleibt ihre Anwendung auf den einzelnen konkreten Fall immer Sache des Gewissens. Aber die Gebote leisten bei dieser Entscheidung wertvolle Hilfe. Es wäre darum verfehlt, Gebote und Gewissen gegeneinander ausspielen zu wollen; denn in seinem Kern fällt das Gewissen mit dem in der menschlichen Natur angelegten Sittengesetz zusammen. Beiden geht es um das Gute. Beide haben ihren verpflichtenden Charakter von dem Urheber aller Ordnung, nämlich von Gott – nicht aber aus dem praktischen Verhalten der Mehrzahl der Menschen. Darum kann niemals etwas Schlechtes deshalb gut werden, weil viele oder alle es tun.

Gewissen und Kirche

Menschliche Vorschriften und Gesetze

Von den Gottesgeboten unterscheiden sich Satzungen und Forderungen, die durch menschliche Autorität – den Staat, die Kirche – aufgestellt werden. Der Staat erlässt Gesetze, die das Zusammenleben regeln sollen. Die Kirche will die Werte und Ordnungen verdeutlichen, die in den Geboten Gottes geschützt werden und diese für jede Zeit und Kultur auslegen. In vielen Fragen nämlich ist das Gewissen unsicher. Daher ist es zu verstehen, wenn Papst, Bischöfe oder Laienverbände sich zu Fragen der Ethik äußern oder auch zu Fragen der politischen und wirtschaftlichen Ordnung.

Die Verwirklichung einer ethischen Grundordnung kann zu verschiedenen Zeiten und unter verschiedenen Bedingungen unterschiedlich sein. Das Recht auf Leben und Eigentum zum Beispiel sichert nicht nur dem Einzelnen einen Anspruch auf das Lebensnotwendige; es verlangt heute, daß die Güter der Erde gerecht verteilt werden. In der Notlage des Einzelnen oder gar ganzer Völker findet das Grundrecht auf Privateigentum seine Grenzen.

Das heißt nicht, dass die Kirche für alle Lebensfragen fertige Rezepte hätte. Auch sie muss um das Verständnis des Willens Gottes zusammen mit all ihren Gliedern, mit Nichtchristen – und auch mit sachverständigen Ungläubigen – immer neu ringen. Deshalb kann man nicht ausschließen, daß spätere Generationen aufgrund neuer Erkenntnisse bessere Möglichkeiten der Verwirklichung des Guten finden. Daher haben kirchliche Gesetze und Vorschriften nicht den gleichen Rang wie die Gottesgebote, selbst dann nicht, wenn sie ausdrücklich als Kirchengebote aufgestellt werden. Sie sind veränderlich. Dennoch haben sie verpflichtende Kraft; denn auch das Wandelbare und Verbesserungsfähige kann verbindliche Entscheidungen fordern. Oft müssen wir uns mit vorläufigen Antworten zufrieden geben und auch den Mut zu solcher Vorläufigkeit haben.

Die katholische Moraltheologie sagt seit Jahrhunderten, dass »objektive« Normen und sittliche Gesetze einerseits und das subjektive Gewissensurteil des einzelnen Christen andererseits in einem Spannungsbogen unlöslich zusammengehören. An der objektiven Norm, an den Geboten, orientiert sich das Gewissen, um nicht der Beliebigkeit zu verfallen und um beurteilen zu können, wie die objektive Norm auf den eigenen konkreten Einzelfall passt. Auch kirchliche Leitlinien oder Gebote sind also niemals Ersatz für die eigene Gewissensentscheidung. Das bedeutet nicht einen Freibrief, sondern größere Verantwortlichkeit.

»Weisung und Gewissen, objektive Normen und subjektive Überzeugung werden heute oft wie Feuer und Wasser gegeneinander gestellt. Normen – so sagt man – sind Sache der Institution des Amtes, sie werden damit als lebensfremd und gewissensfeindlich abgestempelt. Umgekehrt definiert sich der Einzelne auf eigene Faust und setzt sich selbst das Maß. Er merkt nicht, wie schnell er zum Spielball öffentlicher Meinungen werden kann. Oft genug ist das, was er sein eigenes Gewissen nennt, ein modisches ›Ich von der Stange‹. Wir machen es uns zu leicht, wenn wir Gewissen einfach mit persönlicher Gewissheit gleichsetzen. Dann zählt schließlich nur noch das subjektive Überzeugtsein. Und die Frage nach der Wahrheit bleibt auf der Strecke« (Bischof Franz Kamphaus, Limburg, Fastenhirtenbrief 1995).

Das »neue Gebot« Christi

Das Leben des Christen ist nicht ein sklavischer Gehorsam gegenüber dem Buchstaben des Gesetzes. Immer wieder besteht die Gefahr, aus dem Gesetz eine »Gesetzlichkeit« zu machen. Dagegen hat sich schon Christus gewandt. Er betont, dass nicht Befolgung des Buchstabens, sondern die Absicht entscheidend sei; nicht erst der Totschlag ist Sünde, sondern bereits der Hass, ja die Lieblosigkeit. Wer gesetzlich denkt, fragt sich: Wie weit darf ich gehen, wo beginnt die Verpflichtung, und wo hört sie auf? Wo lässt mir das Gesetz eine Masche, um hindurchzuschlüpfen? So versuchen manche Christen, auf dem schmalen Grat zu balancieren, der zwischen Gut und Böse liegt. Sie wollen zwar nicht sündigen, möchten aber alles mitnehmen, was noch nicht verboten ist. Dieses »Grenzdenken« ist die Gesetzlichkeit, die Christus ablehnt. Es ist die Haltung des Untertans, des Sklaven, der gehorcht, weil er Strafe fürchtet. Anders denkt schon der Verwalter. Er fragt nicht mehr: Was *muss* ich unbedingt tun?, sondern: Was *kann* ich tun?
Noch weiter aber geht die Liebe. Sie fragt über das hinaus, was erlaubt oder geboten ist, nach dem »Mehr«. Sie weiß zu unterscheiden zwischen Gut und Besser; sie sucht die jeweils bessere Lösung, die wirklich christliche Antwort. Nicht erst das Böse, sondern schon die Unterlassung des Guten wertet sie als Versagen. Das »neue Gebot« Christi heißt darum: Liebe. Sie fordert den Menschen weit mehr ein, als Gebot und Gesetz es vermögen; denn sie kennt keine Grenzen. Sie ist des Gesetzes Ende und Erfüllung; denn sie macht es überflüssig (vgl. Röm 13,10).

Zur »Freiheit befreit«

Jetzt verstehen wir, warum Paulus immer wieder Freiheit und Gesetz gegenüberstellt. Wo er das »Gesetz« ablehnt, meint er Gesetzlichkeit, propagiert aber nicht etwa Zügellosigkeit. Christliche Freiheit bedeutet nicht Willkür; denn Willkür versklavt den Menschen. Auch Freiheit kennt Bindung. Aber nur *eine* Bindung macht den Menschen sogar noch von sich selbst frei: die Liebe. Jede Freiheit findet ihre Grenze am Mitmenschen und dessen Freiheitsraum. Nur scheinbar frei ist, wer immer tut, was er will. Sagen wir nicht, dass ein solcher Mensch abhängig sei von seinen Launen, seinen Trieben oder seinem Besitz, von seinem Stolz und seiner Machtgier? Gerade diese Menschen wähnen sich oft frei, aber weil sie zu sehr an etwas »hängen«, sind sie eben doch »abhängig«.

Liebe – und tu, was du willst

Diese »Kurzformel« wird falsch verstanden, wenn man vermutet, hier werde christlicher Glaube zu »halben Preisen« angeboten und alles ausgeklammert, was jemand lästig sein könnte. Augustinus wollte damit vielmehr sagen: Wer Gott (oder einen Menschen) von Herzen liebt, der wird versuchen, alles gut und richtig zu machen. Ein Liebender ist niemals »Minimalist«, der fragt, was er unbedingt tun muss. Eher wird er im Übereifer des Guten zuviel tun.

Jemand kann sich mühen, Gottes Gebote zu erfüllen, am Gottesdienst teilzunehmen, Notleidenden zu helfen – kurzum, so zu handeln, wie man das allgemein von einem Christen erwartet; dennoch hat er vielleicht noch nicht einmal angefangen, als Christ zu leben – weil er nur Gewöhnungen weiterführt, oder weil er in alldem sich selbst sucht, oder weil er aus Furcht handelt. Es fehlt die Liebe. Man mag aber Pflichterfüllung noch so sehr häufen, es ist unwahrscheinlich, dass daraus Liebe wird (wohl aber wird echte Liebe zur Erfüllung von Pflichten führen). Wer also bei der Erfüllung von Geboten oder Pflichten stehen bleibt, verfehlt den Einstieg ins Christentum. Kein Wunder, dass er nie das Eigentliche seines Glaubens erfährt, dass er darum auch unbefriedigt bleibt und dass er auf seine Umwelt kaum überzeugend wirken kann.

Am Anfang des Christseins steht das Bewusstsein, von Gott angenommen, geliebt zu sein; nicht Knecht, sondern Freund, ja Kind und Erbe zu sein. Aber auch Freundschaft kennt eine Ordnung, auch der Sohn kennt eine »Bindung« an den Vater – weit enger sogar als der Knecht. Er weiß sich seinem Erbe verpflichtet – und dennoch ist seine Einstellung von

Grund auf anders als die des Untertans. Als *Kind* Gottes, fragt der Christ auch nach dem Willen Gottes. Er macht Gottes Sache zu seiner Sache und betet darum: »Dein Wille geschehe«. Darum kann Christus alles in dem einen Gebot zusammenfassen: »Du sollst den Herrn, deinen Gott, lieben mit ganzem Herzen, mit ganzer Seele und mit all deinen Gedanken. Das ist das wichtigste und erste Gebot. Ebenso wichtig ist das zweite: Du sollst deinen Nächsten lieben wie dich selbst« (Mt 22,37 ff.). Hier wird gleichrangig nebeneinander genannt: die Liebe zu Gott, zum Mitmenschen, zu sich selbst.

Damit ist gesagt, dass reine Mitmenschlichkeit nicht genügt. Viele meinen, das »praktische Christentum der Tat« sei der einzig wahre Gottesdienst. Hier wird eine Dimension unterschlagen: die Gottesliebe. Sie ist freilich nicht Sache eines unkontrollierbaren Gefühls, sondern eher des Willens. Wer liebt, der sucht vom anderen auszugehen, von ihm her zu denken, der bekommt auf einmal Zeit für den anderen, der spricht mit ihm.

Andererseits darf die Gottesliebe nie dazu verleiten, den Menschen neben uns zu übersehen. Wo fromme Kirchgänger im Alltag unerfreuliche Zeitgenossen sind, lassen auch sie die Hälfte aus. »Wenn jemand sagt: Ich liebe Gott!, aber seinen Bruder hasst, ist er ein Lügner. Denn wer seinen Bruder nicht liebt, den er sieht, kann Gott nicht lieben, den er nicht sieht ... Wer Gott liebt, soll auch seinen Bruder lieben« (1 Joh 4,20 f.).

Seid vollkommen ...

Niemand ist von dieser Liebe ausgenommen. Christus dehnt das Hauptgebot sogar auf die Feinde aus. »Liebt eure Feinde und betet für die, die euch verfolgen, damit ihr Söhne eures Vaters im Himmel werdet; denn er lässt seine Sonne aufgehen über Bösen und Guten, und er lässt regnen über Gerechte und Ungerechte. Wenn ihr nämlich nur die liebt, die euch lieben, welchen Lohn könnt ihr dafür erwarten? Tun das nicht auch die Zöllner?« (Mt 5,44 ff.). Hier stehen wir an dem Punkt, wo christliche Forderung über das, was unser natürliches Empfinden als recht und billig erscheinen lässt, hinausgeht. Die »Magna Charta« des Christentums, die Bergpredigt, steigert diese Forderungen bis ins Grenzenlose, ja bis ins Unmögliche: »Ihr sollt also vollkommen sein, wie es auch euer himmlischer Vater ist« (Mt 5,48).

Diese Forderung darf nicht entmutigen, kein Mensch kann sie erfüllen. Aber ist es nicht auch im alltäglichen Bereich schon so, dass die Ziele immer höher gesteckt sein müssen? In dem Augenblick, wo ein Mensch das Erstrebte erreicht hat, sehnt er sich nach etwas Neuem, nach Weitergehendem. Würde er sich mit dem Erlangten zufrieden geben, wäre sein Leben schal und ohne Spannung. So stellt auch die christliche Botschaft Ziele vor Augen, die nicht eingeholt werden können, und darin liegt ihre Dynamik.

Von daher sind die radikalen Forderungen Jesu zu verstehen: »Wer mein Jünger sein will, der verleugne sich selbst, nehme sein Kreuz auf sich und folge mir nach. Denn wer sein Leben retten will, wird es verlieren ...« (Mt 16,24 f.). Was als Lebens- und Leibfeindlichkeit verdächtigt wird, erweist sich im Erfahrungsbereich oft als Lebenssteigerung und -gewinn. »Nur in dem Maße, in dem wir uns preisgeben an die Welt und an die Aufgaben und Forderungen ..., nur in diesem Maße erfüllen und verwirklichen wir auch uns selbst ... Es gilt, dass der Mensch nur in dem Maße er selbst ist, in dem er sich selbst übersieht und vergisst« (Viktor E. Frankl, Der Mensch auf der Suche nach Sinn).

So werden auch die »Evangelischen Räte« verständlich, die einen Weg der Armut, der Keuschheit und des Gehorsams vorschlagen, wie er z. B. in den Orden versucht wird.

Modellfall Christus

Christliches Leben besteht nicht in der Bindung an einen Sittenkodex, sondern an eine Person, eben an Christus. Sein Leben und sein Wort sind die Orientierungspunkte. Matthäus berichtet, wie Jesus seine Jünger sammelte und ihnen zurief: »Folgt mir nach!« (Mt 4,19). Sie verließen sofort ihre Fischernetze und folgten ihm. Christus nachfolgen bedeutet aber nicht, ihn kopieren. Wir möchten gern für alles fertige Gebrauchsanweisungen. Gerade die aber gibt Christus nicht, denn er will das Gute nicht festlegen, sondern ständig weiterführen und verbessern. Sein Vorbild ist der Maßstab, ein Modell. Ein Modell aber ist offen und will von jedem entsprechend seiner Eigenart und Fähigkeit, aber auch entsprechend der jeweiligen Zeit verwirklicht werden. Das eigene Nachdenken und die eigene Entscheidung werden darum keinem erspart.

Die Heilige Schrift nennt das alles kurz und bündig: Wir sollen ein »anderer Christus« (vgl. 2 Kor 5,17 u.a.) werden. Wie er liebt und dient, sollen wir lieben und dienen. Darum geht der Christ täglich bei Christus in die Schule und bespricht sich mit ihm im Gebet: »Wie würdest du in dieser Situation handeln?«

Das hört sich alles gut an. Aber ist nicht Jesus mit seiner Lebensweise gescheitert? Wer konsequent christlich leben will, wird vor den anderen oft als unvernünftig dastehen. Wer auf Gewalt und Ellbogenfreiheit verzichtet, nicht unter allen Umständen auf Erfolg aus ist, wer seine Feinde liebt, sich unter Nachteil für das Recht einsetzt, sich auf die Seite des Schwächeren stellt, wer nach der Wahrheit sucht und zu alledem noch Zeit für das Gebet ausspart, der gilt von vornherein als lebensuntüchtig, der ist gelegentlich »der Dumme« in der Welt. Wundert es uns, wenn viele das nicht wollen – oder nicht fertig bringen?

Unsere Gesellschaft wie auch viele einzelne sind weit davon entfernt, wirklich »christlich« zu sein. Ist das ein Alibi für die eigene fehlende Bereitschaft? Oder soll man jemandem das Christsein absprechen, der das nicht schafft? Keiner hat das Recht, pharisäerhaft über andere zu urteilen; keiner kennt die Lebensbedingungen und die Schwierigkeiten des anderen. Wo jemand sich um die Verwirklichung bemüht, wo einer unter seiner Halbheit leidet, immer neu beginnt, da bekennt sich Christus zu ihm, wie wir aus vielen Stellen der Heiligen Schrift wissen. Es gehört Mut zu dem Eingeständnis: »So wie ich jetzt lebe, bin ich noch nicht fertig. Auf meinem Weg gibt es Fortschritt, aber auch Rückschritt, oft verliere ich das Ziel aus dem Auge.« Die Forderungen des Evangeliums verbieten Stillstand. Wer die Worte Jesu kennt, der muss gehen, ganz gleich, wie weit er kommt. Wer geht, der verändert sich – der verändert auch die Welt.

17.

Christ in der Zeit

»Sobald ihr im Westen Wolken
aufsteigen seht, sagt ihr:
Es gibt Regen. Und es kommt so.
Und wenn der Südwind weht,
dann sagt ihr: Es wird heiß.
Und es trifft ein. Ihr Heuchler!
Das Aussehen der Erde und des
Himmels könnt ihr deuten.
Warum könnt ihr dann die Zeichen
dieser Zeit nicht deuten?
Warum findet ihr nicht schon von
selbst das rechte Urteil?«

Lukas 12, 54-57

Um als Christen verantwortlich zu handeln, müssen wir uns nicht zuletzt
an der Wirklichkeit orientieren, in der wir leben. Diese Wirklichkeit ist
aber raschen und tiefgreifenden Veränderungen unterworfen. Sie ist oft
schwer zu durchschauen, widersprüchlich, kompliziert. Man ist bei der
Beurteilung weithin von anderen abhängig, von deren Sachwissen, ihrem
Überblick, von Informationen. Diese sind oft gefiltert und von Eigen-
interessen geprägt. Oft genug haben Menschen erfahren müssen, dass sie
auf diese Weise getäuscht und missbraucht wurden.

Die Welt, in der wir leben

Die Natur ist weitgehend in die Verfügung des Menschen geraten, wird
von ihm beeinflusst und geprägt. Überall entdecken wir seine Spuren, eine
von ihm selbst geschaffene Welt. Auch die gesellschaftlichen Strukturen
haben sich gewandelt: Aus der früher vorwiegend landwirtschaftlichen
Kultur ist längst eine industrielle Kultur geworden, in der ganze Land-
striche zu Großstädten und Ballungsräumen zusammenwachsen. Aus der
früheren patriarchalen – und oft autoritären – Ordnung kommen wir in

allen Bereichen zu gleichberechtigten und mitverantwortlichen Formen des Zusammenlebens.

Aber nicht nur die Umwelt des Menschen wandelt sich, auch sein Geist wird davon betroffen. Die Veränderungen um uns herum wirken auf uns selbst zurück. Zeitungen und Filme, Rundfunksendungen und Fernsehprogramme vermitteln uns immer neue Eindrücke, suggerieren andere Lebenshaltungen und Lebenswerte und beschleunigen so den Wandel des Bisherigen. Nicht nur die junge Generation opponiert gegen das Überkommene.

Der Fortschritt eröffnet aber nicht nur neue Lebensmöglichkeiten, oft ziehen mit ihm auch neue Ängste herauf. Zwar ist der Mensch »mächtig«, aber nicht immer vermag er diese Macht so zu steuern, dass sie ihm dient. Da gibt es viel Reichtum, Wohlstand und Freiheit, aber noch nie haben so viele Menschen gehungert; es entstehen neue Formen sozialer und psychischer Vernichtung. Man sehnt sich nach Frieden, aber gesellschaftliche, rassistische und ideologische Spannungen und Konflikte führen immer wieder zu Bürgerkriegen oder Kriegen mit anderen Staaten. Viele hatten naiv geglaubt, nach dem Zerfall des Kommunismus würden die wirtschaftlichen und politischen Spannungen allmählich abgebaut, aber immer wieder wird die Welt von neuen Krisen erschüttert.

Die Menschheit lebt in einem Zwiespalt von Mitmenschlichkeit und Haß, Freiheit und Unterdrückung, Fortschritt und Rückschritt; zeigt sich stark und schwach zugleich, zum Schlimmsten fähig und zum Besten bereit (vgl. Zweites Vatikanisches Konzil, Dekret »Die Kirche in der Welt von heute«). Diese gefährlichen Spannungen, an denen unsere Zeit leidet, kommen letztlich aus dem Herzen des Menschen selbst, der sein inneres Gleichgewicht zu verlieren droht.

In diese Situation sehen wir uns als Christen hineingestellt. Wir sollen die »Zeichen der Zeit« zu erkennen suchen und ihnen aus christlicher Verantwortung begegnen. Denn in den Ereignissen und Menschen des Alltags will Gott uns ansprechen und herausfordern. Aber es ist durchaus nicht leicht, in allen Fragen eine klare und eindeutige Antwort zu finden und zu entscheiden, was wir als Christen verantworten können. Einige dieser heutigen Problemfelder sollen näher dargestellt werden.

Der Einzelne und die Gemeinschaft

Man spricht gelegentlich davon, dass wir in einer Massengesellschaft leben. Die Zahl der Menschen auf der Erde nimmt ständig zu, und die Abhängigkeiten voneinander werden immer stärker.

Einerseits ist die Würde des Menschen unantastbar. Parolen wie: »Der Einzelne ist nichts, das Volk ist alles« führten in die Irre. Die Gemeinschaft hat vielmehr für die bestmögliche Entfaltung des Einzelnen zu sorgen. Ihre Institutionen, z. B. Krankenkassen, Versicherungen, aber auch ihre Rechtsprechung, ihre Parteien, ihre staatlichen Verfassungen sind nicht Selbstzweck, sondern um des Menschen willen da.

Darum stehen jedem Menschen dieselben Grundrechte zu, welchen Geschlechts oder welcher Rasse, welcher sozialen Stellung oder Herkunft er auch sein mag. Weder der Vorbestrafte noch das uneheliche Kind, weder der ausländische Arbeitnehmer noch der Arbeitsunfähige und Alte sind Menschen zweiter Klasse. Vor Gott sind alle Menschen gleich. »Es gibt nicht mehr Juden und Griechen, nicht Sklaven und Freie, nicht Mann und Frau; denn ihr alle seid ›einer‹ in Christus« (Gal 3,18). Tag für Tag aber berichten Medien von Gewalttaten gegenüber Andersdenkenden, gegenüber Ausländern und Asylsuchenden. Aus christlicher Sicht hat jeder ein ursprüngliches Recht auf Erziehung und Bildung, auf Arbeit und Familiengründung, auf freie Berufswahl und Lebensgestaltung. Deshalb muss es unsere Sorge sein, dass jeder Mensch das Lebensnotwendige bekommt, Nahrung, Kleidung und Wohnung.

Andererseits ist jeder Mensch der Gemeinschaft verpflichtet. Jeder von uns hat den Gemeinschaften, in denen er lebt – Familie, Volk, Staat –, viel zu verdanken. Das bringt Verpflichtungen und Bindungen der Gesellschaft gegenüber mit sich. Den persönlichen Rechten auf der einen Seite entsprechen Pflichten auf der anderen. Übersteigerte Selbstsucht des Einzelnen zersetzt das soziale Gefüge. Jeder Einzelne muss berechtigte Ansprüche anderer berücksichtigen. Vor allem kann uns das Wohl der gesamten Menschheit nicht gleichgültig sein. Wir sind Glieder der einen und unteilbaren Menschheit und müssen als solche handeln.

Christ und Staat

Die Einzelnen, die Familien, aber auch die verschiedenen Gruppen, zu denen sich Menschen zusammenschließen, wissen sehr gut, dass sie allein nicht imstande sind, all das zu leisten, was zu einem sinnvollen Leben gehört. Nicht einmal eine Großstadt kann ein völliges Eigendasein führen. Handelsbeziehungen, Verkehrswesen, Sicherung der Arbeitsplätze, Gesundheitsfürsorge – das alles sind Aufgaben, die nur von einer breiten Gemeinschaft erfüllt werden können. Das macht die Notwendigkeit eines größeren Gemeinwesens deutlich, die Gründung von Staaten. Menschen, die durch ihren Lebensraum, ihre Sprache, ihre völkische Eigenart, ihre Stammesverwandtschaft, ihr Schicksal einander verbunden sind, bilden ein solches Staatswesen. Die geschichtliche Entwicklung, Eroberungen, Kriege usw. haben die Staatsgrenzen immer wieder verschoben. In der Europäischen Union werden sie immer durchlässiger, aber die Eigenverantwortlichkeit der einzelnen Staaten wird erhalten bleiben. Das Ziel staatlicher Gemeinschaft ist das allgemeine Wohl seiner Bürger. Sie hat dem Menschen zu dienen, seine Entfaltung zu sichern. Damit der Staat dieses Ziel aber erreichen kann, braucht er notwendig Autorität und eine gewisse Macht. Darum hat auch Jesus die politische Institution anerkannt und die Pflicht, deren legitimen Gesetzen zu folgen, betont: »So gebt dem Kaiser, was dem Kaiser gehört, und Gott, was Gott gehört!« (Mk 12,17). Paulus verlangt, dass auch die Autorität des heidnischen Staates respektiert wird (vgl. Röm 13,1-7).

Das Zusammenleben in der Gemeinschaft des Staates verlangt positive Gesetze und Verordnungen. Diese haben dem Einzelnen größtmögliche Freiheit zur Entfaltung seiner Persönlichkeit zu belassen. Wo das staatliche Gesetz das Wohl des Einzelnen zugunsten der Gemeinschaft einschränkt, ist der Bürger verpflichtet, diese Einschränkungen auf sich zu nehmen. So kann der Staat Steuern erheben, um notwendige Ausgaben für die Gesamtheit zu decken. Der Bürger ist zur Zahlung verpflichtet.

Niemals aber darf ein menschliches Gesetz dem Willen Gottes widersprechen. Dann gälte: »Man muss Gott mehr gehorchen als den Menschen« (Apg 5,29). Eine Anordnung des Staates, die offensichtlich gegen den Willen Gottes verstößt, hat keine verpflichtende Kraft. Wo der Staat die Gewissensfreiheit und die Menschenwürde missachtet, überschreitet er seine Kompetenzen. Hier liegt in extremen Fällen die Begründung des sittlichen Rechts zum Widerstand gegen die Staatsgewalt. Man kann sich also vor dem persönlichen Gewissen nicht darauf berufen, dass man »auf höheren Befehl hin« so oder so gehandelt habe, wie das in Prozessen wegen politischer Verbrechen immer wieder geschieht.

Andererseits handelt der Staat dann am besten, wenn er mit einem Mindestmaß an öffentlicher Gewalt auskommt. Die Staatsform, die am besten die Rechte des Einzelnen und aller sozialen Gruppen schützt, entspricht am besten der Würde des Menschen. Das wird am ehesten im demokratischen Staat verwirklicht.

Politische Verantwortung

Im demokratischen Staat ist der Bürger nicht passiv den Gesetzen und der Verfassung seines Landes unterworfen. Durch die Ausübung seines Wahlrechts hat er die Möglichkeit und Pflicht mitzuhelfen, dass Männer und Frauen die Regierungsgeschäfte wahrnehmen, die nach seiner Überzeugung die Interessen der Bürger am besten vertreten. So kann er kritisch die Tätigkeit des Parlaments und der Parteien kontrollieren. Hier liegt auch der Sinn und die Aufgabe der politischen Parteien, in denen sich Gleichgesinnte zusammenschließen. Sie sind zum gesunden Funktionieren einer Demokratie unerläßlich. Eine Partei freilich, deren Ziele gegen die Ordnung Gottes verstoßen, ist für Christen nicht wählbar. Das heißt natürlich nicht, daß der Christ seine Weltanschauung durch staatliche Gesetze zur Norm für alle machen soll. Das verbietet der Respekt vor der Gewissensüberzeugung Andersdenkender. Aber der Christ hat das Recht, nach den Spielregeln der pluralistischen Gesellschaft dafür zu sorgen, dass ihm und allen die Möglichkeit eingeräumt wird, nach der eigenen Gewissensüberzeugung zu leben. Überhaupt sollte der Staat Privatinitiativen fördern und nicht an sich reißen, was von Einzelnen oder von kleinen Gemeinschaften (Familie, Wohlfahrtswerke, Gewerkschaften, Vereine und Verbände) getan werden kann.

»Ein allzu weitgehendes Eingreifen des Staates kann die persönliche Freiheit und Initiative bedrohen. Die Kirche vertritt das sogenannte Subsidiaritätsprinzip: Eine übergeordnete Gesellschaft darf nicht so in das innere Leben einer untergeordneten Gesellschaft eingreifen, dass sie diese ihrer Kompetenzen beraubt. Sie soll sie im Notfall unterstützen und ihr dazu verhelfen, ihr eigenes Handeln mit dem der anderen gesellschaftlichen Kräfte im Hinblick auf das Gemeinwohl abzustimmen« (Katechismus der katholischen Kirche). Der Katechismus begründet dieses Prinzip: Auch Gott überlässt jedem Geschöpf jene Aufgaben, die es den Fähigkeiten seiner Natur gemäß auszuüben vermag. Diese Führungsweise soll im gesellschaftlichen Leben nachgeahmt werden (1883 und 1884).

Als Beispiel kann die Schule gelten: Selbstverständlich ist es Aufgabe des Staates, für die Bildung seiner Bürger Sorge zu tragen. Aber die erste Verantwortung in Fragen der Erziehung kommt den Eltern zu. Die katholische Kirche tritt darum für das Elternrecht ein, auch über die Schulform mitzubestimmen.

Kirche und Staat

Damit ist schon das Verhältnis von Staat und Kirche berührt. Staat und Kirche haben es mit demselben christlichen Staatsbürger zu tun. Ihre Aufgaben können sich also überschneiden. Es gibt viele Angelegenheiten, die sowohl den Staat als auch die Kirche angehen, zum Beispiel die Ehe, die Schule, kulturelle und soziale Fragen. Hier kann es daher zu Kompetenzschwierigkeiten kommen, wenn beide sich auf diesen Gebieten nicht als Partner verstehen. Weder die Kirche hat das Recht, den Staat zu bevormunden, noch darf der Staat alles beherrschen wollen. Weder Staatsreligion noch Religionsstaat sind wünschenswert.

Da beide aufeinander angewiesen sind, müssen Staat und Kirche im Gespräch miteinander bleiben. Oft werden Grenzfragen in Absprachen oder Staatsverträgen geregelt (sog. Konkordate). Zwar hat die Kirche eine geistliche Sendung, man würde es ihr aber mit Recht übel nehmen, wenn sie sich nicht – unter Umständen auch gegenüber dem Staat – für die Grundrechte und Interessen der Schwachen in der Gesellschaft sowie für die Hochhaltung sittlicher Grundwerte einsetzte. In diesem Sinn hat die Kirche gelegentlich eine kritische Funktion gegenüber dem Staat. Man wirft ihr heute vor, dass sie diese im Lauf der Geschichte nicht oft genug wahrgenommen habe.

Weltweite soziale Gerechtigkeit

Ein Christ darf nicht nur den eigenen Staat im Blick haben, er muss weltweit denken. Wir erleben, dass die Menschheit letztlich eine Einheit bildet. Wir entdecken, dass wir alle zusammengehören und in demselben Boot sitzen. Eine Revolution in Südamerika oder ein Krieg im Fernen Osten wirft Schatten bis zu uns. Nachrichtensatelliten, Urlaubsreisen und Geschäftsverbindungen schweißen uns mehr und mehr aneinander. Das macht uns bewusst, daß Menschsein immer auch Mitmenschsein heißt, Teil eines Ganzen. Das erfordert ein neues Denken und Verhalten. Es gilt, die Ansprüche des Einzelnen und die soziale Verantwortung für die anderen in Einklang zu bringen.

Auch heute gibt es Armut in unserer engsten Nähe. Da sind die, die nicht mehr arbeiten können, aber eine zu geringe Altersrente haben. Viele finden keine Arbeitsstelle, weil sie über 50 Jahre alt sind; Lehrstellen sind nicht ausreichend vorhanden. Andere haben zwar genug zu essen, sind aber einsam, menschlich verlassen und der Verzweiflung nahe. Mancher alleinstehende und alte Mensch fühlt sich völlig überflüssig und beiseite geschoben. Das alles sind unsere »Nächsten«, von denen Jesus sagt, dass wir sie lieben sollen wie uns selbst.

Die *Caritas* betreut in der Bundesrepublik täglich über eine Million Menschen. Weit über hunderttausend hauptamtliche Mitarbeiter, Laienhelfer und Ordensleute sind in ihrem Dienst tätig. Hilfe für Kranke und Alte, Familienferien für kinderreiche Familien, Müttererholung, Sozialhilfe, heilpädagogische Heime und Horte, Kinderdörfer, Kindergärten, Jugendwohnheime, Fürsorge- und Erziehungsheime sowie Ausbildungsstätten für all diese Sparten. Darüber hinaus ist die Caritas immer wieder international bei Nöten und Katastrophen im Einsatz.

Durch die modernen Medien werden auch die Notleidenden im fernsten Winkel der Erde zu unseren »Nächsten«. Jeder von ihnen kann – im Namen Christi – ein Recht auf unsere Liebe und Hilfe geltend machen. Wir leben in einem begüterten Land, während in vielen Gebieten der Hunger von Jahr zu Jahr größer wird. Unsere Ausgaben für den eigenen Wohlstand, für Alkohol und Kosmetika stehen in keinem Verhältnis zu unseren Hilfeleistungen für arme Länder. Man kann sich nicht entschuldigen: »Ich als Einzelner kann doch nichts tun!« Richtig ist, dass die Sorge für andere nicht mehr Sache Einzelner bleiben kann, sie muss von vielen zugleich getragen werden. Es gibt heute weltweite Hilfsorganisationen auf privater, staatlicher und internationaler Ebene, die sich für diese Aufgaben engagieren. Die Kirchen ziehen hier mit vielen Gruppen an einem Strang, denken wir an die Caritas, das soziale Jahr, an die Hilfswerke *Misereor* und *Brot für die Welt* und viele andere.

Die Kirche hat sich sehr grundsätzlich zu diesen Problemen geäußert. In der – mit anderen christlichen Kirchen gemeinsamen – »Erklärung von Stuttgart« mit dem Titel »Gottesgaben – unsere Aufgaben« (GG), 1988 herausgegeben von der Arbeitsgemeinschaft christlicher Kirchen in der Bundesrepublik und darüber hinaus in einer Verlautbarung der deutschen katholischen Bischöfe mit dem Titel »Christliche Verantwortung in veränderter Welt« (CV) hat sie dazu Stellung genommen. Wir zitieren im Folgenden daraus:

»Aufgrund ihres Auftrags und ihrer weltweiten Verpflichtung zur Solidarität ... ergibt sich für die Kirchen und die Christen immer wieder die Notwendigkeit ..., sich zum Anwalt der Menschen in Afrika, Asien und Lateinamerika zu machen, deren Stimme nicht gehört wird« (GG 2,23).

In diesem Zusammenhang kritisieren die Kirchen die Gesetzmäßigkeiten der geltenden weltwirtschaftlichen Ordnung. Sie fordern: »... Eine Änderung dieses Weltwirtschaftssystems (ist) unbedingt notwendig. Ziel muss sein, die Vorteile des freien Austauschs zu verbinden mit internationalen Vereinbarungen zum Schutz der schwächeren Partner und zur gemeinsamen Entwicklung ihrer wirtschaftlichen Möglichkeiten. ... Auslandsverschuldung und Armut sind Ausdruck struktureller Ungerechtigkeit, die auf nationaler wie internationaler Ebene besteht. ... Die Kirchen sind von ihrem Auftrag her verpflichtet, da für wirtschaftliche und politische Lösungen des Schuldenproblems einzutreten, die am Ziel der Gerechtigkeit, des Friedens und der Bewahrung der Schöpfung ausgerichtet sind« (GG 2,23 und 2,24).

Theologisch begründet werden diese Forderungen damit, dass Gott derjenige ist, der alle Menschen liebt, für alle Menschen sorgt und die Freiheit und Erlösung aller Menschen will.

Misereor ist der Name für das Fastenopfer der Katholiken für die unterentwickelten Gebiete der Welt. Dazu kommt das Advent-Opfer *Adveniat*, das ähnlichen Zwecken dient, aber ausschließlich für Südamerika verwandt wird.

Im Jahr 1968 haben sich staatliche Einrichtungen und die kirchlichen Werke »Brot für die Welt« (evangelisch) und »Misereor« zur Aktion »Brüderliches Teilen« zusammengeschlossen. An jedem ersten Freitag im Monat rufen sie zu einem besonderen Fastenopfer für notleidende Länder auf. Gemeinsam werden die einkommenden Spenden verwaltet und ausgegeben. Bei der Vergabe dieser Gelder wird darauf geachtet, dass nicht nur die akute Not, sondern ihre Ursachen dauerhaft beseitigt werden.

Fremde, Ausländer, Aussiedler, Asylsuchende ...

»Wenn Menschen aus politischen, rassischen oder religiösen Gründen in ihrer Heimat verfolgt oder unterdrückt werden und in unser Land kommen, haben sie Anspruch auf Asyl. Sie aufzunehmen, verpflichtet uns das Grundgesetz. ... Energischer als bisher muss an der Beseitigung von Fluchtursachen und an der Entlastung der armen Erstaufnahmestaaten von Flüchtlingen gearbeitet werden« (CV 6).

Rassismus

»Rassismus verleugnet die Menschenwürde, verletzt die Menschenrechte und ist sittlich verwerflich. Christen und Kirchen sind immer und überall verpflichtet, den Rassismus im eigenen Herzen und in der Gesellschaft zu erkennen und zu bekämpfen und sich auch an die Seite derer zu stellen, die um ihres Glaubens oder ihrer ethnischen Herkunft willen benachteiligt und verfolgt werden ...«

Friede ist möglich

Auch heute noch versuchen Staaten, ihre inneren und äußeren Konflikte kriegerisch auszutragen. Die Frage, wann Krieg unter Umständen erlaubt sein könne, hat die Menschen, besonders auch die Christen, in den vergangenen Jahren stark bewegt; angefangen bei dem Streit um die Wiederbewaffnung Deutschlands nach den schrecklichen Erfahrungen des Zweiten Weltkriegs über die Auseinandersetzungen um den Golfkrieg, über die Friedensbewegung in den 70er und 80er Jahren bis hin zu dem Krieg im ehemaligen Jugoslawien. Darf man militärische Macht einsetzen und Kriege riskieren, um besetzte Länder zu befreien, um unschuldig leidenden Menschen zu helfen, um Hunger, Unrecht, Gewalt, Terror und Bürgerkrieg zu unterbinden? (Siehe Haiti, Ruanda, Völkermord an den Kurden usw.).

Auf den ersten Blick ist für uns Christen alles klar und eindeutig: Kriege sollen nach dem Willen Gottes nicht sein. Die Bibel unterstreicht den Wert der Versöhnung, die Liebe zum Feind, den Einsatz für den Frieden. Jesus selbst hat auf Gewalt verzichtet. Andererseits kann es auch nicht dem Willen Gottes entsprechen, dass Unrecht und Gewalt sich durchsetzen und ganze Völker unterjochen. Wo Verzicht auf Gewalt zu neuen Gewalttaten ermutigt, ist das nicht weniger gegen den Willen Gottes. Kann es deshalb nicht Situationen geben, in denen Frieden auf Dauer nur gesichert werden kann, wenn ein ungerechter Angriff durch Gewalt abgewehrt wird? Ist dann nicht unter Umständen auch ein Krieg das kleinere Unrecht, das kleinere Übel? Wenn es vielleicht auch keinen »gerechten Krieg« gibt, so doch einen »gerechtfertigten Krieg«? Gewaltlosigkeit ist durchaus faszinierend und dem Christen entsprechend; wo sie aber dem Unrecht keine Dämme setzt, läuft sie Gefahr, sich zum Komplizen der Gewalttätigkeit und damit mitschuldig zu machen, sagen manche. Gerade Wehrlosigkeit und Schwäche – so lehre die Erfahrung

– ermutige geradezu Diktatoren zu Krieg und Gewalttätigkeit. Das zeigt die Weltgeschichte ebenso wie die alltägliche Erfahrung. Anläßlich des Golfkriegs 1991 sagte der Papst, einen Frieden um jeden Preis könne es nicht geben. Gleichwohl tat er alles, um den Kriegsausbruch zu verhindern, und nannte den drohenden Kampf eine »sinnlose Metzelei«.

Kein Wunder, dass daher auch unter Christen über den *Weg* zum Frieden geteilte Auffassungen bestehen. Manche meinen, dass im Augenblick noch – leider – Rüstung dringend notwendig sei, um Diktatoren von Krieg und Gewalttätigkeit abzuhalten und Freiheit und Menschenrechte zu schützen.

Angesichts der verheerenden ABC-Waffen (atomare, biologische und chemische Waffen) sind auch in der katholischen Kirche neue Überlegungen dazugekommen. Dass Angriffskriege und totale Kriege zu verdammen sind, bleibt unbestritten. Das wurde auf dem Zweiten Vatikanischen Konzil erneut betont. Mag man bei früheren konventionellen Waffen einen Verteidigungskrieg möglicherweise noch als gerechtfertigt angesehen haben, so erhebt sich heute die Frage, ob angesichts der schrecklichen Waffenarsenale ein Krieg überhaupt noch vertretbar ist, wenn mit dem Einsatz dieser Mittel gerechnet werden muss. Wird eine Verteidigung nicht praktisch sinnlos, wenn das Verteidigte selbst zugrunde geht? Oder wird nicht vielleicht viel mehr vernichtet als verteidigt werden sollte? Kann je ein atomarer Vernichtungsschlag gerechtfertigt sein? Lange Zeit galt die »atomare Abschreckung«, das »Gleichgewicht des Schreckens«, als Garant des Friedens. Inzwischen hat sich die Überzeugung durchgesetzt, dass umfassende Abrüstung der bessere Weg ist. Die Kirche lehnt den Einsatz von Massenvernichtungswaffen eindeutig ab, sie verwirft sogar schon die Androhung eines solchen Vernichtungsschlags. Man dürfe nicht mit etwas drohen, dessen Einsatz nie gerechtfertigt und somit schlechthin verboten sei. Aus dem »Katechismus der Katholischen Kirche« (Weltkatechismus) bringen wir einige Zitate:

»Solange die Gefahr von Krieg besteht und solange es noch keine zuständige internationale Autorität gibt, die mit den entsprechenden Mitteln ausgestattet ist, kann man, wenn alle Möglichkeiten einer friedlichen Regelung erschöpft sind, einer Regierung das Recht auf sittlich erlaubte Verteidigung nicht absprechen« (2308).

»Die Bedingungen, unter denen es einem Volk gestattet ist, sich in Notwehr militärisch zu verteidigen, sind genau einzuhalten ... Alle anderen

Mittel, dem Schaden ein Ende zu machen, müssen sich als undurchführbar und wirkungslos erwiesen haben. – Es muss ernsthafte Aussicht auf Erfolg bestehen. – Der Gebrauch von Waffen darf nicht Schäden und Wirren mit sich bringen, die schlimmer sind als das zu beseitigende Übel ...« (2309).

»Die Zivilbevölkerung, die verwundeten Soldaten und die Kriegsgefangenen sind zu achten und mit Menschlichkeit zu behandeln ... Die Ausrottung eines Volkes, einer Nation oder einer ethnischen Minderheit ist als Todsünde zu verurteilen. Man ist sittlich verpflichtet, sich Befehlen, die einen Völkermord anordnen, zu widersetzen« (2313).

»Jede Kriegshandlung, die auf die Vernichtung ganzer Städte oder weiter Gebiete und ihrer Bevölkerung unterschiedslos abstellt, ist ein Verbrechen gegen Gott und den Menschen, das fest und entschieden zu verurteilen ist« (2314).

»Der Rüstungswettlauf sichert den Frieden nicht. Statt die Kriegsursachen zu beseitigen, droht er diese zu verschlimmern. Die Ausgabe ungeheurer Summen, die für die Herstellung immer neuer Waffen verwendet werden, verhindert, dass notleidenden Völkern geholfen wird. Somit hält die übermäßige Rüstung die Entwicklung der Völker auf. Sie vervielfacht die Konfliktgründe und verstärkt die Gefahr der Ausbreitung des Krieges« (2315).

Das Ziel, eine friedfertige Welt

Der Katechismus bringt die Hoffnung zum Ausdruck, dass sich einmal die Worte erfüllen: »Zu Pflügen schmieden sie ihre Schwerter um, zu Winzermessern ihre Lanzen. Kein Volk zückt mehr gegen das andere das Schwert. Das Kriegshandwerk gibt es nicht mehr« (Jes 2,4).

Der christliche Glaube steht eindeutig auf Seiten des Friedens. Krieg und Gewalt werden verurteilt, ein begrenzter und gezielter Waffeneinsatz wird gerade noch als »not-wendiges« Übel in Kauf genommen. Dann aber muss dabei die Verhältnismäßigkeit der Mittel gewahrt bleiben und der unbedingte Schutz der Zivilbevölkerung beachtet werden. Es gilt das Verbot von Massenvernichtungswaffen. Aufgaben unseres Glaubens bleiben: Liebe, Versöhnung, Toleranz, Gewaltlosigkeit.

Christen tragen Mitverantwortung, dass die Sicherung des Frieden auf Weltebene vorangetrieben wird: durch Verhandlungen, durch Einschal-

tung von Vermittlern, durch Beteiligung an nationalen Organisationen, durch Absprachen über Rüstungsbeschränkungen, durch Friedenstruppen. Es muss dahin kommen, dass wir die Durchsetzung nationaler »Rechte« durch übernationale Gerichtshöfe regeln.
Vor allem gilt es, die Wurzeln des Kriegs auszurotten durch Überwindung des Freund-Feind-Denkens; durch Aufhebung nationaler, rassischer, sozialer, ideologischer und auch religiöser Vorurteile; durch gemeinsame Bemühungen, Hunger und Unterdrückung aus der Welt zu schaffen.

Die großen Ziele werden durch viele kleine Schritte erreicht. Bei aller Ohnmacht bleibt jedem Einzelnen genug zu tun, in seinem Umfeld der Gewalt Freiheit und Friedfertigkeit entgegenzutreten. Für jeden Christen muß gelten, daß er in seinem Bereich Spannungen und Unfrieden abbaut. Das beginnt im eigenen Herzen und setzt sich fort in der Familie, im Beruf, in der Gesellschaft. Unsere Gesinnung muss sich ändern, damit sich unser Tun ändert. Letztlich wird uns das nur gelingen, wenn wir den tiefen Zwiespalt in uns selbst, nämlich die Sünde, überwinden. Christus hat uns diesen Frieden zugesagt: »… meinen Frieden gebe ich euch; nicht einen Frieden, wie die Welt ihn gibt, gebe ich euch …« (Joh 14,27).

»Rüstungsexport dient dem Profit weniger, vor allem in den Industriegesellschaften, aber auch dem Profit der Machteliten der Südhalbkugel der Erde. Auf verantwortungslose Weise werden dadurch Konflikte verschärft und ihre Folgen verschlimmert, mit furchtbaren Folgen für viele unschuldige Menschen. … Die Kirchen sehen sich verpflichtet, darauf hinzuweisen, dass Rüstungsgüter keine Waren sind wie andere. Auch die Erhaltung von Arbeitsplätzen kann kein Argument für Rüstungsproduktion oder Rüstungsexport sein« (GG 2,26).

Wehrdienst oder Zivildienst

Da auch unter Christen über die Verteidigung mit der Waffe unterschiedliche Meinungen bestehen, ergibt sich für junge Menschen die Frage, ob sie den Dienst mit der Waffe leisten oder verweigern sollen. Wer der Überzeugung ist, daß die Spirale von Gewalt und Gegengewalt nur durch absolute Gewaltlosigkeit gebrochen werden kann, muss den Wehrdienst verweigern. Dieses Recht, Verweigerung aus Gewissensgründen, muss geschützt bleiben. Es gibt kirchliche Beratungsstellen, die helfen, zu einer Gewissensentscheidung zu kommen.

Der »Katechismus der Katholischen Kirche« sagt dazu: »Die staatlichen Behörden sollen sich in angemessener Weise um jene kümmern, die aus Gewissensgründen den Waffengebrauch verweigern. Diese bleiben verpflichtet, der Gemeinschaft in anderer Form zu dienen« (2311). Andererseits verurteilt die Kirche damit nicht die Legitimität des Wehrdienstes und betreut die Wehrpflichtigen durch eigene Militärseelsorge. Das Zweite Vatikanische Konzil sagt: »Wer aber als Soldat im Dienst des Vaterlandes steht, soll sich als Diener der Sicherheit und Freiheit der Völker betrachten. Er trägt durch die rechte Ausübung seines Dienstes wahrhaft zur Festigung des Friedens bei.«

Wohin geht die Schöpfung?

Die Bibel ermutigt den Menschen zum Fortschritt in Wissenschaft, Technik und Kultur. Gott übergab den Menschen die Welt nicht wie ein fertiges Haus, sondern wie einen Rohbau, den sie ausbauen, vollenden sollen. Sie sollen ihren Verstand gebrauchen, um die Geheimnisse der Natur zu entdecken und in Dienst zu nehmen. Der Mensch trägt damit Verantwortung für das, was aus der Welt wird.

Aber der Mensch hat kein Recht, die Welt, seine Erde, die ihn umgebende Natur und die Lebensgrundlagen nachfolgender Generationen zu verbrauchen und zu »ver-nutzen«. Die Erde gehört niemandem, außer ihrem Schöpfer. Sie gehört nicht einer Generation, aber erst recht nicht einer Rasse, einem Volk oder einer wirtschaftlichen, industriellen oder finanziellen Elite.

Die Anliegen des Fortschritts sind berechtigt, aber wo sind die Grenzen, deren Überschreitung menschliche Existenz unmöglich macht? Eine naive Fortschrittsgläubigkeit ist uns heute nicht mehr möglich. Fast alles, was dem Fortschritt dient, kann auch zur Zerstörung missbraucht werden. Papst Paul VI. hat darauf hingewiesen, dass der Mensch heute die Erfahrung mache, »dass er durch die bedenkenlose Ausbeutung der Natur das Risiko eingeht, sie zu zerstören und selbst Opfer dieser Zerstörung zu werden«. Praktisch können wir heute fast alles verändern, die Frage ist nur, wie weit wir das dürfen. Die Mahnungen kommen heute nicht von einer unbequemen Moral her, sondern von den Naturwissenschaftlern selbst. Sie sind es, die darauf aufmerksam machen, dass der Mensch in Zukunft weniger mit der Natur als mit sich selbst zu kämpfen haben werde.

Man sollte glauben, dass es nicht erst solcher Mahnungen bedürfe, die Umwelt pfleglich zu behandeln. Die bloße Vernunft müsste eigentlich genügen. Wer sägt sich schon selbst den Ast ab, auf dem er sitzen kann? Und doch geschieht das auf vielfältige Weise. Hier koalieren kurzsichtiger Egoismus, Bequemlichkeit und kriminelle, menschenverachtende Gewinnsucht. Das Unglaubliche und Unfassbare geschieht: Die Atemluft und das Trinkwasser werden verseucht, Rohstoffe ausgebeutet, die Energieträger werden ruiniert; selbst die Atmosphäre wird angegriffen und zerstört, und der Weltraum als Müllhalde missbraucht.

Auch hier hat der Glaube nicht – noch weniger die Kirche – »die« Lösung. Aber sie hat eine eindeutige Option für die Schöpfung. Ihre Zerstörung ist schwere Schuld, Sünde, Affront gegen und Angriff auf Gott selbst.

Wenn die vielfältigen Vorhersagen zutreffen, dann sind Besserung und Rettung nur möglich, wenn viele liebgewonnenen Gewohnheiten und Selbstverständlichkeiten – gerade der Industriegesellschaften – aufgegeben werden. Eine Beschränkung im Konsum ist unabdingbar! Überfluss und Verschwendung müssen ein Ende finden! Ein verändertes Verhältnis zur Schöpfung wird nicht gelingen, ohne Verzicht, Einschränkung und Wiedergutmachung zu leisten. Verzicht und Einschränkung, Opfer und Askese haben im Glauben einen festen Platz. Dass der Mensch aber zur Unordnung und Bequemlichkeit neigt, ist eine Erfahrungstatsache. Die Askese handelt dem bewusst entgegen. Selbstdisziplin, Entsagung und Opferbereitschaft sind keine Werte an sich. Es geht dabei nicht um Weltverneinung, um Ablehnung dessen, was das Leben für uns angenehm macht. Es geht vielmehr um das Denken an andere, um mehr Liebe. Liebe aber scheut auch vor Opfern nicht zurück. Opfer ist Preisgabe um eines höheren Gutes willen.

Vielleicht sind die Religion und der Glaube an Gott die einzigen moralischen Kräfte, die Menschen zu solcher mit Opfern verbundenen Umkehr motivieren können. Oder aber die Not und die herannahende Katastrophe zwingen die Menschen dazu.

Umfassender Schutz allen Lebens ...

Hier beziehen beide Kirchen eindeutig Stellung zu umstrittenen Themen, vor allem am Beginn und am Ende des menschlichen Lebens:
»Es bestehen zahlreiche Eingriffsmöglichkeiten in menschliche Fortpflanzung und menschliches Erbgut: Möglich sind z. B. Genomanalysen,

Genübertragungen, Vervielfältigung von menschlichen und tierischen Ei- und Samenzellen, dazu die künstliche Besamung, die Laborbefruchtung, die Implantation von Keimen. Hier tun sich Möglichkeiten der Beeinflussung auf, in denen sich schwer trennbar wissenschaftliche, diagnostische, therapeutische, eugenische, manipulatorische und kommerzielle Interessen miteinander verbinden ...« (GG).

Genforschung

Relativ neu sind die Erkenntnisse der Genforschung. Gene sind Träger unserer Erbanlagen. Der molekular-biologischen Forschung gelang es, in lebende Zellen einzudringen und die Erbsubstanz darin zu verändern. So gelingt es zum Beispiel, Bakterien und deren Erbgut so zu verändern, dass sie gezielte Leistungen vollbringen, beispielsweise Wachstumshormone oder Arzneien produzieren. Wir züchten neue Pflanzen und Tiere, die widerstandsfähiger sind, schneller wachsen und besser schmecken. Es entstehen neue Futtermittel. Damit verbinden sich Hoffnungen für die Hungergebiete unserer Erde.

So weit, so gut. Aber vielleicht ergeben sich auf die Dauer auch schädliche Nebeneffekte, zum Beispiel Krankheiten? Konkrete Gefahren und Risiken sind noch viel zu wenig bekannt. Auch frühere Erfindungen haben in manchen Fällen großen Nutzen gebracht, zugleich aber das Gleichgewicht des Naturhaushaltes verändert. Ist Gentechnik womöglich noch gefährlicher als Atomtechnik?

Ganz brisant wird die Frage, wenn die Gentechnologie auf den Menschen angewandt wird, wenn auf diese Weise auch menschliches Erbgut manipuliert wird. Dürfen wir eigentlich alles, was wir können, und woher nehmen wir die Maßstäbe? Ist alles, was nicht verboten ist, deshalb schon erlaubt? Hier geht es letztlich ums Ganze: Ob menschliche Kultur am Ende eher zerstört als weiterentwickelt und gerettet wird.

Die katholische Kirche sieht Positives darin, dass sich Erbkrankheiten zum Beispiel durch die vorgenannten Erfolge vermeiden lassen. Sie zeigt aber auch die Gefahren auf. Die päpstliche »Instruktion über die Achtung vor dem beginnenden menschlichen Leben« betont, dass rein technische Überlegungen nicht ausreichen; dass ethische Rückfragen nötig sind, wenn die Forschung – obwohl mit guter Absicht begonnen – letztlich nicht inhuman werden soll. Die Freiheit des Menschen findet ihre Grenze beim Lebensraum des Mitmenschen und der anderen Mitgeschöpfe. Für den Fortschritt darf nicht jeder Preis gezahlt werden. Der Eingriff zum

Beispiel in die Gene des Menschen ist auch ein Eingriff in seine Identität, in seine Person. Und dies ist aus der Sicht der Kirche moralisch nicht zu rechtfertigen. »Wissenschaft und Technik müssen im Dienst der menschlichen Person, ihrer unveräußerlichen Rechte, ihres wahren, ganzheitlichen Wohls stehen, wie das dem Plan und dem Willen Gottes entspricht« (Katechismus der Katholischen Kirche).

Hier sei in diesem Zusammenhang auch erwähnt, dass die Kirchen nachdrücklich von allen Verfahren abraten, ein Kind außerhalb des Mutterleibs zu zeugen. Sie fordern ein Verbot von Ersatz-, Leih- und Mietmutterschaften in jeder Form, ebenso der Kältekonservierung von Samen- und Eizellen sowie der Zerstörung menschlicher Embryonen zum Zweck der Forschung. »Die Nutzung der durch die Fortpflanzungsverfahren entstandenen ›überzähligen‹ Embryonen zu kommerziellen Zwecken in der Forschung ist ethisch unter keinen Umständen vertretbar ...«

Die Bibel kann natürlich nicht auf Fragen, die es damals noch gar nicht gab, konkrete Antworten geben. Aber ihr geht es grundsätzlich um die Würde des Menschen, die keiner Nützlichkeit geopfert werden kann. Es geht hier um den pfleglichen Umgang mit der Schöpfung, und das bedeutet unter Umständen auch Verzicht auf erhoffte Annehmlichkeiten oder gar auf höhere Gewinne. In Genesis 2,15 wird gesagt, dass der Mensch die Erde bebauen und hüten soll. Hüten aber bedeutet nicht missbrauchen und ausnutzen, sondern zum Guten weiterentwickeln. Genau darum geht es. Das ist die Frage, die wir uns vor aller Nützlichkeit und vor allem Profit stellen müssen.

Arten- und Tierschutz

»Eine wichtige Aufgabe der Bewahrung der Schöpfung ist der Artenschutz. Die Vielfalt der Schöpfung ist ein Abglanz der Herrlichkeit Gottes, und sie ist unbedingte Voraussetzung für die globale ökologische Stabilität ...« (GG 4,35). Die Kirchen fordern Schutz der bedrohten Tier- und Pflanzenarten auch gegen wirtschaftliche und militärische Interessen, die Ausweitung von Natur- und Landschaftsschutzflächen, die Renaturierung von Gewässern und Feuchtgebieten, Schutz ökologisch wertvoller Gebiete vor Tourismus, Förderung ökologischen Anbaus, ökologisch vertretbare Flächenstilllegungen in der Landwirtschaft, bedarfsgerechte Düngung, rückstandsfreien Pflanzenschutz ... Sie wenden sich gegen Tierversuche in der Alkohol-, Tabak- und Kosmetikproduktion. In der medizinischen Forschung müssen Tierversuche eingeschränkt werden. Tierquälerei muss stärker geächtet werden. Massentierhaltung sollte verboten werden.

Organtransplantationen

1990 haben die Deutsche Bischofskonferenz und der Rat der Evangelischen Kirche Deutschlands eine gemeinsame Erklärung herausgegeben, in der die beiden Kirchen zu ethischen und religiösen Fragen der Organtransplantation von Mensch zu Mensch Stellung nehmen. Welche Grenzen setzt die Würde des Menschen den Möglichkeiten, die die Transplantationschirurgie erschlossen hat?

Gewebe- und Organspende von Lebenden

Die häufigste Gewebeübertragung ist die Bluttransfusion. Ohne größere Belastung für den Spender können auch Teile des Knochenmarks entnommen werden. Was die Transplantation ganzer Organe betrifft, so ist diese für den lebenden Spender nicht ungefährlich und setzt dessen Einwilligung und die des Kranken voraus. Die Entnahme eines lebenswichtigen Organs von einem Lebenden ist nicht verantwortlich und auch juristisch rechtswidrig. Die Entnahme einer Niere aber, also eines paarigen Organs, mindert nicht in jedem Fall die eigene Lebensqualität erheblich, erhöht aber die eines anderen Menschen.
Es kann niemand zu einer Gewebe- oder Organspende verpflichtet werden. Aus christlicher Sicht aber gibt es keinen grundsätzlichen Einwand gegen eine freiwillige Organspende. Bedenken ergeben sich aus der Möglichkeit des Missbrauchs, zum Beispiel durch Organhandel. Da spendet jemand in finanzieller Zwangslage eine seiner Nieren, und dies kommt dann vor allem wohlhabenden Empfängern zugute.
Um eine »gerechte Verteilung« der nicht in genügender Zahl vorhandenen Organe zu gewährleisten, werden diese über die Zentrale der Eurotransplant-Foundation im niederländischen Leiden verteilt. Hier sind alle wichtigen Daten der Kranken registriert, die auf ein entsprechendes Organ warten.
Nach christlichem Verständnis ist das Leben und damit der Leib ein Geschenk des Schöpfers, über das der Mensch nicht nach Belieben verfügen kann; das er aber nach sorgfältiger Gewissensprüfung aus Liebe zum Nächsten einsetzen darf.

Entnahme von Organen Verstorbener

Die absolute Voraussetzung für die Entnahme eines Organs ist die vorausgegangene sichere Feststellung des Hirntodes. Die Organentnahme bei einem Patienten, dessen Hirntod noch nicht eingetreten ist, wird strafrechtlich als Totschlag gewertet.

Die Medizin unterscheidet zwischen Herztod und Hirntod. Herztod heißt der bleibende Stillstand des Herzens und des Kreislaufs. Damit hört die Blutversorgung und die Tätigkeit aller übrigen Organe gleichzeitig auf. Dagegen stirbt beim Hirntod das gesamte Gehirn vor allen übrigen Organen ab. Ihre Tätigkeit lässt sich von da ab noch eine Zeitlang künstlich aufrechterhalten, aber ohne jede Aussicht auf eine Erholung des Gehirns. Die entscheidenden Untersuchungen müssen durch zwei Ärzte erfolgen, die nicht an einer später möglichen Organübertragung mitwirken dürfen. Mit der Feststellung des Hirntodes ist zweifelsfrei erwiesen, dass das irdische Leben eines Menschen unumkehrbar zu Ende ist.

Voraussetzung für die Entnahme der Organe eines Verstorbenen ist selbstverständlich die vorausgegangene ausdrückliche Zustimmung des Verstorbenen. Am klarsten ist dies zum Ausdruck gekommen durch einen Organspenderausweis. Notfalls kann die Einwilligung der nächsten Angehörigen die persönliche Zustimmung ersetzen, wenn diese den mutmaßlichen Willen des Verstorbenen zum Ausdruck bringt. Der Versuch eines Bundeslandes 1994, die Entnahme von Organen grundsätzlich zu ermöglichen, wenn jemand nicht vor dem Tod ausdrücklich das Gegenteil bestimmt hat, musste zurückgezogen werden. So sehr auch zu wünschen wäre, dass für notwendige Transplantationen mehr Organe zur Verfügung stünden, so wenig kann eine Entnahme gegen den Willen des Spenders gerechtfertigt sein.

»Aus christlicher Sicht ist die Bereitschaft zur Organspende nach dem Tod ein Zeichen der Nächstenliebe und der Solidarisierung mit Kranken und Behinderten ...« (Gemeinsame Erklärung der beiden Kirchen).

Arbeit, Arbeitslosigkeit, Freizeit

Wer nicht als Millionär geboren wurde, muss arbeiten, um das Lebensnotwendige zu verdienen. Leben wir deshalb, um zu arbeiten – oder arbeiten wir, um zu leben?

Drei Steinklopfer werden gefragt, was sie da machen. Der erste: »Du siehst doch, ich behaue Steine.« Der zweite: »Ich arbeite, damit meine Familie zu leben hat.« Der dritte: »Ich baue eine Brücke.« – Alle drei tun dasselbe, und doch tut jeder anscheinend etwas anderes. An jeder Antwort ist etwas richtig, aber der Dritte hat offenbar den größeren Horizont. Für den einen ist die Arbeit notwendiges Übel, für den anderen nur Möglichkeit, um zu verdienen; der Dritte weiß sich als Mitarbeiter an einem großen Werk.

Tatsächlich ist die Arbeit manchmal Last und Qual. Nicht nur die körperliche, auch die geistige Arbeit erfordert Anstrengung. Müdigkeit erschwert unser Tun, Misserfolg zwingt uns, von vorne zu beginnen. Für viele ist die Arbeit ein notwendiges Übel. Zwar verkürzt sich die Arbeitszeit, und die Arbeitsbedingungen werden leichter, aber dafür wächst das Arbeitstempo, die Unsicherheit des Arbeitsplatzes, die Eintönigkeit der Arbeit – etwa am Fließband. Der Charakter von Mühe und Plage wird der Arbeit immer anhaften.

Kein Wunder, dass man im Altertum die Arbeit vorwiegend unter diesem Gesichtspunkt sah. Sie wurde den Sklaven überlassen oder – wie heute noch in manchen unterentwickelten Kulturen – den Frauen und Kindern. Arbeit galt als entehrend; nur ein arbeitsfreies Leben galt als menschenwürdig. Christen sehen das anders:

Der Christ, der aus dem Glauben lebt, weiß sich aufgerufen, die Verbesserung der Welt voranzutreiben. Arbeit – in welcher Form auch immer – verändert: Der Ertrag des Bodens wird reicher, Fortschritte vermitteln neue Erkenntnisse, Erfindungen machen die Arbeitsmethoden menschlicher. So bedeutet Arbeit tatsächlich Mitarbeit an einer neuen Welt, Mitwirkung an der Veränderung unseres Daseins. Dass Arbeit nicht nur Mühe und Plage ist, hat jeder von uns schon erfahren, wenn er gegen seinen Willen untätig bleiben musste: in der Krankheit. Andere erleben es in der Arbeitslosigkeit, bei Invalidität oder nach der Pensionierung. Der Mensch will gar nicht auf Dauer »arbeits-los« sein. Die Arbeit ist Voraussetzung zur Entfaltung der geistigen und körperlichen Kräfte des Menschen.

Eines der größten Probleme in der Welt ist heute die große Arbeitslosigkeit in fast allen Staaten. Arbeiten, die früher von vielen Menschen gemeinsam an einem Werk getan wurden, erledigen heute computergesteuerte Maschinen. Nur noch vielleicht ein Mensch ist zur Überwachung dieses Vorgangs nötig. In den Industriestaaten sind fast alle Menschen mit dem Lebensnotwendigen – und oft weit darüber hinaus – versorgt. Die Werbung versucht zwar, immer neue Bedürfnisse zu wecken, die Industrie lässt durch kleine Verbesserungen ältere Geräte und Gebrauchsgüter zu Schrott werden (Wegwerfgesellschaft). Doch mehr und mehr achten die Käufer heute auf das, was sie wirklich brauchen. Der Rückgang der Produktion spart wiederum Arbeitskräfte ein, um nur zwei Gründe für die hohe Arbeitslosenzahl zu nennen.

Wer auf diese Weise aus dem Arbeitsprozess ausgeschieden ist und keine neue Arbeit findet, ist nicht nur auf soziale Hilfe angewiesen (Arbeitslosengeld oder Sozialhilfe), er verliert damit auch oft an Ansehen und an Selbstachtung. Es wird viel unternommen, um die Arbeitslosenzahl zu reduzieren, neue Arbeitsplätze zu schaffen, aber auf längere Zeit wird die Zahl der Arbeitslosen relativ hoch bleiben.

Die Kirchen weisen zur Lösung dieses Problems vor allem auf die Möglichkeit hin, Arbeit zu teilen. Sie denken dabei sowohl an Erwerbsarbeit wie auch an ehrenamtliche Arbeit, Hausarbeit usw. Sie schlagen vor: Langzeiturlaub (zum Beispiel Zeitansparmodelle bis hin zum Sabbatjahr); Ausbau der freiwilligen Schul- und Weiterbildungszeiten; die Absicherung von Kindererziehungs- und Pflegezeiten; die Umbewertung von Eigenarbeit, Hausarbeit, Erziehungs- und Pflegearbeit; familienverträgliche Arbeitszeiten und Arbeitsverträge; Abbau von Überstunden; freiwillige und sozial angemessene Vorruhestandsregelungen ...

Jede Arbeit braucht ihre Pausen, ihre Entspannung. Man hat ausgerechnet, dass eine Arbeit, die mehr als acht Stunden dauert, kaum noch etwas bringt. Der Mensch braucht den gesunden Rhythmus von Arbeit und Erholung, von Wachsein und Schlaf. Deshalb auch unser Wochenrhythmus mit dem arbeitsfreien Sonntag bzw. dem arbeitsfreien Wochenende. Diese »Arbeitslosigkeit« ist ein dringendes Bedürfnis und umso wohltuender, wenn man in der übrigen Zeit richtig gearbeitet hat. Der Mensch darf nicht Sklave der Arbeit werden, er soll ihr Herr sein. Deshalb wollen die Kirchen den arbeitsfreien Sonntag geschützt sehen. Es ist nicht dasselbe, wenn – wie in der gleitenden Arbeitszeit – ein beliebiger Wochentag arbeitsfrei ist. Zur Erholung von der Arbeit gehört auch, dass man mit der

Familie oder anderen Menschen diese Zeit verbringen kann, dass es also gemeinsame freie Zeit gibt. Ganz abgesehen von der Möglichkeit des Freiseins für den Gottesdienst. Wenn allerdings auch die Freizeit und das freie Wochenende voll verplant werden, vielleicht stressiger sind als die Arbeitstage, kann von wirklicher Erholung nicht die Rede sein.

Lohn und Eigentum

Jede Arbeit fordert ihren entsprechenden Lohn, »denn wer arbeitet, hat ein Recht auf seinen Lohn« (Lk 10,7). Die Frage nach dem gerechten Lohn wird immer aktuell bleiben. Ein angemessener Lohn richtet sich zunächst nach der Arbeitsleistung; sowohl die Vorenthaltung der entsprechenden Entlohnung durch den Arbeitgeber wie auch die Vergeudung der bezahlten Arbeitszeit durch den Arbeitnehmer sind Betrug. Ein gerechter Lohn wird sich aber auch nach dem Gewinn des Betriebes richten müssen (Gewinnbeteiligung). Als weiterer Gesichtspunkt kommt hinzu, dass der Arbeitslohn auch zur Ernährung der Familie ausreichen muss (sog. Familienlohn). Hier muss unter Umständen der Staat durch ein Kindergeld Ausgleich schaffen.

Es wird immer wieder sozialer Reformen bedürfen, damit alle am Sozialprodukt, das heißt am Wohlstand unserer Gesellschaft ihren gerechten Anteil bekommen. Gerade Christen müssen sich dafür mitverantwortlich wissen. Ein Meilenstein auf dem Weg zu dieser Gerechtigkeit ist das Recht auf Mitbestimmung der Arbeitnehmer in den Betrieben. Wenn dem Arbeiter vorenthalten wird, was ihm zusteht, ist das nicht nur ungerecht, sondern es berechtigt ihn, die Arbeit zu verweigern oder niederzulegen (Streik).

Neben dem Anspruch auf gerechten Lohn hat jeder Mensch ein Grundrecht auf Eigentum. Wer möchte nicht die Früchte seiner Arbeit sehen? Die Versuche, nur kollektives Eigentum zuzulassen, sind (in unserem Kulturkreis) gescheitert. Dort, wo man es im europäischen Osten versucht hat, geht man mehr und mehr zur Reprivatisierung über. Wo aber hört das Recht auf Privateigentum auf? Gott hat diese Erde nicht einzelnen Menschen oder einer bevorzugten Gruppe übergeben, sondern allen Menschen. Alle haben das Recht, auf dieser Erde und von ihren Gütern zu leben. Daher findet das Recht auf Privateigentum seine Begrenzung am Recht des anderen auf das Lebensnotwendige. Auch Privatbesitz ist nicht unabhängig von der Gemeinschaft, er ist sozial gebunden. Das gilt nicht nur für den Einzelnen und seinen Besitz, sondern zugleich auch für die Völker.

Von daher ist die Frage nicht unberechtigt, ob die Güter unserer Erde heute wirklich gerecht verteilt sind. Zwei Drittel der Menschheit hungern!

Energieversorgung ...

Die Kirchen wehren sich entschieden gegen den verschwenderischen Energieverbrauch der reichen Länder. In der Atomindustrie und den damit verbundenen Risiken sehen die Kirchen auf Dauer keine tragende Basis weltweiter zukünftiger Energieversorgung. Sie sprechen sich für den Ausbau und die Nutzung so genannter erneuerbarer Energiequellen aus (Sonne, Wasser, Wind).

Energieprobleme und Umweltfragen bleiben nicht ohne Auswirkung auf unsere Einstellung zum Auto und zum Verkehr. Hier würdigen die Kirchen zwar das, was unsere Gesellschaft dem Auto verdankt (Mobilität, Unabhängigkeit, Arbeitsplätze), aber sie verweisen auch auf die direkt oder indirekt durch das Auto entstehenden Schäden: Menschenopfer im Verkehr, Schadstoffausstoß, Lärmbelästigung, die Versiegelung und das Zerschneiden natürlicher Lebensräume durch Straßenbau, die vorrangig auf den Autoverkehr ausgerichtete Städteplanung ... Die Kirchen fordern: Städte und Gemeinden müssen wieder menschengerecht werden. Dazu gehören: Geschwindigkeitsbegrenzungen, Ausbau des Personennahverkehrs, Verlagerung des Güterverkehrs von der Straße auf die Schiene, Einschränkung des nationalen Flugverkehrs, Einschränkung des Straßenbaus ...

Diese Auflistung verschiedener Problemkreise, die die Diskussion der letzten Jahre maßgeblich beeinflußt haben, zeigt, dass die Kirche durchaus versucht, im Rahmen ihrer Informationsmöglichkeiten und ihrer Zuständigkeit Stellung zu beziehen und auch konkret Hinweise zu geben, wie die Umsetzung des Willens Gottes in die politische und gesellschaftliche Situation aussehen müsste.

Mancher wird vielleicht beim Lesen dieser kirchlichen Stellungnahmen Einwände, Widerstand, Zweifel oder auch spontane Zustimmung gespürt haben und sich freuen über die klare Sprache. Diese widersprüchlichen Gefühle machen deutlich: Es bleibt die verantwortungsvolle Gewissensentscheidung des Einzelnen, wie er die allgemeinen Normen, Werte und Glaubensüberzeugungen in seinen Alltag hinein übersetzt.

Wir kommen zum Schluss dieses Kapitels auf einen der Hauptvorwürfe gegen die Christen zurück: Ihr nehmt die Welt nicht ernst. Um der Aussicht auf ein Jenseits willen übersehet oder verketzert ihr die Aufgaben, die Schönheiten und Freuden dieser Erde.

Von Weltverneinung keine Rede!

Die Frage »Gott oder Welt?« ist falsch. Die doppelte Buchführung vieler Christen – mindestens sechs Tage Welt und eine Stunde am Sonntag Gott – stimmt nicht. Das ganz Gewöhnliche, das Aufstehen und Schlafengehen, das Essen und Trinken, das Lachen und Weinen – aber auch das Große, Komplizierte und Außergewöhnliche eines jeden Tages sind das Feld, in dem wir kundtun, ob Gott uns etwas bedeutet. In diesem Sinn muss der Christ »weltlich« gesinnt sein, um Christ zu sein. In unserer Liebe zur Welt und zum Nächsten wird Gottes Liebe zur Welt und zum Menschen erfahrbar. So wird unser Dienst an der Welt tatsächlich zum Gottesdienst.

18.

Das Gebet

»Ein Vogel ist ein Vogel,
wenn er fliegt.
Eine Blume ist eine Blume,
wenn sie blüht.
Ein Mensch ist ein Mensch,
wenn er betet.«

Phil Bosmans

Wir halten nicht viel von einer Information über das Gebet. Über das Gebet Bescheid zu wissen, ist von der wirklichen Erfahrung, was Beten ist, so sehr verschieden wie ein Landschaftsbild von der Landschaft selbst. Wenn wir aber den Glauben finden oder vertiefen wollen, dann ist das Gebet der beste Weg, um zum Glauben zu kommen, und sich selbst zu finden.

Schwierigkeiten mit dem Beten

»Die selbstverständlichsten und einfachsten Taten des Herzens sind die schwersten, und nur langsam lernt sie der Mensch ... Und zu diesen Taten gehören die Güte, die Selbstlosigkeit, die Liebe, das Schweigen, das Verstehen und das Gebet« (Karl Rahner).

Wenn schon das Gespräch untereinander oft schwer wird – wie oft sitzen vertraute Menschen einander stumm gegenüber –, wie schwer muss dann das Gespräch mit Gott sein. Gerade Menschen, die sich um das Gebet mühen, sagen manchmal:»Ich kann nicht – oder nicht mehr – beten. Es ist alles so leer in mir«. Nur einer hat keine Schwierigkeiten mit dem Beten: der gedankenlose Fromme, der Pharisäer. Beten ist eine Lebensaufgabe, man kommt damit an kein Ende.

Der moderne Mensch scheint es noch schwerer zu haben als frühere Generationen, mit Gott ins Gespräch zu kommen. Die Welt ist erklärbar geworden. Daher scheinen Bitten an Gott entbehrlich zu sein. Statt eines Gebets um gute Ernte kaufen wir Düngemittel; und statt in einer Krankheit Gott anzurufen, schlucken wir Medikamente. Überall sehen wir uns Menschen selbst am Werk, Gott scheint so fern. Hat er wirklich mit meinem Leben zu tun? Rede ich nicht gegen eine Wand, wenn ich bete? Antwortet Gott mir denn wirklich? Vor lauter – oft unbewussten – Einwänden gegenüber dem Gebet kommen wir erst gar nicht dazu, es zu versuchen. Ein Haupteinwand gegen das Gebet lautet: Gebet ist verlorene Zeit. Hinter manchem dieser Einwände steht eine falsche Vorstellung vom Beten und oft auch ein falsches Gottesbild.

Warum beten?

Jeder, der es versucht hat, wird es bestätigen: Wenn ich es fertig bringe, einmal ruhig zu werden, und zu beten versuche, mache ich die Erfahrung, dass ich dadurch nicht nur Gott, sondern mir selbst näher komme.
Ein indischer Yogi sagte einmal: »Ein Pfeil wird nicht ins Ziel getragen. Er wird einige Zentimeter zurückgezogen, um hundert Meter zu fliegen.« So zieht sich der Geist ins Gebet zurück, um dadurch umso dynamischer wieder arbeiten zu können. Vom Gebet gehen Impulse für den Alltag aus. Und umgekehrt wird das Gebet vom Alltag her erst lebendig. Gebet ist also nicht Flucht aus der Wirklichkeit. Im Gegenteil, es kommt unserem Alltag zugute, wenn wir uns zwischendurch zum Gebet zurückziehen.
Das ist ganz verständlich. Wir sind und bleiben nun einmal Geschöpfe, die sich ganz und gar Gott »verdanken«. Ein Mensch, der seine Beziehung zu den Eltern nicht wahrhaben will, täuscht sich über sich selbst. Es gehört aber zur Wahrhaftigkeit, diese Beziehung auch zum Ausdruck zu bringen. Wo das Gespräch aufhört, hört auch die Beziehung auf. Was von der Beziehung unter Menschen gilt, gilt auch von der Beziehung zu Gott. Sie darf nicht nur theoretisch anerkannt werden, sie muss auch zum Ausdruck gebracht werden. Und das geschieht im Gebet. Vor allem im Gebet des Dankens und des Lobens. Das ist noch wichtiger als unser Bittgebet. Aber auch im Bittgebet geht es gar nicht darum, dass wir Gott an uns und unsere Not erinnern, sondern darum, dass wir uns an Gott erinnern.

Im Glaubensbekenntnis heißt es: »Ich glaube an Gott …« Und dann folgen verschiedene Aussagen, die zum Ausdruck bringen, was Gott und Jesus Christus für unser Leben bedeuten. Das sieht wie ein Katalog von Glaubenswahrheiten aus. Damit aber wäre christlicher Glaube noch nicht gültig umschrieben. Denn unser Glaube ist nicht eine Summe von Lehrsätzen, sondern gründet darin, dass Gott uns anruft. Dieser Anruf aber erwartet, dass wir antworten; mit unserem ganzen Leben, aber auch mit Worten. Die Antwort richtet sich an den, der uns angesprochen hat und kann deshalb nicht nur Aussage sein: »Ich glaube an Gott«. Sie muss Anrede sein und lautet dann: »Ich glaube an dich, Gott.« Erst so drückt sich christlicher Glaube voll aus. Und dieser Satz ist ein Gebet. Gebet ein antwortender Glaube.

Eine Definition des Gebetes heißt: Beten ist das Atmen der Seele. Dies will sagen: So wichtig wie das Atmen für das menschliche Leben, so wichtig ist das Gebet für das geistige Leben des Menschen. Wer nicht mehr atmet, ist tot – wer nicht mehr betet, dessen Glaube ist tot. Wer nur oberflächlich atmet, wird krank – wer nur oberflächlich betet, dessen Glaube verkümmert. Oder können wir vielleicht sogar sagen: der verkümmert auch als Mensch?

Deshalb fordert uns Jesus immer wieder auf zu beten: »Betet, dass ihr nicht in Versuchung geratet!« (Lk 22,40). »Bittet, dann wird euch gegeben« (Mt 7,7 u.v.a.).

Christus ist zugleich das beste Vorbild eines Beters. Sein ganzes Leben war Gebet: Dialog mit dem Vater, Ausrichtung auf den Willen des Vaters. Immer wieder zieht er sich in die Einsamkeit oder auf den Berg zurück, um zu beten. Jede auch nur denkbare Situation findet sich in seinen Gebeten wieder: Jubel, Dank, Freude, Bitte. Aber auch Klage und Aufschrei: »Mein Gott, mein Gott, warum hast du mich verlassen?« (Mt 27,46). Hier wird deutlich, welche Spannweite das Gebet besitzen kann; welch ungeheure Nähe zu Gott, aber auch welche Verlassenheit. So ist Jesu Gebet Modell allen menschlichen Betens.

Stufen des Gebets

Schweigen und Sammlung

Die meisten begehen beim Beten einen Fehler, indem sie meinen, man müsse beim Gebet sofort sprechen. Und dann wundern sie sich, dass das Gebet nicht gelingt. Das Gebet beginnt nicht mit dem Reden, sondern mit dem Schweigen – und endet auch wieder im Schweigen.

Man kann nicht mitten aus einer anderen Beschäftigung heraus, vielleicht unmittelbar nach einem Ärger, auf einmal Gott loben. Wir sind heute viel zu gehetzt, zu nervös, um spontan auf ein Gespräch mit Gott umschalten zu können.

Eine Karawane war auf dem Marsch durch die Wüste. Eines Morgens werden die Europäer, die die Karawane gemietet haben, erst wach, als die Sonne schon hoch am Himmel steht. Sie finden die Lastträger und Treiber stumm im Kreis auf dem Boden sitzend. »Warum geht es nicht weiter, was ist los?« Erst nach einiger Zeit bequemt sich einer zu der Antwort: »Wir können nicht weiter. Wir müssen warten, bis unsere Seelen nachkommen.«

Wir sind nicht nur oft auf der Flucht vor Gott, wir laufen uns auch selbst davon. Wir sind – wie man sagt – »zerstreut«. Wir müssen uns also erst aus der Verflüchtigung sammeln, zu uns selbst kommen, konzentrieren. In das eigene Innerste gelangt man nicht, wenn man redet, sondern wenn man schweigt. Man gewinnt dadurch Tiefe; man erfährt, dass man mehr Mensch wird. – Und nur wer zu sich selbst kommt, kann dann auch zum anderen und schließlich zu Gott finden. Die Schwierigkeit mit dem Beten besteht nicht nur darin, dass uns Gott so fern scheint. Wir selbst sind uns manchmal sehr fern.

Manchmal kostet es große Mühe, sich auch nur für Minuten zu sammeln. Manchmal möchte man schon nach einigen Minuten wieder aufspringen und in die Betriebsamkeit zurück. Man kann sich aber in die Stille einüben. Zunächst gilt es, das endlose Gerede und den Lärm von außen abzuwehren. Also eine ruhige Haltung einzunehmen, die Hände und den Blick ruhen zu lassen, abzuschalten. – Schwieriger ist es dann, die innere Unruhe der Gedanken zu glätten. Ein östlicher Weiser sagte einmal: »Die Stille ist nicht auf den Gipfeln der Berge, und der Lärm ist nicht auf den Märkten der Stadt, beides ist im Herzen des Menschen.« Solange ich die Stille noch als Leere empfinde und den Drang verspüre, etwas zu tun, bin ich noch nicht gesammelt.

Viele werden dadurch ruhig, dass sie sich auf ihren Atem konzentrieren. Die Erfahrungen östlicher Meditation können beim inneren Zur-Ruhe-Kommen sehr hilfreich sein. Oder man sagt sich, dass jetzt alles andere unwichtig ist, dass man ganz und gar bei sich selbst und bei Gott sein will. In jedem Fall aber braucht es Zeit, um zur Ruhe zu kommen, und zwar ein Stück meiner besten und wertvollsten Zeit. Stille und Sammlung sind die erste Stufe, die in das Gebet hineinführt. Sie können aber auch selbst schon ein tiefes und erfülltes Gebet sein.

Dem Pfarrer einer Pariser Kirche war ein Mann aufgefallen, der noch lange nach dem Gottesdienst still in der Bank sitzen blieb. Er war so versunken, dass man nicht wusste, betet oder träumt er? Eines Tages stellte ihm der Pfarrer eine entsprechende Frage. Die Antwort: »Ich schweige und schaue. Ich bin da, und Gott sieht mich an. Das ist mein Gebet.«

Menschen, die sich gern haben, müssen nicht dauernd miteinander reden. Es genügt, dass sie sich einander nahe wissen. Im Gegenteil: Wenn uns jemand auffordert: »Nun sag' doch was!«, dann verschlägt es uns erst recht die Sprache. Gott versteht auch unser Schweigen.

Hören

Vielen ist das Gebet deshalb verleidet, weil sie die Antwort Gottes vermissen. Sie gehen von der richtigen Voraussetzung aus, dass zum Gespräch zwei gehören, das Gebet also nicht ein Monolog sein kann.

Viele Wissenschaftler nehmen an, dass es auf anderen Sternen intelligente Wesen gibt. Daher schickt man Radiowellen in den Weltenraum und hofft, auf diese Weise irgendeinen Kontakt zu bekommen. Niemand aber weiß, ob diese Botschaft aufgefangen wird. Ist es nicht mit dem Gebet ähnlich? Wir schicken Worte des Lobes, des Dankes, der Klage und der Bitte in die Unendlichkeit. Aber auf welche Weise erfahren wir eine Antwort?

So sehr diese Schwierigkeit beeindruckt – könnte es nicht sein, dass der Ausgangspunkt falsch ist? Wir sollten nicht zuerst fragen, ob Gott uns hört, sondern ob wir auf Gott hören. Das erste Wort beim Gebet hat nicht der Beter, sondern Gott. Und er hat längst zu uns gesprochen. Nicht Gott antwortet im Gebet, sondern unser Gebet ist Antwort auf das, was Gott sagt. Am Anfang des Betens steht deshalb nach dem Stillwerden das Hören.

Sören Kierkegaard sagte von sich: »Als mein Gebet immer inniger wurde, da hatte ich immer weniger zu sagen. Zuletzt wurde ich ganz still. Ich meinte zuerst, beten sei reden. Ich lernte aber, dass beten nicht bloß schweigen ist, sondern hören. So ist's: Beten heißt nicht, sich selbst reden hören; beten heißt, still werden und warten, bis der Betende Gott hört.«

Spricht Gott denn wirklich zu mir? Oder bilde ich mir da nur etwas ein? Höre ich da nur das Echo meiner eigenen Wünsche?
Natürlich darf ich nicht das Sprechen Gottes als »wunderbare Stimme« oder als eine innere Erleuchtung erwarten. Gott spricht mich in allem an, was mir begegnet: in den Ereignissen und Erlebnissen dieses Tages, in einem Buch, einem Wort, einem Brief, in Stimmungen und Gefühlen, in

Menschen, die mir begegnen, in der Zeitung … Hören auf Gott heißt hinhören auf die eigene Situation, auf die Umstände der Zeit; auch auf die Kleinigkeiten und Selbstverständlichkeiten des Alltags.

Es kommt also darauf an, die Augen und Ohren offen zu halten. Nichts ist so klein, dass es nicht in ein Gebet gehörte. Wir dürfen Gott nicht so sehr im Außergewöhnlichen suchen, wir müssen das Alltägliche auf Gott hin »abklopfen«. Der Glaubende erfährt im Alltag nicht plötzlich andere Dinge, er erkennt aber dieselben Dinge anders. Er sieht sie in ihrer Beziehung zu Gott. Er weiß sich darin von Gott angesprochen.

Das eigentliche Wort Gottes an uns ist Jesus Christus. Am Anfang des Johannes-Evangeliums heißt es: »… und das Wort ist Fleisch geworden und hat unter uns gewohnt«. In Jesus Christus hat sich Gott selbst ausgesprochen. Mein Gebet ist Antwort auf Jesu Reden und Handeln. Freilich darf ich die Bibel, die darüber berichtet, nicht wie ein Sachbuch lesen. Ich muss hinhören im Bewusstsein: Hier bist du selbst gemeint, hier spricht dich Gott an. Der Blinde, der Lahme, der Hungrige – das bin ich. Ein Gebet, das mit dem Hören beginnt, wird nie langweilig. Weil einem der Stoff zum Gebet nie ausgeht. Und weil ein solches Gebet mit dem Leben zu tun hat, weil ständig andere Situationen mich ansprechen.

Sprechen

Wenn der andere anfängt zu sprechen, fällt es uns meist leichter, uns selbst mitzuteilen, zu antworten. So gelingt auch das Sprechen mit Gott, wenn es aus dem Hören kommt. Wenn ich »angesprochen« bin, dann weiß ich auch etwas zu sagen.

Wie sieht das konkret aus? Wir suchen aus allem, das uns begegnet, den Anruf Gottes herauszuhören und darauf zu antworten. Am Morgen könnte ein solches Gebet lauten: »Herr, was willst du, dass ich heute tun soll?« Alles, was der Tag voraussichtlich bringen wird, nehme ich in den Blick und überlege, wie ich es im Sinne Jesu bewältigen kann. »Wie würdest du handeln?«

Ich nehme also gleichsam im Sinne einer »Vorausmeditation« ein Vorhaben, ein Ereignis, einen Menschen schon vorher in meine Besinnung, mein Gebet hinein. Vielleicht werde ich dann später genau dasselbe sagen, was ich auch sonst gesagt hätte. Aber es wird wahrscheinlich anders gesagt. Und auch anders aufgenommen. Ob sich die kleine Pause dieser Besinnung, ob sich dieses Gebet dann nicht schon rein menschlich gelohnt hat?

Ich bin sicher, daß ein derartiges bewusstes Hineingehen in den Tag und in seine Situation diese und uns selbst verändert. Umgeworfen werden wir von Ereignissen meist, wenn sie uns überraschen. Wenn wir aber darauf vorbereitet sind, reagieren wir gelassen. So lebt das Gebet aus dem Alltag und der Alltag aus dem Gebet. Dann ist das Gebet auch keine Pflichtübung mehr, sondern etwas, das zur Lebensbewältigung beiträgt.

Ganz ähnlich kann ein Abendgebet aussehen. Wir versuchen, aus der Distanz den ganzen Tag noch einmal zu überschauen, für das Gute Dank zu sagen und für das, was uns und andere bedrängt, zu bitten. Gebet ist ein wirklicher Einsatz für die Welt und für die Menschen. – Und auch das Versagen wird nicht verdrängt, im Gegenteil. Alles lassen wir abklingen und fassen für den kommenden Tag einen besseren Weg ins Auge.

Formen des Gebets

Die Meditation

Heute reden viele von »Meditation«. Bei der wirklichen Meditation kommt alles in uns zur Ruhe, auch das bewusste Denken tritt zurück. Ich lasse mich einfach von einem Wort, einem Ereignis, einem Bild ansprechen. Ganz von selbst tauchen Erinnerungen und Vorstellungen auf. Erfahrungsgemäß erschließen sich gerade dann einem die Menschen und Dinge nicht nur oberflächlich und im Detail, sondern in ihrer Tiefe. Gerade auch von jungen Menschen wird deshalb der Wert der Meditation erkannt. Östliche Meditationsformen üben eine große Faszination aus. Unsere westliche, vorwiegend rationale Geisteshaltung lässt tatsächlich wesentliche Bereiche des Menschlichen verkümmern. Zur Meditation sind Bilder oft besser geeignet als Worte und Texte. Weil wir Texte meist »verstehen« wollen. Da sind wir selbst aktiv. Bilder und Gegenstände aber sprechen uns unmittelbar an, wir werden zu Empfangenden. – Und da gibt es nichts, was sich nicht zur Meditation eignet: ein Schlüssel, ein Tor kann mich ebenso »ansprechen« wie eine Schale, ein Ring oder ein Telefon. Von dieser »naturalen« Meditation ist es dann nur noch ein kleiner Schritt zur religiösen.

Für Jesus werden alle Dinge zum Gleichnis einer tieferen Wahrheit. Ein Schlüssel, ein Weg, ein Stein, das Wasser, die Saat, der Wind, die Vögel … werden für ihn zu Bildern, die etwas aussagen über die Beziehung des Menschen zu Gott. Er selbst ist »der Weg«, der zum Ziel führt;

Gottes belebende Kraft ist für den Menschen so lebenswichtig wie Wasser …
Ebenso können wir uns heute von Gott in allen Dingen und Ereignissen ansprechen lassen. Die religiöse Meditation ist ein verweilendes Gebet ohne viele Worte. Ausgangspunkt sind wiederum die Stille und die Sammlung. Gelegentlich wird Gebet beschrieben als »Begegnung mit Gott«. Wenn wir einem Freund begegnen, reden wir auch nicht ununterbrochen auf ihn ein. Es genügt uns, mit ihm zusammen zu sein. So machen wir uns in der religiösen Meditation bewusst, daß Gott uns nahe ist. Wir lassen uns von ihm ansprechen.

Gut eignen sich dazu biblische Ereignisse. Beispielsweise die Heilung des Taubstummen (Mk 7,31 ff.). Ich versuche, mit dem inneren Auge die Szene zu betrachten (daher auch das Wort »Betrachtung« für die Vorstufe der Meditation). Ich mische mich gleichsam unter die Beteiligten, werde selbst zum Taubstummen, der von seiner inneren Taubheit und Stummheit befreit werden möchte: von meiner »Taubheit« z. B. gegenüber dem Wort Gottes, gegenüber der Not und dem An-Spruch der Mitmenschen (wie oft hören Eltern und Gatten nicht, dass die Kinder oder der Partner mehr sagen möchten, als in ihren Worten zum Ausdruck kommt!); von meiner »Stummheit«, wenn es um das Zeugnis des Glaubens, um Protest gegen Unrecht und Gewalt, um geschuldeten Dank … geht. Eine solche Meditation kann dann übergehen in die Bitte um Offenheit für alles, was uns umgibt.

Gebet aus dem Augenblick

Manche werden vielleicht sagen: Um so gesammelt beten zu können, braucht es eine Menge Vorbedingungen. Was mache ich aber, wenn mich eine Sache innerlich so beschäftigt, dass ich mich trotz aller Mühe davon nicht freimachen kann? Soll ich dann das Gebet lieber lassen?
In diesem Fall wählt man eine andere Art des Gebets. Es wäre ein Krampf, unmittelbar aus einer Enttäuschung oder einem Ärger heraus in das Gotteslob umschalten zu wollen. In dieser Situation sind aber oft auch das Schweigen und das Hören unmöglich. Sie werden dann ersetzt durch die Spontaneität. Ich beginne, das mit Gott zu besprechen, was mich an Freude oder Trauer, an Ärger oder Angst gerade nicht loslassen will. »Gott, das beschäftigt mich im Augenblick. Was meinst du dazu? Vielleicht ist es falsch, dass ich davon nicht loskomme. Aber so bin ich. Ich möchte deshalb mit dir über diesen Ärger, diese Freude sprechen …«

Das alles ist bereits Gebet – aus dem Gebetbuch des eigenen Herzens. Für diese Art des Betens braucht es so gut wie keine Vorbereitung. Es ist das Gebet des gehetzten Menschen. Dadurch, dass Gott zwischen diese Erregung und mich tritt, gewinne ich Abstand von der Sache, die mich so sehr beschäftigt. Aus dieser Distanz aber bekommt manches einen anderen Stellenwert. Vieles, was mir vorher noch »unendlich wichtig« schien, verliert an Bedeutung. Ich sehe alles ruhiger, und das verändert mich.

Gebet nach Vorlage

Wenn auch das »Gebet aus dem Augenblick« nicht gelingen will, weil man ganz leer ist, dann greift man am besten nach vorformulierten Gebeten in einem Gebetbuch. So haben andere beten können, vielleicht werden wir davon angeregt.

Jeder braucht deshalb einen Vorrat an auswendig gelernten Gebeten. Aus dem Alten Testament haben wir einen großen Gebetsschatz in den Psalmen, von denen die meisten auch dem heutigen Beter aus dem Herzen sprechen. Zudem ermöglicht dieser allen Christen gemeinsame Gebetsschatz, gemeinsam zu beten. Wir haben glücklicherweise ein Gebet, das uns Christus selbst gelehrt hat. Auf die Bitte der Jünger hin: »Herr, lehre uns beten«, lehrte er sie das Vaterunser:

Vater unser im Himmel,
geheiligt werde dein Name.
Dein Reich komme.
Dein Wille geschehe,
wie im Himmel so auf Erden.
Unser tägliches Brot gib uns heute.
Und vergib uns unsere Schuld,
wie auch wir vergeben unsern Schuldigern.
Und führe uns nicht in Versuchung,
sondern erlöse uns von dem Bösen.

Diesem Gebet, wie es Jesus gelehrt hat, wurde der Lobspruch angefügt, der schließlich auch in spätere Bibeltexte Eingang fand und heute von allen Christen gemeinsam gebetet wird:
Denn dein ist das Reich und die Kraft und die Herrlichkeit in Ewigkeit.
Amen.

Der Rosenkranz

Es sei noch eine Form des Gebets angefügt, die als »typisch katholisch« gilt: der Rosenkranz. Das bisher Gesagte wird jeder religiöse Mensch nachvollziehen können. Aber der Rosenkranz – so sagt man oft – sei doch ein sehr mechanisches »Gebet der vielen Worte«, das eigentlich nicht mehr den Namen Gebet verdiene. Es erinnere an heidnische Gebetsformeln, zumal dabei auch eine Gebetsschnur verwendet wird.

Die Antwort überrascht: Der Rosenkranz ist ein meditatives Gebet. Es werden nämlich nur wenige Worte gemacht, die allerdings ständig wiederholt werden, so wie auch Jesus am Ölberg dieselbe Bitte wiederholte. Die Wiederholung ist die Sprache der Liebenden – und der Ringenden.

Außer dem Vaterunser sind der Engelgruß an Maria und der Lobpreis der Elisabet (Lk 1,42) die wenigen Worte, die dauernd wiederholt werden. Aber die Gedanken sind nicht auf diese Worte gerichtet, sondern auf die Ereignisse im Leben Jesu, in die der Beter betrachtend immer tiefer eindringt. Der Rosenkranz ist also ein Christusgebet.

Warum aber die vielen Wiederholungen, warum die Schnur? Die frommen Worte werden gleichsam zum Strombett, in dem die Gedanken vorwärtsbewegt, aber zugleich zusammengehalten werden. Die absolute Stille kann bisweilen mehr ablenken als ein gleichmäßiges Geräusch. Denken wir an das Plätschern eines Baches. Wenn man ganz still ist, kann man leicht ins Träumen geraten. Die Worte des immer gleichbleibenden Gebets aber sind wie Ufer, von denen unsere flüchtigen Gedanken immer wieder in die Mitte des Stroms der Betrachtung zurückgeführt werden.

Die Gebetsschnur hat nur eine dienende Aufgabe. Sie soll die betriebsamen Hände »binden«. Und die Perlen zeigen uns an, wenn ein Abschnitt vorüber ist. Sie bestimmen so den Rhythmus und das Maß der wechselnden Meditationsinhalte. Damit sind die Gedanken sozusagen »an die Leine gelegt«. Wenn die Konzentration nachlässt, spüren wir plötzlich die Perle in der Hand und finden zurück ins Gebet.

So ist der Rosenkranz eine Form der Meditation für Menschen, denen die Stille und die Sammlung schwer fällt. Die verachteten Äußerlichkeiten helfen dabei. Ein Missverständnis sollte allerdings von vornherein ausgeschaltet werden: Wer glaubt, nach der 50. Gebetswiederholung vor Gott eine 50fache Leistung vollbracht zu haben, sich gleichsam der quantitativen Häufung der Gebete rühmt, dessen Beten ist von Anfang an null und nichtig.

Nicht jedes ist für jeden. Diese Art des Betens ist ein Angebot. Junge Katholiken haben oft keinen Zugang mehr dazu. Vielleicht weil niemand ihnen den Rosenkranz erklärt hat. Vielleicht weil sie andere Formen, besonders die der Meditation, gefunden haben. Jeder mag seine Form finden.

Und die Erhörung?

Oft hört man: »Ich habe gebetet, aber es hat nichts genützt.« Was soll man dazu sagen? Dahinter steckt die falsche Erwartung, beim Gebet müsse wie bei einem Automaten die Erhörung sofort herauskommen. Als ob wir immer genau wüssten, was uns »von Nutzen« ist! Gott erfüllt unsere Bitte oft anders, als wir es erwarten.

Es kann nicht darum gehen, beim Gebet seinen Willen durchsetzen zu wollen. Christus betete am Vorabend seines Leidens: »Vater, wenn du willst, nimm diesen Kelch (des Leidens) von mir! Aber nicht mein, sondern dein Wille soll geschehen« (Lk 22,42). Wenn der Mensch betet, lässt er sich auf einen Prozeß ein. Im Glauben gewinnt er die größere Einsicht Gottes und seine Liebe, und dadurch wandeln sich unter Umständen seine eigenen Vorstellungen und Wünsche. Er geht anders aus dem Gebet heraus, als er hineingegangen ist. Dennoch aber dürfen wir im Gebet um das, was uns wichtig scheint, mit Gott ringen.

Nur dem Gebet, das aus dem Glauben kommt, ist Erhörung zugesagt. Unzählige Menschen haben diese Erhörung erfahren. Im Letzten ist die Erhörung eines Gebets ein freies Geschenk Gottes, der in jedem Fall das Beste für uns will. Wir erkennen das oft erst später.

19.
Die heilige Messe

»Wenn nicht bald Brot für uns
vom Himmel fällt,
sind wir hier brotlos.
Wenn wir nicht selbst
werden zu Brot und Wein,
sind wir hier nutzlos!«

Wilhelm Willms

Weltdienst oder Gottesdienst?

Tatsache ist: Die Zahl der Gottesdienstteilnehmer geht auch in der katholischen Kirche zurück, trotz Liturgiereform und Einführung der Landessprache in der Messe; trotz aller Versuche, besonders »zeitgemäße« Gottesdienste zu gestalten.

Der Gründe für den Rückgang der Zahl der Gottesdienstbesucher sind zu viele, als dass wir hier darauf eingehen könnten. Die Argumente aber gegen den Gottesdienst sind größtenteils dieselben wie die gegen das Gebet. Heißt es da: »Besser handeln statt beten«, so heißt es bezüglich des Gottesdienstes: »Dienst in der Welt und für den Menschen ist wichtiger als Gottesdienst«. Wiederum eine falsche Alternative. Es kann hier kein Entweder-Oder geben, sondern nur ein Sowohl-Als-auch; beides gehört zusammen. Zwar ist für den Christ das ganze Leben ein Gottesdienst (vgl. Röm 12,1 f.; 1 Kor 10,31), aber unsere Beziehung zu Gott muss auch in Lob und Dank ausdrücklich zur Sprache kommen.

Es wäre beispielsweise nicht menschlich, wenn wir nur arbeiten würden,
aber nie über unsere Arbeit und ihren Sinn nachdächten. Und es wäre
ebenso unmenschlich, wenn einer in der Ehe zwar treu für den anderen
sorgte, seine Zuneigung aber nie auch in Worten, Zeichen und Zärtlichkeiten zum Ausdruck brächte. Was nicht zum Ausdruck gebracht wird,
verkümmert auf die Dauer.

Der Dienst an der Welt kommt durch den Gottesdienst nicht zu kurz. Im Gegenteil: Die gottesdienstliche Feier sendet uns mit neuer Kraft wieder in den weltlichen »Gottes-Dienst«. Wenn der Christ Gottesdienst feiert, zieht er sich von der Welt nicht zurück, sondern nimmt die Welt mit hinein. Im Gottesdienst wird gerade unser alltägliches Tun unter dem Maßstab des Wortes Gottes kritisch überprüft und angeregt.

Ein südamerikanischer Bischof schreibt in einem Hirtenbrief: »Die Reichen gehen täglich zur Messe, entsprechen aber nicht dem Gebot christlicher Nächstenliebe«. Tatsächlich beruhigen manche Christen mit Gottesdienst und gelegentlichen Spenden ihr Gewissen und fühlen sich dann der Verantwortung für soziale Gerechtigkeit in der Welt usw. enthoben. Es ist verständlich, wenn der moderne Mensch solch »frommem Leerlauf« skeptisch gegenübersteht.

Allein kann ich besser beten ...

Der Mensch ist auf Gemeinschaft ausgerichtet. Kann man sich ein gutes Familienleben vorstellen ohne gemeinsame Mahlzeit, ohne Gespräch, ohne Feste? – Das alles gilt auch für den religiösen Bereich. Privates Gebet ist wichtig und unerlässlich. Dem Gebet in Gemeinschaft aber hat Christus verheißen: »Denn wo zwei oder drei in meinem Namen versammelt sind, da bin ich mitten unter ihnen« (Mt 18,20).

Die offiziellen Gottesdienste der Kirche werden Liturgie genannt (griech. = Tun des Volkes). Es leuchtet ein, dass ein gemeinsamer Gottesdienst eine gewisse Ordnung braucht; dass nicht jeder beten kann, was er möchte. Das birgt die Gefahr in sich, dass die Gedanken beim gemeinsamen Beten viel leichter abschweifen als beim privaten, besonders dann, wenn die eigenen Anliegen im gemeinsamen Gebet nicht vorkommen. Deshalb ist es verständlich, wenn manche sagen: »Allein kann ich besser beten«. Dennoch aber kann man als Christ nicht davon absehen, auch an der gottesdienstlichen Versammlung teilzunehmen. Christlicher Glaube ist niemals nur Privatsache.

Miteinander beten befreit aus der Vereinsamung. Aber auch aus der Verarmung und Einseitigkeit eigenen Betens. Bei privatem Gebet besteht die Gefahr, dass man zu sehr um sich selbst und die eigenen Anliegen kreist. Durch die Teilnahme am Gottesdienst aber wird der Mensch mit den Anliegen der Kirche und der Zeit konfrontiert. Er wird angeleitet, über der Bitte das Lob und den Dank nicht zu vergessen.

Zudem sollen im Gottesdienst die Zusammengehörigkeit der Gläubigen und die Einheit der Kirche sichtbar werden. Der Gottesdienst wird zum Zeichen einer neuen Gemeinschaft, in der man als Bruder und Schwester unter Geschwistern lebt.

Es muss freilich zugegeben werden, daß dieses Ziel in vielen Gemeinden nicht erreicht ist. Allzu oft stehen sich die Teilnehmer – vor allem in Gottesdiensten mit großer Beteiligung – fremd und gleichgültig gegenüber; sie bleiben anonym. Gerade junge Menschen werden deshalb eher von Gottesdiensten in kleinen Gruppen angesprochen.

Wenn wir mit Gleichgesinnten unserem Glauben Ausdruck geben, dann stärkt das die Glaubensfreude und die Glaubenskraft jedes Einzelnen. Wir alle brauchen ein Milieu, das uns trägt. Die Erfahrungen zeigen, dass ohne religiöse Gemeinschaft die meisten Menschen leicht den Kontakt mit Gott verlieren. Allein ist es schwerer zu glauben.

Die heilige Messe

Der katholische Gottesdienst wird meist »heilige Messe« genannt. Dieser Name stammt von dem lateinischen Entlassungsgruß: »Ite, missa est« (wörtlich: Geht, es ist Entlassung). In dem Wort Entlassung, missa (spätlateinische Form für missio), steckt aber zugleich auch der Gedanke der Sendung; d. h. die heilige Messe kennt also kein Ende, sondern nur ein Entlassen – aus der Stärkung des Glaubens im Gottesdienst in den weiteren Vollzug des Glaubens im Alltag.

Sie kennen die Leipziger, die Frankfurter Messe, Frühjahrsmessen, Messehallen ... Große Handelsmärkte waren früher mit dem Jahrestag der Einweihung einer Kirche verbunden. Er wurde mit einer Kirchweih-Messe (Kirch-Mess, abgekürzt Kir-mes) begangen. Unsere heutigen großen Ausstellungen sind also letztlich aus einem Kirchmess-Markt hervorgegangen und tragen von daher den Namen »Messen«, obwohl sie zum Gottesdienst keinen Bezug mehr haben.

In der heiligen Messe sind seit aller Zeit zwei Gottesdienste miteinander verbunden: ein sog. Wortgottesdienst, in dem das Erbe des jüdischen Gottesdienstes bewahrt wird – dabei steht der Priester am Lesepult –, und die Eucharistiefeier, die auf das letzte Abendmahl Jesu mit seinen Jüngern zurückgeht.

Die ersten Christen gingen nämlich zunächst weiterhin am Sabbat zum Gottesdienst in die Synagoge, versammelten sich aber am ersten

Wochentag zur Feier des Abendmahls. Als sie sich später von der jüdischen Gemeinde ganz trennten, wollten sie aber deren Gottesdiensttradition nicht aufgeben und verbanden sie mit der Abendmahlsfeier zu *einem* Gottesdienst. Diese beiden Teile werden von einer Eröffnung (Kreuzzeichen, Begrüßung, Bußakt und Gebet) und einem Abschluß (Dankgebet, Segen, Entlassung) umrahmt.

Der Wortgottesdienst

Im Mittelpunkt eines jüdischen Gottesdienstes standen Lesungen aus den alttestamentlichen Büchern des Gesetzes und der Propheten sowie deren Auslegung. Die ersten Christen übernahmen diese Ordnung, entnahmen aber die Texte nicht mehr nur dem Alten Testament, sondern später vor allem auch aus den nun entstehenden Niederschriften der Worte und Taten Jesu. Heute gibt es im katholischen Gottesdienst eine Lesung aus dem Alten Testament und eine aus der Apostelgeschichte oder den neutestamentlichen Briefen (oft wird nur eine davon ausgewählt). In jedem Fall aber folgt dann ein Abschnitt aus einem Evangelium.
Oft wird dieses Evangelium feierlich gesungen. Beim Festgottesdienst werden Kerzen und Weihrauch ans Lesepult gebracht, um zum Ausdruck zu bringen, dass im Wort des Evangeliums Christus selbst zu der Gemeinde spricht. Oder besser: Er selbst ist im Wort der Bibel anwesend.

Im Verlauf von drei Jahren werden so an den Sonntagen die vier Evangelien fast ausnahmslos und von den Apostelbriefen und dem Alten Testament große Teile im Gottesdienst vorgelesen. Wer also regelmäßig am Sonntagsgottesdienst teilnimmt, lernt im Verlauf von drei Jahren die wichtigsten Teile der Heiligen Schrift kennen.

Hier wird deutlich, im Mittelpunkt des Gottesdienstes steht nicht unsere Aktivität, sondern Gottes Tat: sein Wort und Handeln an uns. Im Kapitel über das Gebet sagten wir, dass das erste Wort im Dialog zwischen Gott und den Menschen Gott hat. Das in der Bibel Berichtete ist nicht nur etwas von damals, sondern will jeden im Gottesdienst anrufen. Ein christlicher Gottesdienst ist ohne dieses Hinhören auf das Wort der Heiligen Schrift undenkbar.
Die gewöhnlich sich anschließende Predigt will nichts anderes, als Hilfen geben, diese Bibeltexte im täglichen Leben wirksam werden zu lassen. Fürbitten, die den Wortgottesdienst abschließen, stellen ebenfalls die Verbindung zum Alltag her.

Hören, aufnehmen und bedenken, beten sind also die Grundhaltungen des Wortgottesdienstes. Allen inneren Haltungen und seelischen Bewegungen aber entsprechen äußerlich wahrnehmbare Bewegungen. Körper und Geist sind eine Einheit. Deshalb sind auch die äußeren Haltungen des Stehens und Sitzens beim Gottesdienst nicht zufällig, sondern stehen in Beziehung zu den geistigen Vorgängen:

Stehen – kann Ausdruck sein für Ehrfurcht, Respekt, Achtung. Wir sprechen deshalb von »erhebenden« Augenblicken. Wir stehen bei Gerichtsurteilen, Gedenkminuten, bei der Nationalhymne ... Stehen ist aber auch Ausdruck der Bereitschaft (z.B. aufzubrechen, etwas zu tun). Wir kennen die Redensart: »Es hält uns nichts auf dem Stuhl«. Deshalb wird beim katholischen Gottesdienst viel gestanden, vor allem bei der Verkündigung des Evangeliums; im zweiten Teil der Messe vor allem beim »Vaterunser« und bei der Entlassung.

Sitzen – kann Ausdruck sein für Ausruhen, für meditatives Schauen, für ein ruhiges Hinhören, bereitwilliges Aufnehmen und Verarbeiten des Gehörten oder Gesehenen. So sitzen Kunstkenner vor einem Bild im Museum, das sie beeindruckt. Deshalb sitzen die Gottesdienstteilnehmer beim Verlesen der Epistel (d.h. der Lesung aus dem Alten Testament bzw. den Apostelbriefen) und bei der Predigt.

Die Eucharistiefeier

Der Wortgottesdienst in einer Messfeier hat Parallelen in allen Religionen. Überall, wo Gottesdienst gefeiert wird, geht es darum, dem Glauben gemeinsam Ausdruck zu geben, Gottes Wort zu hören und Lob-, Dank- und Bittgebete an Gott zu richten. Im christlichen Gottesdienst kommt hinzu, dass diesen Versammlungen die besondere Nähe Jesu Christi zugesagt ist.

Damit ist der nun folgende Teil der Messe noch nicht ausreichend beschrieben und begründet. Hier geht es um das Abendmahl Jesu und seinen konkreten Auftrag: »Tut dies zu meinem Gedächtnis!« (Lk 22,19).

Der Name Abendmahl ist in der katholischen Kirche weniger gebräuchlich. Wohl deshalb, weil die heilige Messe vorwiegend an Vormittagen gefeiert wird. Deshalb kam schon früh das Wort »Herrenmahl« auf.

Die Apostelgeschichte gebraucht gern den Ausdruck »Brotbrechen« (2,42.46). Heute sprechen wir meist von »Feier der Eucharistie«, was so viel wie »Danksagung« bedeutet.

Zum Gedächtnis an den Auszug aus Ägypten versammelten sich die jüdischen Familien alljährlich am Pascha-Fest (gesprochen: Pas-cha) zu einem rituellen Opfermahl. Unter Danksagung und Segensgebeten wurde ein Pascha-Lamm mit ungesäuerten Bitterkräutern verzehrt und viermal der Becher mit Wein herumgereicht.

Dieselben Riten und Gebete verrichtete Jesus als Hausvater mit seinen Jüngern. Aber bei der Brechung und Verteilung des Brotes fügte er hinzu: »Das ist mein Leib, der für euch hingegeben wird. Tut dies zu meinem Gedächtnis« (Lk 22,19). Mit ähnlichen Worten reichte er den Becher mit Wein: »Dieser Kelch ist der *Neue Bund* in meinem Blut, das für euch vergossen wird« (Lk 22,20).

In diesen Worten wird deutlich, dass das Mahl Jesu eine weit größere Bedeutung hat, als nur an die Befreiung aus Ägypten zu erinnern. Jesu Blick geht weniger in die Vergangenheit als vielmehr in die Zukunft. Die Jünger werden sich in diesem Augenblick an die Rede nach der Brotvermehrung in Kapharnaum erinnert haben: »Wer mein Fleisch isst und mein Blut trinkt, hat das ewige Leben ... Denn mein Fleisch ist wirklich eine Speise, und mein Blut ist wirklich ein Trank« (Joh 6,54 f.). Christus selbst will zum Pascha-Lamm werden, das sein Leben gibt und das verzehrt wird. Er will endgültig von der Knechtschaft der Sünde und des Todes befreien. Damit ist ein neuer Bund zwischen Gott und Menschen gestiftet, der neben den alten tritt.

Ein Geschehen von vielfacher Bedeutung also! Von alledem wird gesagt: »Tut dies zu meinem Gedächtnis«. Von daher wird verständlich, warum wir im Folgenden viele Begriffe brauchen, um die Eucharistiefeier, in der ja dieses Gedächtnis vollzogen wird, zu beschreiben.

»... zu meinem Gedächtnis«

»Wenn die Messe nur ein Echo der Geschichte, eine Art Denkmal Christi wäre, dann wäre sie nicht gut arrangiert. Mit so etwas wie einem Passionsspiel könnte man doch wohl viel besser das Gedächtnis Christi lebendig machen« (Theodor Schnitzler).

Gedächtnis meint hier tatsächlich mehr als Blick in die Vergangenheit und bloße Erinnerung. In dem Wort: »Tut dies zu meinem Gedächtnis«

ist Auftrag und zugleich Vollmacht enthalten; nämlich das zu tun, was Jesus getan hat, und nicht nur eine symbolische Erinnerungshandlung zu vollziehen. Das, was beim Abendmahl geschah, soll immer und immer wieder Gegenwart werden. Keine Wiederholung, sondern Wieder-Holung, d.h. das gleiche Geschehen von damals wird in die heutige Wirklichkeit und Gegenwart geholt: er selbst, das Mahl, der Bund, das Opfer und der Tod, die Befreiung und die Auferstehung.

Das aber macht deutlich: Die Messe ist nicht unser Tun; denn wie könnte das alles von Menschen gesagt werden! Jesus selbst ist es, der sich zur Speise gibt, der opfert, der befreit. Wir nehmen in der Messe teil an einem Gedächtnis; aber der, dessen »gedacht« wird, ist selbst anwesend. Ja, er ist der Gastgeber.

»... nehmt und eßt«

Bis in die Zeit Kaiser Konstantins (337) war die Messe wie beim Abendmahl Jesu von einem Essen umrahmt, einer sogenannten Agape. Die wenigen Teilnehmer saßen um einen Tisch. Heute sitzen die Teilnehmer bei der Messe nicht mehr an Tischen (außer vielleicht bei Gruppenmessen), und es ist keine Sättigungsmahlzeit. Aber das Wesentliche ist auch bei der heutigen Messe das Mahl. Deshalb steht in der Mitte des Geschehens der gedeckte Tisch.

Zunächst wird der Tisch bereitet. Brot und Wein (der wie beim Abendmahl mit etwas Wasser vermischt wird) werden bereitgestellt und vom Priester durch Erheben Gott dargebracht. Wir nennen diesen Teil der heiligen Messe die *Gabenbereitung.*

In einem zweiten Teil spricht der Priester nach einem feierlichen *Lob- und Dankgebet* (der sogenannten Präfation) über Brot und Wein dieselben Worte, die Jesus beim Abendmahl sprach: »Nehmt und eßt, das ist mein Leib ...«.

In einem dritten Teil folgt dann das eigentliche *Mahl.* Es wird eingeleitet durch das Vaterunser, das wie ein Tischgebet auf den Empfang der heiligen Speise vorbereitet. Dann wird ausgeteilt, gegessen und getrunken.

Warum hat Jesus wohl das Mahl als Zeichen seiner Nähe gewählt? Weil wir bei einem Mahl gestärkt werden und echte Gemeinschaft erleben. Das will Jesus uns vermitteln.

Brot und Wein sind Nahrung für den Menschen und als solche lebensnotwendig. Wenn Jesus sagt: »Wer mein Fleisch isst und mein Blut trinkt, hat ewiges Leben«, so will er damit zum Ausdruck bringen, dass der Mensch eben nicht vom Brot allein lebt. Dass er ihn, der von Gott herkommt, so dringend braucht wie das tägliche Brot, um wirklich volles, end-gültiges Leben zu haben.

Eine Mahlzeit ist aber nicht nur Nahrungsaufnahme, sondern auch ein Zeichen der Zusammengehörigkeit. Wir wissen, wie sehr ein Festessen oder ein Arbeitsessen Menschen verbinden kann. Hier lädt uns Christus zum Mahl. Wir werden mit ihm in einer Weise eins, wie das unter Menschen gar nicht möglich ist: »Wer mein Fleisch isst und mein Blut trinkt, der bleibt in mir, und ich bleibe in ihm« (Joh 6,56). Seine Gedanken, sein Geist, seine Kraft, seine Liebe gewinnen Raum in uns. Über ihn aber bekommen wir Verbindung mit Gott, dem Vater, und mit den Menschen. Nicht ohne Grund sagt Jesus, dass in diesem Mahl der »neue Bund« mit Gott geschlossen wird. Die Verbindung mit Gott führt auch die Menschen enger zusammen. Auch untereinander werden die Gläubigen, die von dem einen Brot essen, zu einer Gemeinschaft zusammengeschlossen. Sie werden *ein* Leib« (1 Kor 10,17). Hier wird wieder ein Impuls für das Leben im Alltag deutlich. Der müsste dann freilich zu Konsequenzen führen.

Glaube und Liebe sind deshalb der Maßstab für den Kommunionempfang. Wo im Alltag kein Kontakt mit Jesus besteht, wo die Beziehung zu ihm sowohl im Gebet wie durch fast völlige Unterlassung des Sonntagsgottesdienstes oder auch durch andere Schuld gestorben ist, bedarf es zuerst der Wiederbelebung durch die Umkehr im Bußsakrament, bevor einer zur Kommunion gehen kann. Der Apostel warnt: »Jeder soll sich selbst prüfen; erst dann soll er von dem Brot essen und aus dem Kelch trinken. Denn wer davon isst und trinkt, ohne zu bedenken, dass es der Leib des Herrn ist, der zieht sich das Gericht zu ...« (1 Kor 11,28 f.).

Die heilige Kommunion ist mehr als nur »heiliges Brot«, das man bedenkenlos und je nach Stimmung bei Gottesdiensten zu einer Beerdigung oder Hochzeit empfangen kann, während der Alltag nicht von der Bemühung um den Glauben geprägt ist. Kommunion ist für den katholischen Christ die tiefste Einheit mit Christus und der Kirche. Deshalb tut sich die katholische Kirche auch so schwer in der Frage der Interkommunion.

Kommuniongemeinschaft setzt für die katholische Kirche Glaubens- und Kirchengemeinschaft voraus.

Im römischen Ritus wird – im Unterschied zu den katholischen Ost-kirchen – der Kelch in der Regel der Gemeinde nicht gereicht. Diese Einschränkung hat lediglich praktische Gründe. In den sonntäglichen Gottesdiensten gehen viele Teilnehmer zur Kommunion. Die Kelch-kommunion würde sehr viel Zeit in Anspruch nehmen, und manche hätten unter Umständen Hemmungen, mit so vielen anderen aus dem-selben Kelch zu trinken. Bei besonderen Anlässen aber und bei Gottesdiensten in kleineren Gruppen wird der Kelch allen Kommuni-kanten gereicht. Oder aber es wird die Hostie in den Wein einge-taucht.

Aber auch bei der Kommunion nur des hl. Brotes wird der Auftrag Chri-sti, zu essen und zu trinken, erfüllt. Es ist ja immer der lebendige und ganze Christus, der sowohl in der Gestalt des Brotes wie des Weines empfangen wird. Schon in der Urkirche wurde deshalb aus praktischen Gründen gelegentlich die Kommunion nur in einer Gestalt gereicht, z.B. Kranken nur als Wein.

»... verkündet ihr den Tod des Herrn«

Aus der Religionsgeschichte wissen wir, dass der Mensch seine Bezie-hung zu Gott vor allem durch Opfer zum Ausdruck brachte. Indem er et-was aus seinem persönlichen Besitz sich entzog, es vernichtete (z.B. durch Verbrennen), machte er deutlich, dass er sich selbst mit allem, was er besitzt, Gott verdankt. So wurde das Opfer zum Zeichen der Hingabe an Gott und der Versöhnung mit ihm.

Das Opfer Jesu – Im 1. Korintherbrief (11,26) heißt es: »Denn sooft ihr von diesem Brot esst und aus dem Kelch trinkt, verkündet ihr den Tod des Herrn, bis er kommt«. Hier wird also ausdrücklich das Abendmahl mit dem Tod Jesu in Verbindung gebracht. Und dieser Tod ist der Tod der Hingabe, des Opfers, wie die Worte Jesu beim Abendmahl deutlich machen: »... mein Leib, *für euch hingegeben ...* mein Blut, *für euch ver-gossen ...*«. Die Worte »hingegeben« und »vergossen« waren im Zusam-menhang mit den jüdischen Opfern gebräuchlich. Also Hingabe an Gott und für die Menschen im Sinn eines Opfers. Aber in einem ganz anderen Sinn, als alle von Menschen erdachten und vollbrachten Opfer.

Den ersten Unterschied haben wir im Kapitel »Jesus Christus« genannt (Warum mußte Jesus sterben?). Hier nur so viel: Jesu Tod am Kreuz ist nicht so zu verstehen, als ob Gott durch blutige Opfer beschwichtigt werden müßte. Vielmehr macht Jesus, um uns von Sünde und Tod zu befreien, sich zur Zielscheibe aller menschlichen Schuld und scheut auch das Opfer des eigenen Lebens nicht.

Hier ist aber eine weitere Unterscheidung wichtig: Christus hat allen Opfern, die Menschen darbringen können, ein Ende gesetzt (vgl. Hebr 9,28; 10,12). Sie sind hinfällig geworden durch sein Lebensopfer, das für alle Zeit gültig und genug ist und nicht übertroffen werden kann. Die heilige Messe ist deshalb kein neues Opfer neben dem Opfertod Jesu. Vielmehr wird gerade dieser Opfertod in jeder heiligen Messe gegenwärtig. Wenn wir deshalb vom Messopfer sprechen, meinen wir immer das Opfer Jesu Christi.

Unser Opfer – Dennoch aber dürfen wir bei der heiligen Messe auch von dem Opfer der Kirche und unserem Opfer sprechen. Die Opfertat Jesu bleibt einmalig und hat Erlösung bewirkt. Sie ist nicht wiederholbar. Aber sein Opferwille, seine Opferliebe leben weiter, und sie sollen auch in denen weiterleben, die seinen Namen tragen. Wenn Paulus verlangt, dass Christus »in uns leben« soll, dass wir ihm ähnlich werden sollen, dann heißt das doch vor allem, dass wir seine Gesinnung annehmen müssen. Sein ganzes Leben war eine einzige Hingabe an den Willen Gottes und an die Menschen. Wenn diese Hingabe sich in der Eucharistiefeier wiederholt, dann können wir nicht passiv bleiben. Auch unser Leben muss ein Leben für Gott und für die Menschen werden. In diesem Sinne muss das Opfer Christi, in dem er der eigentlich Handelnde bleibt, zugleich unser Opfer werden.

Wir sehen hier wiederum, wie sehr Gottesdienst mit dem Leben zu tun hat. Denn wo diese Hingabe an den Willen Gottes und die Bereitschaft, für die Menschen da zu sein, beim Vollzug des Gottesdienstes fehlen, da tun wir nicht dasselbe, was Jesus getan hat. Paulus würde dazu sagen: »Das ist keine Feier des Herrenmahls mehr« (vgl. 1 Kor 11,20).

Zur persönlichen Mitfeier der heiligen Messe bieten sich für den inneren Vollzug dieses Gedankens vor allem die folgenden Augenblicke der heiligen Messe an:

1. Bei der Bereitung der Gaben hebt der Priester – ähnlich wie der Hausvater beim Pascha-Mahl, also auch Christus beim Abendmahl – zunächst den Teller (Patene) mit dem Brot, dann den Kelch empor und bietet bei-

des Gott dar. Er spricht dabei u.a. die Worte: »Wir bringen dieses Brot (diesen Kelch) vor dein Angesicht, dass es (er) uns das Brot des Lebens (der Kelch des Heiles) werde«. Und später: »Herr, wir kommen zu dir mit reumütigem Herzen und demütigem Sinn. Nimm uns an und gib, dass unser Opfer dir gefalle«.

Die Teilnehmer schauen andächtig bei der Gabenbereitung zu und vollziehen die Haltung, mit der der Priester Brot und Wein darbringt, innerlich nach. Sie bringen auch sich selbst Gott dar.

Es erhebt sich die Frage: »Ich sollte mich Gott darbringen können? Ich mit meiner Schwäche, mit meiner Schuld?«

Die Antwort: »Je mehr ich um diese meine Unvollkommenheit weiß, umso mehr möchte ich in dieses Opfer eingehen, denn ich weiß, hier geschieht Wandlung. Das Brot bleibt nicht Brot. So hoffe auch ich, ein anderer zu werden, wenn Gott mich annimmt.«

In manchen Kirchen legen die Gottesdienstbesucher, die die heilige Kommunion empfangen möchten, eine Hostie in die Opferschale. Damit kommt symbolisch zum Ausdruck, dass sie sich selbst in das Opfer Jesu einbringen möchten. Auch das Geldopfer, das bei der Gabenbereitung eingesammelt wird, kann sinnvollerweise mit diesem Gedanken verbunden werden.

2. Bevor der Priester das Mahl austeilt, bricht er vorher eine der Brothostien. So hat es auch Jesus getan. Aber damit ist heute zugleich eine tiefe Symbolik verbunden: Brot ist da, um gebrochen und verzehrt zu werden. So hat Jesus sein Leben von den Menschen zerbrechen lassen, um allen alles zu werden. Seine Gesinnung übernehmen, das tun, was er getan hat, heißt also auch, dass, wer an diesem Mahl teilnimmt, bereit sein soll, sich aufbrechen zu lassen, sich zu verzehren für andere. Große Worte? Wer könnte das schon? Nie werden wir wirklich die Gesinnung Jesu erreichen. Aber dann muss wenigstens die Unruhe über sich selbst in jedem bleiben, der an der Messe teilnimmt. Denn um weniger geht es nun einmal bei der Messe nicht.

Geheimnis des Glaubens

Nachdem der Priester auf dem Höhepunkt der heiligen Messe die Worte Jesu beim Abendmahl gesprochen hat, zeigt er der Gemeinde den Leib und das Blut Christi zur Anbetung. Wir nennen dieses Geschehen die *heilige Wandlung,* d.h. Brot und Wein sind nun Leib und Blut Jesu Christi und werden fortan in der Messe als solche verehrt. Der Priester beugt anbetend das Knie und ruft dann der Gemeinde zu: »Geheimnis des Glaubens«.

Gott ist Mensch geworden. Das ist mit dem Verstand nicht zu begreifen, das ist ein Glaubensgeheimnis. Die Gemeinde bekennt sich auf diesen Zuruf des Priesters hin zu dem jetzt »wahrhaft, wirklich, wesentlich« anwesenden Herrn mit den Worten: »Deinen Tod, o Herr, verkünden wir, und deine Auferstehung preisen wir, bis du kommst in Herrlichkeit«. Eine Kurzfassung des Glaubens an den, der starb, auferstand und wiederkommen wird.

Als Jesus zum ersten Mal davon sprach, dass sein Leib eine Speise und sein Blut ein Trank sein solle, murrten selbst die Jünger, und viele gingen weg. Er aber schwächt nicht ab in dem Sinn, dass das alles nur geistig zu verstehen sei. Er besteht vielmehr auf der buchstäblichen Deutung und verlangt eine klare Entscheidung. Wer sich dazu nicht entschließen kann, dem bietet er an: »Wollt auch ihr weggehen?« (Joh 6,68). Hier geht es also nicht um Symbolik oder Gleichnis. Hier geht es um die wirkliche Gegenwart des Herrn in Brot und Wein.

Das Knien – Deshalb wird bei diesem Höhepunkt der Meßfeier in der Regel nicht gestanden oder gesessen, sondern gekniet. Knien ist Ausdruck der Ehrfurcht, der Demut, der Unterwerfung. Wer stolz ist, reckt sich auf; wer sich klein macht, »in die Knie geht«, gesteht seine Unterlegenheit ein. Deshalb auch machen Katholiken beim Betreten einer Kirche eine Kniebeuge vor dem Tabernakel. Dies ist ein an hervorragender Stelle in der Kirche aufgestellter Schrein, in dem die in der Messe konsekrierten (zum Leib Christi gewordenen) Hostien aufbewahrt werden, die bei der Messfeier übrig geblieben sind.

Die Messe – ein Fest

Obwohl die Messfeier in der neuen Form sehr vereinfacht ist, sehen manche darin immer noch zu viele Äußerlichkeiten: bunte Gewänder, Blumen, Weihrauch, Messdiener, Kreuzzeichen, erhobene Hände … Passt das denn in unsere Zeit? Will Gott nicht »im Geist und in der Wahrheit« angebetet werden?

Die Antwort, warum wir all diese Zeichen benutzen: Die Messe ist ein Fest, eine Feier. Wir sagen deshalb, dass wir Gottesdienst »feiern«. Fest bedeutet Heraustreten aus dem Alltäglichen, aus den Sorgen, dem Druck, der Leistung, aber auch aus der Langeweile. Kein Pensum erfüllen müssen! Frei sein für das, was einen innerlich erhebt und froh macht. Zu ei-

nem Fest gehören deshalb festliche Kleidung, Musik usw. Darum trägt
der Priester ein von der Alltagskleidung abgehobenes Festgewand. Darum gehört zum Gottesdienst der Gesang und – wo möglich – die Orgel.
Auch das Erheben der Hände gehört zu dieser Feierlichkeit. Verschränkte
Arme, gefaltete Hände bedeuten Sammlung. Erhobene Arme beim Gebet
aber bedeuten Offensein. Hingabe gegenüber Gott. Zugleich aber auch
Weite, die alle Anliegen der Anwesenden einschließt. Dies war die Ge-
betshaltung der Christen in den ersten Jahrhunderten. Heute erhebt nur
noch der Priester beim Gottesdienst betend die Arme.

Stellen wir uns einmal einen »rein geistigen« Gottesdienst vor: Dann
müssten wir nicht nur auf Worte, Melodien und Zeichen verzichten, die
Gläubigen dürften dann nicht einmal an einem Ort zusammenkommen.
Der Mensch wird nicht nur verstandesmäßig angesprochen, sondern viel
mehr noch von Bildern und Zeichen. Auch der heutige Mensch. Das Foto
eines hungernden Kindes bewegt uns mehr als ein seitenlanger Zeitungs-
artikel über die Not in den Entwicklungsländern.

Sichtbare Zeichen sind keine Äußerlichkeiten. Sie wollen der Verinner-
lichung des Gebets dienen. Wir wissen heute mehr von der engeren Verbindung des Seelischen mit dem Körperlichen. Von der äußeren Haltung
geht etwas über auf die innere Gesinnung – vorausgesetzt, dass sie nicht
routiniert geschieht oder nur andeutungsweise, wie man das oft sieht. Es
ist deshalb wichtig, die Bedeutung von Gesten und Riten immer wieder
zu verinnerlichen.
Christus selbst hat das sichtbare Zeichen des Mahls gewählt. Offenbar,
weil er uns Menschen kennt und versteht. Deshalb haben wir keine
Scheu, auch die Sinne, den Körper in die Gottesverehrung einzuschalten.

20.

Schuld und Vergebung

»Die große Schuld des Menschen sind nicht die Sünden, die er begeht, die Versuchung ist mächtig und seine Kraft gering. Die große Schuld des Menschen ist, dass er in jedem Augenblick die Umkehr tun kann und sie nicht tut.«

Martin Buber

Der Mensch in Schuld und Sünde

Eine Maus flüchtet vor einer Katze in einen Gang. Doch der Weg wird immer enger, und dann versperrt eine Wand endgültig den Fluchtweg. »Du bist in die falsche Richtung gelaufen! Nur wenn du dich umdrehst und die Richtung änderst, kannst du aus der Sackgasse befreit werden«, sprach die Katze und sperrte ihr Maul auf. (Frei nach Franz Kafka)

Kann das ein Gleichnis für unser menschliches Leben sein? Das Leben als Einbahnstraße mit einem unerbittlichen Ende, dem wir unaufhörlich entgegengetrieben werden? Ein Weg ohne Möglichkeit, umzukehren und neu anzufangen? Christen ist eine derartige Deutung des Menschenlebens nicht nachvollziehbar. In beide Richtungen öffnet der Glaube Türen. Was vor uns liegt, ist keine Wand, sondern eine Zukunft, auf die zu hoffen sich lohnt. Darauf gehen wir im Kapitel »Sterben, Tod – und dann?« ein. Hier interessiert uns der Weg zurück. Nicht dass wir die Zeit hinter unsere Schuld zurückdrehen können. Aber wir können umkehren und völlig neu beginnen (vgl. Kapitel »Größe und Elend des Menschen«).

Verändertes Schuldbewusstsein

Jeder Mensch fühlt sich irgendwann schuldig. Nicht nur durch das, was er anderen antut, sondern auch durch das, was er an Unrecht zulässt; und durch das, was er unterlässt. Psychologen und Ärzte wissen, dass in unbewältigter Schuld die Ursache körperlicher und seelischer Krankheiten liegen kann – vom Magengeschwür bis zur Depression. Man sagt gelegentlich, der heutige Mensch habe kein Schuldbewusstsein mehr. Das ist

nur zum Teil richtig. Selbst wenn Menschen sich für ihre Fehler zu ent-
schuldigen suchen (ich hatte eine autoritäre Erziehung; mir fehlte die
Nestwärme), beweisen sie gerade durch das Abschieben der Schuld, dass
Schuld sie belastet.

Es trifft zu, dass sich die Vorstellung von dem, was Schuld ist, gewandelt
hat. Denn die Tiefenpsychologie, die Sozialpsychologie, die Verhaltens-
forschung haben deutlich gemacht, dass menschliches Verhalten stark
durch vererbte Verhaltensmuster, durch Erziehung, Umwelt und anderes
mitbestimmt wird. Voreilig sah mancher in diesen Erkenntnissen bereits
eine »Lossprechung« von aller Schuld durch die Wissenschaft.

Ohne Zweifel können die genannten Bedingungen die Verantwortung
und damit auch die Schuld mindern; zweifellos gibt es auch ein anerzo-
genes oder ein falsches und krankhaftes Schuldbewusstsein. Aber der
Mensch findet sich nicht nur unter gegebenen Bedingungen vor; er kann
zugleich durch sein Denken und Handeln seine Lebensbedingungen und
die Welt verändern. Es bleibt also ein Spielraum an Freiheit, in dem der
Mensch sich bewährt oder schuldig wird. Auch die Leugnung persönlicher Schuld erkennt an, dass man schuldig werden kann.

Noch etwas hat sich geändert: Viele Menschen bringen ihr Versagen und
ihre Schuld nicht mehr mit Gott in Beziehung, sondern allenfalls mit anderen Menschen. Die Wurzeln der Schuld aber liegen tiefer.

Sünde – die Wurzel der Schuld

Schuldig werden wir zwar in erster Linie an anderen Menschen, aber
wenn wir uns an anderen verfehlen, versündigen wir uns zugleich gegenüber Gott. Die Wurzel der Schuld besteht in der Störung des Verhältnisses zu Gott, also in der Sünde.

Wenn wir die Sünde nur als einen Verstoß gegen abstrakte Gebote, als
kriminelle Handlung, als Unmoral sehen, bleiben wir an der Oberfläche.
Die Bibel sieht die Sünde darin, dass mein Denken und Handeln eine ver-
kehrte Richtung haben, die von Gott wegführt. Das führt freilich auch zu
Störungen im Verhalten zum Mitmenschen und zu mir selbst.

Das will z.B. der biblische Bericht vom Sündenfall aufzeigen (Gen 3):
Der Mensch misstraut Gott, und deshalb übertritt er dessen Gebot. Aber
sogleich sucht er die Schuld abzuwälzen (die Frau bzw. die Schlange ist
schuldig). Und schon bald kommt es dazu, dass ein Mensch den anderen
erschlägt (Kain und Abel). Entfremdung des einen Menschen vom anderen. In der Sprachverwirrung (Gen 11,7 ff.) gewinnt diese weltweite Aus-

maße. Die Menschen verstehen sich gegenseitig nicht mehr. Die Folge: Absonderung, Isolierung, Feindschaft, Verfall der Gemeinschaft.

Die Entfremdung des Menschen schließlich von sich selbst und seinem Werk wird deutlich an den Folgen, die er zu tragen hat: Mühsal, Krankheit, Verlust des Lebensraums (Paradies), in dem er mit Gott und mit seiner Umwelt in Harmonie lebte.

Schwere Schuld? – Nicht jeder aber, der sündigt, will sich damit von Gott abkehren. Viele Sünden sind einfach Inkonsequenz, Halbheit. Von daher leuchtet es ein, dass es Stufen der Sünde gibt. Schon die Apostel unterscheiden Fehler, die alle begehen (Jak 3,2; 1 Joh 1,8), und Sünden, die zum Tode führen (1 Joh 5,16 f; Kol 2,13 u.a.). Eine schwere Sünde (Todsünde) begeht, wer in einer wichtigen Sache dem Willen Gottes mit klarer Erkenntnis und voller Freiheit zuwiderhandelt. Gott beurteilt den Menschen nicht nach dem äußeren Tatbestand allein, sondern nach seiner Gesinnung, seiner Absicht. Deshalb gibt es nicht zwei ganz gleiche Sünden in dieser Welt.

Die Erkenntnis seiner Sündhaftigkeit will den Menschen nicht demütigen oder in Angst versetzen. Sie will ihm vielmehr helfen, davon frei zu werden. Die Reife eines Menschen zeigt sich u.a. darin, dass er zu seiner Schuld stehen kann. Es ist eine typisch kindliche Reaktion, die Schuld abzuweisen (aus Angst vor Strafe und Liebesentzug).

Kein Mensch aber kann sich seine Schuld selbst vergeben. Jeder ist auf andere angewiesen, die ihn ent-schuldigen. Wenn jemand einen Schaden wieder gutmacht, einen Streit beilegt, sich einem Dritten anvertraut und so Korrektur und Vergebung erfährt, wirkt das entlastend. Volle Befreiung schenkt das aber nicht, weil alle Verantwortung und damit alle Sünde letztlich mit Gott zu tun hat. Wie aber ist wieder Kontakt zu ihm möglich? Doch nur, wenn die Sünde nicht mehr zwischen Gott und dem Menschen steht. Kann aber das, was geschehen ist, ungeschehen gemacht werden?

Verdrängen hilft hier nichts. Das führt vielmehr zu Komplexen. Was aber bleibt anderes übrig als Verdrängung, wenn die Aussicht auf Gnade und Vergebung fehlt? Ein Leben lang schwere Schuld mitzuschleppen ist schrecklich. Dass Gott von sich aus alles tut, um zu vergeben und den Menschen wieder an sich zu ziehen, wurde im Kapitel »Ein Glaube, der frei macht« aufgezeigt. Hier geht es darum, was vom Menschen aus geschehen muss.

Umkehr – Buße

Mit Umkehr verbinden wir nicht nur positive Vorstellungen. Wenn wir uns verlaufen haben und umkehren müssen, sind wir enttäuscht.

Es gibt auch Umkehr, die wir unmittelbar positiv, befreiend empfinden: Wenn Ehegatten sich entfremdet haben und übereinkommen, noch einmal ganz von vorn zu beginnen; wenn jemand nach einer langen Trennung zurückkehrt und weiß, dass er erwartet wird ... In diesen Fällen verbindet sich mit dem Begriff Umkehr das Bewusstsein einer neuen Chance. Und das vor allem meint die Bibel mit Umkehr, Buße.

Es gibt dafür ein eindrucksvolles Gleichnis (Lk 15,11 ff.): Ein Mann hat zwei Söhne. Der jüngere lässt sich sein Erbteil auszahlen und verlässt den Vater. Das Vermögen ist bald vergeudet, und es beginnt die Not. Der junge Mann ist darauf angewiesen, dass andere ihn die geringsten Arbeiten verrichten lassen. Er lebt bei den Schweinen. – Nun beginnt er nachzudenken. Er sieht ein, dass er nicht frei, sondern unfrei geworden ist. Er hat falsch gehandelt. Darum: »Ich will aufbrechen und zu meinem Vater gehen und zu ihm sagen: Vater, ich habe mich gegen den Himmel und gegen dich versündigt. Ich bin nicht mehr wert, dein Sohn zu sein; mach mich zu einem deiner Tagelöhner.« Der Vater hat offenbar auf ihn gewartet; denn er läuft ihm entgegen, fällt ihm um den Hals, küsst ihn und veranstaltet ein Festmahl. »Mein Sohn war tot und lebt wieder; er war verloren und ist wiedergefunden worden.«

Immer wieder ist der Mensch versucht, um das eigene Ich zu kreisen und nur sich selbst zu suchen. Deshalb muss der Christ sein ganzes Leben lang seine Grundentscheidung für Gott wiederholen und vertiefen. Die Umkehr ist darum ein wesentliches Element des Glaubens und darf nicht nur in Verbindung mit der Beichte gesehen werden. »Kehrt um, und glaubt!«, heißt es kurz und bündig (Mk 1,15). Darin liegt die Dynamik christlichen Glaubens: Der Christ weiß, dass er nie fertig ist, dass er immer neu aufbrechen *muss*. Er weiß aber auch, dass das möglich ist, dass er immer wieder neu beginnen *kann*. Deshalb ist auch der Kern der Buße die Freude; das Bittere der Buße ist nur die äußere Schale.

Reue und Vorsatz

Ein anderes Wort für die Umkehr des Menschen zu Gott heißt Reue. Reue ist nicht so sehr eine Sache des Gefühls, sondern des Willens: Sie besteht in der Einsicht der Schuld, in der inneren Abkehr davon und in der neuen Ausrichtung des eigenen Willens auf den Willen Gottes. Darum ist echte Reue immer mit dem Vorsatz verbunden, die Sünde zu meiden. Wenn man sich wirklich von der Sünde innerlich abgewandt hat, dann ist ein solcher Vorsatz selbstverständlich. Ebenso ist mit echter Reue auch die Absicht verbunden, nach Möglichkeit verschuldetes Unrecht wieder gutzumachen: durch Entschuldigung, Versöhnung, Rückgabe unrechtmäßigen Besitzes usw.

Käme dagegen jemand zur Beichte mit der Einstellung: »Sünde ist nicht so schlimm, ich kann sie ja wieder beichten«, wäre diese Einstellung der Reue entgegengesetzt.

Etwas ganz anderes ist es, wenn einer in richtiger Selbsteinschätzung befürchtet, dass er die Sünde doch wieder begehen wird, weil er sich seiner Schwäche bewusst ist. Dieser kann sehr wohl Vergebung finden, weil er die ehrliche und ernsthafte Absicht hat und sich anstrengt, von der Sünde loszukommen.

Reue ist also nicht so sehr eine Sache des Gefühls, sie muss nicht zu Tränen führen. Über unsere Affekte sind wir nicht Herr. Sie ist vielmehr eine Sache des Willens. Sie besteht in der Einsicht in die Schuld und im Willen zum besseren Handeln im Vertrauen auf die Güte Gottes. Ohne diese Reue gibt es keine Vergebung. Wenn sie fehlt, bleibt selbst die Gnade Gottes machtlos, denn sie hat sich an der Freiheit des Menschen selbst ihre Grenzen gesetzt.

Gewissenserforschung

Um zu einer solchen Neuorientierung zu kommen, ist regelmäßig Besinnung notwendig, in welche Richtung das Leben treibt. Also Standortbestimmung, Orientierung: Wo stehe ich? Wo sind meine Schwachstellen? Wo komme ich hin, wenn alles so weiterläuft wie bisher? Bahnt sich bei mir eine falsche Entwicklung an?

Wir nennen eine derartige Standortbestimmung Gewissenserforschung. Es geht dabei nicht um ein Wühlen im Ballast der Vergangenheit, sondern um eine nüchterne Bestandsaufnahme. Diese ist Voraussetzung für jede Kurskorrektur und positive Entscheidung. Schriftliche Texte, die bei dieser Standortbestimmung helfen wollen, nennt man »Gewissensspiegel«.

Sündenvergebung und Kirche

Dass es die Sünde gibt – auch im eigenen Leben – wird wahrscheinlich jeder Christ unterschreiben. Und Umkehr, Kurskorrektur – auch das wird jeder als notwendig anerkennen und begrüßen. Die Meinungen gehen erst auseinander bei der Frage: Welche Rolle spielt die Kirche bei der Sündenvergebung?

Sünde – eine Privatsache?

»Sünde ist doch etwas ganz Persönliches«, sagen viele. »Das mache ich daher auch mit Gott alleine aus.« Das hört sich plausibel an, ist aber nachweislich falsch. Wir wissen, dass die Sünde immer auch eine soziale Seite hat. Das ist nicht nur der Fall, wenn ich jemand betrüge oder ihm etwas wegnehme. Selbst eine völlig geheime persönliche Schuld kann einen Menschen so belasten, dass eine Ehe, eine ganze Familie darunter leidet. Deshalb weist Jesus den, der sich mit seiner Schuld nur an ihn wenden will, ausdrücklich zurück: »Wenn du deine Opfergabe zum Altar bringst und dir dabei einfällt, dass dein Bruder etwas gegen dich hat, so laß deine Gabe dort vor dem Altar liegen; geh und versöhne dich zuerst mit deinem Bruder, dann komm und opfere deine Gabe« (Mt 5,23).

Aber diese soziale Seite der Sünde geht noch weiter. Kein Christ lebt allein für sich ohne Bezug zur Gemeinschaft der Kirche. Darum ist jede Sünde auch Verstoß gegen diese. Die Kirche ist ja ein lebendiger Organismus, und deshalb sagt Paulus: »Wenn darum *ein* Glied leidet, leiden alle Glieder mit« (1 Kor 12,26). Die Kirche als Ganze wird sündiger durch die Sünde eines Einzelnen. Darum muss Versöhnung auch mit der Gemeinschaft der Kirche geschehen. Sünde besteht ja gerade in der selbstgenügsamen Isolierung; Buße und Umkehr – so sehr sie persönliche Tat des Einzelnen sind – verwirklichen sich daher in der Öffnung für die Gemeinschaft.

Schon Paulus bezeugt, dass die schwere Sünde zugleich Trennung von der Kirchengemeinschaft bedeutet, und dass deshalb auch Versöhnung mit der Kirche geschehen muss (vgl. 1 Kor 5,1-5; 2 Kor 2,5-11).

Das Neue Testament berichtet mehrfach, dass Jesus die Vollmacht der Sündenvergebung, die er zu seinen Lebzeiten bewusst ausübt, an die Apostel übertragen hat (Mt 16,19; 18,18). Am deutlichsten kommt das in den Worten an die Jünger zum Ausdruck bei Joh 20,22 f.: »Empfangt den

Heiligen Geist! Wem ihr die Sünden vergebt, dem sind sie vergeben; wem ihr die Vergebung verweigert, dem ist sie verweigert.« Der Kirche ist also der Dienst der Versöhnung übertragen. Im Holländischen Katechismus heißt es deshalb kurz und bündig: »Kirche heißt Vergebung«. – In der Formel der Lossprechung bei der Beichte heißt es darum: »Durch den Dienst der Kirche schenke er (Gott) dir Verzeihung und Frieden«.

Ich bekenne

Es gibt viele Möglichkeiten der Sündenvergebung. Wo der Mensch aus dem Glauben lebt und handelt, bedeutet das Hinwendung zu Gott. Wenn immer aber ein Mensch sich zu Gott hinwendet, ist dessen vergebende Kraft bereits wirksam. Deshalb geschieht Sündenvergebung im Gebet, in der Lesung der Hl. Schrift, in der Mitfeier der hl. Messe, in der Aussöhnung mit anderen, in Werken der Nächstenliebe …
Im Lauf der Geschichte hat die Kirche ausdrückliche Formen der Buße und Sündenvergebung entwickelt. Diese waren nicht zu allen Zeiten gleich. Immer aber gehörte dazu das »öffentliche oder geheime« Schuldbekenntnis und die Vergebungsbitte bzw. Lossprechung durch den Priester. Die entscheidenden heutigen Formen sollen hier genannt werden:

Der Bußgottesdienst

Im Bußgottesdienst hören die Anwesenden das Wort Gottes, das zur Umkehr und Erneuerung des Lebens ruft. Sie bekennen und bereuen gemeinsam ihre Schuld. Sozusagen eine Kurzform des Bußgottesdienstes steht am Beginn jeder Eucharistiefeier. Nur wenn Gott uns unsere Schuld vergibt, sind wir für den Gottesdienst vorbereitet.
Das Alte wie das Neue Testament kennen das Sündenbekenntnis. Die Taufe des Johannes am Jordan war mit einem Schuldbekenntis verbunden. Das Neue Testament fordert zum Bekenntnis der Schuld auf (1 Joh 1,9; vgl. Jak 5,16).

Gemeinsame Bußfeiern haben ihren großen Wert darin, dass der soziale und kirchliche Bezug von Schuld und Vergebung deutlich wird. Die gemeinsame Gewissenserforschung weckt die Gesinnung der Buße und Reue; sie schärft den Blick für Sünden, die sonst vielleicht gar nicht bewusst werden. Sie macht deutlich, dass keiner mit seiner Schuld allein steht.

Bußgottesdienste enden mit der Fürbitte des Priesters um Vergebung für alle. Wer am Bußgottesdienst teilnimmt, darf gewiss sein, dass Gott, der Herr, ihm entsprechend seiner Bußgesinnung seine Schuld vergibt. Wer sich aber in schwerer Schuld weiß, ist an das Bußsakrament verwiesen, bevor er wieder Zutritt zur Kommuniongemeinschaft hat.

Das Bußsakrament – die Beichte

Es gibt viele Möglichkeiten der Sündenvergebung, aber nur ein *Sakrament* der Vergebung. In zweifacher Hinsicht unterscheidet es sich von jeder anderen Form der Sündenvergebung: einmal durch das persönliche und geheime Bekenntnis der Schuld vor dem Priester; zum anderen dadurch, dass der Priester nicht um Vergebung bittet, sondern in der Vollmacht Christi von der Sünde losspricht. »Ich spreche dich los von deinen Sünden im Namen des Vaters und des Sohnes und des Heiligen Geistes.« So erfährt der Sünder zeichenhaft und verlässlich, dass Gott ihn wieder angenommen hat.

Die Gemeinsame Synode der Bistümer in der Bundesrepublik (1971-75) sagt über die Beichte: »Unter den liturgischen Formen der Buße und Sündenvergebung nimmt das Bußsakrament eine hervorragende Stellung ein. Im Auftrag der Kirche wird dem, der umkehrt, durch den Priester in der Vollmacht Christi im wahrnehmbaren Zeichen Versöhnung geschenkt. Für die Gläubigen, die sich in schwerer Sünde von Gott getrennt haben, bleibt das persönliche Bekenntnis und die persönliche Lossprechung die einzige ordentliche Weise, in der Kirche Versöhnung mit Gott zu finden. Aber auch denen, die sich keiner schweren Schuld bewusst sind, empfiehlt die Kirche, in Zeitabständen, in denen das eigene Leben noch überschaubar ist, das Bußsakrament zu empfangen.«

Die Beichte gilt als etwas typisch Katholisches. Aber das ist nicht richtig. Martin Luther sagt: »Die heimliche Beichte will ich mir von niemandem nehmen lassen und wollte sie nicht um der ganzen Welt Schätze geben.« Und im Kleinen Katechismus schreibt er: »Die Beichte begreift zwei Stücke in sich. Das eine, dass man die Sünden bekenne, das andere, dass man die Absolution oder Vergebung vom Beichtiger empfange als von Gott selbst und ja nicht dran zweifle, sondern fest daran glaube, die Sünden seien dadurch vergeben vor Gott im Himmel.« Der »Evangelische Erwachsenenkatechismus« von 1975 schreibt dazu: »Wenn schwere Schuld da ist und besondere Probleme damit verknüpft sind, wird der Weg zur Einzelbeichte am besten sein« (S. 1198).

Tatsächlich gibt es kaum etwas, das so sehr befreit und alle guten Kräfte im Menschen mobilisiert wie das Bekenntnis der Schuld und die Erfahrung der Vergebung. In keiner anderen Form der Buße vollzieht sich die Umkehr des Menschen so intensiv und spürbar wie in der Beichte. Nichts bringt die innere Umkehr so stark zum Ausdruck wie die persönliche Anklage. Aber es muss jemand da sein, der sie entgegennimmt und der entlastet.

Die Kirche bevollmächtigt durch die Priesterweihe einzelne Christen zu diesem Dienst der Versöhnung, der Sündenvergebung. Aber es sind nicht Menschen, die hier Sünden vergeben, sondern es ist immer Christus, der durch Menschen handelt. Gott begegnet uns so, wie wir es erfassen können: auf menschlich erfahrbare Weise.

Zweifellos beginnen hier die Schwierigkeiten vieler Menschen. Warum wählt Gott diesen »Umweg« über andere Menschen?

Vielleicht will er, dass wir so der wirklichen Vergebung ganz gewiss sind. Vielleicht soll uns dadurch bewusst werden, dass sich niemand selbst zu erlösen vermag; dass es keinen nur »privaten« Heilsweg gibt. (Deshalb kann sich auch kein Priester selbst von seiner Schuld lossprechen; auch er ist an einen anderen Bevollmächtigten verwiesen.) Außerdem entspricht es dem Menschen auszusprechen, was ihn belastet. Schon das kann innerlich befreien. Denken wir daran, wie wichtig es für eine Ehe ist, von Zeit zu Zeit über Fehler und Schwierigkeiten zu sprechen. Schweigen kann den Tod der Gemeinschaft bedeuten. Mancher, der den Weg zur Beichte nicht findet, geht vielleicht zum Arzt, zum Psychologen, zum Freund, um sich auszusprechen. Nicht Gott, sondern der Mensch hat das Bekenntnis nötig, um wirklich frei zu werden. Im Dialog kommt die Wahrheit über einen selbst am besten zutage. Zum Dialog aber braucht es ein sichtbares Du. Christus selbst, zu dem wir uns in der Buße hinwenden, sehen wir nicht. Er schenkt uns aber eine Begegnung in dem Menschen, durch den uns seine Vergebung erreicht.

Hemmungen

Zweifellos muss jeder Hemmungen überwinden, um vor einem anderen seine Schuld zu bekennen. Aber Buße, Umkehr darf nun einmal nicht vor Schwierigkeiten zurückweichen. Umso mehr erfährt man danach Beglückung und Befreiung. Zwei Umstände aber können uns helfen, die vorhandene Scheu vor dem Bekenntnis abzubauen:

Beichtsiegel – Das, was der Priester in der Beichte erfährt, darf er niemandem gegenüber verwenden. Schon das, was er außerhalb der Beichte in einem vertraulichen Gespräch erfährt, fällt unter die amtliche Schweigepflicht, die auch andere Berufe kennen. Das Beichtsiegel aber ist weit strenger und kennt *nie* eine Ausnahme. Auch die staatlichen Gesetze respektieren diese Verpflichtung.

Anonymität – Zum anderen wird die Scheu vor der Beichte dadurch gemindert, daß der Beichtende völlig anonym bleiben kann. Niemand muss bei einem Priester beichten, der ihn kennt. Das Dunkel der Beichtstühle will diese Anonymität wahren helfen. Heute aber ziehen viele die Beichte in einem Beichtzimmer oder in der Wohnung des Priesters vor. Hier tritt der Wunsch nach Anonymität zurück hinter den Wunsch, ein echtes Gespräch zu führen und Glaubensbegleitung zu erfahren.

Scheu und Hemmung gegenüber der Beichte beginnen wahrscheinlich gar nicht erst beim Bekenntnis. Schon das Eingeständnis der Schuld vor sich selbst in der Gewissenserforschung fällt dem Menschen schwer. Ist die Selbsterkenntnis erst einmal gelungen, dann ist das Aussprechen des Versagens vielleicht sogar ein Bedürfnis.

Die Buße

Einen gestohlenen Geldbetrag kann man zurückgeben, ein Schaden läßt sich wieder gutmachen; schon schwieriger ist es, eine ausgesprochene Verleumdung wieder aufzuarbeiten – meist bleibt doch etwas hängen. Es lässt sich nicht jedes Versagen in gleicher Weise menschlich in Ordnung bringen – was zerstört ist, ist zerstört. Soll man sich dann einfach damit trösten: Da ist eben nichts mehr zu machen? Echte Umkehr drängt, dann wenigstens auf einem anderen Gebiet zu tun, was gegenüber dem Geschädigten vielleicht nicht mehr zu reparieren ist; man hat das Bedürfnis, Buße zu tun.

Wenn auch die Sünde in der Vergebung durch Gott völlig getilgt ist, der Schaden oder andere Folgen sind damit noch nicht beseitigt. Auch im Sünder selbst bleibt etwas zurück: beispielsweise die Schwäche und Anfälligkeit für ein bestimmtes Versagen, Unentschlossenheit zum Guten, Gewöhnung an ein Laster. Die Sünde straft sich selbst. Vom hl. Augustinus stammt das Wort: »Der ungeordnete Mensch ist sich selbst die größte Strafe«. Wer hätte das nicht schon an sich selbst erfahren! Selbst *nach* der Vergebung bleibt die Aufgabe, gegen die Konsequenzen der eigenen Sünden anzugehen.

Das ist der Grund, warum der Priester im Bußsakrament nach dem Bekenntnis eine »Buße« auferlegt. Es soll der erste konkrete Schritt in die neue Richtung sein. Heute besteht es meist nur in einem Gebet, steht also in keinem echten Verhältnis zur Schuld. Es ist nicht mehr als ein armseliges Zeichen, dass man büßen und wieder gutmachen möchte. Das Entscheidende muss ohnedies durch Gott geschehen.

In der frühen Kirche war die aufgegebene Buße sehr hart, und ihre Erfüllung zog sich oft über Jahre hin. Erst dann wurde die Lossprechung erteilt. Heute wird zuerst die Absolution gegeben, die auferlegte Buße wird meist unmittelbar im Anschluss an die Beichte verrichtet.

Aus diesen Bußwerken entstand der vielmissdeutete Ablass. Das war ursprünglich ein teilweiser Erlass aufgegebener Kirchenbuße (nicht aber Nachlassung der Sünden!). Das Positive und auch heute Gültige am Ablass ist das Bewusstsein, dass jede Sünde Folgen hat, und die Kirche dem Einzelnen beim Austragen dieser Sündenfolgen helfen will. Wir verstehen unter Ablass die Zusage einer besonderen Fürbitte der Kirche um Erlass zeitlicher Strafen, die jeder begangenen Sünde folgen. Praktisch kommt der Gebrauch von Ablässen mehr und mehr außer Gewohnheit. Niemand ist dazu verpflichtet.

Lossprechung von der Schuld

Nach Beendigung des Sündenbekenntnisses und evtl. Aussprache spricht der »Beichtvater« mit den zuvor schon genannten Worten von der Schuld los. Die Beichte ist sozusagen eine Gerichtsszene. Angeklagt ist der Sünder. Er erhebt Anklage gegen sich selbst. Das Ziel aber ist nicht Verurteilung, sondern Freispruch. Vergangenes wird gelöscht. Wenn der Mensch Gott begegnet, kehrt er als anderer zu sich selbst zurück. Gott verzeiht nicht nur, sondern er ist Schöpfer, der neu schafft. Auch Gott kann die Sünde von früher nicht ungeschehen machen. Aber es geschieht in der Beichte mehr als ein »Zudecken« der Sünde, als ein »Nicht-mehr-Anrechnen«. Der aus dem Nichts ins Leben rufen kann, kann erst recht aus dem Sünder einen neuen, anderen Menschen schaffen. Der Mensch der Sünde ist tot, und es lebt ein neuer Mensch. Deshalb spricht die Bibel von einem neuen Leben, von einer neuen Schöpfung, von einem neuen Geist. Es gibt keine Schuld, die nicht vergeben werden würde, wenn ich umkehre.

21.

Liebe und Ehe

»Morgens und abends zu lesen:
Der, den ich liebe, hat mir gesagt,
dass er mich braucht.
Darum gebe ich auf mich Acht,
sehe auf meinen Weg
und fürchte von jedem Regentropfen,
dass er mich erschlagen könnte.«

Bertolt Brecht

Mensch und Ehe

Ehe im Wandel

Trotz der stetig ansteigenden Zahl der Singles ist für die meisten Menschen Ehe und Familie die angestrebte Lebensform. Die Vorstellungen über Ehe und Familie haben sich allerdings sehr gewandelt.
Die katholische Kirche steht in dem Ruf, diese Umorientierung »verpasst« zu haben und nach wie vor alten, längst überholten Werten und Normen nachzuhängen. Bei manchen Menschen lösen diese Forderungen der Kirche wohlwollende Unterstützung und Zustimmung aus, andere reagieren aber aggressiv und wütend, weil sie die Position der Kirche nicht in ihr Leben einbinden können und wollen.

Heiße Eisen ...

Nach einer Korrespondentenmeldung vom 29. Januar 1991 aus Rom bekräftigte Papst Johannes Paul II. bei einer Ansprache vor dem kirchlichen Ehegericht die katholische Sicht der Ehe. Er beklagte, in den westlichen Ländern fehle es an der Achtung vor der heiligen Institution der Ehe; in einer »üppigen, konsumistischen westlichen Welt« würden Lust und Vergnügen überbewertet; als Folge davon nähme die »freie Liebe« zu und »münde in das Übel der Ehescheidung«. Im Hinblick auf in Afrika verbreitete Bräuche wandte er sich entschlossen gegen die Vielehe und auch gegen eine »Ehe auf Probe« (etwa um herauszufinden, ob eine Frau Kinder empfangen kann oder nicht). Sich damit abzufinden, sei ein Fehler, solche Vorstellungen seien für die Kirche »absolut inakzeptabel«. In derselben Ansprache betonte der Papst den Wert der freien Partnerwahl und die Gleichheit der Rechte von Mann und Frau ...

In diesen wenigen Aussagen, die nicht Privatmeinung des Papstes, sondern offiziell geltende Lehre der katholischen Kirche sind, hat Johannes Paul II. so ziemlich alles angesprochen, was die Gemüter vieler Menschen hier bei uns im Hinblick auf kirchliche Ehevorstellungen erregt. Die Ehe ist unauflöslich, eine Wiederverheiratung infolgedessen verboten.
Nach den Daten des Statistischen Bundesamtes wurden 1993 472 401 Ehen geschlossen und 156 425 geschieden. Die Zahl derer, die erst gar nicht heiraten, scheint sich in den letzten Jahren nicht mehr drastisch zu vergrößern. »Singles« gab es in der Bundesrepublik in dem oben genannten Jahr 12 379 000.

Wie realistisch ist die Position der Kirche? Darf sie sich von solchen Zahlen überhaupt beeinflussen lassen?
Immer weniger Menschen können die kirchliche Position nachvollziehen. Sie fühlen sich unverstanden, abgelehnt, ja diskriminiert. Äußerungen wie in der obigen Papstrede von »Überbewertung von Lust und Vergnügen« oder das als abwertend empfundene Reden von »Ehe auf Probe« oder »freier Liebe« sind Wasser auf die Mühlen der Empörung. »Ehe auf Probe« klingt nach »ausprobieren«, testen, Rückgaberecht. Das verletzt viele Betroffene, die gerade um des Bestands der angestrebten Lebensgemeinschaft willen sich erst ausreichend kennen lernen wollen, und zwar unter den realen Umständen einer Lebens- und Wohngemeinschaft. Dass dies »natürlich« auch die sexuelle Gemeinschaft mit einschließt, wird von vielen als selbstverständlich vorausgesetzt. Junge Leute werfen der Kirche und denen, die deren Positionen vertreten, Doppelmoral vor. Als ob nicht auch viele Eltern und Großeltern dieses unsägliche »Es« vor der Ehe »probiert« hätten. Überhaupt: Die schon neurotisch wirkende Fixierung auf die Sexualität, ihre Überbewertung einerseits und auf der anderen Seite die Tabuisierung und Idealisierung des Geschlechtlichen, beweise die Lebensfremdheit der kirchlichen Ehemoral.

Das sind harte Vorwürfe. Und die Kirche tut sich zugestandenermaßen schwer. Wir wollen im Folgenden versuchen, die Position der Kirche etwas zu erklären und auch um Verständnis werben. Niemand, dem es um das Wohl von Menschen geht, die ihm anvertraut sind, wird über solche Fragen leichtfertig hinweggehen. Verständlicherweise empfinden in diesen Fragen Eltern bzw. ältere Menschen konservativer (»bewahrender«) als junge Menschen. Die Lebenserfahrung hat sie (oft schmerzlich) lernen lassen, wie bereitwillig Menschen sich selbst und anderen etwas vormachen, dass Egoismus und Bequemlichkeit vielen Menschen leichter fallen als Zuwendung und Verantwortung. Junge Menschen sind in ihrem Umgang mit anderen Menschen meist unbefangener, optimistischer, gutgläubiger, und auch sich selbst trauen sie viel zu. Sie verstehen nicht die in ihren Augen »misstrauischen« und pessimistischen »Alten«. Dabei sind junge Menschen auch Realisten. Sie wissen, dass es Risiken gibt, Gefahren, schmerzliche Enttäuschungen. Sie wissen, dass Untreue und Unehrlichkeit vor einer offiziellen Eheschließung u.U. ebenso weh tun wie danach. Dieser selbstkritischen Prüfung müssen sich selbstverständlich nicht nur christliche Wertvorstellungen stellen, sondern ebenso auch alternative, »moderne« Lebensmodelle.

Wir denken, dass nicht nur »die Kirche« sich fragt, welche Motive hinter der Entscheidung stehen, sich nicht durch eine Heirat festzulegen oder (jetzt noch) keine Kinder bekommen zu wollen. Welche Erwartungen, Ängste und damit welches Menschenbild steht hinter dem Wunsch, durch eine Probezeit eine glückende Beziehung zu sichern?

»Man kann nicht auf Probe leben,
man kann nicht auf Probe sterben.
Man kann nicht auf Probe lieben,
nur auf Probe und Zeit
einen Menschen annehmen.«

Johannes Paul II.

Eine Probe ist etwas anderes als der Ernstfall. »Probe« beinhaltet – wie sonst man es auch deuten mag – einen Vorbehalt, die Chance, zurücktreten zu können. Wird das Menschen »gerecht«? Liebe – zumindest in der Idealform – kennt diesen Vorbehalt nicht. Niemand spürt das mehr als der, der liebt. Genau das aber macht den Menschen so »unendlich« verletzlich. Liebe trifft »ins Herz«. Sie berührt die Mitte des Menschen. Wenn man sagt, dass eine glückliche Liebe »der Himmel auf Erden« sein kann, mit einem Scheitern aber »die ganze Welt untergehe«, dann ist das mehr als nur ein Bild. Liebesbeziehungen gehören zu den Erfahrungen, bei denen es – zumindest in der Tendenz – um »alles« geht. Dieses »Alles« hat in christlichen Augen mit »Gott« zu tun.

Das ist der »Grund«, warum die Kirche die (eheliche) Liebe und den Glauben an Gott miteinander unlösbar verflochten sieht. Deshalb kann sie diese Fragen auch nicht so locker angehen, wie viele es von ihr wünschen mögen.

Liebe: ein Lebensziel

Ehe und Familie haben mit Liebe zu tun: »Es ist gut, dass es dich gibt. Ich liebe dich so, wie du bist. Deine Liebe schenkt mir Freude und Hoffnung. Weil du bist, lebe auch ich gern!« Wer liebt, dem geht es um den Menschen selbst, nicht nur um dessen Eigenschaften. Der geliebte Mensch muss sich nicht täglich neu beweisen. Er darf trotz seiner Fehler und Schwächen sein Leben planen und hoffen, dass es zusammen mit dem Partner gelingt. »Liebe heißt sagen: Du sollst nicht untergehen!« (Gabriel Marcel). Die Liebe des einen wird zur Quelle des Lebens für den anderen.

Viele Menschen sorgen sich in erster Linie darum, geliebt zu werden. An die Notwendigkeit und Fähigkeit, selbst zu lieben, denken sie nicht. So sind sie ständig Fordernde anstatt Liebende, deshalb auch nicht auf Dauer Geliebte. Was sie in der Liebe suchen, die Überwindung menschlicher Getrenntheit und die Selbstverwirklichung, finden sie so gerade nicht. Wer aber liebt und selbst geliebt wird, der findet jenen Lebenssinn, der ihm Hoffnung und Zukunft gibt.

Liebe und Treue

»Einen Menschen lieben heißt einwilligen, mit ihm alt zu werden« (Albert Camus). Um echtes Vertrauen zu einem Menschen entwickeln zu können, muss ich wissen, dass ich mich auf ihn verlassen, seiner Treue sicher sein kann. Treue zu versprechen und auf die Treue des anderen zu vertrauen, ist wohl eine der wichtigsten Voraussetzungen für die liebende Beziehung, für eine Ehe. Liebe und Treue sind Grundsehnsüchte der Menschen, die Ehescheidung läuft diesen menschlichen Sehnsüchten zutiefst zuwider.

Ehe und Familie sind heute viel stärkeren Prozessen unterworfen als früher. In unserer komplizierten und vielschichtigen Gesellschaft können sich zwei Menschen innerhalb weniger Jahre sehr verschieden, ja gegensätzlich entwickeln. Wenn die Ehe heute schwieriger geworden ist, dann auch, weil es schwieriger geworden ist, sich selbst und dem anderen treu zu bleiben. Realistischerweise müssen wir daher sehen, dass eine Trennung in manchen Fällen unvermeidlich ist.

Ist die Treue angesichts einer so risikoreichen und so unberechenbaren Zukunft nicht eine wirklichkeitsfremde Zumutung? Muss man nicht alle Möglichkeiten offen halten? Wie sonst soll man sich »entfalten« und »selbstverwirklichen« können? Aber nach unserer Überzeugung gibt der Mensch gerade in endgültigen und auf die Dauer angelegten Entscheidungen seinem Leben erst Sinn und Richtung. Zwei Menschen, die einander die Treue versprechen, möchten dieses Versprechen normalerweise auch einhalten. Sie wagen das Leben zu zweit im Vertrauen darauf, dass ihre Liebe tragfähig bleibt. Mit dem Treueschwur wollen sie ihrer Entscheidung Dauer verleihen – auch in eine unberechenbare Zukunft hinein.

In dieser Entscheidung gibt der Mensch seinem Leben Richtung und Ziel und macht gerade damit von seiner Freiheit Gebrauch. Er vollzieht seine Freiheit in der Bindung zum Partner, die Treue, Ausschließlichkeit und Verantwortlichkeit einschließt. »Du bist zeitlebens für das verantwortlich, was du dir vertraut gemacht hast« (Saint-Exupéry). Zeitlebens für den Partner verantwortlich zu sein heißt, ihm treu zu sein bis in den Tod.

Dass trotz dieses Versprechens und ehrlichen Bemühens so viele Ehen scheitern, liegt daran, dass viele Menschen die Liebe zwar für etwas Wesentliches halten, aber meinen, dass es in der Liebe und für die Liebe nicht viel zu lernen gäbe. Wesentlich zur Liebe gehört es, im wohlwollenden Miteinander an der eigenen Persönlichkeit und an der gemeinsamen Beziehung zu reifen und zu wachsen, gesprächsbereit, zärtlich, liebevoll, aber auch konfliktfähig zu sein. Ebenso gehört zu einer erfüllten Partnerschaft eine positive Einstellung zur eigenen Leiblichkeit und der des Partners, die sich in sexueller Phantasie und einer gepflegten erotischen Kultur ausdrückt.

Das klingt nach sehr hohen Anforderungen, aber all das ist mit Treue zu sich selbst und zum Partner gemeint. Lebenslange Treue fällt sicher nicht einfach vom Himmel, sondern es liegt an den Ehepartnern, sich immer wieder um Beständigkeit und Treue in ihrer Beziehung zu bemühen. Oft-

mals wird übersehen, dass eheliche Treue eben viel mehr beinhaltet als
nur sexuelle Treue.

Es gibt noch viele andere Formen ehelicher Untreue, die kaum weniger
verletzend und lieblos sind: Kein Vertrauen schenken, keine Zeit haben
füreinander, dem anderen nicht zuhören, kein Interesse für die Probleme
des Partners zeigen, keine Geduld üben, ihm keinen persönlichen Freiraum und Eigenbereich zugestehen, eifersüchtiges Kontrollieren, Auf-
rechnen von Schuld, Verweigerung der Versöhnung ... Die Verkürzung
von Treue auf die Sexualität gestattet es den Partnern einerseits, alle anderen Formen der Treue nicht so wichtig zu nehmen, andererseits aber
bekommt die sexuelle Untreue ein so gewaltiges Gewicht, dass sie allein
als völlig unverzeihlich und damit als Ende der Ehe betrachtet wird. Dabei ist die sexuelle Untreue meistens nur die Folge einer schon längst be-
stehenden umfassenderen Untreue.

Partnerschaft

Bis weit in unser Jahrhundert hinein (teilweise bis heute) galt die Ehe als
Zweck- und Geschlechtsgemeinschaft mit dem vorrangigen Ziel, Kinder
zu zeugen und eine Familie zu gründen. Der Mann war das Familienober-
haupt, das alles bestimmte, die Frau war Mutter und Haushälterin im
Dienst von Mann und Kindern. Heute hat sich das Bewusstsein durchgesetzt, dass Mann und Frau gleichberechtigte und gleichwertige Partner
sind. Gemeinsam planen und gestalten sie ihr Leben. Gemeinsam bestimmen sie, wann und wie viele Kinder sie haben wollen. Sie verstehen ihre
Ehe in erster Linie als partnerschaftliche Liebesgemeinschaft.
Partnerschaftliches Zusammenleben in der Ehe bedeutet einerseits »Seil-
schaft« auf gemeinsamem Weg, andererseits aber auch, dem Partner Freiheit zu lassen und persönliche Entwicklung zu ermöglichen. Dieses
Freiraum-Gewähren jedoch ist oft mit großen Ängsten verbunden und
geht nicht ohne Krisen ab. Diese Krisen aber werden jene Eheleute am
besten bewältigen, die bewusst das offene und häufige Gespräch pflegen
und deren Partnerschaft von Vertrauen getragen ist. Rainer Maria Rilke
brachte das Problem des Zusammenhaltens und des gleichzeitigen Loslassens auf den Satz: »Wir haben, wo wir lieben, ja nur dies: einander
lassen, denn dass wir uns halten, das fällt uns leicht und ist nicht erst zu
lernen.«

Sexualität

Mit dem Wandel von Ehe und Familie ist auch ein Bedeutungswandel der menschlichen Sexualität verbunden. Früher galt der Grundsatz, Sexualität müsse fruchtbar sein. Heute heißt es, Sexualität kann fruchtbar sein, muss es aber nicht. Mehr und mehr macht sich sogar die Überzeugung breit: Sexualität darf nicht fruchtbar sein. Dies gilt nicht nur für besonders geburtenreiche Völker. Dies kann auch für jedes Ehepaar gelten, das überlegt, ob es noch ein weiteres Kind verantworten kann. Auch kinderfreudige Ehepaare betrachten heute ihr Sexualleben zuallererst als Ausdrucksmöglichkeit ihrer persönlichen Beziehung, die sexuelle Begegnung als Zeichen und Erleben ihrer Liebe, als Höhepunkt der gegenseitigen Erfahrung. Wenn Menschen sexuell harmonieren, schöpfen sie daraus ein großes Maß an Lebensfreude. Sie werden so als Mann und Frau bestätigt und erfahren sich gegenseitig, besonders in Augenblicken der sexuellen Erfüllung, als kostbar, einmalig und unverwechselbar.

Doch ist für so gut wie alle Eheleute die Ausweitung ihrer Ehe auf Familie der Normalfall. Fruchtbarkeit ist für sie zwar ein besonderes, aber doch selbstverständliches Merkmal ehelicher Liebe. Sie erwarten Kinder als Geschenk und nicht als Last. Trotzdem verlieren für sie Ehe und Liebe auch dann nicht ihren Sinn, wenn sie keine Kinder haben. Dies gilt besonders für jene Ehepaare, die trotz sehnlichen Wunsches kinderlos bleiben.

Ehe und Gesellschaft

Die Sorge um Ehe und Familie ist auch eine wichtige Aufgabe des Staates. Von ihm erwarten die Bürger Hilfen nicht nur in der Vorbereitung der jungen Menschen auf Ehe und Familie, sondern auch dann, wenn sie verheiratet sind und Kinder haben. Der Staat stellt solche Hilfen bereit (Ehe-, Familien-, Erziehungsberatung, steuerliche Erleichterungen, Kindergeld ...), denn nicht nur die Eheleute stellen Ansprüche an die Gesellschaft, sondern auch die Gesellschaft braucht intakte Ehen und Familien. Darum ist jede Eheschließung nicht nur eine private Angelegenheit. Die gemeinsame Lebensgestaltung, die Besitzverhältnisse, die Erziehung der Kinder – all das macht deutlich, dass hier immer auch die Gesellschaft mit betroffen ist. Über die Kinder reichen die Folgen in kommende Generationen hinein. Deshalb wird eine Ehe nicht schon durch eine private Geschlechtsbeziehung oder nur ein privates Eheversprechen begründet. Der Wille zur Ehe muss vielmehr durch einen Beschluß vor der Öffentlichkeit zum Ausdruck gebracht werden. Anders kann die Gesellschaft die Ehe nicht zur Kenntnis nehmen und rechtlich schützen. Zudem kann die öffentliche Bekundung der Ehe in Krisenzeiten Halt geben.

Christ und Ehe

In unseren Überlegungen war bisher nicht von Glaube und Kirche die Rede. Gerade die Kirchen aber messen Ehen und Familien große Bedeutung bei. Die katholische Kirche nennt die Ehe sogar ein Sakrament. Aus dem bisher Gesagten ergibt sich, dass das Zusammenleben von Mann und Frau im Vertrauen auf Liebe und Treue des Partners zu den Grundsehnsüchten der Menschen gehört. Die Ehe als Institution ist lediglich die in einen öffentlichen, gesetzlichen Rahmen eingebundene Form dieses menschlichen Wunsches nach einer dauerhaften Beziehung. Ehe muss also nicht unbedingt kirchlich und religiös begründet werden, sondern gehört zu den menschlichen Grundgegebenheiten. Dies zu sehen ist wichtig, besonders angesichts der Auffassung, die Ehe sei eine Erfindung des Christentums und der Kirchen.

Da aber Liebe und der Wunsch nach dauerhafter Beziehung zum Wesen menschlichen Daseins gehören, kann es nicht erstaunen, dass dieses Thema auch in Bibel, Christentum und Kirche einen wichtigen Platz einnimmt.

Was sagt die Bibel?

Das biblische Bild vom Menschen und des Verhältnisses zwischen Mann und Frau ist gleich in den ersten Kapiteln der Bibel dargestellt (Gen 1-3). »Gott schuf also den Menschen als sein Abbild; als Abbild Gottes schuf er ihn. Als Mann und Frau erschuf er sie.« Dann gab er ihnen den Auftrag: »Seid fruchtbar und vermehret euch, bevölkert die Erde, unterwerft sie euch ...« (Gen 1,27.29).
Nach dem Schöpfungsbericht befreit die Begegnung mit der Frau den Mann aus seiner Einsamkeit. In der ehelichen Liebe »erkennen« die Partner einander und werden »ein Leib«. In bildhafter Weise wird die grundsätzliche Ebenbürtigkeit von Mann und Frau ausgesprochen: »Das endlich ist Bein von meinem Bein und Fleisch von meinem Fleisch« (Gen 2,23). Dieses Bekenntnis zur Gleichberechtigung der Geschlechter war seiner Zeit weit voraus. Die Aussage: Der Mann verlässt Vater und Mutter und bindet sich ganz und gar an seine Frau, wirkt in einer patri-

archal geprägten Umwelt geradezu revolutionär. Doch nur allmählich setzt sich diese Idee im Lauf der Geschichte durch.

Im Schöpfungsbericht erhält auch die menschliche Sexualität ihre göttliche Würde. Aber nicht so wie in anderen Religionen der biblischen Umwelt, wo sie selbst als göttlich verehrt wird. In der Bibel gehört sie zum Wesen des Menschen, zu seiner Verantwortung, Erfüllung und Freude, von Gott geschaffen und geschenkt. Dass die Sexualität für den Menschen auch Quelle des Bösen und des Leids werden kann, ebenso wie auch die Herrschaft des Mannes über die Frau, ist für die biblischen Menschen nicht Teil der Schöpfung, sondern Folge der Sünde.

Auch Jesus sieht die Ehe in der Schöpfung Gottes grundgelegt. Er wiederholt ausdrücklich die entsprechenden Worte des Schöpfungsberichts (vgl. Mt 19,3-9; Mk 10,2-12). Jesus muss die Ehe nicht erst begründen. Er weist im Gegenteil darauf hin, was von Gott her immer schon gegolten hat: Eheleute sind von Gott miteinander verbunden, deshalb dürfen sie sich weder trennen, noch dürfen sie von Menschen getrennt werden. Damit tritt er jenen entgegen, die sich auf Mose berufen und meinen, ein Mann könne seine Frau unter bestimmten Umständen entlassen.

Ehe ist Sakrament

So wie die Ehe zur Schöpfung Gottes gehört und betroffen ist von den Folgen der Erbschuld, so nimmt sie auch wieder teil an der Erlösung durch Jesus Christus. Paulus schreibt im Brief an die Epheser (5,31 f.) jene Sätze, die die Grundlage für das christliche und kirchliche Eheverständnis bis heute sind: *»Darum wird der Mann Vater und Mutter verlassen und sich an seine Frau binden, und die zwei werden ein Fleisch sein.* Dies ist ein tiefes Geheimnis; ich beziehe es auf Christus und die Kirche.« Damit vergleicht Paulus die Ehe der Christen mit dem Verhältnis Jesu Christi zu seiner Kirche.

In der christlichen Ehe soll die Liebe und Treue Christi zu seiner Kirche sichtbar werden. Christus liebt seine Kirche trotz all ihrer Mängel und Unvollkommenheiten. Er verlässt sie nicht. Auch das Verhältnis Christi zur Kirche hat bereits ein Vorbild, nämlich die Liebe Gottes im Alten Bund zu seinem Volk Israel, das er treu durch alle Zeiten hindurch begleitet. Dieser »Bund Gottes mit seinem Volk« wird in der Heiligen Schrift wiederholt auch unter dem Bild der Ehe gesehen (Jes 50,1; Jer 2,2; 5,7).

Die unbedingte Treue Gottes und Jesu Christi zu den Menschen und der Kirche soll sich in der Liebe der Eheleute widerspiegeln. Die Liebe der Ehepartner kann der Beziehung zur Kirche so sehr entsprechen, dass sie nicht nur ein Abbild der Liebe Christi ist, sondern durch die Liebe der Ehepartner die Liebe Christi *gegenwärtig* wird. Daher nennt Paulus die Ehe ein »tiefes Geheimnis«. Es geschieht also zwischen zwei Menschen im Kleinen das, was zwischen Christus und Kirche im Großen geschieht. Insofern ist durch die Liebe der Ehepartner Gott erfahrbar. Darum ist die christliche Ehe ein *Sakrament,* d.h. Zeichen, Ort und Mittel göttlichen Handelns und nicht nur eine finanzielle Zweckgemeinschaft oder eine institutionalisierte Form zur Fortpflanzung und zur Kindererziehung.

Kirchliche Trauung

Die kirchliche Eheschließung ist nach katholischem Verständnis mehr als nur ein Segen, der zu einer bereits (auf dem Standesamt) geschlossenen Ehe noch hinzukommt. Indem sich Mann und Frau vor einem Priester oder Diakon und mindestens zwei Zeugen, zumeist aber vor einer größeren Gemeinde, das Jawort geben, spenden sie einander das *Sakrament der Ehe*. Die Kirche bindet die Gültigkeit der Eheschließung an diesen kirchlichen Trauritus, so wie jedes Sakrament an eine bestimmte Form gebunden ist. Die Gemeinde kann auf diese Weise zur Kenntnis nehmen und mitfeiern, was auch sie betrifft: Im Sakrament der Ehe wird Gott nämlich nicht nur unter den beiden Eheleuten, sondern auch in der Gemeinde auf besondere Weise gegenwärtig. Dennoch aber ist und bleibt das Sakrament der Ehe nicht auf die kirchliche Trauung beschränkt. Es ist aufs engste verbunden mit der Geschichte des Ehepaares, die bereits vor der Eheschließung beginnt und bis zum Tod andauert.

Obwohl die Ehe, zumal die christliche Ehe, heute in die Diskussion geraten ist, entschließt sich immer noch der weitaus größere Teil der Brautleute zur kirchlichen Trauung. Dies scheint mit der sonst vermuteten abnehmenden Gläubigkeit und offensichtlichen Kirchenferne der Menschen nicht übereinzustimmen. Deswegen ist nicht selten zu hören, die kirchliche Trauung sei für viele lediglich eine festliche Umrahmung der Hochzeit. Eine Verallgemeinerung dieser Ansicht aber täte sicher vielen Brautleuten unrecht. Zumeist spüren die Brautleute, auch scheinbar wenig kirchliche, daß sie an einem entscheidenden Punkt ihres Lebens stehen und das Gelingen des gemeinsamen Vorhabens nicht allein von ihnen abhängt.

Ehe und Glaube

Nicht zuletzt aus dem Bewusstsein, dass die Ehe unabsehbaren Entwicklungen ausgesetzt ist, zögern viele junge Leute mit der endgültigen Eheschließung. Doch kann der Mensch nicht alles total planen, absichern und erproben. Irgendwann muss er zur Entscheidung kommen, sonst bleibt alles vorläufig und widerrufbar. Nach einer geraumen Zeit des Zusammenlebens entschließen sich daher die meisten Paare, gerade im Hinblick auf eine Familiengründung, zur Eheschließung. Nicht zuletzt, um so ihrer Beziehung eine feste, auch rechtlich geschützte Grundlage zu geben. Die kirchliche Feier verstärkt das Bewusstsein, nun endgültig und für immer zusammenzugehören. Dies kann bei auftauchenden Krisen eine wichtige Stütze sein. Viele ältere, erfahrene Eheleute bestätigen das. Sicher sind Ehekrisen nicht einfach durch Glaube und Gebet zu heilen. Der Glaube an den Gott der Liebe und der Versöhnung aber begründet in den Menschen das Vertrauen auf lebenslange Treue. Er hilft den Ehepartnern, einander anzunehmen, zu verzeihen und einen Neuanfang zu gewähren und zu wagen, wenn sie versagt und einander enttäuscht haben.

Von daher wird auch deutlich, wie wichtig es ist, dass Eheleute das religiöse Leben nicht mit dem Hochzeitstag als beendet ansehen, sondern weiterhin gemeinsam pflegen, um daraus immer wieder neue Kraft zu gewinnen.

Ehescheidung

Jesus hat die Überzeugung geteilt, dass die Ehescheidung in ihrem Wesen gegen die Liebe ist. »Was aber Gott verbunden hat, das darf der Mensch nicht trennen« (Mt 19,6). Die Kirche hat diesen Satz aufgegriffen und leitet daraus die Unauflöslichkeit einer gültig geschlossenen Ehe ab. Die Unauflöslichkeit ist kein Willkürgesetz. Sie will die Menschen nicht fesseln und zwingen, an der Vergangenheit festzuhalten. Vielmehr unterstützt der Gedanke an Unauflöslichkeit das Bemühen, alle künftigen Möglichkeiten des gemeinsamen Lebens auszuschöpfen. Ehescheidung macht deutlich, dass Menschen aufgehört haben, miteinander in die Zukunft zu schauen und zu versuchen, einander immer wieder neu zu finden. Darum stellt sich Jesus radikal gegen das ständige Suchen neuer Umstände, unter denen die Ehe eventuell doch geschieden werden könnte. Jesus verlangt von den Menschen die freie Entscheidung zu einer Treue, die Hintertürchen von vornherein ausschließt. Jesu Forderung zielt nicht bloß darauf ab, die Ehe nicht zu brechen, sondern darauf, die Partnerschaft so zu gestalten, dass eine Ehescheidung erst gar nicht in Frage kommt.

Dennoch beweist die Wirklichkeit, dass sich ein Zerbrechen auch einer christlichen Ehe und die damit verbundene Trennung der Partner nicht immer vermeiden lässt. Die Trennung erweist sich mitunter als das kleinere Übel. In diesem Fall erlaubt die Kirche, daß die Partner getrennt voneinander leben und sich auch – wegen der zivilrechtlichen Folgen – standesamtlich scheiden lassen. Das ändert aber aus kirchenrechtlicher Sicht nichts am Fortbestand der von Gott geschlossenen Ehe.

Es wird jedoch manchmal davon gesprochen, dass der Papst eine Ehe »geschieden« habe. Dabei handelt es sich aber um eine Ungültigkeitserklärung. Das ist der Sache nach etwas anderes als die Scheidung. In diesem Fall wird nämlich in einem Prozess – vor dem kirchlichen Ehegericht – festgestellt, dass eine gültige Ehe gar nicht erst zustande gekommen ist. Ein solcher Prozess dauert gewöhnlich lange, weil die Rechtsvermutung immer für die Gültigkeit der Ehe steht und die Ungültigkeit von den Eheleuten strikt nachgewiesen werden muss. Sind Ungültigkeitsgründe (z.B. falsche Eheabsichten, zu nahe Verwandtschaft, Zwang, Täuschung …) nicht gegeben, kann die Kirche eine formal gültig geschlossene und vollzogene Ehe nicht für ungültig erklären.

Vom Evangelium her hat die Kirche sicher recht, wenn sie an der Unauflöslichkeit der Ehe festhält. Die Frage aber ist: Was kann die Kirche tun, wenn eine Ehe misslingt – vielleicht ohne persönliche Schuld? Geht es nicht über die Kräfte vieler Menschen hinaus, ihren Lebensweg – vielleicht schon nach wenigen Ehejahren – ganz allein gehen zu müssen? Gibt es nicht schon bei Paulus und bei Matthäus Ausnahmeklauseln (vgl. 1 Kor 7,12-15; Mt 5,32)? Andererseits: Muss nicht jede Ausnahme die Festigkeit der Ehe überhaupt schwächen? Wird durch die Scheidung aufs Ganze gesehen nicht mehr Leid angerichtet als durch die Tragik gescheiterter Ehen? Wird durch die Möglichkeit der gesetzlichen Trennung den Eheleuten nicht manchmal gerade in Krisensituationen die Stütze genommen, die sie dann dringend brauchen?

Die Kirche setzt sich schon seit langem mit diesen drängenden Fragen auseinander. Zweifellos muss sie den Anspruch Jesu vertreten, »ob man es hören will oder nicht« (2 Tim 4,2). Wenn aber eine Ehe endgültig gescheitert ist und eine neue Zivilehe geschlossen wurde, darf dann die Kirche nicht auch diesen Menschen die Kraft der Sakramente zukommen lassen, die sie doch so dringend brauchen? Die Gemeinsame Synode der

Bistümer der Bundesrepublik (1971-1975) hat sich mit dieser Problematik ernsthaft befasst und angeregt, auf Weltebene diese Frage zu klären. Die Kirche will keinen Menschen abschreiben. Denn auch Gott lässt keinen im Stich, der sich ihm zuwendet. Auch aus einer gebrochenen Lebenssituation heraus ist ein Weg im Glauben möglich. In jedem Fall sollte man in dieser Situation das persönliche Gespräch mit einem Priester suchen.

Ehe- und Sexualmoral

Neben der kirchlichen Einstellung zur Ehescheidung erregen vor allem kirchliche Stellungnahmen zu Fragen der Ehe- und Sexualmoral immer wieder die Gemüter. Hier wird für die Menschen das Auseinanderklaffen allgemein gängiger Ansichten in der Gesellschaft und kirchlicher Vorstellungen besonders spürbar. Ist richtig, was gesellschaftlich »in« ist oder was die Kirche sagt?

Wir wollen und können hier nicht jede Einzelfrage diskutieren, sondern uns auf einige Grundsätze beschränken. Zum einen: Das Gewissen der Menschen braucht Orientierungspunkte. Dazu dienen die kirchlichen Richtlinien, an denen kein Mensch vorbeisehen darf, sofern er sich zur Kirche zählt. Aber selbst die entsprechenden Rundschreiben (Enzykliken) der Päpste Paul VI. und Johannes Paul II. wollen nicht mit letzter Autorität bindende Entscheidungen treffen. Zum zweiten: Die Kirche tritt entschieden für die persönliche Gewissensentscheidung ein. Sie weiß, dass jeder Mensch eine eigene unverwechselbare Person ist, ausgestattet mit Freiheit, Verantwortungsbewusstsein und Gewissen und mit einer je eigenen Lebensgeschichte. Daher muss jeder Mensch sich prüfen, wie er in seiner konkreten Lebenssituation den allgemein gültigen Normen am besten entsprechen kann. Nach gewissenhafter Auseinandersetzung mit den kirchlichen Verlautbarungen und nach Prüfung aller Umstände kann auch ein katholischer Christ zu einer verantwortbaren anderen Entscheidung für sein Handeln kommen. Wer selbst um eine verantwortete Gewissensentscheidung ringt und deren Respektierung von anderen einfordert, wird seinerseits verstehen können, wenn Papst und Bischöfe sich ihrerseits in ihrem Gewissen und vor Gott gebunden fühlen und aufgrund ihrer Überzeugung gegen die künstliche Empfängnisverhütung Position beziehen.

Elterliche Verantwortung – Ehe und Familie haben naturgemäß mit neuem Leben, mit Kindern, zu tun. Die Kirche hält am Grundsatz fest, dass nur in der Ehe das Kind erstrebt werden darf. Dieser Grundsatz orientiert sich am Wohl des Kindes, das nicht das Ergebnis einer zufälligen sexuellen Begegnung sein soll. Nur durch die fortdauernde Liebe der Eltern kann es die nötige Geborgenheit finden, um zu einem reifen Menschen heranzuwachsen. Für den Christen entspricht die enge Verbindung von Liebe und Zeugung darüber hinaus aber dem Schöpferwillen Gottes. Wie vielen Kindern sie das Leben schenken wollen, »müssen die Eheleute in christlicher und menschlicher Verantwortung selbst entscheiden. Dabei müssen sie auf ihr eigenes Wohl wie auf das ihrer Kinder achten; sie müssen die materiellen und geistigen Verhältnisse der Zeit und ihres Lebens mitbedenken« (vgl. II. Vatikanisches Konzil, Kirche in der Welt von heute, Nr. 50 ff.).

Die geschlechtliche Begegnung in der Ehe ist aber auch dann sinnvoll und gut, wenn sie nach gewissenhafter Überlegung der Eheleute nicht die Zeugung eines Kindes bewirkt oder beabsichtigt. »Die Ehe ist nicht nur zur Zeugung von Kindern eingesetzt, sondern die personale Gemeinschaft fordert, dass sich auch die gegenseitige Liebe der Gatten immer wieder kundtut. Wo nämlich das intime Leben aufgegeben wird, da können oftmals die eheliche Treue und das Wohl der Kinder Schaden leiden« (Kirche in der Welt von heute, Nr. 47 ff.).

Abtreibung – Es kann aber nach kirchlicher Überzeugung nie erlaubt sein, das keimende Leben im Mutterschoß zu töten. Von der Empfängnis an ist es neues Leben, es muss geschützt werden wie jedes menschliche Leben. Mit der Befruchtung wird ein Prozess in Gang gesetzt, der die Existenz eines neuen Menschen begründet. Ein gewaltsamer Eingriff bedeutet für den Christ eine schwere Schuld. Niemand, der seine Lebensführung auf christliche Grundsätze stützt, kann sich zu der Fehlmeinung verleiten lassen, durch die Aufhebung der Gesetzesstrafe sei eine Abtreibung sittlich weniger verwerflich geworden (vgl. dazu: Die deutschen Bischöfe zur Novellierung des § 218, 1976).
Der Wert des Lebens hat Vorrang gegenüber allen Belastungen, wie sie aus wirtschaftlichen, sozialen oder psychischen Gründen für die Mutter, den Vater und die Familie erwachsen können. Hier wird deutlich, dass das Problem »Abtreibung« in hohem Maße ein gesellschaftliches Problem ist. Wenn Frauen sich zur Abtreibung entschließen, weil sie sich allein gelassen fühlen, finanziell und wirtschaftlich überfordert sind, weil sie mangelhaft oder nicht aufgeklärt und beraten wurden, weil um sie

herum nur Engherzigkeit und moralische Besserwisserei ist, dann trägt die Umwelt Mitschuld an dieser Entscheidung.

Die konfessionsverschiedene Ehe

Die konfessionsverschiedene Ehe kann spezielle Schwierigkeiten mit sich bringen, mit denen die Ehepartner sich vor der Trauung in einem klärenden Gespräch auseinandersetzen sollten. Die Erziehung der Kinder oder das gemeinsame Glaubensleben können solche Spannungsgründe sein. Allerdings ist keine konfessionsverschiedene Ehe der anderen gleich. Sie kann Chance für gemeinsames gläubiges Handeln sein; sie kann aber auch die Probleme, die aus der Spaltung der Christenheit erwachsen, verschärfen. Im Extremfall kann sie das Gelingen der Ehe gefährden und den Glauben der Ehepartner und der Kinder negativ beeinflussen.

Die besten Voraussetzungen für eine konfessionsverschiedene Ehe sind dann gegeben, wenn jeder Partner seinen Glauben ernst nimmt. Gerade dann aber werden die Ehegatten die Trennung im Glauben besonders schmerzlich empfinden; gerade dann sind auch die Konflikte bezüglich Trauung und Kindererziehung meist am größten. 1974 und 1981 haben die Katholische Bischofskonferenz und der Rat der Evangelischen Kirchen in Deutschland »Gemeinsame kirchliche Empfehlungen für die Ehevorbereitung konfessionsverschiedener Partner« bzw. »Gemeinsame kirchliche Empfehlungen für die Seelsorge an konfessionsverschiedenen Ehen und Familien« herausgegeben, um gemeinsam bei der Bewältigung möglicher Konflikte zu helfen.

Die katholische Kirche ist bemüht entgegenzukommen, wie ihre Bestimmungen zur konfessionsverschiedenen Ehe zeigen. Eine Grenze für ihr Entgegenkommen sieht die Kirche da, wo eine Gefährdung für den Glauben des Ehepartners und der Kinder gegeben ist. Denn jeder ist verpflichtet, nach dem als wahr erkannten Glauben zu leben und diesen auch seinen Kindern weiterzugeben. Wer möchte seinen Kindern weniger ins Leben mitgeben als das, was er selbst als sinnstiftend und beglückend erfahren hat? Daher kann keine Kirche von dieser moralischen Verpflichtung entbinden. Katholische Partner müssen darum vor der Eheschließung erklären, dass sie diese Verpflichtungen kennen und darum bemüht sein wollen, diese auch zu erfüllen, soweit das in ihrer Ehe möglich ist. Da aber z. B. die Kindererziehung Sache beider Eltern ist, können sich Umstände ergeben, die es dem katholischen Partner unmöglich machen, die katholische Erziehung der gemeinsamen Kinder zu verwirklichen; dann bleibt ihm das Recht und die Verpflichtung, dass er durch seine Lebensführung seinem Partner und seinen Kindern den katholischen Glauben bezeugt und dass er die christliche Gestaltung des Ehe- und Familienlebens verantwortlich mitträgt. Das gleiche Recht hat natürlich auch der nichtkatholische Partner, der der katholischen Kindererziehung zugestimmt hat.

Tröstlich kann es für viele Ehepartner sein, bei denen diese Fragen eine Rolle spielen, zu erfahren und zu wissen, dass auch für die religiöse Erziehung gerade die ersten Lebensjahre des Kindes die wichtigsten sind, gerade in dieser Zeit aber die konfessionellen Unterschiede kaum eine Rolle spielen. Wo im Glauben verschiedene Ehepartner diesen Konflikt redlich durchtragen und die Gegensätze zu überbrücken suchen, können sie der Annäherung der Kirchen den Weg bereiten.

22.

Maria und die Heiligen

*»Maria kann nicht genug
gelobt werden.«*

Martin Luther (WA I, 219, 494)

Heiligenverehrung – Marienverehrung scheint vielen ein Kennzeichen katholischer Frömmigkeit zu sein. Nichtkatholiken befürchten oft, besonders durch die Marienverehrung könne Christus verdrängt und könnten die ökumenischen Bemühungen blockiert werden.

Schon das Konzil zu Trient im 16. Jahrhundert betonte, dass kein Katholik zur Heiligenverehrung verpflichtet ist. Auch in der katholischen Kirche gibt es unterschiedliche Einstellungen zur Heiligenverehrung. Für die ältere Generation ist sie weithin selbstverständlich, jüngere Menschen finden heute weniger Zugang dazu. Vielleicht deshalb, weil Heilige oft in ihrer Lebensbeschreibung und in Bildern verkitscht dargestellt werden. Es kann der Eindruck entstehen, als hätten Heilige in ihrem Leben keine Glaubensprobleme und keine ernsthaften Versuchungen gehabt. Das Gegenteil ist der Fall. Viele von ihnen waren in ihrer Jugend alles andere als »Tugendbolde«. Alle haben immer wieder um ihren Glauben gerungen, alle haben vieles nicht verstanden, wie zum Beispiel auch Maria. Alle mussten mit ihren persönlichen Veranlagungen, mit ihren Fehlern und Schwächen fertig werden.

Wo Heilige als Vorbilder fehlen, treten oft Idole an deren Stelle. Vor allem junge Menschen wollen sich nach etwas ausrichten, und das gelingt am besten an lebenden Vorbildern: es können Sportler sein, die menschlich bescheiden geblieben sind, Wissenschaftler, die dem Wohl der Menschheit dienen; oder eine Mutter Teresa, die ihr Leben total für die Ärmsten der Armen einsetzte. Aber auch Heilige der Vergangenheit üben oft bleibende Faszination aus, wie etwa der hl. Franziskus, der nicht nur für seine Zeit ein Segen- oder ein Friedensbringer war. Oft waren Heilige nicht nur Vorbilder in ihrem persönlichen Leben, sondern haben durch ihre Kritik an der Kirche auch die Verantwortlichen in der Kirche aufgerüttelt. Wir wollen am Beispiel Marias versuchen darzulegen, wie katholische Heiligenverehrung zu verstehen ist.

Maria in der Heiligen Schrift

Wenn wir Maria aus allen Menschen herausheben und verehren, folgen wir damit dem Beispiel der Bibel. Sie hat Maria wie keinen anderen Menschen geehrt. Bei der Verkündigung (Lk 1,26 ff.) wird sie die »Begnadete« genannt bzw. im lateinischen Text »voll der Gnade«. Sie ist »gesegnet vor allen Frauen«, sie soll »Mutter des Sohnes Gottes« werden.

Etwas Wichtiges wird hier deutlich: die enge Verknüpfung Marias mit der Erlösung durch Jesus Christus. Gott verwirklicht seinen Plan nicht ohne das Ja-Wort Marias: »Ich bin die Magd des Herrn; mir geschehe, wie du es gesagt hast« (Lk 1,38).
So wird Maria zum Vor- und Leitbild jedes gläubigen Menschen. Denn auch unser Glaube ist Antwort auf den Anruf und das Angebot Gottes. Auch Maria hat ins Dunkel hinein geglaubt, vor allem bei der Geburt und unter dem Kreuz. Deshalb nennen wir Maria gern die »Mutter der Gläubigen«.
Aus dem gleichen Grund wird sie auch »Urbild der Kirche« genannt. Denn auch der Kirche kann es immer nur darum gehen, rückhaltlos das anzunehmen, was Gott dem Menschen durch Jesus Christus anbietet. Deshalb spricht das II. Vatikanische Konzil über Maria im Zusammenhang mit der Kirche als der Gemeinschaft der Glaubenden.

Im »Evangelischen Erwachsenenkatechismus« (1975) heißt es: »Maria gehört in das Evangelium ... Sie wird als die beispielhafte Hörerin des Wortes Gottes gezeichnet, als die Magd des Herrn, die Ja zu Gottes Willen sagt, als die Begnadete, die aus sich selber nichts, durch Gottes Güte aber alles ist. Und so ist Maria das Urbild der Menschen, die sich Gott öffnen und sich von ihm beschenken lassen, das Urbild der Gemeinschaft der Glaubenden, der Kirche ...«

Maria in der Verehrung der Kirche

Maria war eine der wenigen Getreuen, die Jesus bis zum Kreuz folgten. Unter dem Kreuz stand sie mit dem »Lieblingsjünger« Johannes. In der Heiligen Schrift heißt es:
»Bei dem Kreuz Jesu standen seine Mutter und die Schwester seiner Mutter, Maria, die Frau des Klopas, und Maria von Magdala. Als Jesus seine Mutter sah und bei ihr den Jünger, den er liebte, sagte er zu seiner Mutter: Frau, siehe, dein Sohn! Dann sagte er zu dem Jünger: Siehe, deine Mutter! Und von jener Stunde an nahm sie der Jünger zu sich« (Joh 19,25 ff.).

Die Kirche hat sich seitdem in der Rolle des Johannes gesehen, dem auf ausdrücklichen Wunsch Jesu Maria als Mutter gegeben war. Die enge Verbindung mit Maria wird schon bei der jungen Kirche deutlich: Maria ist bei den großen Ereignissen zugegen, z.B. beim Pfingstgeschehen.

In die großen Auseinandersetzungen der ersten Jahrhunderte um die wahre Gottheit Christi wurde auch Maria einbezogen. Ein Beweis dafür, wie eng sie im Bewusstsein der damaligen Kirche mit Christus verbunden war. Im Jahr 431 fand in Ephesus in Kleinasien das 3. Allgemeine Konzil statt. Dessen Beschlüsse werden auch von den nichtkatholischen christlichen Kirchen als Glaubenswahrheiten festgehalten. Es ging damals vor allem darum, die Irrlehre des Nestorius zu prüfen, der die Gottheit Christi leugnete und behauptete, Jesus sei nur ein Mensch gewesen. Man entschied sich aber eindeutig für den Glauben an die Gottheit Christi. Deshalb dürfe Maria zu Recht »Gottesmutter« genannt werden.
Auch die folgenden Jahrhunderte waren sich einig in der Verehrung Marias. Beweis ist dafür die Ostkirche, die sich noch vor dem Jahr 1000 von der römisch-katholischen Kirche trennte. Auch sie hat an der Verehrung Marias bis auf den heutigen Tag festgehalten, in noch intensiverer Form als wir.

Marianische Volksfrömmigkeit

Jeder Mensch fühlt sich bestimmten Personen seiner Umgebung, auch gerade Verstorbenen, die ihm viel bedeutet haben, verbunden und verehrt sie. Dass auch Maria, die Mutter Jesu, bei den Christen in besonderem Ansehen steht, ist darum selbstverständlich. Freilich müssen wir unterscheiden zwischen der Verehrung gegenüber Gott und Christus und der Ehre, die wir Maria erweisen. Nur Gott gebührt Anbetung. Anbetung eines Geschöpfes wäre Missachtung des ersten Gebotes Gottes. So weiß auch der katholische Christ, dass er Maria niemals anbeten darf, dass Maria niemals Christus verdrängen kann. Nur wegen der Auszeichnung, die Gott ihr schenkte, ist sie für uns verehrungswürdig. Und so gilt alle Huldigung, die wir Maria darbringen, Gott selbst, der sich so groß an den Menschen und vor allem an Maria erweist. Rechte Muttergottes-Verehrung ist nichts anderes als ein Lobpreis göttlicher Gnade, ohne die auch die Gottesmutter nicht heiliger als irgendjemand von uns gewesen wäre. Die Alternative »Maria oder Christus« ist eine Verzerrung der Marienfrömmigkeit.

Deshalb gibt es auch außerhalb der katholischen Kirche Marienfrömmigkeit. Denken wir nur an die Muttergottesbilder in den evangelischen Kirchen des Nordens, vor denen – wie bei uns – Kerzen angezündet werden. Oder gehen wir gar zurück auf Luther, der bis zu seinem Tod Maria verehrt hat. Wir haben absichtlich dem Kapitel ein Wort Martin Luthers vorangestellt:»Maria kann nicht genug gelobt werden.« Luther setzt diesen Satz fort:»Der Lobgesang Mariens dient dazu, von den großen Taten Gottes zu singen, zu stärken unseren Glauben, zu trösten alle Geringen.« – Wie eine echte Marienverehrung aussieht, hat er in seiner Auslegung des *Magnifikat* (Lobpreis Mariens; Lk 1,46 ff.) dargelegt:»Wie muss man sagen zu Ihr? Sieh die Worte an, so lehren sie dich so sagen: O du selige Jungfrau und Mutter Gottes, wie bist du so gar nichts, gering und verachtet gewesen, und Gott hat dich dennoch so überaus gnädig und reichlich angesehen und große Dinge in dir gewirkt. Du bist ja keins davon wert gewesen, und weit und hoch über all dein Verdienst hinaus ist die reiche, überschwengliche Gnade Gottes in dir. Oh, wohl dir; selig bist du von der Stunde an bis zur Ewigkeit, die du einen solchen Gott gefunden hast ...«

Dass Menschen Maria oder Heilige um ihre Fürsprache bei Gott anrufen, liegt nicht daran, dass sie diesen mehr vertrauen oder gar von ihnen göttliche Hilfe erwarten. Das wäre mit dem katholischen Glauben nicht zu vereinbaren. Im Gegenteil, Maria und die Heiligen stehen ihnen gerade als Nur-Menschen, als Geschöpfe nahe. Und darum besteht eine Freundschaft zwischen den schon ans Ziel gekommenen Menschen und uns, die wir noch unterwegs sind. So wie jeder Christ es selbstverständlich findet, in einem besonderen Anliegen andere Menschen um Gebetshilfe zu bitten, so bitten wir Maria und die Heiligen, die bei Gott sind, und denen wir uns verbunden wissen, um ihre Fürbitte. Die Liebe, die Mitmenschlichkeit hört im Himmel nicht auf (vgl. 1 Kor 13,8). In vielem bedient sich Gott anderer Menschen, um uns seine Liebe zu vermitteln: der Eltern, der Lehrer ... Warum nicht auch der Heiligen!
Papst Paul VI. betonte in einem Lehrschreiben über die Marienverehrung (1974), dass alle Marienverehrung auf Christus bezogen sein müsse und dass jede Form der Marienverehrung abzulehnen sei, die zu dieser Praxis im Widerspruch stehe.

Die Macht der Gnade

Das biblische Wort an Maria »Du Begnadete« hat die Kirche mehr und mehr so verstanden: Maria ist ganz ohne Sünde, auch ohne Erbschuld. Das ist mit dem »Fest der Erwählung Mariens« gemeint, das die Kirche am 8. Dezember feiert: Maria ist vom ersten Augenblick ihres Daseins an (schon als sie empfangen wurde) ohne Sünde gewesen, sie ist »voll der Gnade«. In ihr verwirklicht Gott seinen ursprünglichen Schöpfungsplan. Als Mutter des Sohnes Gottes sollte sie zwar das Leid der Welt in reichem Maße erfahren, aber von Schuld und Sünde frei sein. Das alles verdankt sie natürlich der Erlösung Christi, die mit ihr den Anfang nahm. Gerade an diesem Beispiel wird noch einmal deutlich, was katholische Marienverehrung meint: Verherrlichung der göttlichen Gnade, die Maria in besonderer Weise erfuhr. Hier fällt jeder Gedanke an die Verdienste des Menschen fort; nicht menschliche Qualitäten führten zu ihrer Auserwählung; denn Maria war noch nicht geboren, als der Herr sie zur Mutter Jesu bestimmte und im Hinblick auf diese Aufgabe von der Ursünde freihielt. Der hl. Hippolyth (3. Jahrh.) deutet das an, wenn er sie »frei von jeglicher Befleckung und Verdorbenheit« nennt. Der hl. Ambrosius spricht von ihr im 4. Jahrhundert als »einer Jungfrau, die durch die Gnade verschont ist von jedem sündhaften Makel«.

Diese Glaubenslehre ist keine abstrakte Überlegung, sondern hat mit uns zu tun. An Maria wird offenbar, wie Gott sich den Menschen denkt. Insofern steht sie mit uns in einer Reihe, aber sie ist die Erste in dieser Reihe.

Aber kann tatsächlich Maria heute einem Christ – zumal einer selbstbewussten, modernen und emanzipierten Frau – ein Vorbild sein? Ist es nicht so, wie Papst Paul VI. sagte, dass »sich nicht wenige von der Muttergottesverehrung distanzieren und sich schwer tun damit ..., da sich ihrer Ansicht nach deren Leben in allzu engen Grenzen bewegte, verglichen mit dem weiten Raum, der den heutigen Menschen für ihre Wirksamkeit offen steht«. Er versucht, in einigen knappen Strichen eine Antwort zu skizzieren:

Sie ist Dialog- und Wirkpartner Gottes, sie gibt ihre Zustimmung frei und ungezwungen nicht für eine Angelegenheit von nebensächlicher Bedeutung, sondern für das größte Werk aller Zeiten, wie man das mit Recht von der Menschwerdung Christi behauptet. Maria war – trotz ihrer vollkommenen Hingabe an den Willen Gottes – keineswegs eine passive

Frau, die achtlos an den Dingen dieser Welt vorbeiging, in einer abwegigen Religiosität befangen, sondern eine Frau, die nicht zögerte, Gott zu sagen, dass er der Anwalt der Kleinen und Unterdrückten sei, der die Mächtigen dieser Welt vom Thron stürzt (Lk 1,51 ff.); so wird Maria als hervorragendste Vertreterin der Demütigen und Armen Gottes, aber auch als eine starke Frau, die Armut und Leid, Flucht und Verbannung mitmachte, in der Bibel dargestellt.

Aus diesen Beispielen geht hervor, dass sie das Beispiel einer vollkommenen Christusjüngerin gibt, die tatkräftig am Aufbau der irdischen Gesellschaft mitarbeitet und zugleich nach der ewigen Heimat strebt; die Gerechtigkeit sucht, die Unterdrückte befreit und ebenso die Liebe übt, die den Bedürftigen zu Hilfe kommt – allem voran aber eine glaubwürdige Zeugin jener Liebe ist, die Christus in die Welt gebracht hat.

Geboren von der Jungfrau Maria

So heißt es im Apostolischen Glaubensbekenntnis, das alle Kirchen gemeinsam sprechen. Die Kirche hat von den Kirchenvätern an die immerwährende Jungfräulichkeit Mariens gelehrt. Auch Luther und Zwingli hielten daran fest – genau wie die gesamte orthodoxe Kirche.
Es wurde gelegentlich der Einwand gemacht, hinter diesem Glaubenssatz stünden griechisch-mythologische Vorstellungen (im Sinne einer Verbindung zwischen einem Gott und einer Frau) oder irgendwelche leibfeindliche bzw. die Sexualität ablehnende (manichäische) Strömungen. Die beiden biblischen Berichte, die wir von der Jungfrauengeburt haben, sind aber nicht nur voneinander abhängig, sie stammen zudem aus dem jüdischen Raum, in dem es derartige mythologische und leibfeindliche Vorstellungen nicht gab. Ganz abgesehen davon, dass die biblischen Berichte von der Jungfrauengeburt in keiner Weise eine »göttliche Zeugung« aussagen wollen.

Bei Matthäus heißt es, dass Maria »durch das Wirken des Heiligen Geistes« empfangen hatte, und Josef sie deshalb verlassen wollte. Ihm wird durch einen Engel gesagt: »Fürchte dich nicht, Maria als deine Frau zu dir zu nehmen; denn das Kind, das sie erwartet, ist vom Heiligen Geist« (Mt 1,20). Bei Lukas macht Maria dem Boten Gottes, der ihr einen Sohn verheißt, den Einwand: »Wie soll das geschehen, da ich keinen Mann erkenne?« Sie erhält die Antwort: »Der Heilige Geist wird über dich kommen, und die Kraft des Höchsten wird dich überschatten. Deshalb wird auch das Kind heilig und Sohn Gottes genannt werden« (Lk 1,34 f.).

Im Vordergrund des Satzes »geboren von der Jungfrau Maria« steht eine theologische Aussage über Christus und nicht über Maria. Der Hauptgedanke ist: Gott selbst greift schöpferisch ein, damit der »Sohn Gottes« als Mensch in unsere Geschichte eintreten kann. Jesus wird nicht gezeugt, in ihm ereignet sich »Neuschöpfung«. Er ist der »neue Adam«. Er ist Geschenk Gottes. Er kommt von oben, aus Gottes Geist, und nicht von unten, aus des Menschen eigener Kraft. Diese theologische Deutung der biblischen Aussagen über die Geburt Jesu hat aber nur dann eine Bedeutung, wenn sie auf ein wirkliches Ereignis zurückgeht. Die Kirche hat darum durch die Jahrhunderte die Jungfräulichkeit Mariens auch im biologischen Sinn verstanden. Nicht, als ob der Glaube an die Gottessohnschaft Jesu darauf beruhte, dass Jesus keinen menschlichen Vater hatte. Er ist ja Gottessohn schon von Ewigkeit her und hätte als solcher auch in einer normalen menschlichen Ehe geboren werden können. Die Geburt aus der Jungfräulichkeit aber dürfen wir verstehen als ein Zeichen, eine Bestätigung, dass Jesus aus dem Geheimnis Gottes kommt.

Weder der Titel »Erstgeborener« für Jesus (Lk 2,7) noch die in der Heiligen Schrift genannten »Brüder« (Mt 13,55; Mk 6,3) sprechen dafür, dass Maria noch andere Kinder gehabt hat. »Erstgeborener« war ein rein gesetzlicher Begriff, der immer dem ersten Sohn zukam, ohne Rücksicht auf Nachgeborene. (Auch heute noch spricht man vom »Stammhalter« für den erstgeborenen Sohn.) Brüder und Schwestern wurden im Hebräischen auch Cousins und Cousinen genannt – oft auch noch weitere Verwandtschaftsgrade. So werden z.B. zwei der bei Mt 13,55 genannten »Brüder« in Kapitel 27,56 als Söhne einer anderen Maria bezeichnet (vgl. Lk 24,10). – Schon die Tatsache, dass Jesus bei seinem Tod seine Mutter Johannes anvertraute (Joh 19,27), spricht dagegen, dass er noch Geschwister hatte. Diese wären nach dem Gesetz verpflichtet gewesen, für ihre Mutter zu sorgen.

Die Aufnahme in den Himmel

Wie kommt es aber zu der Glaubenslehre der »Himmelfahrt Mariens«? Sie ist doch erst 1950 zum Dogma der Kirche erhoben worden.
Der deutsche Name des Festes »Himmelfahrt Mariens« ist eine ungenaue, volkstümliche Übersetzung. In der Sprache der Kirche hieß dieses Fest immer »assumptio Mariae«, d.h. Aufnahme Mariens. Nur bei Christus sprechen wir von einem Fest »Christi Himmelfahrt«, was zum Aus-

druck bringen will, dass er aus eigenem Vermögen dorthin wieder zurückkehrte, von wo er ausgegangen war. »Aufnahme Mariens« aber will sagen, dass Maria als erster Mensch mit Leib und Seele in die Herrlichkeit Gottes hineingenommen wurde.

Auch Maria ging (wie Jesus) durch den Tod hindurch, aber der Tod konnte sie nicht halten. So hat sie schon vorweg, was wir alle erhoffen: die »Auferstehung des Fleisches und das Ewige Leben«.

In der Grabeskirche Luthers zu Wittenberg hängt bis heute an der Wand zwischen dem Grab und der Kanzel, auf der Luther predigte, ein großes Bild von der Aufnahme und Krönung der Gottesmutter. Niemand nahm bisher an diesem Bild Anstoß. Es ist dies neben dem *Fest* der Aufnahme Mariens, das nachweislich sicher seit dem 5. Jahrhundert in der Kirche gefeiert wird, einer der vielen Beweise, dass die Aufnahme Mariens von altersher allgemeine Glaubensüberzeugung der Kirche war. Das Dogma wurde also nicht eingeführt, um eine neue Glaubenslehre vorzutragen. Es ist genau umgekehrt: Weil die Kirche schon immer daran glaubte, fand diese Überzeugung schließlich eine feste Formulierung.

Marienerscheinungen und Wallfahrtsorte

Die Marienverehrung empfängt immer wieder neuen Antrieb durch sog. Marienerscheinungen an besonderen Orten. Bei uns ist Lourdes am bekanntesten, wo 1858 das Mädchen Bernadette Maria sah. Noch bedeutungsvoller wurde später Fatima in Portugal, wo sie 1917 von drei Bauernkindern gesehen wurde. Solche Erscheinungen sind für den Katholiken keine Glaubenswahrheiten. Es sind Privatoffenbarungen, an die beteiligten Personen gerichtet und in der Regel nur für diese wahrnehmbar. Sie verpflichten niemand sonst zum Glauben. Die für alle verbindliche Offenbarung Gottes wurde in apostolischer Zeit abgeschlossen.

Die Kirche ist mit ihrem Urteil über solche Erscheinungen immer sehr vorsichtig gewesen. Oft ist die Kirche gegen den Missbrauch angeblicher Muttergottes-Erscheinungen vorgegangen. Nur wo sich der Geist des Gebets, der Buße und des Glaubens zeigt, nur da kann überhaupt die Vermutung außergewöhnlichen Geschehens sinnvoll sein. Jedoch muss dieses Außergewöhnliche sich durch Ereignisse bestätigen, für die es einwandfrei keine natürlichen Erklärungen gibt. Wir nennen das Wunder. Die Kirche ist auch diesen Wundern gegenüber sehr zurückhaltend. Es ist kaum bekannt, dass in Lourdes in jedem Jahr viele Heilungen registriert werden, von denen nur ganz wenige von der Kirche als »mit natürlichen Mitteln nicht erklärbar« anerkannt werden. Das wird in jedem Fall von einer neutralen Ärztekommission wissenschaftlich geprüft.

Dass es bei der Marienverehrung zu Auswüchsen und Absonderlichkeiten kommen kann und auch gekommen ist, wird nicht geleugnet. Das ist zu bedauern, kann aber von kirchlicher Seite nie ganz unterbunden werden. Denken wir z.b. an den Kitsch an Wallfahrtsorten und an die Geschäftstüchtigkeit, die sich durch den Massenzustrom der Gläubigen dort leicht entfaltet. Man darf daran aber nicht das Wesen der Heiligenverehrung ablesen wollen. Zum Glück gelingt es, solche unliebsamen Begleiterscheinungen mehr und mehr einzuschränken. Dass die Wallfahrtsorte Zentren der Frömmigkeit, des Trostes und der Bekehrung sind, wird niemand leugnen, der einmal an einem solchen Ort war.

Kein anderer als Papst Paul VI. warnte in seinem Lehrschreiben über die Marienverehrung vor unbiblischen und untraditionellen Übertreibungen. Er tadelte falsche Formen der Frömmigkeit und Leichtgläubigkeit sowie oberflächliche Sentimentalität, die dem katholischen Glauben nicht entsprechen.

Heiligsprechung

Wenn wir von »Heiligen« reden, dann meinen wir damit solche, die von der Kirche ausdrücklich heilig gesprochen wurden. Denn eigentlich ist jeder Mensch heilig, der in der Verbindung mit Gott lebt. Paulus nennt in seinen Briefen die Gläubigen oft »Heilige«. Wir beten im Glaubensbekenntnis: »Ich glaube an die Gemeinschaft der Heiligen«, und meinen damit alle, die mit Gott verbunden sind; ob sie leben oder bereits verstorben sind. Nur den wenigsten wird die Ehre der Heiligsprechung zuteil. Um keinen Wildwuchs in der Verehrung Verstorbener, keinen Ahnenkult oder dergleichen entstehen zu lassen, wird durch die Heiligsprechung die öffentliche Heiligenverehrung begrenzt. Das braucht aber niemand daran zu hindern, verstorbene Angehörige, von denen er überzeugt ist, dass sie bei Gott sind, um ihre Fürbitte anzurufen.

Wenn die Kirche Menschen selig oder heilig spricht, bedeutet das nicht, dass die Kirche Selige und Heilige erst »schaffe«. Niemand ist deshalb weniger heilig, weil er nicht heilig gesprochen wurde. Die Kirche stellt vielmehr nach eingehender Prüfung (Heiligsprechungsprozess) fest, dass in einem konkreten Menschen die Gnade Gottes so erfahrbar war, dass

von ihm mit Recht gesagt werden kann: »Selig ist die, die geglaubt hat«
(Lk 1,45). Und: Sie waren heilig wie der, der sie berufen hat (vgl. 1 Petr
1,15). Deshalb werden sie allen Christen als Vorbilder bekannt gemacht,
und es wird damit erlaubt, sie öffentlich zu verehren und anzurufen.
Meist bekommen die Heiligen dann einen festen Gedächtnistag im Ka-
lenderjahr.

Der Brauch der Heiligenverehrung geht bis auf die ersten christlichen
Jahrhunderte zurück. Damals waren es die Märtyrer, die man verehrte
und um ihre Fürsprache bei Gott anrief. Im Jahr 156 berichteten die Christen von Smyrna in einem Rundschreiben über den Märtyrertod ihres Bischofs Polykarp. Da heißt es: »Christus beten wir an, weil er der Sohn
Gottes ist. Die Blutzeugen aber lieben wir als Jünger und Nachahmer des
Herrn ...«

Der erste Nicht-Märtyrer, der als Heiliger verehrt wurde, war Martin von
Tours. Die erste offizielle Heiligsprechung der Kirche war die des Bischofs Ulrich von Augsburg (993).

Bilder, Statuen und Reliquien

Bereits die ältesten christlichen Grabstätten, die unterirdischen Katakomben, wurden mit Bildern Christi und der Heiligen geschmückt. Es ist
menschlich, dass man Personen, vor allem Verstorbene, die einem lieb
und wert sind, vor Augen haben und im Bild festhalten möchte. Ähnlich
drängt die Verehrung der Heiligen zur bildlichen Darstellung. Jeder Katholik weiß aber, dass die Verehrung nicht dem Bild als solchem gilt,
sondern der dargestellten Person.

Ebenso bewahren wir auf, was uns ein Mensch, der uns im Leben nahe
stand, zurückgelassen hat. So werden z.B. die Arbeitsräume berühmter
Menschen so belassen, wie sie zu deren Lebzeiten waren. Aus diesem
Grund wird auch von den Heiligen aufbewahrt und in Ehren gehalten,
was von ihnen zurückbleibt. Wenn uns diese Gegenstände Hilfe zum Gebet sind, uns an Gott und seine Gnade erinnern, die sich in den Heiligen
mächtig erwies, so ist die Frage nach der Echtheit einer Reliquie, die
manchmal sehr fraglich ist, zweitrangig. Es ist ja nicht dieses Stück Stoff
oder dieses Stück Knochen gemeint, sondern die verehrte Person und ihr
vorbildliches Leben, letztlich also Gott selbst, der sie mit besonderen Gaben ausstattete. Aber schon zur Zeit Karls des Großen meinte der Bene-

diktiner Alkuin: »Es ist besser, die Beispiele der Heiligen im Herzen nachzuahmen, als ihre Knochen im Säckchen herumzutragen.«
Schon auf die Urkiche geht der Brauch zurück, die hl. Messe über dem Grab eines Märtyrers zu feiern. Deshalb sind bis auf den heutigen Tag in jedem Altar Reliquien von Heiligen eingemauert. In dem vorgenannten Brief der Christen von Smyrna heißt es von den Überresten ihres Märtyrerbischofs: »Sie sind uns teurer als Edelsteine und lieber als Gold. Wir haben sie an geeigneter Stelle beigesetzt; dort werden wir uns in freudigem Jubel versammeln und den Jahrestag seines Martyriums feiern.«

Viele Nicht-Katholiken haben die Befürchtung, in der Heiligenverehrung schiebe sich etwas Menschliches zwischen Gott und uns. Aber ist nicht die ganze Offenbarung, ist nicht das Werk der Erlösung auf menschliche Vermittlung aufgebaut? Nur über andere Menschen in der sichtbaren Gemeinschaft seiner Kirche kommt die Botschaft des Evangeliums an uns; Christus selbst weist uns diesen Weg. Er selbst wird Mensch, und alle Erlösung geht über diese Vermenschlichung, über die sichtbare Gemeinschaft der Kirche, über die sichtbaren Zeichen der Sakramente. Gott kennt den Menschen besser, als wir uns selbst kennen. Er weiß, dass wir nicht nur Geist, sondern mit allen Fasern dem Leiblichen verhaftet sind. Darum begegnet er uns über das Erfahrbare. Dürfen wir Menschen da nicht mutig den Weg weitergehen, den Gott uns wies? Die Heilige Schrift spricht dafür.

Die Heiligen verdunkeln das Gottesbild nicht, im Gegenteil, sie weisen wie nichts anderes auf Gott hin. Jeder Heilige ist ein Widerschein und Abbild Christi; in jedem vollzieht sich gleichsam von neuem die Menschwerdung Gottes, weil in ihm das erreicht wurde, was jeder Mensch sein sollte, nämlich ein »anderer Christus« (vgl. Paulusbriefe). Heiligkeit gibt es nur durch Christus, Maria selbst betet im Magnifikat (Lk 1,46-55): »Siehe, von nun an preisen mich selig alle Geschlechter. Denn der Mächtige hat Großes an mir getan ...« (1,48 f.). Wollen wir bei diesem Lobpreis fehlen?
Darum sei auch der Anruf angefügt, den wir Katholiken an Maria richten. Der erste Teil ist dem Evangelium entnommen und wiederholt den Gruß, mit dem der Engel und Elisabet Maria ehrten (vgl. Lk 1,28.42). Der zweite Teil ist von der Kirche hinzugefügt und bittet Maria um ihre Fürsprache bei Gott:

Gegrüßet seist du, Maria, voll der Gnade,
der Herr ist mir dir.
Du bist gebenedeit unter den Frauen,
und gebenedeit ist die Frucht deines Leibes, Jesus.
Heilige Maria, Mutter Gottes, bitte für uns Sünder
jetzt und in der Stunde unseres Todes.

23.
Sterben, Tod – und dann?

»Gott ist
als Gewonnener Himmel
als Verlorener Hölle
als Prüfender Gericht
als Reinigender Feuer.«

L. Boros

Sterben – eine Zeit unseres Lebens

Wir leben länger. Während vor 100 Jahren die durchschnittliche Lebenserwartung der Menschen noch 35 Jahre betrug, liegt sie heute in den Industrieländern bei 70 Jahren und steigt noch. Aber es hat wenig Sinn, die Augen davor zu verschließen, dass Herzverpflanzungen, Frischzellenzufuhr, Operationen im Tiefkühlverfahren usw. das Leben zwar verlängern, den Tod aber nicht abschaffen können. Kranksein, Altern und Sterben sind die eigentlichen Probleme des Lebens.

Jemand hat gesagt, das Sterben beginne mit der Geburt. Er wollte damit zum Ausdruck bringen, dass von Anfang an das Leben die Gefährdung durch den Tod kennt. Vor allem der Schmerz, die Krankheit und die Last des Alterns sind Vorstufen des Todes. In der Krankheit wird der Mensch aus seinem gewohnten Arbeitsrhythmus herausgerissen, wird abhängig von der Hilfe anderer. So erfährt er seine Ohnmacht und Begrenztheit, die im Sterben ihren Höhepunkt finden. Abgesehen vom plötzlichen Tod ist jeder darin auf die Hilfe anderer angewiesen.

Sterbehilfe – Euthanasie

Das griechische Wort Euthanasie bedeutet »schönes, gutes Sterben«. Viele verstehen darunter aber nicht Hilfe beim Sterben, sondern fordern, dass es – zumindest Ärzten – erlaubt sein müsse, den Todeskampf Todkranker zu beschleunigen bzw. den Tod direkt herbeizuführen (aktive Euthanasie). Gefordert wird eine solche »aktive Sterbehilfe« im Namen der

Humanität und der Menschlichkeit. Sie dürfe deshalb nicht mehr unter Strafe gestellt werden.

Wenn nach langer, schwerer Krankheit ein Mensch gestorben ist, sagen wir oft: »Es war für ihn eine Erlösung«. Jeder wünscht sich einen gnädigen Tod, ein menschenwürdiges Sterben. Deshalb sind sich alle darin einig, dass Angehörige, Pflegepersonal und Ärzte alles ihnen Mögliche tun müssen, um Alten und Todkranken das Sterben zu erleichtern. Zum Glück gibt es heute schmerzstillende Mittel, die helfen, die letzte Lebensphase menschlich zu bewältigen und die Lebensqualität so lange wie möglich zu erhalten.

Gerade deshalb aber müssen nicht alle technischen und medizinischen Mittel ausgeschöpft werden, um den Tod, der nicht mehr abzuwenden ist, um jeden Preis künstlich hinauszuschieben, etwa durch eine Operation, die unter Umständen die Phase danach noch schwerer erträglich macht und den Sterbeprozeß nur verlängert. Wenn ein Kranker sich einer solchen Operation nicht mehr unterziehen will, ist das zu respektieren. Es ist sehr zu überlegen, wie weit und wie lange wir das Recht haben, in den natürlichen Lauf menschlichen Verfalls einzugreifen, zum Beispiel durch Anschluß an eine Herz-Lungen-Maschine, wenn nicht die Aussicht besteht, danach wieder gesund zu werden. Das wäre nicht Hilfe zu menschenwürdigem Sterben, sondern Leidensverlängerung. Es gibt ein Grundsatzurteil, dass in einem solchen Fall der Arzt – nach Besprechung mit den Angehörigen – das Recht hat, unter Umständen die medizinischen Geräte abzuschalten. Es besteht ein grundlegender Unterschied zwischen dem Verzicht auf die Anwendung außergewöhnlicher medizinischer Mittel (passive Sterbehilfe) und der Verabreichung etwa einer den Tod herbeiführenden Spritze (aktive Euthanasie); also zwischen Sterbenlassen und Töten.

»Die Moral verlangt keine Therapie um jeden Preis. Außerordentliche oder zum erhofften Ergebnis in keinem Verhältnis stehende aufwendige und gefährliche medizinische Verfahren einzustellen, kann berechtigt sein. Man will dadurch den Tod nicht herbeiführen, sondern nimmt nur hin, ihn nicht verhindern zu können. Die Entscheidungen sind vom Patienten selbst zu treffen, falls er dazu fähig und imstande ist, andernfalls von den gesetzlich Bevollmächtigten, wobei stets der vernünftige Wille und die berechtigten Interessen des Patienten zu achten sind« (Katechismus der Katholischen Kirche, 2278).

So sehr es unsere Aufgabe ist, alles zu tun, um menschenwürdiges Sterben zu ermöglichen, so wenig ist es dem Menschen erlaubt, absichtlich menschliches Leben vorzeitig zu beenden. Das gilt vom »Freitod« ebenso wie von der »Tötung auf Verlangen« eines unheilbaren Menschen. Wir haben in diesem Sinn kein Verfügungsrecht über unser eigenes Leben und noch weniger über das Leben anderer. Denn wo würden die Grenzen einer solchen Verfügungsgewalt liegen? Wer entscheidet, wann ein Leben nicht mehr »lebenswert« ist? Mancher, der in scheinbar hoffnungsloser Lage nicht mehr leben wollte, hängt nach Überwindung dieser Situation sehr wohl wieder am Leben. Das gilt übrigens auch von den meisten stark Körperbehinderten. Sie empfinden ihr Leben keineswegs als »unwert«.

Über die Tötung Geisteskranker hat die deutsche Rechtsprechung in einem Urteil 1964 festgestellt: »Jeder Mensch, also auch der kranke oder in seiner geistigen Verfassung beeinträchtigte oder körperlich mißgestaltete Mensch hat Anspruch darauf, in seiner Menschenwürde geachtet und in seinem Recht auf Leben durch die Rechtsordnung geschützt zu werden.«

Hoffentlich stehen auch zukünftige Generationen zu diesem grundsätzlichen Urteil. Aus der Erfahrung zeigt sich nämlich, dass jede Aufweichung dieser Grundhaltung von der Achtung des Menschenlebens weiterer Unmenschlichkeit Tür und Tor öffnen kann; wenn sich nämlich der Einzelne oder die Gesellschaft zum Richter darüber erheben, wann ein Leben sinnlos oder wertlos ist. Etwa dann, wenn es in unserer Leistungsgesellschaft nicht mehr »nützlich« oder »produktiv« ist? Liegt nicht der Wert des Menschen in ihm selbst? Das armseligste Leben gründet letztlich in Gott und hat in ihm die Zukunft.

Wenn ein Mensch trotz aller medikamentösen Hilfen unsäglich leidet, möchte menschliche Barmherzigkeit vielleicht den Vorgang des Sterbens beschleunigen. Diese Barmherzigkeit sollte sich aber vor allem darin zeigen, dass wir Sterbende nicht Apparaten und menschlicher Einsamkeit überlassen, sie nicht abschieben in Sterbezimmer, sondern sie bis zum letzten Atemzug – auch dann, wenn wir meinen, sie erfahren nichts mehr – unsere Nähe spüren lassen. Wir wissen heute von typischen Phasen des Sterbens, in denen auch Resignation, Protest, Hadern mit dem Schicksal zum Ausdruck kommen, bis es dann zum Abfinden mit dem Tod oder zu dessen Annahme kommt; gerade in diesen Phasen braucht der Mensch Begleitung. Oft wissen Sterbende sehr wohl, dass es zu Ende geht, auch wenn ihnen die Wahrheit verschwiegen wird; und sie selbst sprechen es dann auch nicht aus, um den Angehörigen nicht weh zu tun.

Von England kommend ist die sogenannte Hospiz-Bewegung auch in Deutschland entstanden, die es sich zur Aufgabe setzt, Sterbende und Todkranke zu Hause in ihrer vertrauten Umgebung oder in eigenen Hospizen so zu betreuen, dass sie in Würde und weitgehend ohne Schmerzen leben und sterben können, begleitet von Menschen, die ihnen das Gefühl geben, nicht allein gelassen zu sein. Eine derartige wirkliche Sterbebegleitung ist in unseren Krankenhäusern, in denen es um die Bekämpfung der Krankheit und des Todes geht, meist nicht zu leisten.

Für den Christ bedeutet der Glaube an ein Fortleben nach dem Tod, dass also der Tod nicht das letzte Wort hat, erfahrungsgemäß eine große Hilfe im Sterben. Der Glaube nimmt nicht die Angst vor dem Sterben und vor dem Tod und erspart auch nicht die Phasen des allmählichen Loslassens irdischen Lebens. Aber er gibt Hoffnung, dass nach der Bitternis des Sterbens neues Leben wartet.

Die Krankensalbung

Als Zeichen dieser Hoffnung und als Stärkung im Kranksein und Sterben kennt die katholische Kirche die Krankensalbung. Die Bibel berichtet an vielen Stellen, dass Jesus gerade den Kranken seine Aufmerksamkeit und seine Hilfe schenkte. Ihm ging es vorrangig nicht um körperliche Heilung, sondern um seelische Stärkung und Aufrichtung. Die jungen Christengemeinden haben sich offenbar verpflichtet gefühlt, wie er zu handeln. Denn im Jakobusbrief finden wir bereits die Weisung: »Ist einer von euch krank? Dann rufe er die Ältesten der Gemeinde zu sich: sie sollen Gebete über ihn sprechen und ihn im Namen des Herrn mit Öl salben. Das gläubige Gebet wird den Kranken retten, und der Herr wird ihn aufrichten; wenn er Sünden begangen hat, werden sie ihm vergeben« (Jak 5,14 f.).
Wir sind der Überzeugung, dass Christus die wichtigsten Abschnitte unseres Lebens durch ein Sakrament begleitet. Wichtige und besonders belastende Lebensabschnitte sind Zeiten der Krankheit, des Alterns und des Sterbens. In Fortsetzung der Weisung des Apostelbriefes spendet die katholische Kirche darum das Sakrament der Krankensalbung.
Früher sprach man vom Sterbesakrament und von »letzter Ölung«, denn man verstand das Sakrament als Todesvorbereitung und schob deshalb die Spendung meist bis zur akuten Lebensgefahr hinaus. Natürlich wird die Krankensalbung auch heute in Todesgefahr gespendet. Aber wir

sehen sie wieder mehr in ihrer ursprünglichen Bedeutung: als Lebenshilfe in der Zeit längeren Krankseins und Alterns. In Todesgefahr wird dann, wenn möglich, die hl. Kommunion als »Wegzehrung« (viaticum) auf dem Weg vom Leben zum Tod gereicht.

Was ist der Tod?

Was geschieht eigentlich, wenn ein Mensch stirbt? Vor dieser Frage müssen wir alle unsere Verlegenheit bekennen. Den letzten Schritt tut jeder allein für sich. Aussetzen der Atmung, Stillstand des Herzens, Ende der Gehirntätigkeit – das ist der Befund, der erlaubt, einen Totenschein auszustellen. Wir sprechen vom »klinischen Tod«. Damit ist aber längst nicht alles über den Tod ausgesagt.

Warum überhaupt muss der Mensch sterben?

Wir sind geneigt zu sagen: »Das ist doch klar: Weil sich der Körper in seinen Kräften verbraucht und erschöpft. Wir entstehen, blühen auf, erreichen einen Höhepunkt, dem dann mit zunehmendem Alter ein Abbau der Vitalität folgt.« Das ist richtig. Auch alles andere, was existiert, ist diesem Wandel von Entstehen und Vergehen unterworfen. Schließlich steht aber doch der Mensch mit seinem Geist über allem Materiellen. Die seelisch-geistige Entwicklung des Menschen ist nicht unbedingt in demselben Ausmaß von einem Abnutzungsvorgang betroffen wie die Materie. Es gibt körperlich kranke und alte Menschen, die geistig jung, wach und unverbraucht geblieben sind. Der Tod ist nicht bloß ein chemisch-physikalischer Vorgang; der Mensch stirbt anders als eine Pflanze, ein Tier. (S. Freud meint, dass wir alle im Unterbewussten von unserer Unsterblichkeit überzeugt sind.) Darum kann sich der Mensch nur schwer mit der Grenze des Todes abfinden.

In der Heiligen Schrift wird der Tod öfter mit der Sünde in Zusammenhang gebracht: »Durch einen einzigen Menschen kam die Sünde in die Welt und durch die Sünde der Tod …« (Röm 5,12). Die Bibel sieht Gott als den Spender allen Lebens. In dieser Sicht ist jede Störung der Gottesbeziehung als Minderung des Lebens und damit letztlich als todbringend anzusehen.
Im Weltentwurf Gottes ist der Tod ein Eindringling, ein Feind des Menschen (vgl. 1 Kor 15,26). Er wird deshalb auch nicht immer bleiben. Unser Widerwille ihm gegenüber ist darum durchaus im Recht. Der Tod widerspricht zutiefst unserem Verlangen nach Leben.

In unserer Hoffnung kommen wir nie an ein Ende, selbst Sterbende hoffen noch. In unserer Liebe suchen wir Endgültigkeit, Dauer, Unaufhörlichkeit. In unserem Sinnverlangen erscheint der Tod als sinntötender Schluss, der alles, was in einem Leben wichtig war, auslöscht. Nur der Mensch kann ständig diese Grenze des Todes gedanklich überschreiten und unter diesem negativen Vorzeichen vor allem, was er Großes schafft und denkt, leiden; in diesem Sinn wäre er armseliger dran als jedes Tier, das derartige Hoffnung nicht kennt.

Viele Menschen haben darum das Verlangen, in ihren Werken oder in ihren Kindern weiterzuleben; die ägyptischen Pharaonen in Pyramiden, um ihr Andenken unvergesslich zu machen. Wieder andere arbeiten an einem großen Werk oder »machen Geschichte«, um im Gedächtnis der Menschen nicht unterzugehen. Das alles aber sind doch nur Schatten, weil darin der Mensch nicht selbst lebt, sondern nur sein Nachhall.

Ist der Tod wirklich die absolute Wand, oder ist diese Wand durchlässig auf ein neues Leben hin? Gibt es Zukunft über den Tod hinaus? Oder sollen mit diesen Erwartungen nur Menschen getröstet werden, um von den Missständen des Diesseits abzulenken?

Reinkarnation?

Der Gedanke, dass der Tod nicht das absolute Ende ist, sondern ein Übergang in ein anderes – wenn möglich erfüllteres – Leben, hat vor allem in östlichen Religionen (Brahmanismus, Hinduismus, Buddhismus) eine Antwort gefunden, die mit Reinkarnation – das heißt Wiedergeburt, Wiederbeseelung – bezeichnet wird. Man glaubt an eine Folge von immer neuen Wiedergeburten Verstorbener in ein anderes irdisches Leben, bis dann schließlich auch da – vielleicht nach unzähligen solcher Lebeweisen – das endgültige »Nirwana« folgt. Letztlich kann der Mensch eine Erlösung von diesem Leben nur durch totale Selbstaufgabe erreichen. Solange der Mensch noch von eigensüchtigen Wünschen und Begierden gefangen ist, kann er nicht in das Nirwana eingehen. Er muss wieder geboren werden zu einem neuen Leben. Das kann eine Erniedrigung bedeuten, der Mensch wird dann beispielsweise als Tier wiedergeboren werden; oder es bedeutet für ihn Erhöhung, bringt ihn dem Ziel der Vereinigung mit dem zeitlosen Weltgrund (Nirwana) näher. Das hängt vom Verhalten des jeweiligen Menschen in seinem früheren Leben ab.

Diese Lehre aus östlichem Bewusstsein hat in den letzten Jahrzehnten im Westen viele Sympathisanten gefunden. Vor allem bei Theosophen und Anthroposophen. Für das östliche Empfinden ist andererseits das Wissen um Wiederverkörperung eine Qual. Man ersehnt das endliche Stillstehen des immer neu sich drehenden Rades der Wiedergeburten und hofft, von diesem unseligen Zwang befreit zu werden.

Mit dem christlichen Glauben ist die Reinkarnationstheorie nicht vereinbar. Da heißt es im Hebräerbrief (9,27): »Wie es dem Menschen bestimmt ist, ein einziges Mal zu sterben, worauf dann das Gericht folgt, so wurde auch Christus ein einziges Mal geopfert, um die Sünden vieler hinwegzunehmen …«
Im Gleichnis vom reichen Mann und dem armen Lazarus (Lk 16,19 ff.) sagt die Bibel, dass der Tod das Los des Menschen für immer besiegelt. Wichtiger aber als einzelne Texte ist die Grundaussage des christlichen Glaubens, dass wir Menschen uns nicht selbst erlösen können und selbst erlösen müssen. Christus hat uns frei gemacht, erlöst, und durch ihn – und nur durch ihn – ist der Tod ein Tor zu neuem ewigen Leben. Das ist eine wirklich froh machende Botschaft.

Christus – das Tor zum Leben

Jesus verheißt: »Ich bin die Auferstehung und das Leben. Wer an mich glaubt, wird leben, auch wenn er stirbt, und jeder, der lebt und an mich glaubt, wird auf ewig nicht sterben« (Joh 11,25 f.; vgl. Lk 23,43).
Obwohl auch Paulus weiß, wie hart der Tod in das Leben eingreift, bedeutet Sterben für ihn doch nicht schmerzlicher Abschied, sondern Heimkehr: »Ich sehne mich danach, aufzubrechen und bei Christus zu sein …« (Phil 1,23; vgl. 2 Kor 5,8). Für den glaubenden Menschen ist der Tod nicht sinnloses, unwiderrufliches Ende, sondern neuer Anfang. Wie Christus vom Tod wiederkam, so werden auch wir mit ihm und durch ihn weiterleben (vgl. 1 Thess 4,13-18).

Der Tod als letzte Tat

Ein kleiner Junge wird auf seinem Schulweg von einem Auto erfasst und erliegt auf dem Weg ins Krankenhaus seinen Verletzungen. Dieses junge Menschenleben wurde abgebrochen – das ist unser Eindruck –, bevor es zur Blüte und Reife kam. Dieser unfertige, gewaltsame Lebensabschluss hat etwas Erschütterndes an sich. Es wird deutlich, dass der Tod den

Menschen nicht unbedingt dann trifft, wenn einer von innen her sein Leben vollendet hat. Beim Tod eines jungen Menschen ist für jeden klar: Das war »zu früh«!

Ist es beim Tod eines erwachsenen Menschen aber so grundsätzlich anders? Manch einer mag »lebensmüde« sein ob all der Beschwernisse des Alters. Aber meist hängen auch alte Menschen an dem »bisschen« Leben, das ihnen verblieben ist. Oft kommt selbst ein Erwachsener nicht dazu, sein Leben »abzuschließen«. Manchmal muss dem Menschen alles genommen werden, woran er hängt, damit er sieht, worauf es letztlich ankommt.

Immer wieder gibt es Berichte klinisch Toter, die ins Leben zurückgerufen wurden, über das, was sie im Sterben und »danach« erlebt haben. Daraus geht einmal mehr hervor, dass Sterben anders ist, als es für die Umstehenden erfahrbar wird. Es ist offenbar nicht nur ein Verlöschen, sondern der Sterbende nimmt viel mehr von dem wahr, was um ihn herum vorgeht, als der äußere Zustand vermuten lässt.

Zum anderen berichten viele, die ins Leben »zurückgerufen wurden«, dass sie im Augenblick des »Hinübergangs« ihr früheres Leben in einer intensiven Gesamtschau vor Augen gehabt hätten; und dies in großer Klarheit. Diese Erfahrungen »beweisen« nichts, aber sie stimmen erstaunlich mit christlichen Überlegungen und Überzeugungen überein.

Der Tod ist ein Bestandteil unseres Lebens. Sterben ist nicht nur Sache des Augenblicks, sondern ein Prozess. Und jeder, der diesen Prozess durchmacht, hat allen Lebenden die Erfahrung des Sterbens voraus. Könnte das nicht *die* entscheidende Lebenserfahrung sein? Der Tod brächte dann das, was noch an Entfaltung aussteht, zur Reife. Da wird jedes Kind erwachsen, und der Erwachsene schüttelt das Unfertige ab, das ihm noch anhaftet. Auch der schwachsinnige und psychisch gestörte Mensch, der sein Leben lang geistig unterentwickelt blieb, ja selbst das ungeborene Kind – alle hätten (dann) die Möglichkeit, ihr Menschsein im Sterben zur Entfaltung und Reife zu bringen. Dann wäre der Tod nicht nur ein Verdämmern – wie es von außen her den Anschein hat –, sondern letzte Tat des Menschen. Erst wenn der Mensch über die Grenzen schaut und das Ganze des Lebens in den Blick bekommt, erkennt er den Sinn seines Schicksals und Gott als die Mitte der Welt. Auch wer nie eine Beziehung zu Gott hatte, weil er nie von ihm gehört hat oder weil ihm Gott wie ein Märchen oder wie ein Tyrann vor Augen gestellt wurde, hätte dann die Möglichkeit, wenigstens im Tod Gott persönlich zu begegnen.

Warum sollte darum ein Mensch in einem solchen Augenblick nicht auch sein Verhältnis zu Gott noch einmal revidieren können?

Dennoch wäre es leichtsinnig, sich ein Leben lang nicht um Gott zu kümmern in der Hoffnung, dass dafür ja im Tod noch Zeit ist. Wer weiß, ob wir dann die Kraft aufbringen, uns plötzlich von der eigenen Vergangenheit zu lösen und uns gegen alle Lebensgewohnheiten neu zu orientieren. Was wir in der Zukunft sein möchten, müssen wir in der Gegenwart anfangen. Diese letzte Entscheidung des Menschen wäre entweder eine Bestätigung seines früheren Verhaltens, oder sie wäre eine Korrektur, vielleicht ein Widerruf des ganzen bisherigen Lebens. Und diese Entscheidung ist dann endgültig und unwiderruflich, denn neue Gesichtspunkte kommen jetzt nicht mehr hinzu. Alle Unwissenheit, alles Schwanken hört mit dem Tod auf. Jenseits von ihm gibt es nur Endgültiges.

Wird der Mensch gerichtet?

Die vorausgehenden Überlegungen helfen uns, den christlichen Glauben über das persönliche Gericht unmittelbar nach dem Tod besser zu verstehen.

Manche stellen sich das »Gericht« sehr realistisch vor: Sie denken an einen Richterstuhl, vor dem der Verstorbene erscheint, damit Gott über ihn das Urteil fällt. Oder sie denken an ein aufgeschlagenes Buch, in dem alle unsere Lebensdaten aufgezeichnet sind. All das sind nur sehr schwache Bilder für das »Gericht«, das nach christlicher Überzeugung jeden Menschen bei seinem Tod erwartet (vgl. 2 Kor 5,10). Aber Gott hat kein Interesse an einem verwerfenden Gerichtsurteil (vgl. Joh 3,16 ff.; 1 Tim 2,4). Er will den Menschen retten. Ob der Mensch sein Lebensziel erreicht, hängt von diesem selbst ab.

Das Gericht ist also eine Folge der Taten, der Gesinnung und der Unterlassungen des Lebens. Was einer geworden ist, ist das Resultat seiner Lebensweise, die er zu verantworten hat.

Wir sollten uns also das Gericht eher als einen geistigen Vorgang vorstellen: Im Augenblick des Todes kommt der Mensch zu einer umfassenden Selbsterkenntnis ohne jede Selbsttäuschung. Jede Einzelheit und auch das aus allen Einzelentscheidungen zusammengewachsene Ganze des Lebens wird offenbar. In dieser Zusammenschau sieht der Mensch, was richtig war und was er falsch gemacht hat. So ist dieses Gericht zunächst ein Selbstgericht, und darin vollzieht sich zugleich das Gericht Gottes, insofern der Mensch auch Gott und seinen Anspruch klarer erkennt. Praktisch wird also das Urteil, das der Mensch durch sein alltägliches Verhalten selbst fällt, im Jenseits bestätigt. Gottes Gericht ist nur die Unterschrift unter die Gewissensentscheidungen des Menschen. Der Glaube daran will nicht ängstigen, aber er bringt Ernst und Dramatik in unser Leben hinein und kann es dadurch verändern. Das Unrecht in der Welt behält nicht das letzte Wort. Es gibt eine Instanz, die das Recht wahrt.

Der »Katechismus der Katholischen Kirche« (Weltkatechismus) spricht von dem besonderen Gericht, »in dem der Mensch entweder durch eine Läuterung hindurch oder unmittelbar in die himmlische Seligkeit eintritt oder in dem er sich sogleich für immer verdammt« (1022). Da sind Tod, Gericht und alles, was darauf folgt, in einem Satz zusammengefasst.

Gibt es ein »Fegefeuer«?

Das zum Thema Sterben und Gericht Gesagte kann uns eine Hilfe zum Verständnis dessen sein, was volkstümlich und missverständlich mit »Fegefeuer« (von fegen = reinigen) bezeichnet wird. Die Theologie kennt dieses Wort nicht, sondern spricht von »purgatorium«, was so viel wie Läuterung bedeutet. Von Feuer ist da nicht die Rede. Paulus spricht von einer Reinigung »wie durch Feuer«, möchte seine Schilderung also gleichnishaft verstanden wissen.

Eines jeden Lebenswerk »wird offenbar werden; jener Tag wird es sichtbar machen, weil es im Feuer offenbart wird. Das Feuer wird prüfen, was das Werk eines jeden taugt. Hält das stand, was er aufgebaut hat, so empfängt er Lohn. Brennt es nieder, dann muss er den Verlust tragen. Er selbst aber wird gerettet werden, doch so wie durch Feuer hindurch« (1 Kor 3,13 ff.). Auch Jesus spricht davon, dass auch in der künftigen Welt noch Sünden nachgelassen werden können (vgl. Mt 12,32).

Der Eintritt in das *Ewige Leben* geschieht also entweder durch eine Läuterung hindurch oder durch den unmittelbaren Eintritt in die himmlische Seligkeit.

Psychotherapeuten sprechen von der »unbewältigten Vergangenheit«. Es gehört zu den harten Tatsachen unseres Daseins, dass wir unter den Folgen unseres Tuns leiden.

Das gilt auch für unser Verhältnis zu Gott. Man glaubt an ihn, man versucht, aus dem Glauben heraus zu leben, aber diese grundsätzliche Entscheidung hat noch nicht den ganzen Menschen erfasst. Der Glaube und die Liebe bleiben allemal hinter dem zurück, was wir sein könnten und vielleicht auch sein möchten.

Diese Unfertigkeit muss dem Menschen zu schaffen machen, sobald er stirbt und dem durchdringenden »Blick Gottes« begegnet. Wie in einem Spiegel erkennt er seine Schwächen und seine Unzulänglichkeit und erfährt das als schmerzliche Läuterung, die alles Unvollkommene hinter sich lassen möchte. Mit Liebe greift Gott in das Gewebe von Gut und Böse hinein, um zu scheiden, um alle Selbstsucht umzuwandeln in Liebe. Dieser Vorgang ist schmerzlich, ausbrennend wie Feuer. Aber so wird der Mensch zu dem, was Gott aus ihm machen wollte; er kommt endgültig zu sich selbst. Nur so wird er auch fähig für die Gemeinschaft mit Gott. Man könnte diesen Prozeß mit einem modernen Wort als »Bewusstseinserweiterung« bezeichnen.

»Fegefeuer« ist also kein Ort, sondern ein Vorgang. Er beginnt, sobald der Mensch endgültig auf Gott trifft, aber dafür noch nicht vorbereitet ist (vgl. Offb 21,27). Ob dieser Vorgang mehr oder weniger lange dauert, wissen wir nicht – von Zeit oder Dauer zu sprechen, hat, wenn die Ewigkeit begonnen hat, ohnedies keinen Sinn mehr. Wir sollten uns den Läuterungsprozess eher mehr oder weniger intensiv anstatt mehr oder weniger lange vorstellen.

Daraus wird verständlich, warum Katholiken für die Verstorbenen und für deren »Seelenruhe« beten. Das geschieht vor allem am Allerseelentag (2. November). Dahinter steht der Gedanke von der Gemeinschaft der Glaubenden, die auch im Tod miteinander verbunden bleiben und füreinander einstehen. So kommt auch das Tun und Beten des einen allen anderen – hier den Verstorbenen – zugute. Dass etwas Derartiges möglich ist, hat Judas, der Makkabäer, schon geahnt, wenn er der Überzeugung war, Verstorbenen durch Gebet und Opfer helfen zu können (2 Makk 12,42-46). Darum war es von den Anfängen des Christentums an Brauch, für die Verstorbenen zu beten, wie die vielen Grabinschriften in den Katakomben zeigen. Tertullian (um 160-220) berichtet, dass am Jahrestag des Todes auch bei der hl. Messe der Verstorbenen gedacht wurde. Deshalb ist bis auf den heutigen Tag die hl. Messe für den Verstorbenen (»Requiem«) der Höhepunkt des Gedenkens an den Verstorbenen, bedeutungsvoller als das Geleit zum Grab. Dabei dominieren Gedanken des Glaubens an die Auferstehung über die Trauer, die mit dem Tod eines Menschen verbunden ist.

Gott – die Zukunft des Menschen

Im Glaubensbekenntnis beten wir:»… ich glaube an das ewige Leben«.
Ist das nicht ein Widerspruch: Leben und Ewigkeit? Leben, das heißt
doch Veränderlichkeit, Absterben, Tod. Ewigkeit, das meint doch wohl
das Gegenteil. Ewigkeit kommt eigentlich nur Gott zu. – Hier ist zunächst zu sagen, dass Ewigkeit nicht»ewige Dauer« bedeutet. Wir stellen
sie uns in der Regel vor als eine Linie ohne Anfang und ohne Ende, etwa
wie in der Mathematik der Begriff der Unendlichkeit gebraucht wird.
Also unendlich ausgedehnte Zeit. Ich könnte mir denken, dass mit einer
solchen Sicht nicht nur positive Gedanken verbunden sind, denn das
könnte doch schließlich auch unendlich langweilig sein.
Ewigkeit aber meint etwas anderes: Sie meint ein ständiges und erfülltes
Jetzt, kein Vorher und kein Nachher. Der Zeitbegriff passt nicht in die
Ewigkeit. Wenn wir ein Bild suchen, dann ist das nicht die unendliche
Linie, sondern der Kreis, bei dem jeder einzelne Punkt der Kreislinie vom
Mittelpunkt – dem Jetzt oder besser: Gott – denselben Abstand hat. Völ-
lige Gleichzeitigkeit. »Alles-in-einem-und-auf-einmal« (Karl Rahner).
Für den Menschen ist diese Art zu leben nur möglich durch die geschenk-
te Teilhabe an der Lebendigkeit und Ewigkeit Gottes.

Über das »Wie« dieses Lebens bei Gott können menschliche Begriffe
und erst recht Vorstellungen eigentlich nur schweigen. So wie wir von
Gott eher sagen können, was und wie er nicht ist, so können wir auch
von dem Leben bei Gott eher sagen, was es nicht ist. Es ist die Negation
all dessen, was das Leben schwer macht, was Leid und Lieblosigkeit und
Egoismus bedeuten. Der hl. Paulus sagt:»… was kein Auge gesehen und
kein Ohr gehört hat, was keinem Menschen in den Sinn gekommen ist:
das Große, das Gott denen bereitet hat, die ihn lieben« (1 Kor 2,9).
Deshalb sind auch die Aussagen unseres Glaubens – im Gegensatz zu
manchen Sekten – so sparsam über das, was wir den »Himmel« nennen.
Mittelalterliche Bilder können die Wirklichkeit eher verdecken als ent-
hüllen. Denn auch die Heilige Schrift sagt nur, *dass* wir leben werden
(1 Kor 15,12 ff.), dass uns Gott zu sich ruft und dass wir bei ihm sein
werden (2 Kor 5,8). Himmel ist eine der Chiffren der Bibel für Gott
selbst. *Er* ist der Himmel, *er* ist unsere Zukunft.
Alles, was die Bibel über das »Wie« des Bei-Gott-Seins aussagt, sind nur
Bilder, Umschreibungen. Sie spricht vom »ewigen Leben«, von »immer-
während em Heil«, von »Frieden ohne Qual«, von »Licht« und »Ruhe«;

oder sie gebraucht Bilder wie »Tischgemeinschaft mit Gott«, »Wohnung Gottes«, »ewiges Hochzeitsmahl« usw. Alles Versuche, das Unsagbare zu sagen.

Erinnern wir uns noch einmal an das, was am Anfang des Buches gesagt wurde. Da wird der Mensch als ein offenes Wesen beschrieben, dessen Wunsch nach einem erfüllten Leben ihn ständig über sich selbst hinausweist. Die christliche Erklärung für diese Tatsache heißt: Diese Hoffnung ist keine Illusion. Es gibt für den Menschen eine ungeahnte Bereicherung und Erfüllung, ein wirkliches und endgültiges Ziel. Das aber ist erst erreicht, wenn alle Erwartungen erfüllt sind, wenn alles Unzulängliche, Verkümmerte, aufgehört hat, wenn wir zum endgültigen Sinn unseres Lebens durchgestoßen sind. Das geschieht, wenn Gott und Mensch zusammentreffen, einander berühren. Das ist der »Himmel«. Wo der Mensch unmittelbar »Gott schaut« (Mt 5,8), kommt er auch ganz und gar zu sich selbst. Da erfährt er in vollen Zügen, was es heißt, Mensch zu sein. Das bedeutet totale Bewusstseinserweiterung, Glück. Der »Katechismus der Katholischen Kirche« sagt: »Der Himmel ist das letzte Ziel und die Erfüllung der tiefsten Sehnsüchte des Menschen, der Zustand höchsten, endgültigen Glücks«.

In jedem Leben gibt es Augenblicke inneren Glücks, Erlebnisse von Harmonie und Geborgenheit, von Freiheit und Erkenntnis, von Sicherheit und Kraft, von Friede und tiefer Freude, von Liebe und Geliebtwerden ... Das kann eine Vorahnung dessen sein, was »im Himmel sein« heißt. Die Dunkelheiten des Lebens lichten sich, und wir ahnen etwas von dem Geheimnis, auf das wir zugehen.
Kinder fragen gelegentlich: »Wo ist der Himmel, wo ist der liebe Gott?« Leider haben wir im Deutschen – im Gegensatz zum Englischen – nur das eine Wort Himmel sowohl für den Luftraum über uns wie für die Jenseitigkeit außerhalb der geschöpflichen Welt.
Die Frage »Wo ist der Himmel?« kann nicht beantwortet werden. Himmel ist ein Zustand, kein Ort, es ist eine neue, vollkommene Art zu leben. Nicht außerhalb unserer Welt oder jenseits der Wolken oder im Milchstraßensystem gibt es einen abgesteckten Raum, den wir Himmel nennen können, der Himmel ist die vollendete, erlöste Welt. Gott selbst ist der Himmel. »Im Himmel leben heißt, mit Christus sein« (vgl. Joh 14,3 ff.).

Wenn die Bibel Raumvorstellungen verwendet, wenn sie sagt, dass Gott »oben« oder »im Himmel« sei, so will sie damit nur die Andersartigkeit und Erhabenheit Gottes zum Ausdruck bringen. Diese Redeweise entspricht menschlicher Erfahrung: Das Gute kommt »von oben« (Licht, Wärme). Wenn wir erleichtert sind, richten wir uns auf. Leid und Schuld aber drücken uns nieder. Aus Scham möchten wir in die Erde versinken. Liegt es da nicht nahe, Gott »oben« zu suchen?

Manchmal kann man den Vorwurf hören: Die Christen erwarten ein Paradies im Jenseits, weil sie vor den Schwierigkeiten unserer konkreten Welt kapitulieren. Für den einen oder anderen Gläubigen mag das vielleicht sogar zutreffen. Wirklich christlich aber wäre eine solche Haltung nicht. Paulus sagt vielmehr: »Jeder wird seinen Lohn empfangen gemäß seiner Arbeit« (1 Kor 3,8). Das heißt mit anderen Worten: Unser Schicksal entscheidet sich schon jetzt durch das, was wir Tag für Tag tun. Unser Leben ist bedeutungsvoll für unser Leben nach dem Tod. Alles Gute ist »aufgehoben« und geht in den Himmel ein: Das ist schon der Anfang desselben.

Denn das alles ist nicht Zukunftsmusik. Dieser »Himmel« hat schon begonnen. Häufig betont die Bibel, dass wir in Christus bereits Gott sehen (Joh 12,45) und dass wir durch ihn schon jetzt zum neuen Leben auferweckt und in den Himmel versetzt wurden (Eph 2,4-7). Das Entscheidende ist also bereits geschehen. Das Leben mit Gott hat angefangen, nur können wir diese Wirklichkeit noch nicht erfassen und aus-leben. Wir müssen uns noch bewähren und können auch scheitern. Aber – das betont das Neue Testament immer wieder – der Eintritt zu dem, was die Bibel Leben, *Ewiges Leben* nennt, geschieht schon jetzt.

Einem Religionslehrer wurde, als er den Kindern die Herrlichkeit des Himmels in leuchtenden Farben ausgemalt hatte, von einem Jungen die Frage gestellt: »Kann man im Himmel auch Fußball spielen?« Nach einiger Überlegung sagte er: »Ich bin sicher, dass du Fußball spielen kannst, wenn du Fußball spielen willst. Aber ich bin nicht sicher, dass du dann noch Fußball spielen willst!« Der Junge darauf: »Ich bin sicher, ich werde es wollen ...«

Der hl. Augustinus setzt sich mit der Frage auseinander: »Wie kann denn jemand ohne Langeweile immer die gleiche Freude haben?« Er sagt darauf: »Wenn ich dir in diesem Leben etwas zeige, was niemals Langeweile erregt, wirst du mir dann glauben, dass es dort ebenso ist? Nun, du kennst Überdruß bei Speise und Trank, bei Vergnügen und sonst bei diesem und jenem – aber das Gesundsein langweilt dich nie. So wirst du

*dort in der Ewigkeit der Liebe, Unsterblichkeit und Ewigkeit niemals
überdrüssig werden.«*

»Verdammt in alle Ewigkeit?«

Hölle: Für viele bedeutet das »überall Feuer«, »schwarzes Verlies«,
»quälende Schmerzen« ... Also eine Art kosmische Folterkammer. Andere meinen, dass die Seele irgendwo herumgeistere und niemals Ruhe
finde.

So haben das ja Künstler im Mittelalter darzustellen versucht. Das ist eine
Entstellung dessen, was die Bibel mit dem Bild vom »ewigen Feuer« darstellen will. An eine solche Hölle zu glauben, widerspricht dem Glauben
an den liebenden Gott.

Was die Bibel ausdrücken will ist die reale Möglichkeit eines endgültigen
Scheiterns, des Verfehlens unseres gesamten Lebensziels und damit verbunden die völlige Einsamkeit und Verzweiflung. Christus nennt mehrfach zwei Lebensformen nach dem Tod: eine der Freude und Erfüllung
und eine der Leere und Trostlosigkeit (vgl. Mt 5,29; 13,41 f.; 25,31-46;
Röm 2,6 ff.).

Kein Mensch aber wird in diese düstere Ausweglosigkeit hineingestoßen,
er kann sich nur selbst hineinbegeben. Das geschieht da, wo er sich in
kurzsichtigem Egoismus ganz in sich selbst verschließt. Er sieht und
sucht nur sich selbst und bleibt dann tatsächlich für alle Ewigkeit mit sich
allein.

Schon in diesem Leben brauchen wir Kontakt und Gemeinschaft, Anregung von außen, Austausch mit anderen Menschen. Die Isolierung, das
Alleinsein kann unerträglich werden. Ein solches Leben kann man nur als
gescheitert bezeichnen. Man möchte sagen: »Das ist die Hölle«. Menschen können einander das Leben »zur Hölle machen«. Der hl. Paulus
sagt über solche Menschen, dass sie schon jetzt mehr tot als lebendig sei-
en (Röm 6,19).

Den Gegensatz zu diesem Um-sich-selbst-Kreisen nennen wir »Liebe«.
Die Bibel sagt deshalb, dass die Liebe zu Gott und den Mitmenschen
über unsere Seligkeit auch im ewigen Leben entscheidet. Denn sonst bleiben wir auch in der künftigen Welt mit uns selbst allein. Das Feuer, das
in der Hölle »brennt«, ist Leere und Einsamkeit. »Den Zustand der endgültigen Selbstausschließung aus der Gemeinschaft mit Gott und den Se-
ligen nennt man Hölle« (Katechismus der Katholischen Kirche, 1033).

Wo ein Mensch bis in den Tod hinein noch radikal an sich selbst denkt, schließt er sich nicht nur hier und jetzt, sondern auch für alle Zukunft von der »erlösten Welt« aus. Denn wer den Mitmenschen nicht lieben kann, kann auch Gott nicht lieben: »Wer seinen Bruder nicht liebt, den er sieht, kann Gott nicht lieben, den er nicht sieht« (1 Joh 4,20). Hölle ist also im Grunde nichts anderes als die Nichterwiderung der Liebe Gottes. »Hölle ist das Nicht-mehr-lieben-Können« (Bernanos). Da Gott, der Herr, die freie Entscheidung des Menschen respektiert, drängt er sich dem, der nicht mit ihm sein will, nicht auf. Endgültige Gottesferne aber bedeutet völlige Sinnlosigkeit, Einsamkeit, Finsternis. Irenäus (Theologe und Bischof im zweiten Jahrhundert) sagt: »Wer das Licht flieht, wird im Dunkel wohnen.«

»Die ›Pein der Hölle‹ besteht in der ewigen Trennung von Gott, in dem allein der Mensch das Leben und das Glück finden kann, für die er erschaffen worden ist und nach denen er sich sehnt« (Katechismus der Katholischen Kirche, 1035).

Hier wird deutlich, dass das Scheitern des Menschen nicht als Strafe Gottes zu verstehen ist, sondern als freies Sich-Ausschließen von Gott. Nicht Gott verurteilt den Menschen, sondern der Mensch sich selbst. Die Wirklichkeit der »Hölle« widerspricht darum auch nicht der Liebe Gottes, sie ist ja gerade deren Ablehnung. Liebe kann sich nicht gewaltsam aufdrängen. Sie wird ohnmächtig, wenn sie verneint wird. Das Beste wird zur Qual, wenn einem bewusst wird, dass man es sich selbst verscherzt hat.

Einem jüdischen Weisen wurde die Frage gestellt, wo Gott wohne. Er antwortete: »Dort, wo man ihn einlässt«. Wo man ihn nicht einlässt, wird er auch nicht Wohnung nehmen.

Nun fragen wir uns, ob es denn überhaupt möglich ist, dass ein Mensch eine derartig widersinnige und letztlich unmenschliche Haltung radikal durchhält. Zweifellos gab es in der Geschichte Menschen, die Tausende von Menschenleben und Folterungen auf dem Gewissen haben. Beispiele kennen wir genug. Ob aber ein Mensch im Angesicht Gottes in der Verstockung und Ablehnung ausharren kann und ob ihm auch da noch eine letzte Entscheidung möglich ist? Wir wissen es nicht. Die Kirche hat schon viele Menschen »heilig gesprochen« und will damit zum Ausdruck bringen, dass sie uns auf dem Weg zu Gott vorangegangen sind. Sie hat aber noch nie von einem Menschen behauptet, dass er verdammt sei. Jesus sagt zwar: »Geht durch das enge Tor! Denn das Tor ist weit, das ins

Verderben führt, und der Weg dahin breit, und viele gehen auf ihm« (Mt 7,13). Mit solchen und ähnlichen Worten will Jesus mit ganzem Ernst die Möglichkeit des Scheiterns vor Augen führen und auf Veränderung unseres Lebens drängen. Als Jesus einmal davon spricht, dass es schwer sei, als Reicher in das Reich Gottes zu gelangen, fragen die Jünger erschrocken: »Wer kann dann noch gerettet werden?« Jesus darauf: »Für Menschen ist das unmöglich, aber nicht für Gott, denn *für Gott ist alles möglich*« (Mk 10,26 f.). Jedenfalls ist kein Mensch für die »Hölle« geschaffen. Gott will, dass alle Menschen gerettet werden (1 Tim 2,4). Aber Gottes Wille zwingt nicht.

Wiederkunft Christi und Auferstehung der Toten

Die Heilige Schrift sagt, dass »am Ende der Zeit« Christus kommen wird. Mit dieser Wiederkunft sind die Auferweckung der Toten, das Gericht aller Menschen und die Vollendung der Welt verbunden.

»Die Menschen werden vor Angst vergehen in der Erwartung der Dinge, die über die Erde kommen; denn die Kräfte des Himmels werden erschüttert werden. Dann wird man den *Menschensohn* (Jesus) mit großer Macht und Herrlichkeit *auf einer Wolke kommen* sehen. (Die Wolke bedeutet im biblischen Sprachgebrauch die göttliche Macht und Herrlichkeit.) Wenn all das beginnt, dann richtet euch auf, und erhebt eure Häupter; denn eure Erlösung ist nahe« (Lk 21,26 ff.).

Mit dem Kommen Christi werden in verschiedenen Schilderungen des Neuen Testamentes Katastrophen unglaublichen Ausmaßes verbunden (Verfinsterung der Sonne und des Mondes, Erschütterungen der Kräfte des Himmels usw. (vgl. Mk 13,24 f.)). Auch in dem vorausgehenden Zitat ist von Ängsten die Rede, die damit verbunden sind. Ganz abgesehen davon, dass es sich hier um Bilder handelt, die das antike Weltbild voraussetzen, heißt es dann aber: »Wenn all das beginnt, dann richtet euch auf und erhebt eure Häupter; denn eure Erlösung ist nahe«. Deshalb wurde das Kommen Christi in der Urkirche freudig und voll Sehnsucht erwartet. Im ausgehenden Mittelalter dagegen konnte man die Begleiterscheinungen nicht grässlich genug schildern. Der Kern der biblischen Berichte vom Kommen des Herrn aber verkündet uns nicht etwas, was uns ängstigen soll, sondern was das Ende allen Unrechts und aller Gewalt bedeutet.

Es hat immer wieder Menschen gegeben – heute finden wir sie in manchen Sekten – die das hereinbrechende Weltende schon für morgen oder übermorgen erwartet haben. Jesus selbst betont aber, dass niemand den Tag und die Stunde kennt (13,32). Auch die Apostel dämpfen solche Erwartungen und mahnen vor jeder datierbaren Festlegung (1 Thess 5,1; 2 Thess 2,1 f.)

Ebenso ist es wenig sinnvoll, sich die Auferweckung der Toten, die mit dem Kommen des Herrn verbunden sein wird, allzu bildlich vorzustellen. Die Bibel gebraucht zwar Bilder, wenn es in 1 Thess 4,16 heißt:»Der Herr selbst wird vom Himmel herabkommen, wenn der Befehl ergeht, der Erzengel ruft und die Posaune Gottes erschallt. Zuerst werden die in Christus Verstorbenen auferstehen«. Dann ist von Entrückung auf den Wolken »dem Herrn entgegen« die Rede. Hier wird deutlich, dass selbst Bilder das Unfassbare nur schwach wiedergeben können.

Das Eigentliche wird im 1. Korintherbrief zum Ausdruck gebracht:»So ist es auch mit der Auferstehung der Toten. Was gesät wird, ist verweslich, was auferweckt wird, unverweslich. Was gesät wird, ist armselig, was auferweckt wird, herrlich. Was gesät wird, ist schwach, was auferweckt wird, ist stark. Gesät wird ein irdischer Leib, auferweckt ein überirdischer Leib« (1 Kor 15,42 ff.).

Leib und Geist gehören zusammen und machen zusammen erst den ganzen Menschen – die Person – aus. Darum muss auch der Leib mit in das jenseitige Leben eingehen können, wenn der Mensch darin wirklich als Mensch weiterleben soll. Unsterblichkeit ist also nicht einer vom Leib getrennten Seele verheißen, sondern dem ganzen Menschen, der Person (1 Kor 15,1-58; Röm 8,11; Phil 3,21). Wenn die Bibel von der Auferweckung der Toten spricht, handelt es sich also immer um die vollständige Wiederherstellung des Menschen. Das, was Paulus einen »überirdischen Leib« nennt (s.o.), können wir uns nicht vorstellen. Natürlich wird der Auferstehungsleib nicht dieselben materiellen Bestandteile unseres jetzigen Leibes haben. Es ist ja bekannt, dass die Aufbaustoffe unseres Körpers sich im Lauf der Jahre völlig austauschen. Trotzdem bleibt das immer derselbe Mensch. Man darf ruhig die Auffassung vertreten, dass es genügt, wenn unser Ich erneut wieder mit »Materie« vereint wird, damit es derselbe Mensch sei. Das ist aber nicht so zu verstehen, dass wir einen Idealkörper bekämen. Es geht vielmehr um eine ganz neue Lebensform. Dass auch der Körper erlöst wird, will sagen, dass er jenseits aller Vergänglichkeit existiert. Er unterliegt nicht mehr den üblichen Bedingungen der Materie, ist nicht abhängig von Raum und Zeit, von Ausdehnung und Schwere wie wir. Das wollen auch die Berichte von dem auferstandenen Christus sagen (Lk 24; Joh 20). Christus ist bei der Auferstehung nicht in das irdisch-biologische Leben zurückgekehrt, sondern in eine neue, »verklärte« Lebensweise eingetreten.

Ganz undenkbar? Selbst im Tierreich kennen wir die Umwandlung der Raupe über die Puppe zum Schmetterling. Dasselbe Tier! Eine Vorstellungsbrücke, mehr nicht, aber immerhin …

Wenn aber die Auferstehung der Toten erst am Ende der Zeit erfolgt, wie ist dann das Fortleben des Einzelnen unmittelbar nach dem Tod zu denken? Wir wissen es nicht, und auch die Kirche macht darüber keine endgültige Aussage. Dafür bieten die Aussagen der Heiligen Schrift nicht genügend Licht. Die Kirche hält daran fest, dass das »Ich des Menschen« weiter besteht, wobei es freilich in der Zwischenzeit seiner vollen Körperlichkeit entbehrt. Für dieses fortdauernde Element gebrauchen wir in der Regel den Ausdruck »Seele«. Manche Theologen meinen, dass der Mensch unmittelbar nach seinem Tod in seinen Auferstehungsleib hineinstirbt; dass das alles aber erst am jüngsten Tag vollendet wird, wenn das Geschick des Einzelnen im Geschick der ganzen Menschheit eingeordnet wird.

Lässt sich überhaupt unser Zeitbegriff in die jenseitige Welt übertragen? Nur von unserer menschlichen Sicht her lassen sich Auferweckung unmittelbar nach dem Tod und Auferstehung der Toten am letzten Tag logisch unterscheiden. Wir sehen dazwischen einen zeitlichen Abstand. Ewigkeit aber kennt – wie vorher schon besprochen – kein Früher oder Später.

Das Letzte Gericht

Mit dem Kommen des Herrn und der Auferweckung aller Toten ist nach der Lehre der Bibel ein allgemeines Gericht über die gesamte Menschheit verbunden. Bei Johannes heißt es: »Der Vater hat dem Sohn Vollmacht gegeben, Gericht zu halten, weil er der Menschensohn ist. Wundert euch nicht darüber! Die Stunde kommt, in der alle, die in den Gräbern sind, seine Stimme hören und herauskommen werden: Die das Gute getan haben, werden zum Leben auferstehen, die das Böse getan haben, zum Gericht« (Joh 5,27-29).

Wenn aber doch die Entscheidung über das Leben bei Gott für den Einzelnen schon im Augenblick des Todes gefallen ist, warum dann noch ein

Weltgericht? Während es dort um den Einzelnen und um die Beurteilung seiner guten oder bösen Gesinnung geht, wird hier das Schicksal aller Menschen und die Vollendung der ganzen Schöpfung offenbar. Jeder Mensch ist mit seinem Leben an andere und an die Geschichte der Menschheit gebunden. Jeder wird sich, die anderen und alles in diesen vielseitigen Beziehungen sehen. Damit kommen auch die Folgen unseres Handelns für den Ablauf der Menschheitsgeschichte ans Licht. Ein anderes Wort für dieses Weltgericht heißt »Jüngstes Gericht«, »Jüngster Tag«; das heißt der Tag, der nie alt wird, weil er übergeht in die Ewigkeit.

Wenn der Menschensohn in seiner Herrlichkeit kommt und alle Engel mit ihm ..., dann werden alle Völker vor ihm versammelt, und er wird sie voneinander scheiden, wie der Hirt die Schafe von den Böcken scheidet. Er wird die Schafe zu seiner Rechten versammeln, die Böcke aber zur Linken ... So werden diese die ewige Strafe erhalten, die Gerechten aber das ewige Leben (vgl. Mt 25,31-33.46).

Man kann die Mahnung nicht überhören, die uns hiermit gesagt wird: Noch sind die Würfel unseres Lebens nicht gefallen. Noch ist es Zeit! Es kommt darauf an, dass wir den richtigen Weg einschlagen.

Das Kriterium für diese Scheidung ist die geübte oder unterlassene Liebe an den Hungrigen, Durstigen, Obdachlosen, Nackten, Kranken, Gefangenen. Mit ihnen identifiziert sich Jesus. Was wir ihnen tun, tun wir ihm, was wir ihnen nicht getan haben, das haben wir ihm nicht getan (vgl. Mt 25,42 ff.). Der Maßstab des Gerichts ist also die *Liebe*. Und deshalb wird es auch ein Gericht der Liebe sein, in dem den Schwachen und Unterdrückten, den Hilflosen und Verfolgten ihr Recht zuteil wird. »Das Letzte Gericht wird zeigen, dass die Gerechtigkeit Gottes über alle Ungerechtigkeiten siegt und dass Gottes Liebe stärker ist als der Tod« (Katechismus der Katholischen Kirche, 1040). Auch die Worte vom Gericht sind deshalb eine frohe Botschaft angesichts der Hoffnung, dass Jesus – trotz unserer Schwächen und unseres Versagens – für uns eintreten wird. Beim Weltgericht wird sich zeigen, dass nicht menschliche Pläne das letzte Wort haben, sondern Gott. Er führt alles Unvollkommene zur Vollendung.

Das Ende der Welt

»Dann sah ich *einen neuen Himmel und eine neue Erde;* denn der erste Himmel und die erste Erde sind vergangen, auch das Meer ist nicht mehr ... *Er, der auf dem Thron saß,* sprach: *»Seht,* ich mache alles *neu«* (Offb 21,1.5).

Diese gewaltigen Visionen lenken unseren Blick auf die Welt am Endpunkt ihrer Entwicklung. Dabei wird deutlich, dass Gott der eigentliche Mittelpunkt des Alls ist, der Sinn aller menschlichen Geschichte, das Endziel der gesamten Schöpfung.

Jesus spricht darum von einer »Wiedergeburt«, d.h. von einer Neugestaltung der gesamten Schöpfung. Paulus sagt, dass die gesamte Schöpfung seufzt und sehnsüchtig auf Erlösung wartet (vgl. Röm 8,18-25). Petrus verkündet mit dem Untergang unserer gewohnten Welt gleichzeitig eine Erneuerung des Alls (vgl. 2 Petr 3,13).

Das Ende der Welt ist in der Vorstellung vieler Menschen mit einer gewaltigen Katastrophe verbunden. Die Bibel scheint solche Vorstellungen nahe zu legen. Sie will damit jedoch keine Zukunftsbeschreibung machen, sondern bildhaft ausdrücken: Das Neue ist mit dem Alten nicht zu vergleichen. Wie das »Ende der Welt« aussieht, lässt die Bibel vollkommen offen, ob als Atomtod oder als »natürlicher Tod« (vorausberechenbares Verlöschen der Sonne, Kältetod und Zusammenbruch des ganzen Sonnensystems). Sie will sagen: Es gibt nicht nur eine Wiederherstellung des ganzen Menschen – eine Auferstehung der Toten –, sondern auch eine *erlöste Schöpfung.* Welt und Mensch gehören auch im endgültigen Leben zusammen.

Wenn wir vom Himmel, vom »Leben bei Gott« sprechen, müssen wir auch die Engel nennen. Manche meinen, Menschen, die bei Gott sind, würden zu Engeln. Mit Engel ist aber etwas ganz anderes gemeint. Die Heilige Schrift setzt die Existenz der Engel voraus, entwickelt aber keine eigene Engellehre. Sie spricht an 109 Stellen von Engeln (wörtlich = Boten) und schildert sie als von den Menschen unterschiedene Geschöpfe Gottes, als »dienende Geister« (Hebr 1,14). Sie treten als Boten an die Menschen, aber auch beim Letzten Gericht in Erscheinung.

Die Welt zur Zeit Jesu rechnete ganz selbstverständlich mit Engeln und Dämonen. Christliche Engellehre ist aber kein primitiver Dämonenglaube, weil den Engeln keine göttlichen Kräfte beigemessen werden. Wo in der Heiligen Schrift von Engeln die Rede ist, sind es von Gott geschaffene gute und gewaltige Kräfte, die im Auftrag Gottes handeln. Sie veranschaulichen, dass Gott sich um den Menschen bemüht und ihm nahe ist.

Sind diese Engel nur Symbole für Kräfte Gottes, Verkörperungen seines Wesens (Güte) und Handelns, wie die Bezeichnungen »Kräfte«, »Mächte und Gewalten«, aber auch Einzelnamen wie Gabriel (Kraft Gottes) und Raphael (Gott ist Heilung) anzudeuten scheinen? Oder sind es personale Wesen? Tatsächlich sind die Vorstellungen von Engeln in der Bibel sehr verschiedenartig und lassen mehrere Deutungen zu. So werden an manchen Stellen die Begriffe »Engel« und »Gott« wechselseitig verwendet, so dass dort der Schluss nahe liegt, Gott und Engel seien nur verschiedene Begriffe für ein und dieselbe Wirklichkeit: Gott oder sein Handeln an uns. An anderen Stellen aber werden die Engel als geschaffene Einzelwesen verstanden. Von der Bibel her bleiben also manche Fragen bezüglich der Engel offen.

So zurückhaltend der Glaube bezüglich der Engel auch ist, die Existenz der Engel ist Glaubenslehre (4. Laterankonzil). Eine Lehräußerung in jüngster Zeit (Pius XII., Humani generis) betont den personalen Charakter der Engel und will damit zum Ausdruck bringen, dass es geistige Mächte mit Verstand und Wille sind. Aber Engel gehören nicht zur Mitte des Glaubens wie die Wahrheit über den eigentlichen Mittler zwischen Gott und den Menschen, Jesus Christus (vgl. Kol 2,18; Hebr 1).

Der heutige Mensch ist geneigt, nur das als Wirklichkeit anzusehen, was er messen kann. Aber echte Vernunftgründe gegen die Existenz geistiger Wesen, also gegen Engel, gibt es nicht. Wieso sollte die Pyramide des Geschöpflichen mit dem Menschen ihren Höhepunkt und ihre Grenze erreicht haben?

24.

Typisch katholisch
Oder: Katholisches Brauchtum

»Es gibt keine menschliche
Innerlichkeit ohne
Äußerlichkeit;
keine christliche
Innerlichkeit ohne
Äußerlichkeit.«

Holländischer Katechismus

In Filmen, im Urlaub oder in Wallfahrtsorten hat jeder schon einmal »typisch katholische Besonderheiten« gesehen: Wegkreuze und Kreuzzeichen, Weihen und Segnungen, Weihwasser und Weihrauch, Heiligenbilder und Votivtafeln, Rosenkranz und Prozessionen. Außenstehenden sind diese Dinge oft fremd und unverständlich. Manche sehen darin ein wildes Gestrüpp von Äußerlichkeiten, die den Blick auf das Wesentliche – nämlich Christus – zu verstellen scheinen.

In allen Religionen gibt es aber Zeichen, Riten, Gesten und Gebräuche. Ideen und Überzeugungen lassen sich nicht in den Intellekt einschließen, sondern wollen im Alltag Gestalt gewinnen. So gehören auch zum katholischen Lebensgefühl sichtbare und zeichenhafte Äußerungen des Glaubens. Es ist selbstverständlich, dass diese Äußerlichkeiten nicht zum Kern des katholischen Glaubens gehören. In unseren Darlegungen von Glaubenswahrheiten ist von alledem nicht die Rede gewesen. Dennoch ist es nicht nur »Äußerliches« oder »Oberflächliches«. Glaube ist »menschlich«. Der sinnliche Ausdruck und das sinnliche Erleben gehören dazu. Eine »entleibte« Religion wird sich auf Dauer verflüchtigen. Das Brauchtum und die Volksfrömmigkeit sind gleichsam die Körpersprache einer Religion. In ihnen zeigen sich Inhalt und »Seelenleben« des Glaubens. Sie sind sozusagen die Umgangssprache, der »Dialekt« der hohen Theologie. Daher sind viele Bräuche kulturell und regional verschieden. Die christliche Mission beispielsweise spricht dann den Menschen am besten an, wenn es ihr gelingt, an dem vorhandenen Brauchtum anzuknüpfen. Viele unserer christlichen Bräuche und Feste (z.B. Weihnachts- und Ostertermine) sind einem ähnlichen Prozess zu verdanken.

Die eigentliche Begründung der Wertschätzung volkstümlicher Sitten und Gebräuche sieht die katholische Kirche in der Menschwerdung Gottes. Er ist einer von uns geworden. Seitdem ist kein menschlicher Wert aus dem religiösen Bereich ausgenommen. Auch Jesus hat das religiöse Brauchtum seines Volkes mitvollzogen. Der Mensch ist mit all seinen Fähigkeiten, nicht nur mit seinem Intellekt, sondern auch mit seinen Sinnen, zur Gottesverehrung aufgerufen.

Das Kreuzzeichen

Wer in katholisch-ländliche Gegenden kommt, findet dort an Wegen und Kreuzungen Bildstöcke und Kreuze. Blumen zeugen von fortdauernder Verehrung. Diese Bilder und Kreuze sind Zeichen unserer Hoffnung, dass wir durch den Kreuzestod befreit, erlöst sind. Im Betrieb unseres Alltags brauchen wir manchmal derartige Denkanstöße und »Wegweiser«.

Einen ähnlichen Sinn hat das Kreuzzeichen, mit dem Katholiken gewöhnlich ein Gebet und den Gottesdienst beginnen und beenden. Die Worte, die dabei gesprochen werden (»Im Namen des Vaters und des Sohnes und des Heiligen Geistes«), sind das kürzeste Bekenntnis unseres Glaubens an den dreieinigen Gott. Das Kreuz wiederum will zum Ausdruck bringen, dass man sich als Christ unter das Kreuz stellt, was natürlich auch die Bereitschaft einschließen muss, Christus nachzufolgen. Kaum verständlich, dass das Kreuzzeichen im Lauf der Zeit für manche zum Zeichen konfessioneller Unterscheidung geworden ist. Heute übernehmen auch nichtkatholische Christen zunehmend wieder diesen Brauch.

Ein derart wichtiges Zeichen darf natürlich nicht gedankenlos und oberflächlich vollzogen werden, wie man das manchmal sieht. Das wirkt dann eher komisch als ehrfürchtig. Machen wir einmal den Versuch, am Beginn unseres Gebets ein Kreuz über uns zu zeichnen: langsam, von der Stirn zur Brust, von der linken zur rechten Schulter, so dass es uns ganz »einhüllt«. Dann können wir die Erfahrung machen, wie ein solches Kreuzzeichen sammeln kann.

Das Weihwasser

Mit dem Kreuzzeichen ist oft ein anderer religiöser Brauch verbunden: das Weihwassernehmen, zum Beispiel wenn Gläubige eine Kirche betreten bzw. wieder verlassen. Das Weihwasser erinnert an die Taufe. Durch das Kreuz Christi sind wir erlöst – durch die Taufe bekommen wir Anteil an der Erlösung. Damit ist die Verbindung von Kreuzzeichen und Weihwasser gegeben. Der Gebrauch von Weihwasser ist vor allem immer dann sinnvoll, wenn wir uns ins Bewusstsein heben wollen, dass wir vor Gott Sünder sind, die nur durch ihn rein und heilig werden können. Deshalb die Weihwasserbecken am Eingang aller katholischen Kirchen. Was aber ist »Weih-Wasser«?

Weihen und Segnungen

Immer wieder liest man in der Zeitung, daß irgendwo eine Brücke oder eine Schule »eingeweiht« wurde. Der allgemeine Sprachgebrauch unterscheidet kaum zwischen »weihen« und »segnen«.

Von einer »Weihe« im eigentlichen Sinn spricht die Kirche nur bei Menschen und Dingen, die sie dadurch ganz in den Dienst Gottes stellen will. So werden z.B. Kirchen, Altäre, Kerzen, Kelche, Glocken, Wasser und Friedhöfe geweiht und dadurch ihrer religiösen Funktion vorbehalten.

Davon unterscheidet die Kirche »Segnungen«. In der Umgangssprache bedeutet Segen etwas Gutes, Glück, Heil. So kann ein alternder Mensch sagen: »Es ist ein Segen für mich, dass ich noch so gesund bin.« Dabei schwingt immer das Wissen mit, dass Segen nicht verfügbar ist. Segen kommt von Gott. In vor- und außerchristlichen Religionen glaubten die Menschen, durch magische Riten diesen Segen »erzwingen« zu können. Manche modernen Erscheinungen von Magie, Teufelskulten, Horoskopen, Talismanen und Glückssteinen lassen erkennen, wie sehr diese Vorstellungen die christliche Aufklärung überdauert haben. Im umgekehrten Sinn kennen wir aber auch den Begriff des »Unsegens«, der in früheren Zeiten dem Einfluss von Dämonen zugeschrieben wurde. Gegen ihn musste man sich ebenfalls mit Amuletten oder dergleichen schützen.

Anders im Christentum: Dort ist kirchlicher Segen zuallererst Lobpreis und Anerkennung der Schöpfermacht Gottes, und erst daraus ergibt sich eine Bitte. Das wird aus den Texten aller Segensgebete deutlich. Wenn die Kirche segnet, weiß sie, dass die ganze Welt Gott untersteht, dass aber auch Sünde in der Welt ist und dass der Böse Macht ausübt. Beim

Segensgebet unterstellt die Kirche Menschen oder Dinge, die dem Menschen dienen, Gottes Schutz und erbittet seine Hilfe. So segnet die Kirche Mütter, Kranke, Kinder, aber auch Haus und Wohnung, Speise und Trank, Feld und Flur, Tiere und Autos ... Von Christus wissen wir, dass er Kindern die Hand auflegte und sie segnete, dass er Brot und Wein segnete (vgl. Mt 19,13 ff., 26,26 ff.).

Meist ist es der Priester, der eine Segnung vollzieht. Aber auch jeder Gläubige kann segnen. So segnen beispielsweise Eltern ihre Kinder. Wenn einer über sich das Kreuzzeichen macht, segnet er sich selbst. Zu jedem Segen gehört das Kreuzzeichen. Dadurch wird deutlich, dass jede Segensbitte Hilfe und Wirksamkeit nur von Christus erwartet. Nur in seinem Namen geschieht Segen. Hier liegt der Unterschied zu allem abergläubischen Zauber, wie er z.B. in unserer aufgeklärten Zeit mit Maskottchen getrieben wird. Da schreibt der Mensch einem Stück Blech unglücksbannende Kraft zu. Segnung im christlichen Sinn aber ist Fürbitte der Kirche, und davon erhoffen wir uns, was Christus dem gläubigen Gebet versprochen hat: »Alles, um was ihr in meinem Namen bittet, werde ich tun ...« (Joh 14,13). Sollte ein Katholik Hilfe von den äußeren Zeichen selbst erwarten, etwa von einer geweihten Medaille, oder meinen, allein der Gebrauch gewisser Worte, Formeln und Gegenstände schütze schon vor Unglück, so wäre das Aberglaube.

Immer wieder einmal wird behauptet, die Kirche habe im Krieg auch Waffen gesegnet. Im sogenannten Rituale – ein Buch, das alle kirchlichen Segensformeln für die verschiedensten Zwecke enthält – befindet sich kein Formular für die Segnung von Waffen und Kriegsgerät. Wo etwa ein Priester eigenmächtig eine Waffensegnung vorgenommen haben sollte, hätte er dies nicht im Namen oder im Auftrag der Kirche getan.

Weihrauch

Bei manchen dieser Segnungen und vor allem beim feierlichen Gottesdienst wird auch Weihrauch gebraucht, ein wohlriechendes Baumharz, das im Vorderen Orient gewonnen wird. Wenn es auf glühende Kohlen gestreut wird, die im Weihrauchgefäß bereitgehalten werden, entwickelt es weißen Rauch, der einen wohlriechenden Duft verbreitet. Die Zeichenhaftigkeit des Weihrauchs liegt weniger in diesem Wohlgeruch als in der Feuersglut und den aufsteigenden Wolken.

In der Geheimen Offenbarung heißt es: »Ein anderer Engel kam und trat mit einer goldenen Räucherpfanne an den Altar; ihm wurde viel Weihrauch gegeben ... Aus der Hand des Engels stieg der Weihrauch mit den Gebeten der Heiligen zu Gott empor« (Offb 8,3).

Der Weihrauch ist Sinnbild der Gottesliebe, die im Christ »brennen« soll. Gleich dem Rauch steigen seine Gebete zu Gott empor. Mit dem Psalm 141 können auch wir beten: »Wie ein Rauchopfer steige mein Gebet vor dir auf; als Abendopfer gelte vor dir, wenn ich meine Hände erhebe.« Im Alten Testament ist sehr oft vom Gebrauch des Weihrauchs im Gottesdienst die Rede. Die ersten Christen benutzten den Weihrauch bei Begräbnissen und an Märtyrergräbern, vermutlich aber nicht im Gottesdienst, um keine Gedanken an heidnische Rauchopfer aufkommen zu lassen, wie sie den Götter- und Kaiserbildern dargebracht wurden. Nach der Ausbreitung des Christentums schwand die Gefahr heidnischer Deutung, und vom 4. Jahrhundert an werden Räuchergeräte in den Kirchen erwähnt. In den Ostkirchen ist der Gebrauch des Weihrauchs viel häufiger als bei uns. Wir sind in letzter Zeit damit – aber auch mit anderen Zeichen – sehr sparsam geworden. Das kann jedoch auch Verarmung bedeuten. Junge Menschen suchen wieder Zeichenhaftigkeit. So übernehmen sie z.B. Räucherstäbchen östlicher Religionen. Sie wollen nicht nur mit dem Notwendigen und Zweckmäßigen leben, sondern auch dem Ausdruck geben, was ihrer Gemütsverfassung entspricht.

»Wozu die Verschwendung?« murrte Judas, als Maria in Betanien ein duftendes Öl über die Füße des Herrn goss. Jesu Antwort: »Lasst sie.« Ihm genügte es, dass es Ausdruck der Liebe war, die nicht berechnet, nichts erwartet, nichts bezwecken will, die sich einfach verschenken möchte.

Die Kirchengebote

Davon war bereits im Kapitel »Leben als Christ« die Rede. In der Katholischen Kirche gibt es Gebote, die nicht unmittelbar göttlichen Ursprungs sind (wie etwa die Zehn Gebote), sondern kirchlichen Rechts. Seit 1444 sind fünf Kirchengebote bezeugt: Einhaltung bestimmter Feiertage, Gottesdienstbesuch an Sonn- und Feiertagen, Beobachtung von bestimmten Fasten- bzw. Abstinenztagen, Kommunionempfang und u.U. Beichte in der Osterzeit. Die Kirchengebote haben zum Ziel, das kirchliche Gemeinschaftsleben zu ordnen und für das persönliche Glaubensleben Grundregeln aufzustellen.
Dass die Kirche die Vollmacht hat, verpflichtende Forderungen zu erlassen, geht aus den Worten Jesu hervor: »Alles, was ihr auf Erden binden

werdet, das wird auch im Himmel gebunden sein« (Mt 18,18). Da aber Kirchengebote menschlichen Rechts sind, verpflichten sie nicht in gleicher Weise wie Gottesgebote, sondern kennen bei gewichtigen Gründen Ausnahmen. Der Einzelne kann in seinem Gewissen entscheiden, ob er im konkreten Fall von der Verpflichtung entbunden ist. Außerdem sind sie dem Wandel der Zeit unterworfen. Es muss immer wieder geprüft werden, ob sie noch zeitgemäß und sinnvoll sind. Denn nur, wenn ihr Sinn deutlich gemacht werden kann, können sie wirklich zur Vertiefung des Glaubens und des Gemeinschaftsbewusstseins führen.

Die Sonntagsheiligung

Durch das dritte Gebot Gottes war schon im Alten Testament ein Tag der Woche der Ruhe und Gottesverehrung vorbehalten. Das wurde von altersher so verstanden, dass man an diesem Tag nicht schwer arbeitete, also vor allem nicht seinem Beruf nachging. Bei den Juden darf überhaupt nicht gearbeitet werden. Wir Christen, die wir das Jesuswort haben: »Der Sabbat ist für den Menschen da ...« (Mk 2,27), sehen in der Verrichtung notwendiger Arbeiten (Bedienung von Verkehrsmitteln, Krankenpflege, Versorgungsbetriebe ...) keine Übertretung des Gottesgebotes.

Manche fragen, warum die Christen – von einigen Gruppen abgesehen – heute nicht mehr den 7. Wochentag, den Sabbat, als Tag des Herrn feiern. Sabbat ist ein hebräisches Wort und heißt nichts anderes als »Ruhetag«. Ein bestimmter Wochentag ist deshalb aus der Bibel nicht abzuleiten. Deshalb feierten die ersten Christen zwar anfangs den Sabbat noch mit, zugleich aber wurde der erste Wochentag durch die Feier der Eucharistie ausgezeichnet, weil Christus am ersten Wochentag von den Toten auferstanden ist. Später ging man ganz auf den Sonntag über. Schon Paulus erklärte die Sabbatfeier als nicht verbindlich für die Christen (Kol 2,16). – Inzwischen hat man sich international geeinigt, die Woche mit dem Montag beginnen zu lassen, so dass in der offiziellen Zählung der Sonntag wieder der 7. Wochentag ist (wir sprechen ja auch vom »Wochenende«).

In den letzten Jahren ist der arbeitsfreie Sonntag verstärkt in Frage gestellt worden. Moderne Produktionsmittel seien anders nicht ausreichend rationell und wirtschaftlich zu nutzen.

Zusammen mit den Gewerkschaften kämpfen die Kirchen für den Erhalt des arbeitsfreien Sonntags. Arbeit und wirtschaftliche Prozesse sind für den Menschen da und nicht umgekehrt. Er darf nicht zum Sklaven wirtschaftlicher Zwänge und technischen Fortschritts werden. Arbeit und die Sorge um den Lebensunterhalt sind nicht »alles«. Der arbeitsfreie und für Gläubige gottgeweihte Sonntag ist ein Freiraum, der Alltag, Beruf, Wirtschaft …, einfach all die Dinge »relativiert«, die ansonsten unser Leben bestimmen und oft genug zu erdrücken drohen. Der Sonntag erlaubt dem Körper und dem Geist Ruhe, Abstand, Regeneration und zugleich die Besinnung auf Gott. Der Mensch erinnert sich daran, dass er nicht nur vom Brot allein, nicht nur von seiner Arbeit, seiner Leistung und seinem Können lebt, sondern von jedem Wort, das aus dem Mund Gottes kommt.

Wie aber stellt man einen Teil der freien Zeit in den Dienst Gottes? Doch wohl am besten dadurch, dass man sich am Kult, an der Gottesverehrung, beteiligt. Wenn also die Katholiken durch ein eigenes Kirchengebot dazu verpflichtet werden, am Sonntag die heilige Messe mitzufeiern, so ist das mehr als nur eine kirchliche Verordnung. Es ist eine nähere Auslegung des dritten Gebotes, die Festlegung einer Mindestmarke dessen, was das Gottesgebot meint.

Um aber den Lebensgewohnheiten des heutigen mobilen Menschen entgegenzukommen, ihm am Sonntag also möglichst viel Zeit auch zur persönlichen Entspannung und Ruhe zu lassen, werden schon am Samstag Vorabendmessen angeboten. Die Kirche greift damit auf eine alte Praxis zurück, den Sonntag mit dem Vorabend beginnen zu lassen.

Das Fasten- und Abstinenzgebot

Wer etwas erreichen will, muss dafür etwas einsetzen. Einem Gewinn geht fast immer ein Verzicht voraus: Wer spart, übt Konsumverzicht; wer seine Kinder zu bewussten und kritischen Zuschauern erziehen will, übt Askese vor dem Bildschirm; wer schlank werden will, wird fasten. Immer mehr Menschen essen aus gesundheitlichen, ethischen oder auch ökologischen Gründen kein Fleisch mehr. So wenig modern die Begriffe Askese, Fasten und Abstinenz sind, so aktuell ist das, was sie bezeichnen: Wer ein gutes Ziel erreichen will, muss sich dazu einüben (griech.: Askese = Einübung) und von dem Abstand gewinnen, was ihn daran hindert (lat.: abstinentia = Enthaltung).

Ähnlich die Fasten- und Abstinenzgebote der Kirche: Sie geht von der Überzeugung aus, dass die Welt nicht heil ist; das Unheil und das Böse sind Bestandteile unseres Lebens. In der Selbstbesinnung erkennt der

Mensch, wie sehr er in dieses Unheil verstrickt ist und selbst Fäden der Verstrickung knüpft. All das hindert ihn auf dem Weg zu Gott. Im Kampf gegen das Böse empfiehlt die Bibel »Wachen, Fasten und Almosengeben«. Von Jesus selbst wissen wir, dass er 40 Tage in der Wüste fastete. Dahinter steht der Gedanke, dass der Mensch ständig in Gefahr ist, in den Sorgen und Gedanken um sein irdisches Wohl aufzugehen. *»Der Mensch lebt nicht nur von Brot, sondern von jedem Wort, das aus Gottes Mund kommt«* (Mt 4,4). Darauf will das Fasten hinweisen, es will helfen, uns auf Gott auszurichten.

Immer geht es also um die geistige Haltung, niemals um äußere Buchstabentreue. Somit sind die Fastengebote der Kirche eine Herausforderung an die Wachheit der Gläubigen; sie dienen der Umkehr und sind nie Selbstzweck; sie sind Zeichen der Gemeinschaft mit Christus. In Erinnerung an seinen Tod sind daher z.B. alle Freitage solche Bußtage. »Alle Katholiken (ab 14 Jahren) sind an diesem Tag verpflichtet«, ein sogenanntes Freitagsopfer zu bringen.

Früher bestand dies in den meisten Ländern der Welt in der Enthaltung von Fleischspeisen. Fleisch konnten sich früher viele nur an Festtagen leisten. Da aber der Verzicht auf Fleisch heute für viele kein wirkliches Opfer mehr bedeutet, und da zudem der Geist des Gebots nicht erfüllt ist, wenn man zwar kein Fleisch isst, sich aber dafür andere Genüsse gestattet, kann heute der katholische Christ seine Form des Verzichts wählen. Nach wie vor kann das Freitagsopfer im Verzicht auf Fleisch bestehen; ebenso aber auch in einem anderen spürbaren Verzicht (z. B. auf Nikotin und Alkohol). Es ist aber auch möglich, sich eine besondere Zeit für Gebet oder Schriftlesung auszusparen und sich für ein Werk der Nächstenliebe zu entscheiden. Die Solidarität der Gläubigen kommt am besten dann zum Ausdruck, wenn das durch einen Verzicht Ersparte an Menschen in Not weitergegeben wird.

Diese Regelung ist also keineswegs eine Abschwächung der Verpflichtung, sondern eine sinnvolle Anpassung an die heutigen Verhältnisse und auch eine Verlagerung auf die persönliche Initiative.

Fasten hat mit Lebensverachtung und Weltverachtung nichts zu tun. Es bringt uns in kritische Distanz zu dem, was sich aufdrängt. Es macht freier von den Dingen, von denen wir uns abhängig glauben. Es klärt den Blick für das Notwendige. Wohl wird die Welt und unser Leben »relativiert«, aber gerade das lässt uns dieser gegenüber un-»befangen« sein. Die hl. Theresia sagte: »Wenn Fasten, dann Fasten; wenn Rebhuhn, dann Rebhuhn!« Damit ist die katholische Sicht treffend gekennzeichnet.

Wallfahrten und Prozessionen

Prozessionen und Wallfahrten sind etwas typisch Katholisches. Prozessionen sind feierliche Umzüge, besonders an Festtagen, aber auch in Zeiten der Not. Sie wollen vom Schöpfer Segen für Felder und Weinberg, Fluren, Tiere und Menschen erbitten (Bittprozessionen). Oft sind sie Ausdruck des Dankes, wie Umgänge zum Erntedankfest, oder der Anbetung und des Glaubenszeugnisses (Fronleichnamsprozession).

Wallfahrtsorte: Für den Christ sind die Stätten des Lebens und des Leidens Jesu ehrwürdig. Ähnliches gilt für Orte, die zu der Mutter Jesu, den Aposteln oder Heiligen in Beziehung stehen. Gläubige Menschen erfahren, dass sie an solchen Orten besonders vertrauensvoll beten können. Tatsächlich sind viele Wallfahrtsorte Kristallisationspunkte der Frömmigkeit, von denen starke religiöse Impulse ausgehen. Die Beteiligung – auch gerade Jugendlicher – an derartigen Wallfahrten nimmt wieder zu.

Manchem mag diese Art von Frömmigkeit nicht zusagen. Die Kirche verpflichtet niemanden, an diesem religiösen Brauchtum teilzunehmen. Jede Pilgerfahrt soll nur Ausdruck der Hingabe an Gott und des Vertrauens auf die Fürsprache der Heiligen sein. Nicht den Orten oder Bildern selbst darf außergewöhnliche Kraft zugeschrieben werden.

Das Aschenkreuz

Am Aschermittwoch, dem Beginn der österlichen Bußzeit, zeichnet der Priester den Gläubigen mit Asche ein Kreuz auf die Stirn oder streut die Asche auf das Haupt. Dies ist Brauch seit dem 11. Jahrhundert. Asche ist Zeichen der Vergänglichkeit. Der Priester spricht bei der Austeilung des Aschenkreuzes: »Bedenke, Mensch, du bist Staub und kehrst zum Staub zurück.« Oder: »Bekehrt euch und glaubt an das Evangelium.«

Haussegnung am Dreikönigstag (6. Januar)

Am Fest der Erscheinung des Herrn (Dreikönigstag) ziehen die »Sternsinger«, meist als hl. Drei Könige angezogen, von Haus zu Haus, singen Dreikönigslieder und sagen Texte auf, die den Gang der drei Weisen aus dem Morgenland zur Krippe beschreiben. Dabei werden auf den oberen Türbalken die Jahreszahl und die Buchstaben C + M + B geschrieben: 20 + C + M + B + 00. Das sind die Anfangsbuchstaben der Worte »Christus mansionem benedicat«, d. h. Christus segne diese Wohnung. (Manche meinen irrtümlich, es bedeute die Namen der hl. Drei Könige: Caspar, Melchior, Balthasar). Von den Hausleuten werden die Sternsinger meist mit Weihnachtsgebäck oder auch Geld belohnt, das für eine missionarische Aufgabe bestimmt ist.

Martinstag (11. November)

Das Fest des hl. Martin (Bischof von Tours), der als Vorbild der Nächstenliebe verehrt wird (Teilung des Mantels mit einem Bettler), wird mit Laternenumzügen der Kinder (Martinszügen) begangen. Dabei wird meist die Szene der Mantelteilung dargestellt und Martinsgebäck verteilt. In manchen Gegenden gibt es ein Martinsessen (Gans). Der Martinstag galt in früheren Jahrhunderten als Rechts- und Zinstermin (Abschluss des Wirtschaftsjahres, Wechsel des Gesindes), als Markttag, Winteranfang und Beginn des Advents.

Palmweihe und Palmprozession

Am Palmsonntag bringen die Gläubigen Palmsträuße (bei uns zulande Sträußchen aus Buchsbaum und Weidenkätzchen) oder mit Bändern geschmückte Zweige von Weiden, Birken und jungem Grün auf langen Stangen (»Palmbuschen«) zu einem bestimmten Platz außerhalb der Kirche. Dort werden sie gesegnet. Mit diesen Sträußen in den Händen wird die Palmprozession veranstaltet, die an den Einzug Jesu in Jerusalem erinnern will (vgl. Joh 12,13). Die gesegneten Palmzweige werden mit nach Hause genommen und bis zum nächsten Jahr sichtbar aufbewahrt. Vielerorts werden die alten Palmzweige in der Osternacht im Osterfeuer verbrannt.

Immer wieder stoßen wir auf dasselbe: Äußerlichkeiten, sichtbare Zeichen vertiefen eine geistige Haltung, haben aber andererseits nur dann einen Sinn, wenn sie nicht für sich stehen, sondern Ausdruck einer inneren Gesinnung sind. Dann aber sind sie tatsächlich von Bedeutung – das lässt sich erfahren.

25.

Glaube – ein lebenslanger Prozeß
Oder: Wege zum Glauben

»Ich möchte ja glauben, aber ich kann nicht.
Ich beneide jeden, der glauben kann.«

Aus einem Brief an die kgi

Wir sind am Ende des Buches. Sie wissen selbst am besten, warum Sie
darin lesen wollten. Vielleicht sind Sie schon lange auf der Suche nach
dem Glauben und haben sich mit den verschiedensten Religionen befasst.
Und vielleicht sagen Sie auch jetzt noch mit vielen anderen Suchenden
und Fragenden:»Ich beneide jeden, der glauben kann, aber mir ist offenbar der Glaube nicht gegeben.«
Oder aber Sie waren vielleicht Ihr Leben lang fest im Glauben verwurzelt, waren sogar – von Unterbrechungen abgesehen – immer in der katholischen Kirche verwurzelt. Aber nun ist alles ins Gleiten gekommen,
der Glaube ist allmählich immer mehr »verdunstet« in einer glaubens-
fremden Umgebung; oder durch Schwierigkeiten mit Veränderungen in
der Kirche bzw. mit kirchlichen Äußerungen, die scheinbar nicht mehr
in unsere Zeit passen. Der Boden des Glaubens ist Ihnen sozusagen weg-
gerutscht. Und Sie halten – vielleicht noch – mühsam an gewohnten
Glaubensvollzügen fest. Wieder andere waren als Kinder gläubig und
schauen mit Wehmut auf diese Zeit zurück. Aber das kindliche Gottesbild und Glaubensgefüge ging dann in Trümmer, ein Erwachsenenglaube
konnte durch verschiedene Umstände nicht entstehen.

All diese Schwierigkeiten sind verständlich. Es gibt viele Gründe, die den
Glauben erschweren: Erziehung, Kindheitsprobleme, Enttäuschungen,
schlechte Erfahrungen mit Gläubigen und Vertretern der Kirche, Scheu
vor Konsequenzen, Zeitgeist, Angefülltsein mit tausend anderen Problemen … Der grübelnde Verstand findet ständig Gegenargumente.
Keinem, der heute glaubt, ist der Glaube in den Schoß gefallen. Glaube
ist ein lebenslanger Prozess, in dem wir ständig unterwegs bleiben. Stillstand kann schon Schwund bedeuten. Ständige Auseinandersetzung mit

Kritik und Zweifel ist nötig. Das ist noch kein Unglaube. Und die Suche nach Gott ist ein Stück Glaube, denn man kann nur suchen, was man ersehnt. Deshalb ist ein um den Glauben ringender Mensch bereits von Gott angenommen. Und Glaubenskrisen sind nötig, damit ein mündiger, erwachsener Glaube entsteht. Wir dürfen nur nicht locker lassen, müssen »am Ball bleiben« und mit anderen über bohrende Fragen sprechen; die Schwierigkeiten nicht anstehen lassen, sonst wird ein Berg daraus, der uns begräbt.

Und nicht sagen: »Mir ist der Glaube einfach nicht gegeben«. Das ist ein voreiliger Schluss. Man erliegt dadurch schnell der Versuchung, die eigenen Anstrengungen um den Glauben aufzugeben. Bevor wir Gott die Schuld geben, müssten wir vielleicht Barrieren aus dem Weg räumen, die wir mit der Zeit aufgerichtet haben.

Sperren gegenüber dem Glauben

Ein frommer Muslim war nach Mekka gewallfahrtet, hatte die entsprechenden Waschungen vorgenommen, stundenlang vor der Kaaba Gebete verrichtet, aber nichts sprach ihn an, er blieb innerlich leer. In seiner inneren Not ging er zu einem Ulema (islam. Rechts- und Gottesgelehrter). Dieser fragte: »Wie bist du nach Mekka gekommen?« Der Pilger antwortete: »Mit dem Flugzeug.« Darauf der Ulema: »Dann musst du noch warten, denn deine Seele kommt zu Fuß nach.«

Das Leben vieler Menschen heute ist von Hektik geprägt. Wir sind gewohnt, dass alles schnell geht, möglichst sofort: Schnellimbiss, Fertiggerichte, Instantkaffee; heißes Wasser dazu und das Essen oder das Getränk ist fertig. Geduld erscheint fast als Untugend, als Zeitverschwendung. Der Gelderwerb in Arbeit und Beruf nimmt uns in Beschlag, am Abend sind wir erschöpft und müde, haben kaum mehr Lust und Energie zu irgendetwas anderem als Fernsehen.

Da hat es der Glaube natürlich auch schwer. Glaube ist kein Fertiggericht, nicht gebrauchsfertig zu haben. Kaum etwas ist für das Glaubensleben wichtiger als Geduld und Gelassenheit. Wir, die wir gewohnt sind »zu machen«, müssen warten und uns beschenken lassen.

Hier wird deutlich, dass wir uns oft selbst mit unserem Lebensrhythmus im Weg stehen und dass wir uns von vielen Dingen den Blick auf uns selbst und erst recht auf Gott verstellen lassen; dass wir irgendwie ungesund leben, dass etwas in uns zu kurz kommt. In diesem Zustand sind wir auch für Glaube und Gebet schlecht disponiert. Bei vielen entstehen

Sperren gegenüber dem Glauben aber auch dadurch, dass sie ahnen, der Glaube fordert mich ein, er hat Konsequenzen. Und davor fürchten sie sich.

Einfachheit des Glaubens

Es kann sogar sein, dass Dinge, die mit dem Glauben zu tun haben, den Blick auf Gott verstellen: zum Beispiel die Vorstellung von einer Unsumme von Glaubenswahrheiten, die man bejahen soll; oder Vorgänge in der Kirche und Gemeinde, die einen ärgern; ebenso wie Gottesdienste, die nicht ansprechen, oder überhebliche Gläubige ... Versuchen wir doch, nicht daran hängen zu bleiben. Konzentrieren wir uns einmal auf das Wesentliche, und das ist im Grunde sehr einfach. Christlicher Glaube lässt sich auf eine Grundwahrheit zurückführen: In Jesus Christus wird deutlich, dass Gott ein Gott für die Menschen ist, der uns liebt und bejaht. Glaube ist nichts anderes, als sich vertrauend auf diese Liebe zu verlassen und darauf zu antworten, indem wir in unserem Leben mit Gott rechnen.

Wenn zwei Menschen sich gern haben, ist das Entscheidende, dass sie sich lieben. Aber sie werden dann auf die verschiedenste Weise versuchen, dieser Liebe Ausdruck zu geben: indem sie Zeit füreinander haben, dem Willen des anderen entgegenkommen, sich Geschenke machen, miteinander reden und beisammen sind ... All das sind nur unterschiedliche Ausdrucksformen der Grundhaltung: Wir mögen uns. Das Gleiche gilt von den verschiedenen Ausdrucksformen christlichen Glaubens und Lebens.

Wenn ein Mensch mir sagt, dass er mich liebt, dann verändert das mein Leben. Wenn Gott uns in Jesus Christus zusagt, dass er uns liebt, verändert sich dieses Leben erst recht: Nun brauche ich mich nicht mehr krankhaft selbst zu behaupten, ich kann mich und andere bejahen, annehmen, für sie da sein. Wer sich angenommen weiß, kann auch andere annehmen.

Eine Teilnehmerin am Fernkurs der »Katholischen Glaubensinformation« schreibt: »Das Entscheidende für mich war die Erfahrung, was eigentlich Glaube bedeutet. Bisher habe ich nie diese Mitte des Glaubens erkannt, sondern immer gemeint, allein Sachwahrheiten kennen und glauben zu müssen.«

Wenn wir das ernst nehmen, dass der Glaube eigentlich ungemein »einfach« ist, dann ergibt sich daraus, dass jemand, der auf dem Weg zum

Glauben ist, ruhig auch einmal eine Glaubenswahrheit – selbst wenn sie offizielle Lehre der Kirche ist – »umgehen« darf. Das heißt: Ich kann im Augenblick damit nichts anfangen, sie sagt mir nichts, darum lasse ich sie einfach einmal so stehen. Liebe hat nicht für alles eine Erklärung, aber sie vertraut. Vielleicht wird dann später die ganze Frage für mich gegenstandslos, ich bekomme vielleicht einen Zugang. Das gilt erst recht gegenüber Äußerungen des kirchlichen Lehramts, die nicht unmittelbare Glaubenslehre sind, und es gilt noch mehr von Äußerungen einzelner Theologen und Priester. Manchmal muss man sich – hoffentlich vorübergehend – auf die vorgenannte Grundwahrheit des Glaubens zurückziehen, um später wieder Freude an konkreten Einzelheiten zu bekommen.

Und damit hängt ein Weiteres zusammen: Es gibt Stufen des Glaubens. Glaube ist kein »alles oder nichts«. Schon im Glaubenwollen ist keimhaft der ganze Glaube enthalten. Deshalb ist ein Suchender kein »Ungläubiger«. Jesus knüpft an jeden noch so schwachen Glauben an, der nach ihm die Hände ausstreckt (vgl. Mk 5,25 ff.).

Experiment des Glaubens

Wie aber kann ich erfahren, dass Gott mich liebt und bejaht? Kann ich das überhaupt spüren? Und wie kann ich Gott lieben, den ich doch gar nicht sehe? Welche Schritte muss ich tun, um die Erfahrung zu machen, dass Gott mit meinem Leben zu tun hat?

Ein erster Gedanke dazu: Was Liebe ist, erfährt man eher im konkreten eigenen Leben als im Gefühl, geliebt zu werden. Indem man sich anderen gegenüber öffnet, Verantwortung spürt, Angst um jemand hat, sich auf den anderen freut usw., wird am ehesten deutlich, was der andere, die andere mir bedeutet. Das Gleiche gilt im Glauben: Wenn der Glaube verlangt, dass ich Gott liebe, dann ist das nicht eigentlich ein Gefühl, das von Gottes Liebe in mir entfacht wird, sondern mein Tun: Ich nehme mir Zeit, mit Gott zu sprechen im Gebet, frage nach seinem Willen, um daran mein Handeln zu orientieren, rechne damit, dass er mir in meinem Denken und Tun ganz nahe ist … Auf diese Weise wird die Verbindung mit ihm immer enger, und ich erfahre seine Liebe zu mir dadurch, dass ich mein Leben von ihm getragen, geführt weiß. Wie aber komme ich zu dieser engeren Bindung?

Ein Ingenieurstudent (21) schrieb an die »Katholische Glaubensinformation«, dass er die Briefe eigentlich nur bestellt habe, um sich an unserem

Gestammel zu weiden bei dem Versuch, ihm Gott zu »objektivieren«. Er nannte sich ungläubig. Aber nach der Lektüre der Kursbriefe bekannte er: »Ich würde jetzt nur noch sagen, Gott ist vermisst. Und ich hoffe, daß ich ihn wieder finde. Ich weiß, ich muss mich jetzt mit diesem Jesus von Nazaret befassen. Wie fange ich das am besten an?«

Er hat das völlig richtig gesehen: Der einzige Weg ist der, dass wir immer wieder versuchen, uns mit diesem Jesus von Nazaret zu befassen. Gott selbst ist unsichtbar. Wer aber Jesus sieht, sieht den Vater (vgl. Joh 14,9). Es geht also darum, uns in die Bibel einzulesen mit der Offenheit: Hier könnte tatsächlich Gott mich ansprechen und mir etwas zu sagen haben. Wir müssen immer wieder die Gestalt Jesu auf uns wirken lassen, meditieren: Ist das, was dieser uns sagt, glaubwürdig? Hat dieser Mensch für mich Bedeutung? Kann er mir helfen, mein Leben zu verstehen? Kann ich mit dem, was er sagt und lebt, leben – und sterben?
Damit kommen wir zu einem wichtigen Punkt. Irgendwann müssen wir den Sprung wagen und davon ausgehen, dass Gottes Liebe zu uns Wirklichkeit ist. In Joh 1,39 wird berichtet, wie die ersten Jünger Kontakt mit Jesus suchen. Sie gehen hinter ihm her. Er dreht sich um. Auf ihre Frage: »Meister, wo wohnst du?«, sagt er knapp: »Kommt und seht!« Jesus erklärt und begründet nicht. Er fordert die Entscheidung und Bereitschaft, mit ihm Erfahrung zu machen, einfach mitzugehen.

Wenn jemand Angst vor dem Wasser hat, dann nützt es wenig, ihm mit bewegenden Worten diese Angst nehmen zu wollen. Die Behauptung, dass das Wasser trägt, wird er vielleicht sogar einsehen. Das Beispiel der anderen Schwimmer mag ihn schließlich zu einem Sprung ins Wasser ermutigen. Seine Angst verliert er aber erst, wenn er tatsächlich »den Sprung« gewagt hat und erfährt: Es trägt!
Genauso müssen wir den Glauben wagen, und wäre es anfangs auch nur »auf Probe«. Immer wieder werden in der Bibel im Zusammenhang mit dem Glauben die Worte »Bekehrung, Umkehr« gebraucht. »Kehrt um, und glaubt an das Evangelium!« (Mk 1,15). Umkehren heißt: dem Leben eine neue Richtung geben, sich auf diesen Jesus hin orientieren, ihm nachfolgen, zu handeln versuchen, wie er handelte.

Das ist freilich eine tiefgreifende Entscheidung, und man kann sie nie restlos begründen. Sie wird aber möglich durch den vorausgehenden Ruf der Liebe »Komm!« Und im Nachhinein erfährt sie immer wieder Bestätigung, dass sie verantwortbar und richtig trägt, wie sich dadurch viele

Fragen klären, wie Dunkelheiten im Leben sich aufhellen, und wie im Licht des Glaubens das Leben seinen letzten Sinn erfährt. Für manchen ist dies zunächst ein Sprung ins Dunkel, der durch nichts anderes gerechtfertigt wird als durch die Erfahrung gläubiger Mitmenschen, durch die eigene Not oder die Faszination, die von Jesus ausgeht. Wer aber diesen Schritt der Umkehr getan hat, der darf wirklich etwas von Gott selbst erfahren. Der kommt Christus tatsächlich näher.

Viele Christen kommen deshalb nie zu einem wirklichen Glauben, weil sie diese Entscheidung nie gefällt, dieses Ja-Wort auf den Anruf Gottes nie gesprochen haben. Sie sind als Kinder getauft, haben diese Taufe aber nie ratifiziert. Das heißt, sie haben nie die Entscheidung ihrer Eltern zu ihrer eigenen gemacht. Sie haben sich freilich auch nie dagegen entschieden. Ihr Christsein beruht lediglich auf Erziehung, Unterricht, Tradition. Ein solcher Glaube aber kann nicht tragen, und er kann keine Erfahrungen machen.

Glaube als Erfahrung

Wer nicht irgendwann Gott in seinem Leben wirklich erfahren hat, für den bleibt der Glaube ein System von Lehrsätzen und Forderungen. Erfahrung ist mehr als verstandesmäßige Einsicht, mehr als Information. Erfahrung ist die aus dem Umgang mit Menschen und Dingen gewonnene Kenntnis, im Gegensatz zum bloßen Buchwissen. So ist es ein gewaltiger Unterschied, ob man einen Reisebericht liest oder ob man auf einer Reise diese Gegend buchstäblich er-lebt. Auch Liebe und Treue z.B. kann man nicht rational erkennen, man kann sie im Umgang miteinander erfahren. Für manche Menschen kommt diese Erfahrung ganz plötzlich, wie z.B. für Paulus vor Damaskus (Apg 9), oder in neuerer Zeit für Paul Claudel, den bis dahin Ungläubigen, bei einem Besuch in Notre Dame in Paris. Bei den meisten wächst diese Erfahrung langsam. Immer aber verändert sie das Leben.

Das wird deutlich an den Jüngern nach Ostern. Beim Tod Jesu waren sie alle geflohen, und unter dem Kreuz hatte nur Johannes ausgehalten. Zwischen Ostern und Pfingsten aber muss ihnen etwas »widerfahren« sein, das sie völlig veränderte. Sie wurden todesmutige Bekenner, die nun nicht mehr schweigen konnten von dem, was sie gesehen und gehört hatten. Die entscheidende Erfahrung war unmittelbar vorausgegangen: Dieser Jesus von Nazaret, mit dem sie zusammen gewesen waren, der gekreuzigt worden war, lebt, er ist ihnen begegnet. »Diesen Jesus hat

Gott auferweckt, dafür sind wir alle Zeugen«, sagt Petrus in aller Namen (Apg 2,32). Aber auch die Zuhörer machen ihre Erfahrungen: Sie sehen und hören, wie Gottes Geist die Menschen verwandelt hat, wie die Apostel auf unvorstellbare Weise beginnen, Gottes Taten zu verkünden (Apg 2,4-13), und sie staunen darüber, dass jeder diese Botschaft versteht und viele ihr Leben ändern (3 000 lassen sich taufen!).

Wie aber kann *ich* Gott erfahren? Es gibt viele Wege. Jeder muss seinen Weg finden. Wir können nur die Richtung weisen.

Ein Mann in einer schweren religiösen Krise träumte: Mit äußerster Kraftanstrengung erklettert er eine riesige schroffe Felswand. Nebel und eisige Kälte hindern ihn. Verbissen kämpft er Meter um Meter, besessen von dem Gedanken: Dort oben ist Licht, dort oben ist Gott. Doch über ihm ist nur eine schwarze Wand ohne Ende, unter ihm der ständig drohende Abgrund. Er durchlebt Todesängste. Plötzlich reißt die Wolkendecke auf, und er erkennt im Tal winzig klein das Dorf, aus dem er aufgebrochen war. Es liegt im warmen Sonnenlicht. Aufwachend durchzuckt ihn die Erkenntnis: Dort unten ist Gott!

Viele Menschen suchen Gott im Außergewöhnlichen, im Besonderen. Er aber schenkt sich mitten im Alltag, eben dort, wo ihn der Mann nicht zu finden geglaubt hatte: bei den Menschen, bei der täglichen Arbeit, bei Last und Freude.

»Warum finden so viele Menschen Gott nicht?«, fragte ein Jude seinen Rabbi. »Weil sie sich nicht tief genug bücken«, antwortete dieser.

Das heißt, dass wir das Alltägliche nicht zu alltäglich nehmen sollten, dass wir es auf Gott hin »abklopfen« müssen. Gott begegnen heißt nicht, etwas Neues, Zusätzliches finden. Der Glaube erkennt im Alltag nicht plötzlich andere Dinge, aber er sieht dieselben Dinge anders. Nicht meine Lebensbedingungen ändern sich, sondern das Licht, in dem ich alles sehe. Und damit kann tatsächlich der Glaube mein Leben von Grund auf ändern.

Wenn wir ein Buch lesen und es zu nahe an die Augen halten, können wir die Buchstaben nicht erkennen, die Sätze nicht lesen und somit den Sinn nicht verstehen. Um die Spur Gottes in unserem Leben zu erkennen, brauchen wir auch die »richtige Distanz«, wir müssen ein wenig Abstand gewinnen. Erst wenn wir uns vom »Augenblick« lösen, den Verlauf unseres Lebensweges betrachten, Einschnitte und Wendungen in Erinnerung bringen, dann fügen sich vielleicht auch für uns »einzelne Buchstaben« zu einer sinnvollen Aussage, hinter der wir die Handschrift des Geistes Gottes erkennen.

Neben diesen Alltäglichkeiten, in denen wir Gott erfahren können, gibt es Momente, in denen wir – vielleicht nur für Sekunden – eine innere Klarheit und Durchsicht gewinnen, in denen jeder Zweifel von uns abfällt. Wir haben z.b. eine innere Gewissheit, dass irgendein Ereignis nur als Erhörung unseres Betens gedeutet werden kann. Wir haben Hoffnung, obwohl wir in aussichtsloser Lage sind. Wir erleben das z.B. bei aussichtslos Kranken, die sogar noch andere trösten können. Oder wir erfahren als Früchte des Glaubens, was Paulus als das Wirken des Geistes Gottes nennt: »Liebe, Freude, Friede, Freundlichkeit, Güte, Treue, Selbstbeherrschung« (Gal 5,22), obwohl unsere konkrete Situation keineswegs Anlass zur Freude, zum Frieden ... gibt.

Die Evangelien berichten von der »Verklärung Jesu« (z.B. Lk 9,9-35). Jesus geht mit Petrus, Jakobus und Johannes auf einen Berg, um zu beten. »Während er betete, veränderte sich das Aussehen seines Gesichtes, und sein Gewand wurde leuchtend weiß. Und plötzlich redeten zwei Männer mit ihm. Es waren Mose und Elija; sie erschienen im strahlenden Licht und sprachen von seinem Ende, das sich in Jerusalem erfüllen sollte. Petrus und seine Begleiter aber waren eingeschlafen, wurden jedoch wach und sahen Jesus in strahlendem Licht und die zwei Männer, die bei ihm standen. Als die beiden sich von ihm trennen wollten, sagte Petrus zu Jesus: Meister, es ist gut, dass wir hier sind. Wir wollen drei Hütten bauen, eine für dich, eine für Mose und eine für Elija. Er wusste aber nicht, was er sagte. Während er noch redete, kam eine Wolke und warf ihren Schatten auf sie. Sie gerieten in die Wolke hinein und bekamen Angst. Da rief eine Stimme aus der Wolke: *Das ist mein auserwählter Sohn, auf ihn sollt ihr hören.* Als aber die Stimme verklang, war Jesus wieder allein.«

Ein biblisches Bild für mögliche »Erhellungen« unseres Daseins, wie sie zuvor beschrieben wurden. Der Alltag auch des Glaubens aber ist in der Regel »Grau in Grau«, wir müssen wieder hinab in die Niederungen des Alltags. Wenn wir aber einmal die Sonne gesehen haben, wissen wir, dass es sie gibt, auch wenn sie von Wolken verhangen ist.
Alle diese Erfahrungen sind subjektiv, sie sind nur für den Betroffenen selbst gültig. Nach außen hin sind sie vieldeutig und können als Einbildung, Phantasie oder als Produkt psychologischer Prozesse erklärt wer-

den. Für einen selbst aber sind sie unerschütterlich. Ihre Echtheit wird dadurch bestätigt, dass sie das Leben verändern. Aber sie sind nicht einfachhin übertragbar.

Und doch geht eine Wirkung davon auch auf andere aus. Dadurch, dass auch anderen erfahrbar wird, wie der Glaube das Leben verändert und Kraft vermittelt. Damit kommen wir zu einer ganz wichtigen Möglichkeit der Glaubenserfahrung.

Glaube als Gemeinschaft

Keiner glaubt für sich allein. Jeder ist auf das Glaubenszeugnis anderer, auf Resonanz und Bestätigung angewiesen. Glaubenserfahrung machen wir daher am besten im Kontakt und Umgang mit gläubigen Christen. Wenn wir sehen und hören, wie andere aus dem Glauben leben und Kraft schöpfen, sehen und hören wir etwas von Jesus und Gott selbst. Wir erfahren ihn vor allem in der Gemeinschaft der Glaubenden.

Kein Mensch hat Gott je gesehen. Wir können zwar mit dem Verstand auf ihn schließen, ihn aber nicht sinnenhaft erfahren. In Jesus aber ist Gottes Güte und Liebe greifbar, erfahrbar geworden. Seine Zeugen, die Apostel, können also verkünden, was sie selbst erfahren, »gesehen und gehört« haben (1 Joh 1-3). Nach Jesu Fortgang hinterlässt er ihnen seinen Geist: Der erinnert sie an alles, was Jesus getan und gesagt hat (Joh 14,26). Dieser Heilige Geist ist es, der im Glaubenszeugnis und Glaubensleben von Christen heute wirksam ist. Davon können wir uns anstecken lassen. Das Zeugnis und Bekenntnis der Mitglaubenden lässt uns seine Kraft auch dort erkennen, wo wir sie allein übersehen hätten. Der Glaube kommt durch das Hören.

Diesen Heiligen Geist aber hat Jesus vor allem seiner Gemeinde zugesagt. Wir suchen daher die Gemeinschaft der Glaubenden: »Wo zwei oder drei in meinem Namen versammelt sind, bin ich mitten unter ihnen« (Mt 18,20).

Wenn Glaube Antwort auf das Angebot und den Anruf der Liebe Gottes ist, dann kann der Glaube am ehesten dort erfahren und eingeübt werden, wo Menschen ihrerseits einander annehmen und bejahen.

Eine 19jährige schrieb an die »Katholische Glaubensinformation«, dass sie die Absicht habe, aus der Kirche auszutreten und sich einer religiösen Sondergruppe anzuschließen, weil sie in ihrer Gemeinde keine Gruppe finde, in der sie wirklich den Glauben leben und erfahren könne. Ich schrieb ihr, dass ich ihre Situation gut verstehe, weil unsere Großgemein-

den oft sehr anonym seien. Ich könne ihr aber an ihrem Wohnort – einer Großstadt – Gruppen katholischer Christen nennen. Ein halbes Jahr später berichtete sie voller Freude, dass sie genau das gefunden habe, was sie suchte. Sie war glücklich, Gemeinschaft erleben und ihren Glauben weiter vertiefen zu können.

Wir wissen, dass hier für viele die größten Schwierigkeiten beginnen. Unsere Gemeinden sind viel zu groß, und unsere Gottesdienste sind weithin zu anonym. Viele Gruppierungen in unseren Gemeinden werden eher als »geschlossene Gesellschaft« erfahren denn als Gruppen, die wirklich offen sind auch für kritische und suchende Menschen. Wir müssen eingestehen, dass in vielen Gruppen wirklicher Austausch von Glaubenserfahrung und gemeinsamer Glaubensvollzug selten sind. Das ist ein echter Notstand. Nichts scheint uns im Augenblick dringlicher als die Untergliederung unserer großen Pfarreien in kleine Gruppen, in denen man nicht nur Kontakt und geschwisterliche Gemeinschaft erfährt, sondern auch im Gespräch und Umgang miteinander und in der Verantwortung für andere etwas von wirklicher Glaubenskraft spürt.

Jeder kann in Erfahrung bringen, ob es in seiner Umgebung diese Möglichkeiten gibt. Vielleicht ist in unserer Gemeinde mehr los, als wir von außen erkennen können.

Die Begegnung in solchen Gruppen steckt an. Nicht nur dadurch, dass der Glaube anderer beeindruckt. Es ist ganz erstaunlich: Wenn wir anderen Zeugnis geben von unserem Glauben, aber auch von den Zweifeln, die uns immer wieder anfallen, dann wachsen wir selbst mehr und mehr in den Glauben hinein.

Stichwortverzeichnis

KATHOLISCHER
ERWACHSENEN-
KATECHISMUS

ERSTER BAND

Das Glaubens-
bekenntnis
der Kirche

Herausgegeben
von der
Deutschen Bischofskonferenz

Katholischer Erwachsenen-Katechismus

Erster Band: Das Glaubensbekenntnis der Kirche
Herausgegeben von der Deutschen Bischofskonferenz
462 Seiten, Format: 14 x 22,4 cm, Leinen mit Schutzumschlag
16,90 Euro (D), 15,50 Euro (A), SFr 29,60; ISBN 3-7666-9388-3

Das Hauptanliegen des Katechismus ist die Verbindung christlichen
Lebens und christlicher Lehre. Auf dem Hintergrund der Zeugnisse
christlicher Tradition bietet der Katechismus eine Gesamtdarstellung
verbindlicher Inhalte des katholischen Glaubens. Er leistet so einen
wichtigen Beitrag zur Weitergabe des Glaubens und zur Orientierung
in zentralen Lebensfragen.

Katholischer Erwachsenen-Katechismus

Zweiter Band: Leben aus dem Glauben
Herausgegeben von der Deutschen Bischofskonferenz
509 Seiten, Format: 14 x 22,4 cm, Leinen mit Schutzumschlag
16,90 Euro (D), 15,50 Euro (A), SFr 29,60; ISBN 3-9804422-0-9

»Leben aus dem Glauben« ist der neue Leitfaden für praktisches
Christsein in der Welt von heute. Dieser zweite Band des deutschen
Katholischen Erwachsenen-Katechismus orientiert umfassend über
christliche Weltgestaltung und Lebensführung. Er lädt den Leser ein,
sich mit diesen Fragen auseinander zu setzen.